2권

자치경찰, 현장에서 답을 찾다

자치경찰 에세이

박동균

박영사

머리말

    대구시는 2021년 5월 20일 자치경찰위원회 출범과 함께 자치경찰제를 시범 실시하고, 그해 7월 1일부터는 공식적으로 시작했다. 경찰 창설 이후 76년 만에 시행된 자치경찰제도이다. 아무도 가보지 않은 길이다.

    이 저서는 대학에서 학생들에게 경찰행정학을 가르치고 연구한 필자가 자치경찰제가 공식적으로 출범하면서 자문이나 평가자의 입장이 아닌, 실제로 정책을 설계하고 집행하는 공직자로서의 3년간의 활동을 생생하게 정리한 것이다.

    첫 출근 날 입었던 노란색 민방위복, 국정감사, 시의회 행정사무감사 등 모든 것이 어색했다. 시간이 지나고 공직 생활에 익숙해지면서 펼쳐낸 공직자로서의 실제 활동을 중심으로 기록했다. 구체적으로는 대구시청 산격청사에 있는 대구시 자치경찰위원회 첫 출근에서부터 3년간의 공직을 마칠 때까지의 기록을 필자의 다이어리(일기)와 칼럼, 방송 인터뷰, 언론 기사 등을 중심으로 기술한 것이다. 여기에 필자가 과거에 저술한 논문 등을 추가하여 독자들의 자치경찰에 대한 이해를 높이고자 하였다.

    필자는 대구시 자치경찰위원회 상임위원 겸 사무국장으로 3년간 근무했다. 위원장의 공석으로 인해 2개월간 위원장 권한대행으로도 일했다.

    2021년 5월 20일 비가 무척이나 많이 내리던 날, 대구시 자치경찰위원 위촉식, 현판 제막식을 시작으로 5월 24일 제1차 회의에서 필자가 상임위원(사무국장)으로 선출되었다. 그 이후 대구시 관내 10개 경찰서 치안현장을 직접 찾아가서 현장 경찰관들과 소통하였고, 홈페이지와 CI, 중기 발전계획과 각종 규정을 새로 만들었다. 우리 사무국 직원들의 자치경찰 역량 강화를 위해 워크숍을 3차례 실시하였다. MZ 세대를 위한 SNS 홍보, 동영상·카드뉴스 제작, 찾아가는 주민자치 설명회, 칼림 기고, 방송 출연 등으로 자치경찰 홍보에 주력하였다. 대구시, 경찰청, 교육청, 소방본부의 안전 관련 담당과장들로 구성된 '실무협의회'를 만들어 정보를 교환하고, 소통·협력해서 촘촘한 사회 안전망을 만들기 위한 시민안전 정책들을 실행하였다.

대구시 자치경찰위원회가 가장 중점을 둔 분야가 셉테드(CPTED, Crime Prevention Through Environmental Design, 환경설계를 통한 범죄 예방)이다. 셉테드는 물리적인 환경 개선을 통해서 범죄를 예방하는 기법을 말한다. 제복을 입은 경찰의 예방 순찰에 CCTV, 비상벨, 가로등의 조명 밝기 등을 결합하면 범죄 예방에 훨씬 긍정적으로 작용한다. 대구시는 자치경찰이 출범하면서부터 이와 같은 셉테드에 공을 들였다. 아울러 '과학 치안'을 중요한 정책과제로 채택하여 주민이 실질적으로 안전을 체감할 수 있도록 지역의 치안 수요를 발굴하고, AI 등 첨단 과학 기술을 활용해서 최상의 자치경찰 치안 서비스를 제공하고 있다. 또한 상대적으로 주거환경이 취약한 가구를 대상으로 스마트 초인종, 문 열림 센서, 가정용 CCTV, 창문 잠금장치 등 안심 물품을 지원하여 범죄에 대한 물리적, 심리적 불안감을 완화시키는 주거안전 취약가구 세이프-홈 지원사업을 시행하고 있다. 이 모든 것이 자치경찰이 출범하면서 활성화된 시민안전 프로젝트이다.

아울러 자치경찰에서 중요한 개념이 협력과 소통이다. 지방자치단체와 경찰, 시의회, 교육청, 시민단체, 대학, 병원 등 지역 사회를 구성하고 있는 기관 간의 협력과 소통이 무엇보다 중요하다. 쉬운 사례로 학교폭력을 예로 들면, 이 문제는 단순히 학교만의 노력으로 해결할 수 있는 것이 아니다. 학교는 물론 교육청, 경찰, 지역 사회 모두가 능동적으로 참여해야 해결할 수 있는 것이다. 2023년 우리 사회를 경악하게 만들었던 묻지마 범죄(이상동기 범죄)도 마찬가지다. 이 문제는 경찰의 순찰이나 수사만으로 해결할 수 있는 것이 아니다. 경찰의 예방 순찰은 물론이거니와, 조현병 환자에 대한 철저한 치료, 은둔형 외톨이에 대한 맞춤형 복지 등 촘촘한 사회 안전망 구축이 중요하다. 자치경찰제도는 이런 점에서 주민안전을 위해 활성화할 필요가 있다.

필자가 경험한 자치경찰 시행 3년을 회고해 보면, 사회적 약자 보호, 교통안전과 생활안전 같은 자치경찰 업무는 국가경찰보다 자치경찰이 더 잘할 수 있다고 생각한다. 주민자치행정을 책임지고 있는 지방자치단체는 예산과 인력, 시설 측면에서 인프라가 튼튼하고, 여기에 경찰행정이 합쳐지니까 상승효과가 배가되는 것이다. 앞으로 국가경찰과 자치경찰을 이원화해서 자치경찰을 활성화해야 한다. 그 첫 번째 단계로 국가경찰 소속인 파출소와 지구대를 자치경찰 소속으로 환원해야 한다. 각자 더 잘할 수 있는 것에 집중할 필요가 있다.

우리나라의 자치경찰제는 이제 3년이 지났다. 첫 숟가락에 배부를 수는 없다. 지역 주민과 친밀하게 소통하고, 사회적 약자를 배려하는 대한민국형 자치경찰제로 정착시켜야 한다.

지난 3년, 대구시 1기 자치경찰위원회를 같이 한 2명의 위원장과 자치경찰위원들, 사무국 직원들, 대구시청, 대구시의회, 대구경찰청, 대구교육청 등 관계자 여러분들에게 진심으로 감사의 말씀을 드린다.

저자 박동균

목차

Chapter 01

자치경찰제, 조금씩 속도를 내다   1

Chapter 02

대구형 자치경찰제 다듬기   39

Chapter 03

자치경찰과 과학 치안   95

Chapter 04

범죄 예방과 자치경찰   131

Chapter 05

다중 밀집 인파사고와 안전   207

Chapter 06

아동청소년의 안전   237

Chapter 07

시민과 함께하는 자치경찰   281

Chapter 08

| 도로 위의 안전 | 315 |

Chapter 09

| 현장경찰 | 367 |

Chapter 10

| 자치경찰 다시 보기 | 407 |

Chapter 11

| 자치경찰 상임위원 3년의 기록 | 439 |

자치경찰제, 조금씩 속도를 내다

국민을 안전하게 보호하기

경북일보 특별기고 (2022. 6. 22)

　필자는 20여 년간 경찰행정학과 교수로서, 지금은 공직자로서 주로 '국민안전'에 관련된 연구와 업무를 하고 있다. 필자의 주요 관심은 국민의 안전을 위협하는 요인은 무엇인지, 왜 그런지, 이를 극복하기 위해 국가는 어떻게 대비해야 하는지에 관한 것이다.

　국민을 안전하게 보호하는 것이 국가의 가장 중요한 임무다.

　2022년 6월 현재 대한민국의 안전을 위협하는 요인에는 어떤 것들이 있을까? 먼저 코로나19를 들 수 있겠다. 전 세계를 위협한 전대미문의 코로나19. 아직 끝나지 않았다. 그리고 끊임없이 발생하는 각종 범죄를 들 수 있다. 보이스피싱, 불법 촬영물, 성범죄, 마약, 얼마 전 발생한 대구변호사 사무실 방화 사건 등이 그것이다. 또한 지진, 태풍과 같은 자연 재난과 가스폭발, 건축물 붕괴 사고와 같은 인적 재난이 있다. 하지만 중요한데도 잘 인식하지 못하는 것이 있다. 바로 무고한 시민을 공포에 떨게 하고, 많은 사람을 사망하게 하는 '테러'이다. 국정원은 '2021년 국제테러정세 평가 및 2022년 전망' 보고서를 발간했다. 국정원은 지난해 국내에서는 국제 테러단체에 의한 직접적인 테러 사건은 발생하지 않았지만 테러 자금 조달 혐의자 적발 및 실형 선고, 일부 국내 체류 외국인의 온라인 선전 동조, 선동 행위 적발, 서아프리카 해상·아이티 내 우리 국민 납치 등 다양한 테러 위협이 표면화되고 있다고 설명했다.

　과거를 돌이켜 볼 때, 국가의 위기 상황은 전쟁과 관련된 것들이 많았다. 하지만 최근에는 국제분쟁에서 직접적인 군사력보다 비군사적인 방안의 일환으로 테러가 주요 수단으로 부각되고 있다. 실로 국가가 대비해야 할 위기의 분야들이 확대되고 있는 것이다. 테러는 이제 전쟁 이상의 위협으로 우리에게 다가왔다.

　실제로 불법 체류자, 이민 유입 증가로 국내 체류 외국인이 다양해지고, 코로나19 장기화로 온라인 영향력이 커짐에 따라서 테러단체 추종자들이 SNS를 통한 테러 선동 및 가상화폐 등을 악용해서 자금 모금활동에 집중하고 있다.

　최근에는 국제 테러단체와 추종 세력들이 단순하게 단체가담을 선동하는 데서 그치지 않고, 온라인을 통해 폭발물 제조법 등의 테러 콘텐츠를 제작해 배포하고 있다. 자금추적을 피하기 위해서 비트코인 등 가상화폐 입금계좌를 개설, 해외추종자들에게서 테러 자금을 모금하는 양상도 나타나고 있다.

앞으로의 테러 발생 유형을 예측해 보면, 코로나19 팬데믹 장기화로 인한 외로운 늑대형 테러(자생 테러), 극우·증오형 테러를 예상해 볼 수 있다. 또한 아프리카, 중남미 일부 지역에서 테러 자금 마련을 위해 우리 선원, 선교사 등을 납치하는 범죄도 우려된다.

최근의 테러 양상의 특징은 지하철역, 공원, 백화점, 극장 등 다중 이용 시설을 목표로 한다는 점이다. 따라서, 일선에 배치된 현장경찰과의 긴밀한 연계 및 대비가 중요하다. 또한, 테러리스트의 구체적인 실행방법으로는 사이버 테러, 생화학 테러, 드론 테러, 핵 테러 등을 활용할 가능성이 높다.

그럼 테러를 어떻게 대비해야 할까? 먼저 테러에 대한 전 국민의 경각심이 중요하다. 설마 하는 방심이 가장 큰 문제다. 설마 우리나라에 테러가 발생할까? 테러는 국제 분쟁 지역에서 발생하는 다른 나라의 이야기라는 생각을 버려야 한다.

우크라이나 등 국제정세가 혼란스럽다. 국가는 국민을 위협하는 모든 위험 요인에 집중해서 대비해야 한다. 테러에 대한 대비는 무엇보다 정보수집이 중요하다. 테러에 대하여 국가정보기관의 치밀한 정보수집과 유관기관 간의 정보공유가 필요하다. 정확한 정보는 철저한 대비의 전제 조건이다. 국민을 안전하게 보호하기 위한 촘촘한 안전망을 만들어야 한다.

경찰개혁과 자치경찰
경안일보 특별기고 (2022. 6. 27)

윤석열 정부가 출범하였다. 윤석열 대통령은 "일 잘하는 정부"를 표방하고, 특히 국민안전을 국가의 최대 정책과제로 채택하고 있다.

국민의 생명과 재산을 보호하는 국민과 가장 가까운 곳에 있는 '경찰'은 국민안전에 있어 가장 중요한 기관이다. 최근 경찰 수사권 확대에 따른 경찰개혁과 관련하여 많은 논쟁이 있다. 행정안전부 내 경찰국 신설 등 경찰 지휘권에 관련된 내용이다.

필자는 경찰개혁의 기준은 반드시 국민안전이어야 하고, 국민안전을 위한 경찰개혁이 되어야 한다고 주장한다. 그러면 2022년 현재 대한민국 경찰개혁은 어느 방향으로 가야 하는가? 어떻게 경찰개혁을 해야 하는가? 필자는 이 물음에 대해서 단호하게 말할 수 있다.

"대한민국의 경찰개혁은 실질적인 자치경찰제로 가야 한다. 무늬만 자치경찰제가 아닌 실질적인 자치경찰제가 되어야 한다. 더욱 강화된 경찰권을 분산하여 자치경찰위원회에 자치경찰의 인사와 예산 등 권한을 위임하여야 한다."

우리나라에 자치경찰제도가 공식적으로 실시된 지도 이제 1년이 되어간다. 76년 만에 실시된 자치경찰은 주민자치행정과 경찰행정을 잘 연계해서 주민안전을 기할 수 있는 장점이 있다. 지역 치안의 문제점과 개선사항 등 지역 주민들의 다양한 의견을 반영하고, 그들이 주도적으로 참여해서 주민 참여형 자치경찰제 모델을 만들어 나가야 한다. 이제는 주민이 단순히 치안행정의 객체(대상)가 아니라 주인공이다. 주체가 되어야 한다.

이를 위해서는 궁극적으로 국가경찰과 자치경찰을 이원화하여야 한다. 국가경찰의 신분으로 자치경찰 업무를 수행하는 지금의 일원화 모형은 한계가 있다. 용어가 일원화이지 일원화 모형은 실질적인 자치경찰제가 아니다. 또한 자치경찰위원회가 자치사무에 대한 구체적이고 실질적인 집행기능이 없고 심의 의결만 가능하기 때문에 자치경찰에 대한 직접적인 감독권 행사가 불가능하다. 무엇보다도 '자치경찰관'이 없기 때문에 자치경찰제도의 시행에도 불구하고 시민들이 변화를 체감하기가 어렵다.

따라서 자치경찰은 지방자치단체 소속으로 해야 한다. 앞으로 우리나라 자치경찰도 향후 이원화 방향으로 갈 것이다. 다만 빨리 가느냐, 천천히 가느냐의 문제이다. 자치경찰이 이원화하면 향후 자치경찰의 모집과 선발, 승진과 전보, 재정 문제는 자동으로 해결될 것이다. 예를 들어 경상북도 자치경찰 공무원으로 경상북도에 일정 기간 거주한 주민 중에서 경상북도의 치안실정을 잘 이해하고, 주민 보호를 위해 필요한 우수한 경찰 자질을 갖춘 인력을 선발할 수 있게 된다. 이른바 경북형 자치경찰제가 시행되는 것이다.

아울러, 법률을 개정하지 않아도 경찰청장의 의지로 바꿀 수 있는 것이 있다. 바로 파출소와 지구대의 소속 변경이다. 파출소와 지구대는 대표적인 현장경찰이다. 지역 주민과 가장 가까운 곳에서 제일 많이 접촉한다. 현재는 파출소와 지구대의 업무 관할이 국가경찰인 112 치안 종합상황실로 되어 있다. 파출소, 지구대가 자치경찰위원회의 지휘 감독권이 미치지 않는 것은 분명한 제도적 모순이다. 주민 친화적인 치안행정 서비스를 제공하기 위한 자치경찰제 시행의 취지에 맞게 파출소와 지구대를 자치경찰부 소속으로 하는 것이 바람직하다.

지금 언론에서는 경찰이 최대의 위기라고 보도한다. 위기는 새로운 기회이다. 경찰 개혁은 오로지 주민의 입장에서, 주민들의 안전에 중점을 두어 자치경찰제의 실질적인 활성화가 타당하다.

진정한 경찰개혁은 자치경찰 활성화가 답이다

경북일보 특별기고 (2022. 7. 5)

자치경찰제는 검·경 수사권 조정으로 확대된 경찰 권력을 견제하기 위해 2021년 7월부터 시행됐다. 경찰청장을 정점으로 하는 중앙집권적인 국가경찰 구조가 경찰청장(국가경찰), 자치경찰위원회(자치경찰), 국가수사본부장(수사경찰)의 '3원체제'로 바뀐 것이다. 실로 경찰 역사 76년 만에 자치경찰제가 실시되었다. 자치경찰은 아동·청소년·여성 등 사회적 약자 보호, 교통지도·단속 및 교통질서 유지, 범죄 예방과 생활안전 업무 등 시민들의 가장 가까운 곳에서 시민들의 안전 업무를 수행한다. 자치경찰은 주민자치행정과 경찰행정을 연계할 수 있는 장점이 있다. 자치경찰제가 안정적으로 정착되어 최고의 치안 안정성을 유지하면서 자치분권의 이념을 실현할 수 있도록 자리매김해야 한다. 하지만 현재의 자치경찰은 국가경찰관의 신분으로 자치경찰 업무를 실시하는 이른바 '일원형 자치경찰제'를 실시하고 있다. 이른바 '무늬만 자치경찰제', '반쪽짜리 자치경찰제', '짝퉁 자치경찰제'라는 볼멘소리를 듣고 있다. 자치경찰제가 실시된 후 1년이 지났다. 하지만 시민들은 아직도 자치경찰제를 잘 모른다. 실제로 '자치경찰관'이 없기 때문에 자치경찰제도의 시행에도 불구하고 시민들이 변화를 체감하기가 어렵다.

또한 자치경찰을 담당하는 자치경찰 부서에서는 업무보고를 경찰청과 자치경찰위원회에 해야 하는데, 두 군데서 업무지시를 받으니 잔소리하는 시어머니가 하나 더 생겼다는 반응도 나오고 있다. 실제로 자치경찰 부서인 생활안전과, 여성청소년과, 교통과는 승진 문제와 업무부담 등으로 사기가 많이 떨어져 있는 상태이다.

최근에 경찰 수사권 확대에 따른 경찰 권한 분산, 경찰개혁방안과 관련하여 다양한 의견이 있고, 많은 논쟁이 있다.

근본적으로, 경찰개혁은 실질적인 자치경찰제를 통한 경찰 권한 분산의 방향으로 가야 한다. 무늬만 자치경찰제가 아닌 실질적인 자치경찰제로 경찰개혁을 이루어야 한다.

이를 위해서는 국가경찰과 자치경찰을 이원화하여야 한다. 국가경찰의 신분으로 자치경찰 업무를 수행하는 지금의 일원화 모형은 한계가 있다. 용어가 일원화일 뿐 일원화는 실질적인 자치경찰제가 아니다. 또한 자치경찰위원회가 자치사무에 대한 구체적이고 실질적인 집행 기능이 없고 심의 의결만 가능하기 때문에 자치경찰에 대한 직접적인 감독권 행사가 불가능하다. 자치경찰이 별도의 집행 기구가 없으니 자치경찰위원회가 지시 사항을 시·도 경찰청에 내려보내면 시도경찰청장이 이를 다시 경찰서에 지시하는 식으로 지휘·감독이 이루어진다.

또한 자치경찰위원회는 경정급 이하의 자치경찰에 대해 승진, 전보, 파견, 직위해제 등 인사권을 행사할 수 있게 되어 있다. 하지만 경찰 내부의 인사 시스템에 접근할 수도 없고, 자치경찰위원회 내 인사 업무를 다룰 승진 심사위원회, 징계위원회 등을 설치할 수도 없게 되어 있다. 다시 말해서, 자치경찰에 대한 실제적인 인사 권한이 전혀 없는 것이다. 아울러, 경찰청장의 의지로 당장 할 수 있는 것이 있다. 바로 파출소와 지구대의 소속 변경이다. 파출소와 지구대는 대표적인 현장경찰이다. 지역 주민과 가장 가까운 곳에서 제일 많이 접촉한다. 현재는 파출소와 지구대의 업무 관할이 국가경찰인 112 치안 종합상황실로 되어 있다. 시민 친화적인 치안행정 서비스를 제공하기 위한 자치경찰제 시행의 취지에 맞게 파출소와 지구대를 자치경찰 소속으로 해야 한다.

경찰개혁은 오로지 시민의 입장에서, 시민들의 안전에 중점을 두어 자치경찰제의 실질적인 활성화의 방향으로 가는 것이 타당하다. 자치경찰제의 장점도 살리고, 진정한 경찰개혁도 완성하는 지혜가 필요하다.

자치경찰의 해답

매일신문 특별기고 (2022. 8. 2)

대구시 자치경찰위원회의 비전은 '시민중심, 시민안전'이다. 시민과 소통하고, 사회적 약자를 배려하는 대구형 자치경찰이 정책목표이다. 이러한 대구형 치안정책을 만들고, 자치경찰의 역할을 정립하기 위해서 6월 23일부터 7월 8일까지 1,000여 명의 대구시민을 대상으로 여론조사를 실시하였다. 자치경찰의 주요 업무인 생활안전(범죄 예방), 교통경찰, 여성·청소년 정책에 대해 시민들의 의견을 물었다. 시민들은 진지하고 성실하게 응답해 주었다.

주요한 응답 결과를 살펴보면 먼저, 공동주택 내 안전에 위협이 되는 가장 심각한 문제로 전체 응답자의 40.7%가 '층간소음, 반려동물 소음으로 인한 이웃 간 불화'를 들었다. 그다음으로 '공동주택 내 허술한 보안장비 및 시스템(27.5%)', 여성 1인 가구와 노인 가구 등 특정 집단을 목표로 한 주거침입 범죄가 26.6%의 순서로 나타났다.

어떤 상황에서 안전에 위협을 느끼고 있는지를 질문한 결과, 어두운 야간보행길 통행(28.2%)이 가장 높았고, CCTV 사각지대에서의 범죄 위험(28.0%), 지역 사회 내 주취자 및 정신질환자 난동(25.1%)의 순으로 나타났다.

시민안전에 위협이 되는 교통수단에 대한 질문에 대하여 오토바이가 56.8%로 가장 높았고, 전동 킥보드(21.2%), 화물 트럭(12.4%), 승용차(5.0%)의 순으로 나타났다. 교통수단이 위협되는 이유에 대해서는 돌발 출연으로 인한 접촉 사고(36.8%)가 가장 높았고, 인도 침입 및 운행(19.3%), 보복·난폭 운전(12.0%)의 순으로 나타났다.

학교폭력에 대해 자치경찰이 해결해야 할 유형에 대하여 대구시민들은 신체폭력을 가장 높게 응답했고, 이어서 금품갈취, 성폭력, 사이버 폭력의 순으로 응답했다. 아울러 자치경찰이 어떤 방식으로 학교폭력을 예방할 수 있는지 질문한 결과, 학교폭력 발생 시 적극적이고 신속한 출동(37%)이 가장 높았고, 가정-학교-지역 사회-자치경찰의 밀접한 연대 의식, 학교전담경찰관(SPO)의 확대 순으로 답했다.

또한, 최근에 사회적 이슈로 언급되는 스토킹 범죄에 대한 질문에서는 피해자와 가해자 분리 및 접근 금지 조치(35.1%)를 해야 한다는 의견이 가장 높았다. 이어서 피해자와 그 가족에 대한 보호조치(30.9%), 피해자 거주지 주변의 CCTV 강화(16.8%)로 나타났다.

아울러 생활안전 분야에서 자치경찰이 중요하게 수행해야 할 일에 대하여 대구시민들은 지역 순찰과 범죄 예방(56.3%)을 가장 중요하다고 응답했다. 그다음으로 아동·여성·청소년 보호(24.4%), 안전사고, 재해, 재난 긴급 보호조치(10.8%) 순으로 나타났다.

현재 거주 지역의 범죄 예방 등 생활안전을 위해 가장 먼저 추진해야 할 자치경찰 활동에 대하여 대구시민들은 CCTV 등 범죄 예방 시설의 확대 설치(37.8%), 순찰활동 강화(27.5%), 생활안전 위협시설 단속(16.4%)의 순으로 응답했다.

향후 대구시 자치경찰이 시민안전을 위해 예산을 우선 편성해야 할 사업에 대하여 대구시민들은 범죄 예방 환경 개선사업(35.6%), 사회적 약자 및 범죄 피해자 지원(30.4%), 시민 참여형 범죄 예방 협의체 활성화(11.1%)의 순으로 응답했다.

이 모든 결과가 소중한 대구시민들의 소망이다. 잘 반영해서 좋은 정책으로 응답할 것이다. 새로 시작한 대구형 자치경찰의 성공적인 조건은 대구시민들의 참여와 관심이다. 대구시 자치경찰위원회는 앞으로도 대구시민들의 의견을 잘 청취해 자치경찰 치안 정책에 반영함으로써 시민들이 일상에서 느끼는 두려움과 걱정을 줄일 것이다. 아울러 대구시민의 안전을 위한 든든한 시민안전망 구축에 시청, 경찰청, 교육청 등 관련 단체와 함께 협업해 나갈 것이다.

자치경찰제를 아시나요?

경안일보 특별기고 (2022. 9. 13)

2021년 7월에 공식적으로 시행된 자치경찰제는 범죄 예방과 생활안전, 여성과 아동, 노인과 청소년 등 사회적 약자 보호, 교통사고 예방 및 교통질서의 유지 등 시민들과 가장 가까운 곳에서 시민들의 안전 업무를 수행한다.

필자가 얼마 전에 지인의 자녀 결혼식에 갔는데, 어느 정치인이 하객들에게 필자를 자율방범대 사무국장으로 소개했다. 웃지 못할 일이다. 시민 중 일부는, 아니 적지 않은 분들이 자율방범대와 자치경찰위원회를 비슷하거나 같은 것으로 생각한다. 이런 일도 있었다. 지인이 자율방범대 대장으로 취임하게 되어, 초청받아 축하하러 갔다. 이 자리에는 동네 경찰 지구대장(파출소장)과 동장 등이 참석하였다. 이날 행사에서 필자는 행사장 세 번째 줄에 앉았다. 맨 앞줄 중앙에는 동장과 지구대장이 나란히 앉았다. 실제로 대구시 자치경찰위원회는 대구시 소속의 합의제 행정기관으로 대구시 생활안전, 여성청소년, 교통경찰과에 대해서 대구경찰청장을 지휘, 감독하는 기관이다. 또한 자치경찰위원회 사무국장(상임위원)은 지방정무직 3급 상당에 해당한다. 여기서 이 말을 하는 이유는 의전이나 예우를 이야기하는 것이 아니다. 공직자들과 지역 유지 등 지역의 여론주도층 인사들도 자치경찰이나 자치경찰위원회에 대해서 잘 모른다는 점을 말하려는 것이다. 자치경찰위원회와 생활안전협의회를 비슷하게 생각하는 분들도 많다.

실제로 지난달 대구시 자치경찰위원회에서 대구시민 1,000명을 대상으로 공식 설문조사를 실시하였다. 2021년 7월부터 전면 시행된 대구시 자치경찰 또는 자치경찰제에 대해서 얼마나 알고 있는지를 질문한 결과, 알고 있다는 응답이 전체 응답자의 11%에 불과했다. 반면에 모른다는 응답이 62%, 전혀 모른다는 응답도 16%로 나타났다. 주목해야 할 숫자이다. 대구시 자치경찰 또는 자치경찰제에 대해서 알고 있는 응답자에 한해서 자치경찰제에 대한 인지 경로를 살펴본 결과, TV나 라디오, 신문 등과 같은 언론보도가 60%로 가장 높았고, 현수막이나 포스터, 전광판과 같은 옥외 홍보물이 10%, 페이스북이나 인스타그램 같은 SNS가 9%로 나타났다. 이와 같이 대구시민들의 자치경찰제에 대한 낮은 인지도는 성공적인 자치경찰제 시행에 있어 저해 요인으로 지적할 수 있다.

자치경찰제는 시민들의 적극적인 참여와 지지가 아주 중요하다. 어느 연구에 따르면, 지역에서 발생하는 범죄의 70%는 그 지역이나 인근 지역의 주민들에 의해 발생한다고 한다. 즉 범죄자의 상당수는 그들이 익숙한 지역에서 범죄를 저지르는 경향이 있다는 것이다. 지역의 범죄나 안전과 같은 민감한 문제는 그 지역에 거주하는 주민이 가장 잘 안다. 따라서 지역 주민과 경찰의 공동체 치안 확립이 무엇보다 중요하다. 이러한 공동체 치안이야말로 자치경찰제의 가장 중요한 요소이다.

결론적으로 말해서, 시민들이 적극적으로 참여할 수 있게 자치경찰제에 대한 대 시민 홍보가 무엇보다 중요하다. 이는 자치경찰제 출범 100일 성과와 과제 정책 세미나, 지역 주민과의 간담회, 언론사 인터뷰, 시민단체와의 대화 등 다양한 채널에서 제기된 제안들이다. 대구시 자치경찰위원회는 자치경찰이 출범한 이후부터 지난 500일 동안 신문 방송, 옥외 광고, SNS, 찾아가는 설명회 및 특강 등 다양한 방법으로 자치경찰제를 홍보해 왔다. 앞으로도 맞춤형 주민 설명회와 MZ 세대와의 대화 등 더 세밀하고 체계적인 방법으로 자치경찰제를 홍보하고, 시민들과 소통할 것이다. '시민중심, 시민안전, 대구시 자치경찰', 시민들의 많은 응원 부탁드린다.

중앙일보 인터뷰, "달라진 게 없다?"

중앙일보에서 필자에게 자치경찰제의 현황에 대해 인터뷰를 원하는 전화가 왔다. 30분 가량 이어진 인터뷰였다. (그중 요약)

기자 질문: 자치경찰제, 앞으로 무엇이 바뀌어야 하는지요?

필자 대답: 가장 먼저 파출소, 지구대를 자치경찰부 소속으로 변경해야 합니다. 이것은 법률 개정이 필요 없이 경찰청장의 의지로도 가능합니다. 시민과 가장 가까운 곳에서 순찰 등 범죄 예방, 시민안전활동을 하는 것이 명실공히 가장 자치경찰의 주요한 업무라고 할 수 있습니다.

The JoongAng   2022년 09월 02일 금요일 017면 종합

이름만 바뀐 자치경찰제 1년 … 내부서도 "달라진 게 없다"

지난 7월 12일 서울시청 대회의실에서 열린 '서울 자치경찰 1주년 행사'에서 참석자들이 손팻말을 들고 있다. 오른쪽은 자치경찰제 시행 전인 지난해 3월 서울경찰 직장협의회 대표단이 '서울시 자치경찰 조례안' 수정을 요구하는 내용의 입장문을 발표하는 모습. 이들은 '경찰의 사전 협의 없이 지자체 업무가 전가될 우려가 있다'며 조례안 수정을 요구했다. [뉴스1]

충북의 한 경찰서는 지난해 7월 생활안전·여성청소년·교통조사대 등 자치경찰 사무기능 많은 4개 부서를 1개 과(課)로 묶었다. 이곳에 근무하는 직원 50명은 지자체로부터 1인당 연간 수십만원의 복지 수당을 받는다. 전보·파견 등 인사권 일부는 도지사(또는 충북자치경찰위원회)가 갖고 있다. 자치경찰제 시행으로 경찰청이 담당했던 생활안전·교통·경비 업무를 지자체가 가져오면서 생긴 변화다.

하지만 이 지역 7개 지구대·파출소에 근무하는 90여 명의 사정은 다르다. 지구대·파출소 직원 인사권은 여전히 경찰청장(국가경찰)이 갖고 있다. 이 때문에 지자체가 주는 복지 수당을 받지 못한다. 이들은 범죄예방활동, 농산물 절도 방지, 사회적 약자 보호 등 자치경찰 사무와 관리사건 초동 조치 등 국가경찰 사무를 병행하고 있다.

A경찰은 "자치경찰 사무는 현장과 연결돼 있어 지구대를 제외하는 업무가 불가능하다"며 "같은 자치경찰 업무를 하는데 인사권이 다르다는 이유로 차별을 받고 있다"고 주장했다. 그는 "지구대 직원은 112신고 대응 같은 국가 사무와 자치경찰 사무를 함께하고 있어 이도 저도 아닌 처지가 된 것 같다"고 덧붙였다.

자치경찰제가 시행 1년을 맞이했지만 곳곳서 한계를 드러내고 있다. 법률상 자치경찰 사무가 국가경찰과 분리됐지만, 모든 경찰은 같은 복장을 하고 같은 건물을 쓴다. 국가경찰 조직을 빌려 급하게 자치경찰이 도입되는 바람에 경찰 내부에서도 "달라진 게 없다"는 자조가 나온다.

자치경찰제는 전체 경찰사무 중 주민과 밀접한 치안 사무를 지방자치단체가 지휘·감독하는 제도다. 지역 사정을 잘 아는 자치단체가 자치경찰을 운용, 치안 서비스를 높이고 자치권을 확대하자는 취지에서 도입됐다. 경찰서 내 생활안전·여성청소년·교통 기능과 지구대·파출소 업무의 80% 정도를 자치경찰 사무로 이관했다. 자치경찰 지휘·감독은 합의제행정기구인 시도별 자치경찰위원회가 맡고 있다.

현행 자치경찰제는 경찰 조직은 그대로 두돼 사무만 분리한 '일원화 모델'이다. 기존 국가경찰 조직에서 업무 영역만 나누는 꼴이라 일 처리 경계가 불분명할 때가 많다.

한 부서에서 근무하면서, 지자체 복지수당을 받는 경찰과 받지 못한 경찰로 나뉘는 일도 발생한다. 경남 자치경찰은 이달부터 경남도에서 1인당 복지수당 30만원을 받는다. 하지만 경남도

예견된 '무늬만 자치경찰'

사무만 분리한 '일원화 모델'
자경위, 인사시스템 접근도 못해
전문가 "조직·예산 권한 이양을"

지구대 수당 차별 논란

경찰청장이 인사권 행사 반발
일부 지자체 복지대상서 제외
안전 부서 등은 수십만원 받아

관할 자치경찰부에 속한 생활안전과 소속 경찰관 20명 중 3명은 이 수당을 받지 못한다. 이들이 맡은 총포·화약·경비 업무 허가는 자치경찰 업무에 속하지 않기 때문이다.

자치경찰 담당 경찰관 인사권은 둘로 나뉘어 있다. 경찰법과 경찰공무원 임용령에 따르면 자치경찰 사무를 맡아도 경감 이하 신규채용과 면직 권한은 경찰청장이 갖고 있다. 광역단체장은 자치경찰 담당 경찰관 중 경감과 경위 승진 인사권한 행사를 할 수 있다. 경정 전보, 파견, 휴직·직위해제와 경감 이하 임용권(신규채용과 면직 권한 제외)은 시도 자치경찰위원회에 위임해야 한다.

자치경찰 사무의 인력 상당 부분을 차지하는 지구대·파출소 근무자의 인사권은 경찰청장이 갖고 있다. 경찰청에 따르면 국가경찰 13만1000명 중 지구대·파출소 근무는 5만680명으로 38.6%를 차지한다. 자치경찰 수행 경찰관의 인사권 분리는 소속 문제와 연결돼 후생복지 차별을 발생시키기도 한다. 지자체 후생복지 대상에서 제외된 충북·강원·전북·경남 지역 지구대·파출소 소속 경찰관은 "자치경찰제의 손발을 담당하는 경찰관을 차별하고 있다"며 속앓이 중이다.

경찰공무원 임용령은 "자치경찰위원회 인사권 일부를 시도경찰청에 재위임할 수 있다"고 규정했다. 현재 자치경찰위원회 사무국에 경찰청 인사관리시스템과 연동되지 않은 것을 고려하면, 실제 인사가 경찰청에 의해 좌지우지될 수 있는 구조다. 남기호 충북자치경찰위원회 위원은 "자경위 사무국은 경찰청 인사시스템에 접근할 수도 없어 자치경찰 인사 대상자에 대한 평가도 제대로 할 수 없는 실정"이라고 말했다.

박동균 대구시 자치경찰위원회 상임위원은 "우선 파출소와 지구대를 자치경찰 소속으로 바꾸고, 장기적으로 국가경찰과 자치경찰이 분리돼야 한다"며 "파출소와 지구대는 자치경찰에 속하는 게 맞다"고 말했다.

청주·전주·대구·창원=
최종권·김준희·김정석·안대훈 기자
choi.jongkwon@joongang.co.kr

자치경찰 조직도

자료:충북 자치경찰위원회

진정한 자치경찰제를 위한 제도 개선 노력

무늬만 자치경찰제, 짝퉁 자치경찰제라는 비판에도 불구하고, 자치경찰은 2021년 7월 1일 공식적으로 출범했다. 실제로 자치경찰제를 시행하는 과정에서 나타나는 문제점을 해결하고자 전국 자치경찰위원장 협의회를 중심으로 행정안전부, 경찰청, 인사혁신처 등에 다양한 대안을 여러 차례 제안하였다.

2022년 9월 30일(금) 오후 3시, 정부서울청사 중회의실에서 전국자치경찰위원장 협의회 김학배 회장 등 임원진 9명이 이상민 행정안전부 장관을 만나 주요 현안을 건의하였다. 이것은 모든 자치경찰위원회의 공통적인 고민이며, 건의 사항이다. 크게 여섯 가지를 건의하였다.

첫째, 자치경찰위원회 사무국 파견 경찰관의 현원 유지 및 현원 정원화이다. 현재 모든 시·도 자치경찰위원회 사무국에는 업무량과 관계없이 경찰 정원 3명을 일률적으로 배정하고 추가로 경찰관을 파견하여 운영하는 실정이다. 행정안전부와 경찰청, 인사혁신처와의 협의가 원활하게 이루어지지 않아 올해 8월 하반기 정기 인사 때 자연 복귀하는 정원 이외에 경찰관 18명이 부득이하게 감축되었다. 이렇게 현원이 축소되어 실질적인 경찰행정 업무가 차질이 생기게 되었다. 자치경찰위원회는 지역 치안사무의 기획과 집행 등 관련 전반을 책임지고 수행 중이다. 지자체 소속 기관이지만 실질적인 경찰행정 수행 기관이므로 경찰 업무를 잘 아는 현직 경찰관들을 적정 수 배치하여 정책의 원만한 수립과 집행이 필요한 실정이다. 경찰관을 일반직으로 대체하기 위한 일반직 정원 증원 또한 지자체 정원 증원 영, 조례 개정 등 절차가 많고 소요 기간이 길다. 자치경찰제의 실질화 및 진정한 자치경찰 실시를 위해서도 파견 경찰관 현원 유지 및 현 파견 경찰인력의 정원화는 필수적이다.

둘째, 보통승진심사위원회 설치 등 자치경찰위원회 임용권의 내실화이다. 현재 시민이 원하는 치안정책을 자치경찰위원회가 역점 추진하기 위해서는 자치경찰 인사에 대한 권한이 주어져야 하는데, 그 권한이 대부분 형식에 불과하여 자치경찰제 정착에 기여하지 못하는 실정이다. 현행 일원화 자치경찰제는 '자치경찰 없는 자치경찰제' 형식에 불과하므로, 국가경찰과 분리되어 시·도 소속으로 자치경찰의 조직과 인력을 이관하여 책임행정을 실현하는 '이원화 자치경찰제' 실현을 건의하였다. 이원화 실시 전이라도 자경위의 임용권을 좀 더 실질화할 수 있도록 관련 법령을 조속히 개정해 달라는 것이다.

- 자경위에 '보통승진심사위원회' 설치, 자치경찰사무 담당 경찰 공무원의 승진 TO를 자경위에 배정하고, 승진심사를 통해 승진임용권 실질화

  ※ 경찰공무원법 제17조(승진심사위원회) 설치기관에 자경위 포함 개정

- 자경위에 '보통징계위원회' 설치, 징계임용권 및 징계요구권 수행

  ※ 경찰공무원 징계령(대통령령) 제3조(징계위원회의 종류 및 설치) 설치기관에 자경위 포함 개정

- 자치경찰 부서에서 담당하는 국가경찰사무를 국가경찰로 모두 이관, 자경위는 자치경찰부서 근무자 전원에 대한 임용권을 행사하여 임용권 대상 혼선 방지

  ※ 경찰청과 그 소속기관 직제(대통령령) 제11조 및 제12조 개정

셋째, 자치경찰 특별회계 신설 등 안정적인 자치경찰제 재원 마련이다. 자치경찰사무의 인력·장비 등 소요 비용 일체를 국가가 지원하도록 규정(경찰법 §34)하고, 일부 국비 지원 중이나 여전히 자치경찰 재원은 부족하다. 행정안전부 전환사업 보전기준액을 합리적인 기준으로 재설정할 것을 건의한다. 또한, 자치경찰 특별회계 신설 등 포괄적 재원 확보방안 마련을 건의한다. 교통 과태료·범칙금 등 재원 이관, "자치경찰 교부세" 및 "자치경찰 특별회계" 신설 등 독립적이고 자율적인 업무수행을 위한 장기적인 운영 제도 개선이 필요하다.

넷째, 국가경찰 소속인 현재의 파출소와 지구대의 직제를 자치경찰위원회 소속으로 변경해야 한다. 현재 지역 치안의 최일선인 지구대·파출소를 지휘하는 것은 불가능하다. 그간 제도 구상·법제화 과정에서 지구대·파출소는 자치경찰제의 필수 요소였으나, 지자체 의견수렴 없이 일방적으로 배제 조치되었다. 이는 자치경찰제의 시행 취지인 '지역 주민 의견을 반영한 치안 서비스 제공'을 퇴색하게 하는 조치로, 지구대·파출소와 연계한 다양한 치안정책 추진에 큰 장애 요소가 되었다. 지구대·파출소의 경우 상당한 양의 업무가 지역 순찰을 통한 범죄 예방 등 자치경

찰사무에 해당하지만, 위와 같은 조치로 인해 자치경찰위원회의 요청·협조 시 원활한 협조가 어려운 실정이다. 따라서, 지구대·파출소를 자치경찰로 환원하기 위한 신속한 법령 개정을 건의한다. 하지만 법률 개정에는 장시간이 소요되므로, 우선 지구대·파출소를 자치경찰 소관으로 환원하기 위한 관련 대통령령 및 부령부터 신속히 개정할 것을 건의한다.

다섯째, 자치경찰제 이원화를 위한 '지방자치경찰법'을 별도로 제정하는 것이 필요하다. 현재 법률에 '자치경찰사무' 범위만 명시한 수준으로 구체성이 낮고, 제약조항이 존재하는 등 '국가경찰' 중심 치안 시스템의 일부로서만 규정되어 있다. 즉 자치경찰의 취지, 개념, 기능 등 자치경찰제의 기본이 되는 규정은 미흡하고, 국가경찰/국가수사본부/자치경찰 등 전체 치안체제의 일부로서만 규정, 자치경찰의 독립성·위상 부족 및 각종 제약조항을 통한 자율성을 저해하고 있다. 따라서, 자치경찰제 관련 사항만을 별도의 법률로 제정(지방자치경찰법), 이원화된 자치경찰제 도입이 필요하다.

여섯째, '지방자치법' 개정을 통한 자치경찰사무 개념을 명확하게 해야 한다. 자치경찰사무는 2006년 제주특별자치도 출범 시부터 자치단체의 고유사무로 추진하고 있으나, '지방자치법'에 자치사무로 명시되어 있지 않다. 제주 자치경찰의 경우 법령에 근거하여 자체 예산을 편성 및 자체 사무로 추진하고 있어 자치사무에 해당하지만 지방자치법에 미반영되어 있다. 현행 자치경찰제 역시 제도 도입 취지 및 자치경찰사무가 '주민의 복리증진' 사무에 해당함을 고려할 때 '자치사무'에 해당한다고 판단된다. 현행 자치경찰사무의 법적 성격이 불분명하여 관계자마다 입장이 다르다. 지방자치단체는 자치경찰사무가 '자치사무'에 해당한다고 판단하여, 이를 근거로 제도를 추진 중이나, 행정안전부는 명확한 답변을 주지 못하는 등 현장 혼선이 가속되고 있다. 따라서 자치경찰사무를 자치사무로 명시, 혼란 해소 및 자율성 명문화가 필요하다. 즉, 지방자치법상 자치사무 예시 사항에 '자치경찰' 또는 '지역 주민의 치안과 관련된 사항' 등으로 자치경찰사무를 규정하여 자치사무로 명문화하는 것이다.

이와 같은 여섯 가지 건의는 전국 자치경찰위원회 사무국장(상임위원) 협의회는 물론이고, 전국의 자치경찰을 연구하는 학자들의 공통적인 생각이고 주장이라고 할 수 있다.

이상민 행정안전부 장관은 "국민안전을 총괄하는 부서 장관으로서 주민 요구에 부합하는 양질의 치안 서비스를 제공하고, 국가 전체의 치안 역량을 효율적으로 강화하는 방향으로 자치경찰제를 강화하려고 생각하고 있다. 자치경찰제 강화를 국정과제 중 하나로 선정하였고, 제주 세종 강원에서 이원화된 자치경찰제를 시범적으로 운영할 계획이다. 이 자리에 계신 회장단께서 적극 협조해 주시길 바라며, 오늘 제언해 주신 고견 잘 반영하도록 최선을 다하겠다"라고 말했다.

결국은 국가경찰과 자치경찰의 이원화된 시스템으로 갈 것이다. 단지 속도의 문제이지, 방향은 같다고 할 수 있다. 하나씩 하나씩 수정해서 나가야 한다.

간담회 사진 (협의회 측) 김학배 회장(서울), 이형규 호남권 부회장(수석 부회장, 전북), 강영욱 충청권 부회장(대전), 김태근 영남권 부회장(울산), 남기헌 감사(충북), 조만형 전남 위원장, 이순동 경북 위원장, 김성섭 간사(서울 사무국장) (행안부 측) 이상민 행안부장관, 김순호 경찰국장, 우지완 자치경찰지원과장 등

자치경찰, 이원화 시범 실시보다 중요한 것
경북일보 특별기고 (2023. 5. 30)

2023년 5월 25일, 부산시청 국제회의장에 전국 자치경찰위원회 위원장들과 사무국장(상임위원)들이 다 같이 모였다. 2021년 자치경찰이 출범한 이후, 처음 있는 일이다. 출범 2주년을 기념해서 정책 세미나도 하고, 최근의 현안을 논의하는 회의도 하는 의미 있는 행사였다. 참석한 자치경찰 전문가들은 각자 관점이나 해법은 조금씩 다르지만 공통적으로 자치경찰의 기본적인 방향인 국가경찰과 자치경찰의 '분리'를 통한 국민을 위한 진정한 자치경찰제의 실시를 주장하고 있다. 이른바 국가경찰과 자치경찰의 '이원화'이다.

현재 우리나라에서 실시하고 있는 자치경찰제는 국가경찰 공무원의 신분으로 자치경찰 업무를 실시하는 일원화 모델을 시행하고 있다. 사실 일원화 모델은 진정한 의미의 자치경찰이 아니다. 실제로 자치경찰제도는 자치경찰의 업무를 자치단체장 책임과 권한하에 처리하는 것이 원칙이다. 그래서 어느 학자는 일원화에서 이원화로의 전환을 '비정상에서 정상으로의 전환'이라고 부르기도 한다.

하지만 필자는 현재의 제도가 비록 완성형의 자치경찰제도는 아니지만 실제로 자치경찰 업무가 시작되어서 실시된 것에 대해서 의미 있는 출발이었다고 생각한다. 어느 제도든지 처음부터 완벽하게 갖추고 출발하는 것은 애당초 불가능한 일이 아닌가? 특히 경찰의 업무는 국민의 생명과 재산을 보호하는 긴박함, 돌발성, 위험성, 강제성이 있는 법집행의 영역이니 조금 속도가 늦더라도 시민들과 현장경찰관들과 소통하면서 가도 늦지 않다고 생각한다.

현재 정부에서는 강원, 제주, 세종, 전북 등에서 자치경찰 이원화 시범 실시를 준비 중이다. 이와 같은 시범 실시는 이미 20여 년 전부터 여러 학자가 학회를 중심으로 제시한 보고서와 논문이 많이 있다. 자료와 기본 논의는 이미 충분하다는 이야기다. 모든 제도는 장단점이 있다. 처음부터 시도지사와 자치경찰위원회, 자치경찰관에게 많은 권한과 인력, 사무를 주고 시범 실시를 계획하게 되면, 현장경찰관이나 정치권 등에서 높은 우려와 문제 제기가 나올 수 있다.

어차피 대한민국의 자치경찰은 이원화(정상화)로 갈 수밖에 없다. 왜냐하면 자치경찰은 자치경찰 공무원이 지방자치단체장에 소속되어 스스로의 책임과 권한하에 처리하는 것이 당연하기 때문이다. 다만 이런 방향이라 하더라도 속도 조절을 하면서 나가는 것이 정책저항도 적고, 성공 가능성이 높다는 것이다. 너무 급할 필요가 없다.

하지만 이 시점에 중요한 것이 있다. 국가경찰과 자치경찰의 이원화 시범 실시 전이라도 지금 당장 할 수 있는 것에 주목할 필요가 있다. 필자는 최소한 두 가지를 주장해 왔다. 법률을 개정하지 않더라도 시행령과 시행규칙을 개정하면 할 수 있는 중요한 것이 있다.

첫째, 파출소와 지구대를 자치경찰 소속으로 해야 한다. 시민의 생명과 재산을 보호하는 시민과 가장 가까운 곳에 있는 파출소와 지구대를 현행처럼 국가경찰(112 치안 종합 상황실) 소속으로 해서는 진정한 자치경찰제를 구현하기 어렵다. 파출소와 지구대를 중심으로 지역 주민들과 함께하는 공동체 치안을 만들고, 예방 순찰을 강화해야 한다. 자치경찰은 주민과 함께하는, 주민과 소통하는 지역 사회 경찰활동(community policing)으로 나가야 한다. 지역에 있는 독거노인, 아동, 장애인 등 사회적 약자를 보호하는 사회 안전망을 만드는 데 파출소와 지구대가 적극적인 역할을 할 필요가 있다. 앞으로 사회에 불만을 품은 외로운 늑대의 묻지마 범죄, 아동 및 노인학대 등 범죄 예방에 꼭 필요하다.

둘째, 현재의 자치경찰위원회에 승진심사위원회와 징계위원회를 설치해서 어느 정도 실질적인 인사권을 부여해야 한다. 이와 같은 징계권과 인사권을 합의제 행정기구인 자치경찰위원회에 부여해서 현실화한다면 자치경찰제의 취지도 구현될 수 있을 것이다. 자치경찰을 제대로 운영하기 위해서는 꼭 필요하다.

우리나라에 76년 만에 실시되는 대한민국형 자치경찰제의 모범답안은 아무도 모른다. 아니, 모범답안은 없다. 지금까지 축적된 자료와 논의를 중심으로 지금 당장 할 수 있는 것에 집중할 필요가 있다.

자치경찰제, 조금씩 속도를 내자

최근 윤석열 정부의 국정과제 중 하나인 자치경찰제 활성화 방안으로 '국가경찰과 자치경찰의 이원화' 모델 마련과 시범 실시 등 제도 개선이 본격적으로 추진될 것이라는 발표가 나왔다. 민관 합동 범정부 협의체인 경찰제도발전위원회의 '자치경찰분과위원회'가 지난 10월 25일 첫 회의를 시작으로 공식 출범한다고 행정안전부가 밝힌 것이다. 자치경찰 분과위원회에서 검토·추진할 의제는 현재 일원화 모델인 자치경찰제를 2024년 세종, 강원, 제주에서 시범적으로 이원화하는 방안을 구체적으로 마련하는 것이다. 이원화 시범 실시방안을 만드는 데만 또 1년 이상이 소요된다. 그동안 학자들과 실무진들에 의해 수많은 자치경찰 연구가 진행되어 왔는데, 또다시 시범 실시방안을 만드는 데만 1년 이상이 걸린다는 것이다.

행정안전부는 시범 실시 성과에 따라 2026년 전국적으로 이원화를 시행하는 방안도 검토할 예정이다. 행정안전부와 자치경찰분과위원회는 구체적인 의제 설정부터 세부방안 마련까지 자치경찰사무의 주체인 시·도 자치경찰위원회, 현장경찰관, 전문가 등 의견을 반영해 추진한다는 방침이다. 또한 시·도 자치경찰위원회 간담회와 같은 의견수렴을 위한 자리를 적극적으로 만들 계획이라고 한다.

작년 7월 자치경찰제가 실시된 이후 지금까지 전국 시·도 자치경찰위원장 협의회, 정책간담회, 학회 세미나 등 다양한 형태로 진정한 자치경찰제 발전을 위한 의견을 수십 차례 개진해 왔다. 이 중에는 법률이 개정되어야 하는 사항도 있지만, 법률 개정 없이도 실시할 수 있는 것도 많다.

그 대표적인 것이 국가경찰 소속인 현재의 파출소와 지구대를 자치경찰부 소속으로 바꾸는 것이다. 지구대와 파출소는 지역 주민의 가장 가까운 곳에서 범죄 예방 등 자치경찰사무를 주로 수행한다. 하지만, 파출소와 지구대가 국가경찰 부서인 112 치안 종합상황실 소속이기 때문에 자치경찰위원회와의 원활한 협조가 어려운 실정이다. 주민 밀착형 치안 서비스를 위해서 지구대와 파출소를 자치경찰부 소속으로 다시 환원해야 한다.

또 하나는 현재 자치경찰 정책을 제대로 추진하기 위해서 시·도 자치경찰위원회에 자치경찰 인사에 대한 적정한 권한이 주어져야 한다. 현재 자치경찰위원회는 경정급 이하의 자치경찰에 대해 승진, 전보, 파견, 직위해제 등 임용권 및 징계 요구권을 행사할 수 있게 되어 있다. 하지만 경찰 내부의 인사 시스템에 접근할 수도 없고, 모든 임용권 행사 시 시도경찰청장의 추천을 받아야 하며, 승진 대상자를 결정하거나 징계 여부와 수위를 결정하는 승진심사위원회, 징계위원회 등을 자체적으로 설치할 수도 없게 되어 있다. 다시 말해서, 자치경찰에 대한 실질적인 인사권한이 없는 것이다. 조직을 이끌어가기 위한 최소한의 인사권이 부여되어야 한다.

자치경찰제를 실제로 운영하는 과정에서 여러 가지 한계점이 노출되고 있다. 이러한 한계를 극복하고, 진정으로 지역 주민의 안전을 위한 자치경찰제로 정착되기 위해서는 쉽게 고칠 수 있는 것부터 바꾸어야 한다.

'일 잘하는' 자치경찰을 기대하며
경북일보 특별기고 (2023. 6. 12)

2021년 7월 자치경찰제의 전면 시행으로 지역 주민과 안전을 위한 보다 질 높은 다양한 치안 서비스를 운영하고 있다. 아울러 현장에서 열심히 일하고 있는 자치경찰에 대한 사기 지원방안도 고민하고 있다.

경찰 공무원의 사기는 능력관리와 더불어 인사관리의 중심축이며, 역량이 뛰어난 경찰관이 높은 근무 의욕을 가지고 열심히 노력할 때 시민안전을 위한 최고의 치안 성과가 날 것으로 기대한다.

지역 주민들과 가장 가까운 곳에서 시민의 생명과 재산을 보호하는 중요한 역할을 하는 자치경찰 공무원의 업무 특성을 고려하여, 이들이 안전하고 쾌적하게 근무할 수 있도록 국가와 지방자치단체가 지원해 주어야 한다. 즉 국민의 생명과 재산은 경찰이 지키고, 경찰의 생명과 재산은 국가가 지켜 주어야 한다.

그러면 2021년 출범한 우리나라 자치경찰사무를 수행하고 있는 경찰 공무원에 대해 어떤 지원책이 필요할까?

가장 먼저 생각할 수 있는 것이 현장경찰관들이 실제 근무하고 있는 근무 여건 개선이다. 그중에서 시설 개선사업으로 파출소와 지구대에 냉온풍기 등을 지원하고, 곰팡이나 악취 등을 제거하여 쾌적한 환경에서 근무할 수 있도록 기본적인 근무 환경을 보장해 주는 것이다. 이는 '복지'라고 하기보다는 필수적인 근무 여건 개선에 가깝다고 할 수 있다. 예방 순찰 또는 실제 사건 현장에 다녀온 경찰관이 파출소와 지구대에서 서류 정리를 하고, 잠시나마 편하게 휴게할 수 있도록 해야 한다.

아울러 야간에 시민들이 활용할 수 있도록 지역에 있는 치안센터(옛 파출소)를 잘 정비해서 활용하는 방안도 생각해 볼 수 있다. 헬스 또는 탁구 등 운동시설, 지역 주민들을 위한 동아리 교실 등으로 운영해 보는 것도 좋다.

또한, 현장경찰관에 대한 교육 지원을 생각해 볼 수 있다. 이제 경찰은 '거리의 판사'라고 할 정도로 현장에서 시민안전을 위한 많은 의사결정을 하게 된다. 해당 지역에 있는 대학이나 대학원 진학을 통해 업무의 전문성과 역량 강화를 확보할 수 있도록 교육비 지원 프로그램이 필요하다. 책 읽는 경찰, 공부하는 경찰은 지역 주민과 소통하고 믿음직한 인권경찰이다. 대구형 자치경찰은 공부하는 경찰이었으면 좋겠다. 지역에는 경북대학교 법학, 영남대학교 새마을학, 계명대학교 경찰행정학, 대구한의대학교 평생교육학, 대구대학교 사회복지학 등 좋은 교육 프로그램이 많다. 요즘은 대학마다 사이버 화상 교육, 평일 야간과 토요일 교육을 다양하게 실시함으로써 성인과 직장인 학습자들에게 편리하다. 이를 정부가 지원해 주는 것이다.

아울러 검토해 볼 수 있는 것이 자치경찰의 해외 주재관 파견 프로그램이다. 현재 해외로 진출하는 대구시민들과 기업체가 늘고 있는 시점에서 재외국민과 관련된 사건과 사고가 늘고 있다. 이에 비해 해외공관에 파견되는 경찰 주재관은 부족한 편이다. 범죄 예방과 사건, 사고 처리에 뛰어난 자치경찰을 추천하여 주재관으로 파견하면 재외국민을 범죄로부터 보호하기 위한 효과적인 대책이 되면서 동시에 자치경찰의 사기 진작에도 순기능을 할 것이다.

여기서 필자가 제시한 방안들은 현재의 규정이나 예산 등 현실적인 제약이 있을 수 있다. 앞으로 사회 환경과 정책 수요의 변화와 함께 면밀한 수요조사와 만족도 평가, 전문가 심층 면담 등 다양한 의견수렴 등을 통해 구체적인 방안을 개발해야 할 것이다. 앞으로 자치경찰이 본격적으로 궤도에 오르면 자치경찰 공무원을 국가경찰과 분리해서 별도로 선발할 것이다. 채용 시험과목도 다르고, 신임 교육 프로그램도 다를 것이다. 우수한 인재가 자치경찰에 지원할 수 있도록 여건을 만드는 것이 중요하다.

결국 중요한 것은 사람이다. 일은 사람이 하는 것이다. 지역 주민을 위해, 지역의 안전을 위해 솔선수범하는 경찰, 일 잘하는 경찰, 믿음직한 경찰을 기대한다.

"자치경찰-지방행정 협력 필수"

대한지방자치학회 동계학술세미나가 2023년 2월 16일 대구 그랜드호텔에서 열린 가운데 대구시 자치경찰위원회 박동균 상임위원(사무국장)이 '자치경찰과 지방행정의 연계 및 협력강화방안'이라는 주제로 교수들을 대상으로 기조강연을 펼쳤다. 박 국장은 자치경찰의 주요 성과를 설명하며 "자치경찰제의 성공과 정착을 위해서는 자치경찰과 지방행정의 연계협력 강화가 반드시 필요하다"라고 강조했다.

자치경찰은 2021년 7월부터 시행한 제도다. 아동, 청소년, 여성 등 사회적 약자 보호, 교통지도·단속 및 질서 유지, 범죄 예방과 생활안전 업무 등 일상생활의 가장 가까운 곳에서 시민들의 안전을 지키는 업무를 수행하고 있다.

대구 자치경찰의 우수 성과로는 자살 기도 및 정신질환 인원에 대한 응급입원 전담 의료기관 지정이 꼽힌다.

고위험 정신질환자를 피해자로부터 분리해서 병원에 입원시켜야 하지만 병원에서 응급입원을 거부할 경우 경찰관서에서 계속 보호해야 하는 문제가 있었다. 병원에서 응급입원을 거부할 경우, 경찰관서에서 계속 보호해야 하는데 자해나 행패, 소란 등으로 경찰력이 낭비되고 다른 긴급출동이 지연되는 등 전체적인 치안력의 약화를 초래한다.

대구시 자치경찰위원회는 추경예산 7천 4백만원을 투입하고 적극적인 홍보를 통해서, 경찰 응급입원 전용 3개 병원 4개 병상을 확보했다. 여성 1인 가구 등을 대상으로 한 '세이프-홈' 지원사업도 시민들의 호응을 얻고 있다. 이 사업은 스마트폰을 통해 영상을 확인할 수 있는 스마트 초인종을 비롯해 문 열림 센서, 창문잠금장치, 현관 보조키 등 안심여성 4종 세트로 구성해 범죄에 취약한 여성 1인 가구를 대상으로 지원하는 것이다. 대구에서는 공모를 통해 8개 구·군에 예산액을 배정한 후 원룸, 전·월세, 매입임대주택 등 주거환경이 낙후된 지역을 우선적으로 선정해 추진했다. 여성안전 환경개선 사업을 자치경찰위원회가 직접 추진하는 것은 전국 최초다. 시민들 반응이 좋아 지원 대상에 남성도 포함하고, 범죄 피해자 등으로 확대해 시행한다.

박동균 국장은 "치안행정과 지방행정 간 연계를 보다 강화하기 위해서 자치경찰위원회에 설치되어 있는 실무협의회를 보다 활성화시켜야 하고, 정기회의는 물론이고, 필요시 임시회의를 소집해서 긴급하거나 중요한 현안에 대한 연계를 강화하는 것이 필요하다."며 "기초자치단체에 자치경찰팀 또는 최소한 자치경찰 담당관을 두고 연계를 강화해야 하는데, 이는 광역자치단체에서 실시되고 있는 현행 제도를 보완하는 장치"라고 강조했다(매일신문, 2023. 2. 19).

자치경찰 맞춤형 복지 강화방안

2023년 4월 14일(금) 영남대학교 사회과학관에서 한국행정학회 춘계학술대회가 열렸다. 한국행정학회 공공안전행정연구회 주관으로 "자치경찰과 시민안전"이라는 주제의 세션을 만들었고, 필자는 이행준(아주대) 교수와 공동으로 연구해서 집필한 논문을 발표했다. 박주상 한국치안행정학회장이 좌장을 맡았고, 백승민 위덕대 교수, 조성구 경운대 교수, 박민성 교수 등 영파워 교수들이 지정 토론자로 참여했다. 필자는 자치경찰이 출범한 이후 현장에 근무하는 자치경찰의 사기 진작을 위해 업무 특성에 맞는 맞춤형 복지를 강화해야 한다고 주장하면서 그 대안을 제시하였다.

여기서는 지면 관계상 핵심적인 부분인 결론만을 소개한다.

공무원의 후생복지는 조직 운영 전반에 걸쳐 인사·보수·복무 분야, 능력개발, 물리적·제도적 근무 여건, 조직문화 등 다른 요인들과 밀접한 상호 관련적인 성격을 띠고 있다. 공무원의 사기는 공무원의 능력 요소 관리와 더불어 인사관리의 중심이며, 능력 있는 직원이 근무 의욕을 가지고 열심히 노력할 때 그 기관의 성과가 증대될 것임은 당연한 결과이다. 즉, 조직원들이 직무몰입에 이르게 되면 사용자 입장에서는 더 바랄 것이 없을 것이다.

그러한 취지에서 출발한 공무원 맞춤형 복지제도는 개개인의 자율적인 참여에 의한 선택권 보장으로부터 출발한다. 맞춤형 복지는 자신이 처한 상황이나 선호도에 비추어 자신의 의지와 기호에 의해 스스로 선택하게 함으로써 동일한 재원보다 높은 복지 만족 효과를 기대할 수 있다.

그러나 맞춤형 복지제도는 단독적으로 복지효과를 나타내기에는 제약요인이 따르게 된다. 소속되어 있는 조직의 문화와 근무 환경이 중요하며 구성원 상호 간·상하 간 존경과 신뢰가 중요변수로 작용하게 되는 것이다. 이들 주변 환경 요인들과 서로 부딪히면서 상승작용을 일으키는 조직 문화와 함께 살아 숨 쉬는 복지 제도가 필요한 것이다.

따라서 자치경찰사무를 수행하고 있는 공무원에 대해 다음과 같은 맞춤형 복지 지원에 대한 단기-중장기적인 발전방안이 필요하다.

먼저 단기적인 방안으로 첫째, 해외여행 경비 지원(부산시)으로 자치사무를 담당하는 공무원뿐만 아니라, 국가사무, 수사사무를 담당하는 경찰 공무원들에 대해서도 해외 배낭여행 등에 대한 경비를 지원하여 경찰 사무별 공무원들에게 동등한 복지를 실현하고 향후 상호 업무협력을 위한 초석으로 활용하고자 한다.

둘째, 근무 시설에 대한 환경 개선으로 파출소, 지구대에 냉온풍기, 안마의자 등을 지원하거나 곰팡이, 악취 등을 제거하여 쾌적한 환경에서 근무할 수 있도록 기본적인 근무 환경을 보장해야 할 것이다.

셋째, 교육 지원으로 향후 자치경찰이 원만하게 정착될 경우 시험과목에 대한 변경 가능성도 높아지고 고도의 전문성을 요구하는 분야가 나타날 수 있기에 해당 지역의 대학/대학원에 대한 진학을 통해 전문성을 확보할 수 있도록 교육 지원이 요구된다.

넷째, 자치경찰의 주재관 파견으로 재외국민과 관련된 사건·사고가 급증하고 있는 데 반해 해외 공관 파견 경찰 주재관은 턱없이 부족한 것으로 나타났다. 범죄 예방과 사건·사고 처리에 전문성이 뛰어난 자치경찰을 추천하여 주재관 파견하여 재외국민을 범죄로부터 보호하기 위한 대책으로 강구할 수 있다.

맞춤형 복지에 대한 중장기 방안으로 첫째, 지급 범위의 확대이다. 대구광역시의 경우 자치경찰사무를 수행하는 공무원에게 타 시도와 비교하여 지급 범위를 최대한 확대하는 노력을 기울이고 있으며, 현장경찰관을 포함하여 주기적으로 정밀 건강 검진 지원을 구성(대구, 강원만 채택)하여 맞춤형 복지혜택을 증대하고 있다. 이에 타 시도의 경우도 자치경찰사무를 수행하는 공무원에게 점진적으로 포인트의 상향조정이 필요하며, 자치경찰사무의 특수성에 기인한 항목이 개발되어야 하고 이를 기반으로 포인트 지급이 동시에 이루어져야 할 것이다.

둘째, 맞춤형 복지제도를 효과적으로 활용하기 위해서는 선택 항목을 자치경찰사무의 특수성에 기인하여 개발할 필요가 있는 것은 말할 것도 없겠거니와 이를 위해 조직원의 다양한 의견 수렴의 통로가 마련되어야 할 것이다. 또한 복지 제휴카드제 도입으로 인하여 복지카드 가맹점 가입 여건에 따라 인정되는 업소가 결정되고 있음을 고려하여 보다 많은 항목을 발굴하고 카드업소의 가맹점 상황을 수시로 점검하여 경찰 공무원들이 복지점수를 사용할 때의 불편함을 최소화해 주어야 하며 아울러 경찰공무원이 공무상 활동으로 인해 심각한 상해를 입었을 때 가까운 병원에서 복지 포인트로 치료를 받을 수 있도록 병원 및 의원 등 관련 기관들과의 연계를 활성화할 필요가 있겠다.

셋째, 어떠한 제도이든 그 제도의 효율성을 높이기 위해서는 사용자에 대한 철저한 교육과 홍보가 필요하다. 더군다나 과중한 업무에 시달리는 공무원에게는 개인의 시간을 할애하지 않는 한도 내에서 맞춤형 복지제도의 내용을 숙지할 수 있도록 제공자가 충분한 교육을 해야 할 것이다.

넷째, 복지 지원이 보수적이고 제도적인 측면을 제외하더라도 자치경찰 사무를 수행하는 공무원의 복지체계를 바로잡고 그들의 특수성에 기인하여 진정한 복지의 수혜를 제공하여 직무의 만족도를 높이고 서비스의 질을 향상시키는 것은 자치경찰 담당 공무원 개인의 문제인 동시에 가족, 지역 사회 및 국가 전체에 긍정적인 영향을 미칠 수 있다는 사실을 먼저 인식할 필요가 있다. 따라서 자치경찰사무를 수행하는 공무원의 업무에 대한 만족도를 높이고 그에 상응하는 성과를 끌어내기 위해서는 정책적인 측면에서 변화가 가능한 부분들이 있다면 그 부분을 적극적으로 개선할 필요가 있다.

본 논문은 자치경찰의 맞춤형 복지 지원에 대한 시론적 연구로 진정한 맞춤형 복지 제도의 개선방안을 제시하기 위해서는 아직 많은 정책적, 현실적, 사회적 과제를 가지고 있다. 앞으로 사회 환경 변화, 인구 통계학적 변화, 가족 형태의 변화, 복지 수요의 변화에 적절히 대응하기 위해 정기적인 수요조사와 만족도 조사, 여론조사와 심층면담, 의견 수렴 등을 통해 정확하고 객관적인 자료들을 확보하고 연구함으로써 과학적 근거에 기초한 구체적인 개선방향을 개발하고 제시해야 할 것으로 보인다.

대통령령의 일부 개정

대통령령이 일부 개정되었다. 개정 이유는 시·도 자치경찰위원회 회의의 효율적인 운영을 위하여 해당 위원회 회의를 서면으로 심의·의결하거나 원격영상회의 방식으로 할 수 있도록 하고, 서면으로 심의·의결할 수 있는 대상과 원격영상회의 운영 등에 관한 사항을 해당 시·도의 조례로 정하도록 하는 한편, 각 시·도 자치경찰위원회 간의 교류와 협력을 증진하고 공동의 문제를 협의하기 위하여 시·도 자치경찰위원장 협의회를 설립할 수 있도록 근거 규정을 마련하려는 것이다.

> 자치경찰사무와 시·도 자치경찰위원회의 조직 및 운영 등에 관한 규정 일부를 다음과 같이 개정한다.
>
> ⊙ 대통령령 제33451호 자치경찰사무와 시·도 자치경찰위원회의 조직 및 운영 등에 관한 규정 일부 개정령
>
> 제13조에 제5항 및 제6항을 각각 다음과 같이 신설한다.
>
> ⑤ 시·도 자치경찰위원회는 회의의 효율적 운영을 위하여 필요한 경우 서면으로 심의·의결하거나 원격영상회의 방식으로 할 수 있다. 이 경우 서면으로 심의·의결할 수 있는 대상과 원격영상회의의 운영 등에 관한 사항은 해당 시·도의 조례로 정한다.
>
> ⑥ 제5항에 따라 시·도 자치경찰위원회의 회의를 원격영상회의 방식으로 하는 경우 해당 회의에 참석한 위원은 동일한 회의장에 출석한 것으로 본다.

제20조를 다음과 같이 신설한다.

제20조(시·도 자치경찰위원장 협의회) ①시·도 자치경찰위원회는 상호 간의 교류와 협력을 증진하고, 공동의 문제를 협의하기 위하여 각 시·도 자치경찰위원회 위원장을 구성원으로 하여 시·도 자치경찰위원장 협의회(이하 "위원장협의회"라 한다)를 설립할 수 있다.

② 위원장협의회의 조직·운영과 그 밖에 필요한 사항은 위원장협의회에서 정한다.

부칙

이 영은 공포 후 6개월이 경과한 날부터 시행한다. 다만, 제20조의 개정 규정은 공포한 날부터 시행한다.

전국 자치경찰위 상임위원 권역별 회의

오랜만에 전국 자치경찰위원회 상임위원(사무국장) 대표들이 뭉쳤다. 2023년 3월 15일(수), 전국 18개 시도 자치경찰위원회 상임위원들은 부산광역시 자치경찰위원회에서 모여 권역별 대표 회의를 개최했다. 이날 회의에는 김병화 수도권(경기 남부), 이시준 충청권(충남), 백혜웅 호남권(전남), 박동균 영남권(대구, 필자) 등 권역별 대표들과 김성섭 서울(전국 대표), 박노면 부산(개최도시), 황문규 경남(전국 간사) 상임위원 등 7명이 참석했다.

회의에서 지역별 대표 상임위원들은 자치경찰제 출범 2주년을 맞아 자치경찰이 침체 국면의 우리 경제 활성화에 적극 참여할 수 있도록 지역별 특성에 맞는 맞춤형 민생 치안 시책과 국민 민생 보호에 실효적인 시책으로 보탬이 되도록 하자는 데 의견을 같이했다.

자치경찰이 민생 치안의 확보에 제대로 된 역할을 다하기 위해서는 시도 자치경찰위원회 사무국에 파견된 경찰관의 현실성 있는 정원화가 필수적이고 시급하다는 데에도 의견을 같이하고 이를 행안부 등 정부와 국회 등에 강력히 건의하기로 했다. 현재 전국 18개 시도 자치경찰위원회 사무국에는 인구, 면적, 범죄 발생 건수, 112 신고 건수 등 지역별 치안 여건을 전혀 고려하지 않고 서울에서 제주도까지 파견 경찰관 정원을 일률적으로 3명(세종시 2명)씩 배치하여 운영되고 있다.

아울러 이날 회의에서는 최근 뜨거운 감자로 떠오르는 주취자 응급의료센터 문제, 자치경찰 이원화 문제 등에 대한 토론이 있었다.

그리고 현재 진행되고 있는 자치경찰제도는 광역단위이기 때문에 기초자치단체 차원의 연결고리가 필요하다. 충남 자치경찰위원회에서는 기초자치단체와 경찰서 담당자를 초청하여 워크숍을 개최했고, 전남 자치경찰위원회에서는 기초 단위의 자치경찰 실무협의회 조례를 만들기도 했다. 이런 내용은 참석한 위원들에게 좋은 정보가 되었다.

회의를 마치고, 부산 광안리의 횟집에 가서 자연산 회에 소주를 곁들인 2차 간담회가 진행되었다. 필자는 회의에 참석하기에 앞서 우철문 부산경찰청장과 오찬을 하였다. 우철문 청장은 대구성광고를 졸업하고 경찰대 7기로서 소통과 포용의 달인으로 불리는 경찰 최고의 리더이다. 우철문 청장은 경찰청 자치경찰추진단장을 역임할 정도로 자치경찰에 대해서는 해박한 지식과 열정을 갖고 있는 인물이다.

왼쪽부터 박노면 부산 상임위원, 황문규 경남 상임위원, 박동균 대구 상임위원, 김성섭 서울 상임위원, 김병화 경기남부 상임위원, 이시준 충남 상임위원, 백혜웅 전남 상임위원

또한, 2023년 5월 11일에는 대구시에서 개최하였다. 대구광역시 자치경찰위원회는 대구광역시청 산격청사 내 자치경찰위원회 회의실에서 '영남권 시·도 자치경찰위원회 상임위원(사무국장) 원탁회의'를 개최했다.

이날 회의에 영남권 자치경찰위원회 상임위원들이 한자리에 모인 가운데 자치경찰 출범 2년이 되어가는 시점에서 전국적으로 공통 현안인 사무국 파견 경찰관의 임기 및 인원 문제와 자치경찰 이원화 시범 실시방안 등을 집중적으로 논의했다. 아울러 대구형 셉테드(CPTED) 사업, 폴리스 틴·키즈 운영, 과학 치안 R&D 사업 등 대구광역시 자치경찰위원회의 주요 성과를 공유하는 시간을 가졌다.

영남권 사무국장 원탁회의

전국 자치경찰위 상임위원 원탁회의, 간사로 선출

2023년 8월 10일(수) 오전 10시, 전국 자치경찰위원회 상임위원 18차 원탁회의가 열렸다. 이날은 태풍 '카눈'이 한반도를 통과하는 시점에서 전국이 비상 상황으로 가급적 간략하게 카톡 회의 방식으로 진행되었다.

회의 안건은 사무국 파견 경찰관 파견 기간 연장 등 인사혁신처 실무자 면담 보고, 원탁회의 간사 선출, 전국 자치경찰위원회 상임위원 워크숍 개최 등이다. 특별히 논쟁 될만한 것이 없어 회의가 빨리 진행이 되었고, 특히 2023년 8월 대한민국을 강타한 묻지마 범죄에 대해 시민들이 불안해하지 않도록 경찰과 지방자치단체 등의 협력을 통한 치안 시스템에 대한 논의가 있었다.

이날 마지막 안건으로 대구시 자치경찰위원회 상임위원인 필자가 전국 자치경찰위원회 상임위원 간사로 선출, 인준되었다. 전임 황문규 경남 자치경찰위원회 사무국장의 사퇴 때문에 필자가 선출된 것이다. 필자는 전국의 위원들에게 남은 임기 10개월간 최선을 다하겠다고 다짐했다. 전국 자치경찰위원회 상임위원 원탁회의의 의장인 서울 자치경찰위원회의 김성섭 회장이 워낙 역량이나 인품이 훌륭하시기 때문에 큰 걱정을 하지 않는다. 최선을 다하자고 스스로 각오를 가져본다.

자치경찰 시범 실시, '제대로' 해보자
영남일보 특별기고 (2023. 8. 17)

2021년 7월부터 시행하고 있는 자치경찰제에서는 자치경찰이 국가경찰 공무원의 신분으로 자치경찰 업무를 수행하고 있다. 자치경찰관이 없는 자치경찰제도다. 이를 국가경찰과 자치경찰의 일원화 모델이라고 부른다. 이 일원화 모델은 진정한 의미의 자치경찰은 아니다. 실제로 자치경찰의 주요 업무가 생활안전, 사회적 약자 보호, 교통안전 등 주민의 일상생활과 매우 밀접하기 때문에 지방자치단체장의 책임과 권한하에 처리하는 것이 좋다.

내년부터 세종·제주·강원·전북 등 특별법이 제정된 4개 특별자치시·도에서 자치경찰을 제대로 시행하기 위한 이원화 시범 실시에 들어간다. 윤석열 대통령은 취임 후 '자치경찰권 강화'를 국정과제로 채택했다. 현재 국무총리실 소속 경찰제도발전위원회에 자치경찰 분과위원회를 구성하고 기관 및 현장방문, 각종 의견 수렴 등을 통해 시범실시안(案)을 논의 중이다. 곧 권고안도 나올 것이다. 지방자치단체와 경찰청 그리고 현장경찰과 일선 공무원들이 잘 소통해 제대로 된 시범 실시안을 만들어야 한다.

이런 가운데 내년 자치경찰 이원화 시범 실시를 앞두고 있는 세종경찰이 실효성을 내세우며 '자치경찰제 이원화' 실시를 촉구하고 나섰다. 세종경찰직장협의회·경찰행정관·주무관노조 등 150여 명이 결성한 세종자치경찰 연구모임은 "(이원화는) 수요자인 지역 주민과 공급자인 경찰이 원하는 형태로, 제대로 된 자치경찰제를 해야 한다"라고 주장했다. 또한 "자치경찰제는 주민과 소통하고, 지역 특성에 맞는 주민 맞춤형 치안 서비스를 제공하는 것이 본연의 임무"라며 "하지만 현재의 자치경찰제는 조직과 인력, 사무, 예산, 장비 등이 시행 이전과 비교해 달라진 것이 거의 없다. 지역 주민뿐 아니라 일선 경찰관들도 이를 체감하기 어렵다"라고 진단했다. 그러면서 "자치경찰사무를 수행 중인 지구대와 파출소, 112 종합상황실, 교통사고 조사나 가정폭력, 학교폭력, 아동학대 범죄 등 지역의 수사 사무가 자치경찰로 이관돼야 한다"며 "이를 제대로 수행하기 위해서는 교통 과태료와 범칙금이나 주세(酒稅)의 이관이 필요하다. 앞으로 현장경찰관들의 다양한 의견을 모아 자치경찰 이원화 시범모델을 보다 구체화해 나갈 계획"이라고 밝혔다.

참으로 의미 있는 연구모임을 만들었고 소중한 결과를 도출해 냈다. 이는 우리나라 자치경찰제도가 안정적으로 정착해 가는 과정으로 보인다. 이에 필자는 국가경찰과 자치경찰의 이원화 시범 실시 전이라도 지금 당장 시행할 수 있는 두 가지를 제안한다.

첫째, 국가경찰인 112 치안 종합상황실 소속인 파출소와 지구대를 자치경찰 소속으로 변경할 것을 주문한다. 파출소와 지구대는 원래 자치경찰인 생활안전과 소속이었다. 하지만 자치경찰 시행 직전에 112 치안 종합상황실 소속으로 직제가 변경됐다. 원래대로 자치경찰 소속으로 두고 지역 주민과 함께하는 공동체 치안과 예방 순찰을 강화해야 한다. 은둔형 외톨이, 독거노인, 아동, 장애인 등 사회적 약자를 보호하는 촘촘한 사회 안전망을 만드는 데 있어 파출소와 지구대의 역할이 중요하기 때문이다.

둘째, 자치경찰위원회에 승진심사위원회와 징계위원회를 설치해 어느 정도 제대로 된 인사권을 부여해야 한다. 현재 시·도 자치경찰위원회에는 최소한의 인사권도 없다. 책임과 권한이 같이 가도록 하는 것이 자치경찰제의 취지에도 맞다. 제대로 된 자치경찰을 운영하기 위해서는 꼭 필요하다.

嶺日新聞

2023년 09월 01일 금요일 006면 사회

지구대·파출소 증원? 자치경찰부터 제대로!

정부 범죄 대책에…현장선 '글쎄'

지구대·파출소 위주의 경찰 조직개편이 검토되고 있는 가운데 자치경찰 도입 취지부터 되살려 '지역 맞춤형' 범죄 예방에 나서야 한다는 지적이 나온다.

정부는 최근 잇따르고 있는 흉가남동 범죄, 신림동 성폭행 사건 등 묻지마 범죄 대책으로 지구대, 파출소 등 현장 인력을 확대하는 방안을 추진하고 있다. 경찰청 본청, 국가수사본부, 시·도경찰청, 경찰서 등 내근 인력을 파감하게 감축하는 형태다.

이에 반해 일선 경찰들 사이에서는 자치경찰제 강화를 대안으로 제시하는 목소리가 높다. 대구 한 경찰서 간부는 "현재 언급되는 대책은 아랫돌 빼서 윗돌 괴는 방식이라 한계도 뚜렷하고 결국 다른 부작용을 노출할 가능성이 크다"며 "범죄 예방 측면에서는 행정복지센터 등 지자체, 주민들과 협력해 지역 맞춤형 치안서비스를 내놓을 수 있는 자치경찰 제도를 강화하는 게 가장 효과적일 것"이라고 제안했다.

자치경찰제는 2021년 7월 도입 후 2년이 넘었지만 구조적 한계로 아직까지

현재 언급되는 충원 대책 아랫돌 빼서 윗돌 괴는 격
"자치경찰 소관 부서로 이관"
지역 맞춤 치안서비스 제안

실효성을 체감하기 어렵다는 지적이 나온다. 가장 시급한 숙제는 지구대와 파출소를 자치경찰 조직인 생활안전과 소속으로 환원하는 일이 꼽힌다.

지구대와 파출소는 자치경찰 시행 직전에 112 치안종합상황실 소속으로 직제가 변경됐다. 신고사건 처리에 급급할 수밖에 없고 지역 맞춤형 치안 대책과는 거리가 멀어졌다. '우범지역에 경찰이 보이지 않는다'는 지적이 나온다. 전국시도자치경찰위원장협의회도 지난 28일 16개 시도 위원장과 함께 지구대와 파출소 소속을 자치경찰 소관 부서인 생활안전과로 이관할 것을 요구했다.

자치경찰 인사권 독립 및 국가경찰과의 이원화 작업 역시 속도를 내야 한다는 목소리가 크다. 현재의 자치경찰제는 조직과 인력, 사무, 예산, 장비 등

이 시행 이전과 비교해 달라진 것이 거의 없다는 것 중론이다. 지난 5월, 전북과 강원, 세종, 제주 4개 지자체가 자치경찰제 이원화 시범 실시를 공동 건의했다.

자치경찰과 지자체 간 협업과 예산지원을 통해 자율방범대 순찰을 강화하자는 제안도 있다. 박동균 대구시 자치경찰위원회 상임위원은 "예를 들어 동성로에 제복 입은 경찰이 수시로 순찰을 하면 범죄 예방 효과가 뚜렷하게 나타날 것"이라고 했다.

김윤기 기자 yoonki@imaeil.com

공무원의 적극행정
경북일보 특별기고 (2023. 9. 8)

최근 신림동 묻지마 살인 사건, 분당 서현역 흉기 난동 사건, 신림동 등산로 성폭행 살인 사건 등 흉악 범죄들이 연이어 발생하고 있다. 또한, 살인 예고 글이 잇따르면서 시민들이 극도로 불안해하고 있다. 게다가 기후변화로 인한 홍수와 태풍, 산사태, 폭염 등의 자연재해와 함께 이태원 참사 같은 사회적 재난 등으로 재난 및 위기관리에 대한 경각심이 높아진 상태이다. 물론 이는 우리나라만의 문제만은 아니다. 미국이나 영국, 프랑스 등 유럽 국가들도 각종 범죄나 재난으로부터 최근 큰 피해를 입었고, 현재 진행형이다.

이러한 범죄와 재난 등 위기 상황은 '불확실성'이라는 개념이 지배하고 있다. 언제, 어디서 발생할지 모르는 미래 예측의 불확실성, 어느 한 기관의 힘으로는 해결하기 어려운 해결방안의 불확실성 등이 바로 그것이다. 그래서 위기관리가 어려운 것이다. 24시간, 365일 한 치의 빈틈도 없이 국민을 지키는 힘들고, 위험하고, 어려운 업무이다.

요즘 공직사회에는 '열심히 일을 하면 직권남용, 안이하게 일을 하면 직무 유기'라는 말이 있다. 특히, 정례화되고, 주기적인 정책이 아닌 정답이 따로 없는 정책의 경우는 더욱 그러하다. 괜히 소신 있게 정책을 제안해서 열심히 일을 하다가 혹시라도 변수가 발생해서 시민단체나 언론 등에서 문제점이라도 제기를 하면, 일을 하던 공무원이 여기저기 감사부서에 불려 다니는 경우가 있다. 이런 경우, 징계를 받거나 심하면 조직을 떠나거나 형사처벌을 받는 경우도 있다.

만약에 어느 음식점의 직원이 열심히 접시 10개를 닦다가 실수로 한 개를 깨뜨린 경우에 실수에 대한 책임을 물어 변상 조치를 명한다거나 벌점을 준다면, 누가 열심히 접시를 닦겠는가? 접시를 하나도 닦지 않는 게으른 직원은 접시를 깰 일이 아예 없다. 이 게으른 직원이 문제인 것이다. 여기서 '적극행정의 면책제도'를 활성화해야 한다. 적극행정은 공무원이 공공의 이익을 위해 창의성과 전문성을 바탕으로 적극적으로 업무를 처리하는 행위를 말한다. 적극행정의 면책제도는 공무원이 공공의 이익을 위하여 성실하고 적극적으로 업무를 처리한 결과에 대하여 고의나 중대한 과실이 없을 때 책임을 면제하거나 감경해 주는 제도이다. 열심히 일하는 과정에서 생긴 부분적 실수에 대해 책임을 감면함으로써 적극적으로 일할 수 있는 공직문화를 만들기 위한 것이다. 예를 들어서, 범죄나 재난, 안전사고를 막기 위해서 소신 있는 공무원이 어떤 정책을 시행했다가 다행스럽게 위험 상황이 심각하지 않게 잘 종료된 경우, 굳이 예산과 인력을 동원해서 행정력을 낭비했다고 질책한다면 누가 열심히 소신 있게 일하겠는가? 흉기를 들고 시민을 위협하는 경우, 경찰관이 범죄자를 진압하는 위험한 현장에서 설사 조금 강하게 팔목을 비틀었다고 해서 직권남용이나 독직폭행으로 처벌한다면 어떻게 경찰관이 이 흉악한 범죄자에 대해 제대로 된 법집행을 할 수 있겠는가? 또한 귀가 중인 여학생을 폭행하고 괴롭히는 불량배를 시민이 용기를 내어 제지하는 격투 과정에서 범인의 목을 조른 것을 폭행으로 처벌한다면 누가 위험에 처한 시민을 도울 것인가?

　헌신적으로 성실하게 일하는 공무원들과 위험에 처한 사람을 도운 의로운 시민들에게는 승진이나 표창을 주어 칭찬하고, 널리 알려야 한다. 그리고 흉악하고 못된 인면수심의 범죄자는 엄벌해야 한다. 악랄하고 흉악한 범죄와 비교했을 때 그보다 가벼운 형벌, 흉악한 범죄자보다 약한 공권력으로는 안전한 사회를 만들 수 없다. 안전한 사회를 만들기 위해서 소신 있게 일하는 공무원의 적극행정을 활성화해야 한다.

02

대구형 자치경찰제 다듬기

대구형 자치경찰 정책을 위한 여론 조사 실시

대구시 자치경찰위원회는 대구형 치안정책 수립과 자치경찰의 역할을 정립하기 위해서 2022년 6월 23일부터 7월 8일까지 온라인과 오프라인을 통해서 1,000여 명의 시민을 대상으로 여론 조사를 실시하였다.

이번 조사는 자치경찰의 생활안전, 교통, 여성·청소년 정책에 대해 대구시에 거주하고 있는 만 18세 이상 성인남녀를 대상으로 지역, 성별, 연령별 비례 할당을 추출해 의견을 물었다.

주요 응답 결과를 살펴보면 먼저, 공동주택 내 안전에 위협이 되는 가장 심각한 문제로 전체 응답자 중 40.7%가 '층간소음, 반려동물 소음으로 인한 이웃 간 불화'를, 27.5%가 '공동주택 내 허술한 보안장비 및 시스템', 26.6%가 여성 1인 가구, 노인가구 등 특정 집단을 목표로 한 주거침입 범죄, 5.0%가 공동주택 내에서의 면식 범죄를 꼽았다.

어떤 상황에서 안전의 위협을 느끼고 있는지를 살펴본 결과, 어두운 야간 보행길 통행이 28.2%로 가장 높았고, 이어서 CCTV 사각지대에서의 범죄 위험(28.0%), 지역 사회 내 주취자 및 정신질환자 난동(25.1%)의 순으로 나타났다.

범죄 예방을 위한 셉테드(CPTED) 사업에 대해서는 응답자의 83.6%가 범죄 예방에 도움이 된다고 답했으며, 그 방식으로는 'CCTV 확대 설치' 73.6%, '스마트 비상벨 도입' 33.7%, 'LED 보안등 설치' 30.6% 순으로 응답했다.

시민안전에 가장 큰 위협이 된다고 생각하는 교통수단은 오토바이가 56.8%로 가장 높았고, 이어서 전동 킥보드(21.2%), 화물 트럭(12.4%), 승용차(5.0%) 순으로 나타났다.

교통수단이 위협되는 이유에 대해서는 돌발 출연으로 인한 접촉 사고가 36.8%로 가장 높았고, 이어서 인도 침입 및 운행(19.3%), 보복·난폭 운전(12.0%)의 순으로 나타났다.

어린이보호구역(스쿨존) 안전을 위한 조치방안으로는 응답자의 45.1%가 '초·중·고등학생 대상 교통안전 교육'이 필요하다 답했고, 19.6%는 '스쿨존 불법 주정차 단속 강화'를 꼽으며, 학생들이 올바른 보행 습관을 기를 수 있도록 교통안전 교육이 확대 실시돼야 할 것을 당부했다.

고령자 운전면허 자진 반납을 확대하기 위한 방안으로는 28.2%가 '고령자 나드리콜 택시' 운영 등 고령자에 대한 특화된 교통정책이 선행돼야 한다고 답했으며 25.4%는 조건제 운전면허제 도입 등 고령자 운전면허 반납을 법제화해야 한다고 응답했다.

성범죄 대응을 위한 자치경찰의 역할을 묻는 항목에서는 49.1%로 절반에 가까운 응답자가 '성범죄 가해자 처벌 강화를 위한 법제 정비'가 필요하다 답해, 제도적인 보완이 가장 시급한 것으로 나타났다.

아동을 대상으로 한 범죄 발생률을 낮추기 위한 자치경찰의 역할이 무엇인지 살펴본 결과, 피해 아동을 위한 연대 시스템 강화가 28.1%로 가장 높았고, 이어서 전문가 의견을 반영한 아동 범죄 관련 대응 매뉴얼 강화(22.5%), 아동 범죄 재신고의 경우 즉각 분리 조치(22.3%) 등의 순으로 나타났다.

학교폭력 사건에 자치경찰이 개입할 수 있는 유형은 무엇인지에 대한 질문에 대구시민들은 신체폭력을 87.9%로 가장 높게 응답했고, 이어서 금품갈취, 성폭력, 사이버 폭력의 순으로 응답했다. 아울러 자치경찰이 어떤 방식으로 대응해야 학교폭력을 예방할 수 있는지 살펴본 결과, 학교폭력 발생 시 적극적이고 신속한 출동(37%)이 가장 높았고, 가정-학교-지역 사회-자치경찰의 밀접한 연대 의식, 학교전담경찰관의 확대 순으로 나타났다.

최근 사회 문제가 되고 있는 스토킹 범죄가 발생했을 때, 가장 중요한 조치방안에 대한 질문에 피해자와 가해자를 분리하고 접근 금지하는 조치(35.1%)라는 응답이 가장 많았다. 피해자와 그 가족에 대한 보호조치(30.9%), 피해자 거주지 주변 CCTV 설치를 통한 신변 보호 강화(16.8%)가 뒤를 이었다.

자치경찰과 관련된 생활안전 분야에서 우선하여 수행해야 할 분야에 대하여 대구시민들은 '지역 순찰과 범죄 예방(56.3%)'을 가장 중요하게 생각하고 있었다. 그 다음은 아동·여성·청소년 보호(24.4%), 안전사고·재해·재난 긴급 보호조치(10.8%) 순으로 나타났다.

자치경찰과 관련된 교통, 경비 분야에서 먼저 다루어야 할 분야에 대하여 대구시민들은 교통법규 위반 단속(33.2%), 지역 다중 운집 행사 교통 및 안전관리(26.0%), 교통안전 교육 및 홍보(14.9%) 순으로 답했다.

여성, 청소년 분야에서 자치경찰이 우선하여 다루어야 할 분야에 대해서는 여성, 청소년 대상 범죄 예방(31.6%), 학교폭력(21.9%) 등의 순으로 나타났다.

현재 거주지역의 범죄 예방 등 생활안전을 위해 가장 먼저 추진해야 할 자치경찰활동에 대하여 대구시민들은 CCTV 등 범죄 예방 시설의 확대 설치(37.8%), 순찰 활동 강화(27.5%), 생활안전 위협시설 단속(16.4%)의 순으로 응답했다.

대구시 자치경찰이 향후 시민안전을 위해 예산을 우선 편성해야 할 사업에 대하여 대구시민들은 범죄 예방 환경 개선사업(35.6%), 사회적 약자 및 범죄 피해자 지원(30.4%), 시민 참여형 범죄 예방 협의체 활성화(11.1%)의 순으로 응답했다.

이 조사는 대구시 자치경찰위원회가 ㈜리서치 코리아에 의뢰해 실시되었으며, 표본오차는 95% 신뢰수준에서 ±3.1포인트로 2022년 상반기와 하반기 2회에 걸쳐 실시됐다.

이번 조사는 대구시민들의 의견을 청취해 자치경찰 치안정책에 반영함으로써 시민들이 일상에서 느끼는 두려움과 걱정을 줄이기 위한 일환이다. 앞으로 대구시민의 안전을 위한 촘촘한 시민안전망 구축에 시청, 경찰청, 교육청과 함께 협업해 나갈 것이다.

대구형 자치경찰제, 비전과 과제
경북일보 특별기고 (2022. 8. 2)

2021년 7월 10일부터 대구시에서는 자치경찰제가 실시되고 있다. 자치경찰은 아동·청소년·여성 보호, 교통지도·단속 및 교통질서 유지, 범죄 예방과 생활안전 업무 등 대구시민의 안전과 밀접한 업무를 수행한다. 대구시민들이 더욱 안전하게 생활할 수 있도록 하는 것이 자치경찰의 가장 중요한 과제이다.

그래서 대구시 자치경찰위원회의 비전도 '시민중심, 시민안전'으로 정했다. 시민과 소통하고, 사회적 약자를 배려하는 대구형 자치경찰이 정책목표이다. 이러한 대구형 치안정책을 만들고, 자치경찰을 제대로 정립하기 위해서 중기 발전계획을 수립하였다.

전문연구기관에서 수 개월간 대구시민들에 대한 설문조사는 물론이고, 자치경찰위원들과 사무국 직원들에 대한 면담 조사, 대구시의 지역 특성과 범죄 환경 분석, 주요 선진국과 다른 시·도 자치경찰위원회의 정책들을 비교 검토해서 대구형 자치경찰 중기 발전계획을 수립한 것이다. 이제 시작이다.

주요 추진 전략은 시민이 참여하는 치안 거버넌스 구축, 지역 특성과 사회적 약자의 니즈(욕구)를 고려한 치안정책 설계, 자치경찰제의 안정적인 정착을 위한 기반 마련으로 정했다. 또한, 정책 방향은 안전 취약계층 보호 강화, 주민(참여) 주도형 안전 도시 실행, 체감 안전도 향상을 위한 기관 간 소통·협업 강화, 신기술 접목 치안 시스템 구축이다. 쉽게 말해서, 자치경찰제의 성공을 위해서는 주민 참여, 사회적 약자 보호, 다른 기관과의 협력, ABB(AI, Big Data, Block chain)로 표현되는 급변하는 환경변화에 따른 치안 정책이 중요하다는 것이다.

아울러, 자치경찰의 5대 키워드를 선정했다. 일 잘하는 유능형 경찰(효과성), 시민이 편안한 꼼꼼형 경찰(예방성), 첨단 과학 기술을 활용하는 전문형 경찰(과학성), 시민과 함께하는 공감형 경찰(협업성), 대구 특성을 감안하여 다음을 준비하는 미래형 경찰(미래성)이다.

그동안 대구시민들은 치안행정의 대상이고 객체였다. 하지만 지금은 시민들이 치안

행정의 주체이고, 주인공이다. '시민이 결정하면, 자치경찰이 시행한다'고 해도 과언이 아니다. 거주하고 있는 지역 내에 안전에 문제가 되는 곳은 없는지, 어떻게 하면 안전하게 할 수 있는지를 주민들이 자치경찰과 함께 고민하는 것이다. 대구시민과 경찰이 같이 웃고, 같이 울며 함께하는 이른바 '공동체 치안'이다.

대구시 자치경찰위원회는 자치경찰 출범 이후 지역 내 시민단체, 대학, 자율방범대 등을 대상으로 시민들에게 찾아가는 자치경찰제 설명회 및 특강을 열었다. 지역 언론은 물론이고 지하철 광고, 현수막, 인터넷 블로그와 SNS, 홈페이지 등을 이용해서 적극적으로 홍보했다. 특히 대구시민들을 대상으로 한 대구형 자치경찰 정책 제안 공모는 자치경찰제를 홍보함과 동시에 시민들의 의견을 듣는 창구였다. 많은 시민의 다양한 의견이 접수되었다. 착한 생활안전 포인트정책(생활안전), 어르신도 안전보장(교통안전), 심야 안전 동행 서비스(사회적 약자 보호)가 최우수 분야로 선정되었다. 하지만 아직도 많은 시민이 자치경찰제에 대해 잘 모른다. 더욱 분발하여 SNS 홍보를 강화하고, 집단별 맞춤형 홍보, 시민들이 모여 있는 곳으로 직접 찾아가는 촘촘한 홍보를 계획하고 있다.

성공적인 자치경찰은 대구시민들의 참여와 관심이 전제되어야 한다. 대구시민들의 바람과 우려를 잘 청취해 치안정책에 반영함으로써 시민들이 일상에서 느끼는 두려움과 걱정을 줄일 것이다.

대구형 자치경찰의 미래를 말한다

대구광역시 자치경찰위원회는 대구형 자치경찰제도의 효율적이고 체계적인 시행과 조기 정착을 위해 실시한 「대구광역시 자치경찰 중기 발전계획 수립을 위한 연구」 용역과 치안정책에 대한 시민 의견 수렴을 위해 추진한 「자치경찰 인식도 및 정책수요 여론 조사」 용역이 완료됨에 따라 대구경찰청과 용역 결과를 공유하고, "시민이 안전한 대구"를 구현하기 위한 치안정책 발굴을 위해 비전공유 워크숍을 개최하였다.

이 워크숍은 8월 29일(월) 14시에 대구광역시 자치경찰위원회 회의실에서 개최되었고, 자경위 과장 등 7명, 대구경찰청 자치경찰 업무 담당계장 6명을 대상으로 대구광역시 자치경찰위원회 박동균 상임위원(사무국장, 필자)이 용역 결과에 대한 설명을 하고, 자치경찰 치안정책 개발과 관련하여 토론하였다.

「대구광역시 자치경찰 중기 발전계획 수립을 위한 연구」 용역은 "시민중심, 시민안전, 대구자치경찰"을 비전으로 하여 대구형 자치경찰 정책 방향 4대 분야 10개 과제를 수립하였다. 워크숍에서는 용역으로 수립된 10개 과제를 대구경찰청과 공유하고, 과제 실행을 위해 같이 머리를 맞대었다. 그리고, 대구형 치안정책 수립과 자치경찰의 역할 정립방안 모색을 위해 실시한 「자치경찰 인식도 및 정책수요 여론 조사」 용역 결과를 공유하고, 치안정책 수립 시 용역 결과를 반영하여 행정서비스 품질 개선 및 시민 체감 만족도 향상을 도모하고자 했다.

이번 워크숍은 대구시 자경위가 실시한 2개의 용역 결과를 활용하여 합리적이고 체계적인 자치경찰 정책을 수립할 수 있을 것으로 기대하며 마무리되었다. 앞으로도 관련 기관들과 각종 정보를 공유하고 협업함으로써 든든하고 꼼꼼한 시민안전망을 구축할 것이다.

비전공유 워크숍

 대구형 자치경찰 추진전략 체계도

구 분	개 념		
비전	시민중심, 시민안전, 대구 자치경찰		
정책목표	시민과 소통하고 사회적 약자를 배려하는 대구형 자치경찰		
추진전략	시민이 참여하는 치안 거버넌스 구축	지역 특성과 사회적 약자의 Needs를 고려한 치안정책 설계	자치경찰제의 안정적인 정착을 위한 기반 마련
정책방향	안전 취약계층 보호 강화		주민 주도형·주민 참여형 안전 도시 실현
	체감 안전도 향상을 위한 기관 간 소통·협업 강화		신기술 접목 치안 시스템 구축
5대 키워드	효과성	일 잘하는 유능형 경찰	
	예방성	시민이 편안한 꼼꼼형 경찰	
	과학성	첨단 과학 기술을 활용하는 전문형 경찰	
	협업성	시민과 함께하는 공감형 경찰	
	미래성	대구 특성을 감안하여 다음을 준비하는 미래형 경찰	

2022 대구시의회 행정사무감사를 준비하며

　대구시 자치경찰위원회 사무국을 이끌며, 두 번째 맞는 대구시의회 행정사무감사가 다가온다. 지난 1년의 성과와 내년 1년 계획을 의회에 보고하는 것이다. 운동화 끈을 조여 매야 한다.

　전체 직원들에게 다음과 같이 이메일을 보냈다.

　사랑하는 대구 자경위 직원 여러분!

　우선 어려운 여건 속에서도 지금까지 자치경찰제라는 누구도 가 보지 않은 길을 만들어 가느라 함께 많이 노력해 준 데 대해 상임위원이자 사무국장으로서 진심으로 감사의 마음을 전합니다.

　얼마 후 10월 1일은 자치경찰위원회가 출범(2021.5.20)한 지 500일이 되는 날이며, 이를 맞아 10월 6일에는 '대구형 자치경찰 비전 선포식 및 정책 세미나'를 개최합니다.

　대략 1기 자치경찰위원회 임기의 반환점을 도는 시점에서 신발 끈을 다시 조여 매야 할 것 같아 직원 여러분께 당부의 말씀을 드립니다.

　지금까지는 자치경찰위원회 운영의 기반을 다지는 시간이었다면 이제는 중기 발전 용역 결과와 시민 여론 조사 결과 등을 바탕으로, 앞으로의 과제를 더욱 구체적으로 실행해 나가야 할 것으로 생각합니다.

　기존 사업은 한 단계 업그레이드하고, 새로운 과제들을 면밀히 검토하여 곧 있을 '행정사무감사 2023년 업무계획'에서 이러한 내용을 잘 담아주시길 당부합니다.

　그간의 노고를 다시 한번 치하하며, 대구 자치경찰을 잘 이끌어 갈 수 있도록 함께 힘을 모아봅시다!!

2022. 9. 26.

사무국장(상임위원) 박동균 드림

시의회 단체사진

대구형 자치경찰 비전 선포식 및 정책 세미나

대구시 자치경찰위원회는 2022년 10월 6일(목) 오후 2시 대구삼성창조캠퍼스 중앙컨벤션센터에서 '대구형 자치경찰 비전 선포식 및 정책 세미나'를 개최했다. 원래 이 행사는 자치경찰 출범 1주년 기념으로 6월 초에 하려 했는데, 그 당시 지방선거가 있어서 선거법 등 행사에 많은 애로사항이 있어 연기한 것이다.

이 행사는 자치경찰위원회 출범 500일을 맞아 '시민중심, 시민안전, 대구 자치경찰'이라는 대구시 자치경찰위원회의 비전을 알리고, 자치경찰의 발전방향을 모색하기 위해 마련됐다.

이날 행사에는 필자와 설용숙 자치경찰위원장, 김기식, 박헌국, 성중탁 위원이 참석하였고, 자치경찰 네트워크 협의체 회원들이 한자리에 모인 가운데 김종한 대구시 행정부시장, 임인환 대구시의회 기획행정위원장, 강은희 대구시 교육감, 김남현 대구경찰청장이 행사를 축하하기 위해 참석했다.

1부 비전 선포식은 식전 공연(뮤지컬), 설용숙 대구시 자치경찰위원장의 개회사를 시작으로, 김종한 대구시 행정부시장, 임인환 대구시의회 기획행정위원장, 강은희 대구시 교육감, 김남현 대구경찰청장의 축사, 자치경찰 발전 유공자 표창과 비전 선포 퍼포먼스 순으로 진행됐다.

대구자치경찰, 비전 선포식

2부 정책 세미나는 대한민국의 대표적인 명품학회인 한국치안행정학회와 공동으로 개최했으며, 필자의 주제 발표에 이어 자치경찰 및 여성 분야 전문가, 언론인, 시민경찰대장과 자치경찰 일선 경찰관의 활발한 토론이 이뤄졌다.

필자는 지난 500일 동안의 성과를 중심으로 발표했다. 먼저 자치경찰위원회의 현황(구성, 그간의 경과 및 운영 실적), 대구광역시 치안 현황(5대 범죄 발생 현황 및 예방 전략), 그리고 주요성과 순으로 발표했다. 성과로는 시민이 참여하는 치안 거버넌스 구축으로 폴리스 틴, 폴리스 키즈, 유관 단체와 협업을 통한 Talk Talk 순찰, 개 물림 사고 예방 컬래버 프로젝트 추진을 제시했다. 지역 특성과 사회적 니즈를 고려한 치안정책으로는 주거안전 취약계층 세이프-홈 지원사업, 지역 공동체와 시민이 참여, 주도하는 대구형 셉테드 추진, 고위험 정신질환자 응급입원 전담의료기관 지정, 청년 참여형 전자금융 사기 예방 프로그램 운영을 제시했다. 또한, 자치경찰의 안정적인 정착을 위한 기반 마련으로는 주민 만족도 측정 및 정책 수요 여론조사 추진, 시민 참여 확대를 위한 정책 제안 공모, 자치경찰제 시민 인식 증대를 위한 체계적인 홍보 추진, 실무협의회 운영, 자치경찰 포상 확대 및 맞춤형 복지 지원 등 사기 진작방안 등을 제시했다.

이날 참석한 토론자들은 시, 군, 구 등 기초지방자치단체와의 긴밀한 협력을 강조하였고, 주민을 위한 치안센터의 활용, 지역 주민들에 대한 자치경찰 홍보 및 시민 공감 강화, 균형 잡힌 정책추진을 위한 정책자문단의 활용 등을 제시했다. 모두 소중한 지적이다. 적극적으로 반영해서 정책에 반영할 것이다.

대구형 자치경찰, 정책 세미나

의전(儀典)이 제일 어려워요

필자는 대구시 자치경찰위원회의 사무국장(상임위원)으로서 여러 행사에 참석하고, 실제로 우리 자치경찰위원회에서 중요한 행사를 주관했다. 2022년 10월 6일 대구시 자치경찰위원회 비전 선포식에서도 특히 의전에 신경을 썼다. 필자는 대구한의대학교에서 대외교류처장 보직을 여러 해 동안 했다. 대학에서도 국제, 국내 중요한 행사를 다양하게 개최한다. 필자는 대구한의대학교 건학 60주년 준비위원회 사무국장으로도 큰 행사를 치러 본 경험이 있다. 아울러 국제적인 콘퍼런스, 협약식, 엑스포 등을 개최한 대외교류처장으로 나름 의전(儀典)에 대해서는 자신이 있다. 그래도 돌다리도 두들겨 보고 건너는 법이다. 대구시의 공식적인 의전을 확인하기 위해 사무국 직원에게 대구시 의전 매뉴얼을 구해서 공유했다. 그 핵심적인 내용을 요약해 보면 다음과 같다.

내용 요약

대구시의 행사 의전에 있어서, 일반적인 기준은 먼저 행사의 성격이나 계급(직급)을 가장 우선적으로 고려하고, 일반 참석자에 대한 관심과 배려를 강구해서 일반 시민들의 반감이나 위화감이 조성되지 않도록 상식적인 선에서 행사를 추진하는 것이 중요하다. 지나친 의전으로 시민들이 눈살을 찌푸리는 일이 없어야 한다.

먼저 대구시 단위 행사기준으로는

1. 시장, 시의회 의장, 교육감, 지방법원장, 지방검찰청 검사장 등을 차관급에 준해서 예우한다.
2. 이 외에 시 경찰청장, 지역 사회의 언론사 대표, 상공회의소 회장 등 각종 직능단체 대표는 우선적으로 고려 대상이다.

3. 지역 대표성을 갖는 지역 주민의 손으로 직접 선출된 인사를 우대한다(구청장, 시의원, 구의원 등).

4. 행사와 직접적으로 관련성이 있는 인사는 최우선으로 예우한다.

행사 참석 인사에 따른 기준으로는 먼저 관할 지역 인사만 참석하는 행사인 경우, 광역시장, 시의회 의장, 교육감 순으로 관례화되어 있고, 국공립대학교 총장은 장관급에 준해 예우받지만, 지역 행사에 참석할 경우 지역 대표성에 있어서는 교육감에 미치지 못한다.

또한, 정부 인사 등이 동시에 참석하는 행사인 경우에는 단상을 바라보아 오른쪽 앞줄은 주요 외부에서 참석한 인사, 왼쪽은 주관기관의 인사가 자리하는 방안이 우선적으로 고려된다(여건에 따라 반대 배치도 가능하다).

- 오른쪽은 장관, 국회의원, 정당 인사 및 사회단체 대표
- 왼쪽은 시장, 시의회 의장, 교육감, 기타 관련 기관장이나 직능단체 대표

만약 행사에 대통령, 국무총리 또는 중앙부처 장관 등을 대리 참석하여 치사, 축사를 하는 경우에는 그의 직급과 관계없이 좌석을 우대하는 것이 원칙이다. 장관이 대통령이나 국무총리를 수행하는 입장에 참석할 경우, 주관기관인 시장보다 상석을 차지하기 어려우나, 장관 자신이 그 행사에 주빈이 되는 경우에는 그렇지 않다.

※ 대구시에서 각종 행사를 할 때, 내빈 안내 순서가 있다. 보통은 다음과 같은 순서로 진행한다.

시장 → 시의회 의장 → 교육감 → 경북대 총장 → 법원장 → 검찰 검사장 → 지역 군사령관 → 경찰청장 → 언론사 → 상공회의소 회장 → 직능단체장

(만약 국회의원이 참석할 경우에는 국회의원은 시의회 의장 다음으로 소개한다. 구청장, 시의원, 구의회 의장이 참석할 경우에는 구청장, 시의원, 구의회 의장 순으로 한다.)

의전 관련 명문 규정은 없으나 일부 법령에서 정한 직위(직제) 순서나 선례, 관행적인 서열 등을 종합적으로 판단하여 정하게 되며, 지역이나 행사 성격에 따라 변동 가능하다.

경북자치경찰위원회, 영남권 상임위원 원탁회의

오랜만에 안동을 방문했다. 2022년 10월 21일(금), 시·도 자치경찰위원회 영남권 상임위원(사무국장) 원탁회의에 참석했다. 대구, 경북, 부산, 경남, 울산 자치경찰위원회 사무국장 전원 출석이다. 아마도 권역별 상임위원회의 중에서 가장 잘되는 조직임이 틀림없다. 부산에서 제일 먼저 시작했고, 이어서 울산, 그리고 경북에서 개최했다.

이날 주요 내용은 경북 자치경찰위원회의 우수 사례를 공유하고, 토론하는 것이다. 서진교 경북 자경위 사무국장의 발표가 시작되었다. 먼저 사무국 조직개편, 경북 자치경찰 대학생 앰버서더 운영, 노인 보행 사망사고 예방 도로 식별성 강화, 안전속도 5030 정책점검 시행 1주년 불합리한 제한속도 구간 점검 및 진단, 경북 치안행정 길라잡이 정책연구단 운영, 주취자 응급의료센터 설치 및 운영, 실종자 발생 예방 및 조기 발견 지원 조례 제정 등이다.

그중에서도 참석한 상임위원들의 집중적인 관심을 받은 것은 바로 '사무국 조직개편'이었다. 경북 자치경찰위원회에서는 2022년도 1월 자치경찰사무 기능별 재조정을 통해서 경찰(총경)이 부서장인 자치경찰정책과에 생활안전, 여성청소년, 교통분야를 전담하는 팀을 신설, 이에 따른 업무조정을 하였다. 치안 서비스의 질을 높이기 위함이었다. 이에 따라서, 조직 기능별 조정을 통해 치안사무 추진의 전문성을 제고하고, 도 경찰청과 예산, 업무 등 분야에서 원활한 업무추진이 가능하게 되었다.

울산시 자치경찰위원회의 유윤근 상임위원이 많은 질문을 하였다. 이러한 작업이 조례를 개편해야 하는지 여부, 구체적인 절차 등에 관한 질문이었다. 경북 자치경찰위원회의 서진교 국장의 답변은 조례 개정은 필요하지 않고, 내부 결재로 가능하다는 것이었다. 필자도 대구 자경위 사무국을 이끌면서 조직개편이 필요하다고 절감하고 있던 참이었다. 특히, 생활안전과, 여성청소년과, 교통과로 조직을 개편하면 대구경찰청의 해당 과와 협조도 잘될 것이고, 예산과 시책 개발, 지휘 감독이 용이할 것으로 판단되었다.

출장을 다녀온 후 우리 사무국 용창준 총무팀장에게 경북 자치경찰위원회 조직개편 사례를 참조해서 개편안을 만들어보라고 지시했다. 결국 모든 자경위도 이런 형태의 조직으로 정비되어야 할 것이다.

자치경찰부서 신규 전입 직원 JUMP UP 워크숍

필자는 실제로 자치경찰 업무를 수행하고 있는 경찰 및 공무원에 대한 교육이 필요하다고 생각했다. 시민 교육 및 홍보도 중요하지만 무엇보다 실제로 자치경찰 업무를 수행하고 있는 사람은 경찰과 공무원이다. 이들에 대한 적실성 있는 교육을 통한 자치경찰 업무 숙지는 무엇보다 중요하다. 그래서 필자는 대구시 공무원 교육원에 자치경찰 과정을 개설해서 운영하고 있고, 다른 지역의 공무원 교육원에도 출강하였다.

이러한 맥락에서, 2023년 3월 21일(화) 오후 2시, 1층 위원회 회의실에서 필자 주재로 자치경찰사무 담당(위원회 사무국, 대구경찰청) 신입 직원 역량 강화를 위한 워크숍을 개최했다. 이번 워크숍은 상반기 정기인사 후 자치경찰사무 담당 신입 직원(위원회 사무국, 대구경찰청)의 자치경찰제도 이해, 위원회 주요 정책에 대한 공감대 형성, 위원회와 대구청 직원 간 소통체계를 구축하고자 개최했다. '대구형 자치경찰 우리가 만든다', '자치경찰제 성공을 위한 과제', '셉테드(CPTED)의 이해'라는 주제로 진행됐다. 참석자들은 진지하고 열성적이었다.

워크숍에 참석한 직원들은 "서로 간 업무를 이해하고 자치경찰 주요 정책을 공유할 수 있는 좋은 시간이었다"라며, "자치경찰위원회와 대구경찰청이 서로 협력해 대구형 자치경찰제의 성공을 위해 노력하겠다"라고 말했다.

이번 워크숍은 자치경찰사무 담당 직원들의 자치경찰제도에 대한 이해도를 높여 시민에게 다가가는 생활 밀착형 시책 발굴의 토대를 만들기 위해 진행했다. 앞으로도 꾸준히 직원 교육의 기회를 만들어 치안 서비스의 질을 높이고 대구형 자치경찰제가 정착될 수 있도록 직원들과 함께 노력할 것이다. 사실 이런 교육은 1박 2일 정도로 확 트인 시원한 공간에서 하면 좋은데 결국 예산이 문제이다. 앞으로 시간이 지나면 합숙 워크숍도 하고, 해외연수도 할 것이다.

직장 생활의 기본은 '보고(報告)'

직장 생활할 때, 중요한 것이 '보고'이다. 아무리 기획안이 좋아도 보고를 잘못하게 되면 보류되거나 반려되는 경우가 종종 있다. 상사는 모름지기 짧고 간결한 보고를 선호한다. 홍준표 대구시장의 업무 스타일이 직원들에게 많은 인기다. 홍준표 시장의 업무 '지시' 스타일은 구체적이다. 그리고 홍준표 시장은 짧고 간결한 보고를 특히 선호한다. 아울러 업무지시를 하면 부하 직원의 빠른 피드백을 선호한다. 이것은 모든 상사가 그렇다. 보고는 연습이 필요하다. 좋은 기획안과 보고는 멋진 직장 생활의 기본이다.

그런 참에 대구시청 홈페이지에 꿀팁이 올라왔다. 우리 사무국 직원들의 교양 자료로 활용해야겠다.

대면 보고할 때, 알아두면 좋은 꿀팁!

◪ 보고는 두괄식으로!

　◖ 안심할 수 있는 첫 문장으로 먼저 얘기하기!

　　* 예: "A 프로젝트 건 관련해서 잘 진행되고 있고, 지금 현황 보고하러 왔습니다. 시간 괜찮으세요?"

　◖ 30초 두괄식으로 얘기하기!

◪ 상황별 보고, 핵심 요약!

　◖ 현황 보고

　　- 무겁지 않게! 보고 듣는 사람이 편안할 수 있게 안심 첫 문장을 사용해 주세요!

◐ 도움 요청
 - 명쾌하게 필요한 내용만! 설명이 길어지지 않도록 주의하세요!
◐ 자랑하기
 - 보고 듣는 사람에게 좋은 것, 잘한 것부터 먼저 얘기하면 좋아요!

◪ 떨지 말고!
보고 할 때는 너무 떨지 말고 무서워하지 않으셔도 돼요! 대부분의 문제는 해결 가능한 일이랍니다!
 ◐ 너무 큰일이 난 것처럼 하지 말 것!
  - 상대방에게 자칫 큰일이 생겼다는 인상을 줄 수 있게 된다.
 ◐ 본인의 대안 또는 해결책을 같이 얘기할 것!
  - 잘못을 하고 나서 상대방에게 해결책을 떠넘기지 말아야 한다.

◪ 질문도 기술이 필요해?!
대부분의 상사들은 질문을 기다리고 있어요! 질문을 많이 하면 할수록 일은 더 쉬워질 수 있답니다.
 ◐ 보다 구체화 할 수 있는 질문들을 하자!
  - 일의 범위를 줄일 수 있는 질문을 한다.
  → 질문만 잘 한다면 해당 일에 대한 중요한 정보를 얻을 수 있어요!

대한민국 정책브리핑(www.korea.kr), 인사혁신처(2022. 1. 11)

자치경찰사무 첫 종합감사

대구시 자치경찰위원회가 출범 후 첫 종합감사를 실시하였다. 2022년 6월 13일부터 28일까지 대구서부, 북부경찰서 등 5개 경찰서를 대상으로 2019년 7월부터 2022년 5월까지 자치경찰사무인 생활안전, 여성·청소년, 교통 분야의 전반적인 추진사항에 대해 대구경찰청과 함께 합동감사를 벌였다. 김수균 감사팀장을 비롯한 이승일 경위, 강현석 주임이 투입되었다.

자치경찰사무 종합감사는 대구시 총 10개 경찰서 중 5개 경찰서(서부·북부·달서·성서·달성)에서 실시했으며, 일선 경찰서의 부담을 줄이고 중복감사를 방지하기 위해 대구경찰청과 협력해 격년제로 감사를 꾸준히 추진할 예정이다.

필자는 그동안 관행적으로 추진하던 불합리한 업무를 개선, 적극행정 수범 사례를 발굴하는 방향으로 감사를 실시할 것을 주문했다. 또한 자치경찰관 사기 진작을 위한 모범 대상자 포상 추진 및 감사 결과 사례 전파를 통해 자치경찰사무의 역량을 강화할 계획이다.

감사 결과는 감사처분심의회를 통해 처분 양정을 결정하고 위원회 심의·의결을 거쳐 확정되며, 그 결과를 감사 대상 기관에 통보하면 감사 대상 기관은 이행결과를 30일 이내에 위원회로 통보하게 된다.

종합감사를 마친 후 언론사에 보낸 보도자료에서 필자는 다음과 같이 말했다.

> 대구시 자치경찰위원회 박동균 상임위원(사무국장)은 "이번에 실시한 종합감사가 시민중심, 시민안전, 대구 자치경찰이라는 대구시 자치경찰위원회 비전이 잘 정착됐는지를 진단하는 장이 됐으면 한다"라며 "앞으로도 시민과 소통하고 사회적 약자를 배려하는 대구형 자치경찰이 될 수 있도록 일선 관서에 대한 자치경찰사무에 대한 관리·감독을 강화하고 실효성 있는 감사체계 구축에 매진하겠다"라고 말했다(경북신문, 2022. 6. 28).

경찰서 대상 종합감사 실시

우리 사무국 직원들 단톡방에 공유(2022. 6. 30)

　정약용 선생의 목민심서(牧民心書) 제2장 율기육조(律己六條) 제5조 절용(節用)에는 '백성을 다스리는 수령은 반드시 자비로워야 하고, 자비로운 사람이 되려면 반드시 청렴해야 하며 청렴한 사람이 되려면 반드시 아낄 줄 알아야 한다. 그러므로 다스리는 자로서 가장 먼저 해야 할 일은 아껴 쓰는 것이다'고 쓰여져 있다.

두 번째 시의회 행정사무감사

2022년 11월 14일(월) 오전 10시, 대구시 자치경찰위원회 출범 이후 두 번째 행정사무감사를 받았다. 자치경찰위원회는 대구시의회 기획행정위원회 소관이다. 기획행정위원회는 임인환 위원장을 비롯한 김대현 의원, 이성오 의원, 류종우 의원, 박우근 의원 등 실력파 의원들로 구성되어 있다. 우리 위원회는 행정사무감사를 대비해서 예상 질문과 답변을 작성해서 준비했다. 모의 행정사무감사도 하는 등 스터디도 세 번이나 했다. 이것도 내공이 필요하다.

시의원들의 주요 질문과 건의 사항은 다음과 같다.

1. 자율방범대를 자치경찰위원회 업무로 이관하는 것이 좋겠다.

2. 대구시 자치경찰위원회에서 하는 사업을 중점적으로 홍보하는 것이 필요하다. 즉 제도 자체 홍보보다는 주요 성과를 중심으로 홍보하는 것이 필요하다.

3. 보이스피싱 예방 교육을 할 때, 대학생들이 현금수거책으로 아르바이트하는 경우가 있는데, 이것은 범죄 행위임을 잘 교육시키는 것이 필요하다.

4. 여성들을 괴롭히는 스토킹 관련 대책을 꼼꼼하게 수립하라.

5. 자치경찰위원회의 실무협의회의 목적, 활용 상황, 주요 실적, 향후 계획은 무엇인가?

6. 대구형 셉테드는 무엇이고, 주요 실적은 무엇인가?

7. 대구도시개발공사와의 셉테드 MOU를 했는데, 주요 성과는 무엇인가?

9. 현재 자치경찰제가 일원형 모형으로 국가경찰의 신분으로 자치경찰 업무를 실시하고 있는데, 앞으로 이원화 모델이 가능한가? 왜 이원화 모형이 필요한지 설명해달라.

10. 중고등학교 통학로 안전사업이 시민안전실에서 자치경찰위원회로 이관된 이유는 무엇인가?

이처럼 예상 가능한 무난한 질문들이 나왔다.

설용숙 대구시 자치경찰위원장의 조리 있고 차분한 답변이 이어졌고, 사무국장인 필자도 두세 개의 질문에 응답하였다. 특히 필자는 특히 자치경찰의 제도적인 측면과 발전방안, 자치경찰위원회의 실무협의회에 대한 답변을 주로 담당하였다.

경북일보

2022년 11월 15일 화요일 005면 종합

철저한 매뉴얼 정비로 시민안전 제도 개선 주문

대구시의회 기획행정위 행감
자치경찰 기능 강화 촉구

임인환 위원장   김대현 시의원   박우근 시의원   이성오 시의원   류종우 시의원

대구시의회 기획행정위원회는 14 대구자치경찰위원회행정사무감사를 통해 지난해 7월 1일 공식 출범한 이후 그동안 시행과정에서 나타난 문제점과 미비점에 대해 지적하고, 향후 실질적인 자치경찰제 지역안착 해법에 대해 물었다. 특히 이태원 참사를 돌이켜 보며, 시민안전과 관련해 현재 미흡한 점과 제도 개선이 필요한 점에 대해 개선책 마련을 촉구했다.

임인환 위원장은 "자치경찰위원회 위원 구성이 경찰공무원, 경찰학교수, 법조계로 쏠려 있다"고 지적한 후 보다 다양한 시각에서 정책을 수립·결정할 수 있는 환경을 마련할 수 있도록 노력해주기를 당부했다.

김대현 의원은 이태원 참사를 돌아켜 보며 비극적인 상황이 다시는 일어나지 않도록 철저한 대비와 매뉴얼 정비, 관계기관 간 협력체계 유지 등을 강조했다. 또 자치경찰위원회가 행사하는 인사권 범위에 대해 물은 후 인사권의 경우 조속히 제반 환경을 마련해 법에서 정한 실질 인사권 행사를 통해 자치경찰위원회의 위상과 기능 강화에 서둘러 줄 것을 주문했다.

박우근 의원은 자율방범대연합회 지원업무를 현행 행정국에서 자치경찰위원회로의 이관하는 안이 자치경찰위원회 정기회의 안건심사 시 보류되었다는 점을 지적하고, '자율방범대 설치 및 운영에 관한 법률'이 지난 4월에 제정돼 내년 시행을 앞두고 있는 만큼 자치경찰위원회로의 이관에 대해 적극적으로 검토해 달라고 촉구했다.

이성오 의원은 자치경찰제가 가지고 있는 예산, 인사 권한 부족에 따른 근본적인 한계에 대해 지적하면서, 이와함께 자치경찰제모형 시범운영에 대한 구체적인 계획안 수립을 요구했다.

류종우 의원은 출범 두 해째인 자치경찰제도의 시민 인식들이 저조하다고 지적하면서 지역에 맞는 좋은 정책을 발굴해 정책을 통해 자연스레 자치경찰제가 시민들에게 홍보될 수 있도록 하는 등의 다양한 홍보방식을 제안했다.

박무환 기자 pmang@kyongbuk.com

직무 대행 체제에도 빈틈없는 자치경찰사무 추진

필자가 자치경찰위원회 직무 대행을 맡은 지 두 달이 되어 간다. 일부 언론에서는 위기 상황이라고 표현하지만 실제로는 그렇지 않다. 유능한 5명의 자치경찰위원과 함께 사명감과 실력으로 무장한 자경위 사무국 31명의 직원들이 있어 업무의 공백은 전혀 없다.

대구시 자치경찰위원회는 7월 13일(수) 오후 2시 대구시청 산격청사 위원회 회의실에서 2022년 제14차 정기회의를 하고 '대구광역시자치경찰위원회 자치경찰사무 종합감사 결과' 등을 심의했다.

이날 회의에는 자치경찰위원회 직무 대행으로서 필자를 비롯한 위원회 재적위원 전원(5명)과 사무국 직원 등이 참석해 △대구시자치경찰위원회 자치경찰사무 종합감사 결과 의결안 △대구시 자치경찰위원회 실무협의회 운영세칙 일부개정안 등 3건을 심의·의결했다.

위원회는 지난 5월 31일 일신상의 이유로 초대 위원장과 비상임위원 1명이 사임을 표명하면서 현재까지 5인 위원 체제로 운영되고 있다. 자치경찰사무의 치안 공백없는 안정적인 운영을 위해 필자를 중심으로 개 물림 사고 예방을 위한 '댕댕이와 함께하는 안전한 세상' 프로젝트를 추진해 일상생활 속 시민과 함께하는 안전 사각지대 해소방안 모색, 지난 6월(6.13~6.28) 출범 후 첫 자치경찰사무 종합감사 시행으로 자치경찰사무에 대한 차질 없는 관리·감독, 월 1회 대구교통방송 협업 테마별 교통안전 캠페인을 비롯한 방송·언론 홍보를 통해 자치경찰제 시행에 대한 시민 체감도 향상에 주력하고 있다.

2021년 7월 1일 공식 출범 이후 첫돌을 맞이한 대구 자치경찰위원회는 지금까지 37차례의 정기 및 임시회의를 개최해 127건의 안건을 처리해 대구경찰청 자치경찰사무를 지휘·감독하는 한편, 시민을 위한 맞춤형 현장 치안 시책을 적극적으로 추진해 나가고 있다.

　필자가 자치경찰위원회 직무 대행을 맡고 마지막 임무인 것 같다. 바로 대구시의회 2022년 주요 업무보고이다. 특히 이번 정기회의는 제9대 대구광역시의회 출범 직후에 첫 상견례의 성격을 갖고 있다. 우리 자치경찰위원회는 기획행정위원회 소속이다. 기획행정위원회는 임인환 위원장을 비롯하여 전태선 의원, 류종우 의원, 이성오 의원, 김대현 의원, 박우근 의원으로 구성되어 있다.

　자치경찰위원회의 업무보고는 일반 현황, 올해 시책 방향, 주요 업무추진 상황, 당면 현안 사항의 순으로 이루어졌다.

　이후 의원들의 질의와 필자의 답변이 있었다. 주로 자치경찰제도의 문제점과 애로사항, 개선방향에 대한 질문이 주를 이루었다. 추가적으로 자치경찰 성과 평가, 사회적 약자 보호, 보이스피싱 등에 대한 질문이 있었다. 차분하게 답변을 하였고, 의원들의 자치경찰에 대한 격려와 응원으로 회의를 마쳤다. 역시 우리 사무국 직원들은 최고의 베테랑들이다.

새로운 인사들, 이임식과 취임식

권영진 시장, 이임식 개최

8년간 대구시를 이끌어 온 권영진 대구시장이 2022년 6월 30일(금) 시청 별관 대강당에서 이임식을 갖고 시장직에서 퇴임했다. 코로나19라는 전대미문의 재난 상황 속에서도 많은 업적으로 남기고 떠났다.

권영진 대구시장은 이임사에서 "지난 8년간 대구시장으로 재임하면서 걱정으로 밤을 지새울 때도, 진심이 왜곡돼 속상할 때도, 기쁜 일도, 슬픈 일도 있었지만 돌이켜 보면 모든 순간이 소중했다. 지난 8년 동안 시·도민의 단합된 저력으로 오랜 염원이던 통합신공항 건설의 토대를 마련하고, 취수원 다변화의 해답을 찾은 것과 성숙한 시민 의식에 힘입어 대구시청 신청사 부지선정을 마무리한 것을 뜻깊게 생각한다. 민선 7기의 절반 이상을 코로나19 대응에 매진하면서도 약속을 지킬 수 있었던 것은 대구 공동체를 위해 헌신하고 봉사해 주신 위대한 시민 여러분, 그리고 믿고 함께해 주신 대구시청 가족 여러분이 계셨기에 가능했다. 대구에 살면서 대구와 대한민국을 위해 새로운 봉사의 길을 가겠다"라며 이임사를 마무리했다. 김범일 전 대구시장, 김용판 국회의원, 이재하 대구상공회의소 회장 등과 지인들, 시청 직원들이 참석해서 아쉬움과 고마움을 전했다.

권영진 시장은 이임식을 마치고, 환송하는 공무원들과 일일이 인사를 나눈 후 정든 대구시청 별관을 떠났다. 권영진 시장은 퇴임 후 대학에서 강의하며, 지역에서 많은 봉사활동을 하고, 22대 국회의원으로 당선되었다.

권영진 시장은 대구시 자치경찰위원회에도 많은 지원을 아끼지 않은 분이다. 그분의 앞날에 꽃길만이 가득하길 기원한다.

권영진 시장 이임식

제35대 홍준표 대구광역시장 취임, 간부신고식

2022년 7월 1일(금) 오전 10시 국채보상운동기념공원 내 화합의 광장에서 제35대 홍준표 대구시장의 취임식을 개최하였다. 홍준표 시장은 단지 대구뿐 아니라 대한민국의 거물 정치인이다. 대권후보와 당 대표, 경남도지사, 국회의원을 지낸 명실상부한 차기 대권주자이다.

이날 대구시장 취임식은 국난의 위기를 슬기롭게 헤쳐 나간 우리 선조들의 위대한 국채보상운동 정신을 계승·발전시켜 다시 한번 대구의 영광과 번영을 재현하겠다는 홍준표 시장의 강력한 의지를 담아서 무더운 날씨에도 불구하고 야외인 국채보상운동기념공원을 취임식장으로 정한 것으로 알려졌다. 대구시청 간부들도 거의 전원 참석해서 홍준표 시장을 환영했다.

이날 취임식은 식전 공연과 개회식 선언, 국민의례, 약력 소개, 취임 선서, 취임사, 시민 대표의 꽃다발 증정, 대통령 축하 메시지 낭독, 가수 축하공연, 취임 축하 퍼포먼스, 대구 시민의 노래 제창 순으로 진행되었다.

이번에 식전 공연으로 펼쳐지는 뮤지컬 '기적소리'는 남녀노소를 막론하고 나랏빛을 갚고자 힘을 모았던 대구의 자랑스러운 역사인 국채보상운동 정신을 보여주는 작품으로 대구 시민들의 자긍심을 다시 한번 일깨워 주었다.

또한 2030세대의 많은 지지와 '청년의 꿈' 플랫폼 등을 통해 끊임없이 젊은 층과 공감대를 이어가고 있는 홍준표 대구시장의 평소 스타일에 맞게 축하 꽃다발도 대구 시민을 대표해 제34회 대구 청소년 대상 수상자인 유동영(대상, 대구한의대 4학년) 군과 황유나(우수상, 대구관광고 3학년) 양이 전달했다. 이들은 평소 다양한 봉사 활동으로 지역 사회에 선한 영향력을 전파할 뿐만 아니라 꾸준한 자기 계발을 통해 많은 청소년의 귀감이 되고 있다.

특히 이번 취임식에서는 민선 8기의 출범을 축하하고 새로운 변화와 혁신의 의지를 담은 3대 시정목표인 미래 번영 대구, 혁신·행복 대구, 글로벌 대구를 통해 자유와 활력이 넘치는 파워풀 대구로의 힘찬 출발을 알리는 비전 선포식을 개최했다.

취임식 이후 오후 3시 30분에는 임명장 수여 및 간부신고식이 있었다. 홍준표 시장은 이종화 경제부시장을 비롯한 신임 간부들의 임명장을 수여한 후, 간부신고식에서는 "여러 간부가 대구시정의 주인공이니 시민을 위해 열심히 근무해 달라"라고 당부하였다.

설용숙 자치경찰위원장 내정

홍준표 시장이 설용숙 전 경무관을 자치경찰위원장으로 내정하였다. 필자는 2022년 7월 19일(화) 오전 11시 30분, 홍준표 시장에게 지난 6월 이후 공석으로 있던 대구시 자치경찰위원회를 새롭게 이끌어갈 제2대 위원장 자리에 설용숙(64세) 前 경북경찰청 1부장을 임명하는 결재를 받았다.

7월 1일 홍준표 시장 취임과 함께 대구시 자치경찰위원회 위원 후보자 임명 절차를 진행해 설용숙 前 경북경찰청 1부장을 지명하고, 후보자에 대한 법령상 자격 요건과 결격 사항 등에 대한 확인, 검증 절차를 마쳤다.

설용숙 대구시 자치경찰위원장 내정자는 1977년 서울경찰청 감식계 근무를 시작으로 대구경찰청 소년계·방범지도계장, 총경 승진 후에는 대구북부경찰서 등 4개 경찰서 서장과 경무관 직급으로는 대구경찰청 1·2부장을 거쳐 경북경찰청 1부장을 끝으로 2016년(명예퇴직)까지 39년간 경찰직에 몸담았다. 그동안 공감하는 업무 분위기 조성과 지역경찰 충원 노력 등 현장 중심의 업무를 추진해 온 것으로 평가받아 왔으며, 경찰현장에서 다년간 풍부한 경험과 식견을 두루 갖추었을 뿐만 아니라, 리더십 능력 또한 검증받아 자치경찰위원장으로 적합하다는 평가를 받고 있다. 바로 직전까지는 대경대학교 경찰탐정학과 초빙교수로 근무하는 등 완성한 활동을 하였다.

설용숙 위원장 내정자는 과거 서울을 제외한 지방에서의 '첫 여성 총경', '첫 여성 경무관'으로 주목을 받은 바 있으며, 이번에도 전국 18개 시·도 자치경찰위원회 가운데 처음이자 유일한 여성 위원장이다.

보궐위원장의 임기는 경찰법에 따라 전임자 임기의 잔여기간으로 7월 22일(임명일)부터 2024년 5월 19일까지 약 1년 10개월이며, 연임은 불가하다.

이제 새롭게 다시 출발한다. 설용숙 위원장님 파이팅!

성중탁 교수, 새로운 자치경찰위원 선임

성중탁 경북대학교 법학전문대학원 교수가 대구시 자치경찰위원회 위원으로 선임되었다. 성중탁 교수는 경북대 법학과 출신으로 사법고시를 합격한 변호사로서 공법 전공이다. 합리적이면서도 소통이 잘돼서 대학 내에서도 인기가 많은 교수이다.

2022년 8월 29일 오전 11시, 홍준표 시장에게 위원 위촉장을 수여 받은 후 자치경찰위원회 사무국을 방문하여 티타임과 오찬을 하면서 환담을 나누었다. 경찰 승진시험, 일반경찰 출제위원 등 경찰청의 자문위원을 역임하는 등 경찰에 대한 애정과 이해도도 높은 편이다.

새로운 성중탁 위원이 선임됨에 따라서 이제 대구시 자치경찰위원회는 7명으로 명실상부하게 완전체를 이루게 되었다.

반가운 승진 뉴스

2023년 연초, 대구시 자치경찰위원회 사무국에 좋은 소식이 있다. 그동안 자치경찰위원회 사무국에서 최고 연장자로 인사팀 업무를 맡고 있는 장인수 경감이 경정으로 승진했다. 2022년 연말인사에는 대구경찰청에 경정 TO가 4명이었는데, 그 치열한 경쟁을 뚫고 승진한 것이다. 자치경찰위원회에서 경정 승진자가 나온 것은 대구시 내 뉴스 거리가 되었다. 그만큼 노력도 많이 했다. 꼭 되어야 할 사람이 승진한 것이다. 또한 정책TF팀 막내인 유영우 경사도 경위로 승진했다. 그동안 대구형 셉테드에 많은 노력을 기울인 공로이다. 아울러 감사팀에 있는 이승일 경위도 특별 승급을 했다. 자치경찰위원회에 파견 나온 경찰관들 10명 중에 3명이 승진과 특별 승급 등 기쁜 소식을 전해 준 것이다. 우리 사무국에서 일을 하다가 수성경찰서로 나간 주경희 경위도 경감으로 승진했다. 이번에 경감 승진 TO도 역사상 가장 적은 숫자이다. 경쟁이 치열했다, 참으로 반가운 소식이다.

사실 현재의 법령상 자치경찰위원회 위원장과 필자인 상임위원(사무국장)은 경찰승진에 있어서 실질적인 권한(인사권)이 없다. 그런 한계를 갖고 있는 상황에서 자치경찰위원회 사무국에 파견 나와 있는 경찰관이 승진을 한다는 것은 매우 어려운 일이다. 앞으로 자치경찰위원회에 승진 및 전보 등 인사권의 실질화가 필요하다.

사퇴 또 사퇴

2023년 송승철 강원도 자치경찰위원장이 사퇴하였다. 강원도자치경찰위원회는 송 위원장이 '일신상의 사유'로 7월 25일 사표를 제출했다고 밝혔다. 송 위원장은 2021년 4월 초대 자치경찰위원장으로 취임했으며, 임기는 내년 4월 1일까지였다. 이유는 알려지지 않았지만 지역 사회에서는 김진태 지사 체제 출범 이후 도와 자치경찰위원회 간의 불편한 관계가 지속된 점을 원인으로 꼽고 있다. 송승철 위원장은 초대 강원도자치경찰위원

> 장으로 자치경찰 모델 확립에 애를 써 왔지만 김진태 지사 당선 이후 강원
> 도와 이렇다 할 접점을 찾지 못했다(강원도민일보, 2023. 7. 26).

황문규 경상남도 자치경찰위원회 사무국장 역시 사퇴하였다. 2023년 7월 26일 (수) 전국 자치경찰위원회 사무국장 단톡방에 사퇴의 글을 올렸다. 그동안 우리 전국 자치경찰위원회 사무국장 원탁회의(사무국장 협의회)의 간사로서 헌신적으로 일을 해왔는데, 아쉽다. 황문규 국장은 2023년 9월 1일 자로 중부대학교 경찰행정학과 교수로 복직했다.

5분 교양, 업무 떠넘기기

필자는 좋은 칼럼이나 논문 등이 있으면 요약해서, 직원들에게 나누어준다. SNS로 전달하기도 하지만 직원들이 읽기 편하게 직접 복사해서 직원들 책상에 올려 두기도 한다. 직원들은 필자의 '업무상 강조사항'으로 알고 읽는다. 때로는 직원들끼리 토론하기도 한다.

이번 주제는 '업무 떠넘기기'이다. 우리 자치경찰위원회 사무국에도 업무에 관하여 관할 다툼이 종종 있다. 이 업무는 내 업무가 아니다, 이 업무는 우리 팀 업무가 아니다, 주로 이런 것이다. 특히 어렵고 손이 많이 가는 업무가 떠넘기기의 대상이 되고는 한다. 하지만 누군가는 해야 하는 업무이다.

이런 시점에 아주 좋은 칼럼을 발견하였다. 이번 직원 교양은 경향신문에 게재된 성균관대학교 성유승 교수의 칼럼(2022. 11. 10)을 인용하였다.

> 1126년, 금나라 대군이 송나라 수도 개봉을 향해 진격해왔다. 기다리는 구원병은 소식이 없고, 도성을 지키는 군사는 1,000여 명에 불과했다. 이대로라면 수도의 도성이 함락당하는 사태는 피할 수 없었다.
>
> 당시 도성 교외의 창고에는 대포가 500문이나 보관되어 있었다. 만약 도성으로 가지고 온다면 수비에 큰 힘이 되었을 것이다. 하지만 아무도 가지러 가지 않았다. 관련 부서들이 서로 책임을 떠넘겼기 때문이다. 국방부에 해당하는 '병부'는 사령부 역할을 맡은 '추밀원'이 가져와야 한다고 떠넘기고, 추밀원은 무기를 관리하는 '군기감'이 가져와야 한다고 떠넘겼다. 군기감은 대포가 수레에 실려 있으니 수레를 관리하는 '가부'가 가져와야 한다고 떠넘기고, 가부는 대포가 창고에 있으니 창고를 관리하는 '고부'가 가져와야 한다고 떠넘겼다. 이렇게 서로 떠넘기는 사이, 대포

500문은 교외까지 진격한 금나라 군대의 수중에 고스란히 들어갔다. 수도 개봉은 그 대포의 공격을 받아 함락되고 말았다. 군사들은 몰살당하고, 황제는 포로가 되어 끌려갔다. <선화유사>에 나오는 이야기다.

정부 각 부처가 소관 업무를 서로 미루는 것은 늘 있는 일이다. 하지만 평상시도 아니고 적군의 침입이 목전에 닥친 상황에서 반드시 필요한 무기를 가져오는 일조차 서로 떠넘겼으니 한심한 노릇이다. 금나라 대군에 포위된 송나라 군사들은 40일이나 농성하며 버텼지만 역부족이었다. 대포만 있었다면, 어느 부서든 책임을 떠맡고 가져왔더라면, 송나라는 멸망하지 않았을지도 모른다.

어느 조직이나 부처 이기주의는 있기 마련이다. 하지만 조직이 우수한 성과를 내려면 이 부처 이기주의를 깨고 통합되어야 한다. 업무와 관련된 정보를 직원들끼리 공유하고, 소통과 협력하는 시스템을 만들어야 한다. 조직을 일부 개편할 생각이다. 성과를 낼 수 있는 조직으로 바꾸어야 한다. 직원들의 우려와 반발이 있겠지만 오래 고민한 문제이다.

사무국 조직개편

　대구시 자치경찰위원회 사무국 조직개편을 했다. 현재는 2개과 6개 팀이다. 자치경찰행정과(총무팀과 인사팀)와 자치경찰정책과(기획팀, 정책TF팀, 협력팀, 감사팀)로 구성되어 있다.

　대구시 자치경찰위원회는 출범 이후 여러 가지 크고 작은 성과를 내고 있다. 하지만 조직을 운영하는 과정에서 몇 가지 문제점이 나타났다. 대구시 자치경찰위원회에서 대구경찰청 생활안전과, 여성청소년과, 교통과의 자치경찰 업무를 지휘, 감독하는데 자치경찰위원회 사무국 조직은 그렇게 되어 있지 않다. 그래서 여러 차례 조직개편을 하려 했으나 조금만 더 해 보고 하자는 의견이 많았다. 하지만 더는 미룰 수 없다.

　1년 6개월 동안 정책과장(총경)이 4번째 바뀌었다. 2022년 연말에 과감한 결심을 했다. 이번에는 정말로 바꾸어야 한다. 설용숙 위원장도 취임 이후 필자와 같은 생각을 하고 있었다. 개혁하는 데 좋은 분위기다. 구성원들도 비슷한 생각을 갖고 있는 것 같았다. 하지만 크게 엄두를 내지 않은 것이다. 그동안 많은 생각을 정리했다.

　자치경찰행정과는 현재 행정 지원 업무를 하고 있는데, 큰 틀은 유지했다. 자치경찰정책과는 기획팀과 감사팀을 합쳐서 기획감사팀으로 했다. 감사 업무가 그리 많지 않은 이유다. 정책TF팀은 생활안전팀으로 하고, 협력팀은 여성청소년팀으로 하고, 감사팀은 교통경비팀으로 했다. 이태원 참사 이후 혼잡 경비를 조금 강화했다. 팀별 담당 업무를 명확하게 하기 위해서 대구시 경찰청 해당 과와 동일하게 했다. 담당 업무와 관련된 홍보, 대외협력, 예산 등은 해당 팀에서 하는 것으로 했다. 정책과의 총괄적인 기획 업무나 어디에도 속하지 않는 업무는 기획감사팀에서 하는 것으로 했고, 팀별 업무범위에 대한 의견이 다를 경우, 팀별 의견을 물어서 정책과장이 지정하는 것으로 했다. 여태까지 정책과장(총경)은 선호하는 자리가 아니다. 그래서 초임 총경이 부임했다. 이번에는 박만우 총경이 자원했다. 박만우 총경은 달서경찰서장으로 중고참이다. 업무역량은 물론이고 인품이나 리더십이 탁월하다. 새로 부임한 박 총경에 대한 기대가 크다.

또한 이번 조직개편 시 중요한 포인트는 기획감사팀장을 지방직 공무원인 사무관에서 경찰관(경정)으로 변경한 것이다. 몇 가지 이유가 있었다. 먼저, 정책과장(총경)과 호흡을 맞추기 위해서는 경찰관(경정)이 더 좋다. 둘째, 자치경찰정책과의 특성상 생활안전, 교통, 여성청소년 등 경찰 업무에 해박해야 하고, 또한 일선 경찰들과의 소통 및 유대감이 중요하다는 것이다.

2023년 2월, 이제 총경, 경정, 경감, 경위 이하 인사가 끝났다. 이제 다시 시작이다.

자치경찰사무 관련 경찰서장 평가

연말이 다가오니 각종 평가가 있다. 근무 성적 평정도 있고, 승진심사도 있고, 성과 평가도 있다. 대구시 자치경찰위원회도 근무 성적 평정을 하고 있고, 경찰서장 평가도 진행한다.

자치경찰위원회에서 추진하고 있는 주요 시책이 조기에 일선 현장에 정착하고 안정적으로 추진되도록 경찰서장을 대상으로 주요 시책 수행과 달성 노력도를 평가하고 있다. 경찰서장 평가제도는 '부서장 책임제' 활성화 차원에서 경찰서장의 적극적이고 능동적인 지휘활동을 평가하고 환류하기 위한 평가체계이다. 아울러 경찰서장의 적극적이고 능동적인 지휘활동으로 지역 치안에 목적의식을 가지고, 지역 주민에게 다가가 선제적으로 치안 문제를 발굴하고 해결하기 위함이다. 평가 대상은 대구지역 10개 경찰서장이고, 연 1회 실시하며, 평가 기간은 2021년 11월 1일부터 2022년 10월 31일까지다. 평가점수는 적지만 경찰서장에게는 신경 쓰이는 부분이다.

경찰서장 평가는 관서 평가가 90%이고, 책임지휘 역량 평가가 10%이다. 관서 평가는 성과 과제(80%), 치안 만족도(10%), 인권 수준 향상도(10%)로 구성되고, 책임지휘 역량 평가는 성과 평가 위원회 평가(30%), 내외부 만족도 평가(40%), 자치경찰 수행사무 평가(30%)로 구성된다.

경찰서장 평가는 자치경찰위원회 평가는 7명의 위원이 전원 참여해서 점수를 내고, 위원회 정기회의에서 의결하는 방식으로 진행한다. 먼저 정량 평가는 자치경찰 정책 홍보실적(방송, 일간지 등 언론보도 실적 등), 자치경찰 업무추진 협업성과, 자치경찰 사기 진작책(자치경찰 간담회 및 근무환경 개선 등)으로 구성된다. 정성 평가는 주요 시책 추진 노력도, 정책 효과성 및 목표 달성 노력도로 구성된다. 정성평가와 정량 평가를 합산하여 계산하고, 최종등급은 S 등급은 20%, A 등급은 40%, B 등급은 30%, C 등급은 10%로 구성된다.

10개 경찰서장의 업무성과 보고서를 꼼꼼하게 읽었다. 업무와 관련된 증빙사진들과 보도기사가 첨부된 보고서가 대다수이다. 정량평가는 10개 경찰서장이 모두 만점이다. 정성 평가는 정성이 많이 들어가야 평가를 잘 받는다고 한다. 우열을 가리기가 어렵다.

대한민국 경찰서장을 말하다
경안일보 특별기고 (2023. 10. 18)

전국에 경찰서가 259개가 있다. 대구에는 2023년 10월 현재 10개 경찰서가 있다. 군위경찰서는 현재 대구시로 편입되어 있지만 국가기관이기 때문에 법적으로 2024년 1월 1일부터 대구경찰청 소속으로 편입된다. 그러면 내년부터는 대구시에는 11개 경찰서가 된다. 9개 구·군에 11개 경찰서가 있는 이유는 북구에 강북경찰서와 북부경찰서, 달서구에 달서경찰서와 성서경찰서가 있기 때문이다. 관할 면적이나 치안 수요를 고려해서 북구와 달서구에는 경찰서가 2개 있다.

현행 국가경찰과 자치경찰의 조직 및 운영에 관한 법률에 따르면, 우리나라 경찰서에는 경찰서장을 두며, 경찰서장은 경무관, 총경 또는 경정으로 보한다고 규정되어 있다. 또한, 경찰서장은 시도경찰청장의 지휘·감독을 받아 관할구역의 소관사무를 관장하고, 소속 공무원을 지휘·감독한다. 경찰서장 소속으로 지구대 또는 파출소를 두고, 그 설치 기준은 치안 수요, 교통, 지리 등 관할구역의 특성을 고려하여 행정안전부령으로 정한다. 아울러 시·도 자치경찰위원회는 정기적으로 경찰서장의 자치경찰사무 수행에 관한 평가 결과를 경찰청장에게 통보하여야 하며, 경찰청장은 이를 반영하여야 한다. 경찰서장은 관할구역의 경찰행정과 치안의 책임자이다. 경찰서장은 보통 1년의 임기로 부임한다. 물론 경우에 따라서는 조금 더 연장근무 하는 경우도 있다. 하지만 보통은 1년 주기로 보직을 이동한다. 보통 경찰서장을 마치면 참모로 일을 하게 되는데, 예를 들어 대구에서 경찰서장 1년을 하고 나면, 대구경찰청이나 경북경찰청 과장으로 보직을 이동한다.

경찰관으로 입직하는 초임 경찰관들은 누구나 미래의 경찰서장을 꿈꾼다. 특히 그들의 고향이나 성장기, 또는 주로 근무한 지역에서 경찰서장을 해보고 싶은 희망이 있다. 계급이 중요한 경찰조직에서 승진은 업무의 중요한 동기부여가 된다. 경찰서장이라는 자리는 경찰의 꽃이다.

대한민국의 모든 경찰서장은 보람과 자부심을 느끼고, 불철주야 국민안전에 최선을 다하고 있다. 경찰서장은 퇴근 후에 식사하다가도 업무전화를 받고, 관련 문자를 주고받으며, 업무를 지시하고, 정보를 공유한다. 귀가해서 취침할 때도 베개 옆에 큰 소리로 벨 소리를 켜 놓고 잠에 든다. 깊은 잠을 자기는 어렵다. 심지어는 대중목욕탕을 갈 때도 비닐봉지에 휴대전화를 넣어 가지고 들어간다. 범죄 및 위험 상황은 언제, 어디서, 어떤 사건이 발생할지 모르기 때문이다. 경찰서장의 하루는 24시간, 365일 비상 상황이다. 그에 따른 강박감과 스트레스도 적지 않다. 그래서 경찰행정의 특징을 돌발성, 위험성, 책임성이라고 한다. 특히 최근에는 대한민국에서 일어나는 많은 일들이 경찰의 업무이다. 이웃집 개 짖는 소리, 층간 소음 문제, 쓰레기 무단투기 등에 대한 불만들이 긴급전화 112로 신고된다. 이른바 경찰이 일상생활 속의 모든 일을 처리해야 하는 '경찰 만능주의'가 우리 사회에 존재한다. 이태원 압사 참사, 오송 지하차도 침수 사고, 묻지마 범죄 등 재난과 겹친 각종 사고가 발생해서 경찰서장이 구속되거나 직위 해제되는 사건이 종종 발생한다.

최근에는 경찰서장 지휘역량 평가제가 도입되어 다양한 역량 제고 프로그램을 이수하고, 교육을 통과해야 경찰서장을 할 수 있게 되었다. 필자가 대학에 다니던 1980년도에는 경찰관이 국민들에게 존경받는 직업이 아니었다. 전국에 경찰행정학과가 유일하게 서울에 있는 1개 대학에 개설되어 있었다. 하지만 지금은 전국에 100개가 넘는 대학교에 경찰행정학과가 개설되어 있고, 입시 경쟁률도 높다. 경찰관이라는 직업이 '거리의 판사'라고 불리 울 정도로 청소년들에게 인기가 많다. 이제는 누구나 경찰관이 될 수 있고, 열심히 하면 경찰서장이 될 수 있다. 경찰서장이 소신 있고 늠름하게 시민 보호와 치안 업무를 처리할 수 있도록 적절한 권한과 책임이 주어져야 한다. 오늘 아침, "젊은 경찰관이여! 조국은 그대를 믿노라" 글씨가 더 선명하게 보인다.

비상 상황 발생, 청렴도 최하위 기록

비상 상황이 발생하였다. 2023년 5월 조사한 자체 청렴도 조사 결과, 우리 대구시 자치경찰위원회가 대구시 실, 국 가운데서 최하위인 20위를 기록하였다. 자치경찰은 무엇보다 주민의 신뢰가 중요한데, 이는 정말 실망스러운 결과라고 할 수 있다. 이번 조사는 평소 청렴과 신뢰를 중시한 홍준표 대구시장의 행정철학이 반영된 것이다. 홍준표 시장은 간부회의에서 늘 청렴과 책임을 강조해 왔다.

대구시 감사위원회가 주관한 2023년 청렴도 조사는 내부청렴도와 외부 청렴도로 나누어 조사하는데, 직원 중에서 부서별로 무작위 표본 추출하여 불공정한 직무수행, 공직자의 권한 남용, 청렴의무 위반 등 크게 3개 영역으로 나누어 조사하는 방식이다. 우리 대구시 자치경찰위원회는 최하위로 조사되었다. 우리 사무국은 외부 고객 집단이 많지 않아 외부 청렴도 조사는 실시하지 않았다.

사실 설용숙 대구시 자치경찰위원장이나 필자는 평소 가족 같은 사무국, 출근하고 싶은 행복한 사무국을 표방해서 나름대로 직원들 복지 및 사기 진작에 최선을 다하고 있는 터라 충격이 컸다. 하지만 이번 조사는 좋게 생각하면 우리 사무국이 오히려 한 단계 더 발전하는 계기가 될 것이다.

2023년 6월 7일 현재, 대구시 사무국은 정무직 공무원(위원장, 사무국장), 시청 공무원 20명, 파견 나온 경찰 공무원 10명, 교육청 공무원 1명(장학사)으로 이질적인 조직 문화를 갖고 있다. 그들 간에는 업무수행 방식의 차이, 목표 및 가치관의 차이가 엄연하게 존재한다. 시청 공무원들은 경찰 공무원에게 불만이 있고, 경찰 공무원들은 시청 공무원들에게 불만이 있다.

이러한 차이가 이번 조사 결과에도 영향을 미쳤다고 생각한다. 또한 이와 같은 갈등과 차이점을 잘 조정하거나 업무배분과 조직(부서) 구성 등을 합리적으로 하지 못한 위원장과 필자에게도 불만이 있는 것으로 추정된다. 여러 번의 업무분장과 조직개편이 있었지만 완벽하지 못한 것이다.

청렴도 조사 결과가 나온 이후 바로 대책회의를 진행했다. 행정과장과 정책과장, 6명의 팀장 모두를 소집해서, 대책을 강구했다. 다양한 의견이 나왔다.

종합적인 개선방안으로 갑질, 부정 청탁 등 위법, 부당한 업무지시 근절 교육 강화, 내부소통 강화를 위한 주기적인 간담회 실시, 초과근무 적정성 상시 점검 및 40시간 이상 특별 관리 등을 수립했다. 이번 일을 계기로 팀장급 이상 간부들은 더욱 신경을 쓸 것이다. 시청 본부에서는 총무과 주관으로 6월 7일부터 30일까지 특별 복무, 보안 점검의 달로 지정되었다.

2023년 6월 7일 오후 2시에는 홍준표 시장 주재로 산격청사 대회실에서 "자체 청렴도 측정 결과 및 대책 보고회"를 개최해서 필자가 참석했다. 청렴은 아무리 강조해도 지나치지 않다.

대구시 청렴도 측정 결과 및 대책 보고회

자치경찰위원회 '청렴하Day' 캠페인

대구광역시 자치경찰위원회는 2023년 9월 4일(월) 아침 10시, 매주 개최되는 주간 티타임 회의 시작에 앞서 '청렴하Day' 캠페인을 전개했다. 이 행사는 청렴도 최상급 달성을 위한 특별 대책의 일환으로 추진한 것이다. 올해 여섯 번째 '청렴하Day' 캠페인은 '고위직이 주도하는 존중과 배려의 청렴한 조직 문화 만들기'를 주제로 대구광역시와 산하기관 등이 같은 날 함께 실시했다.

대구광역시 산격청사와 동인청사에서 실·국장 20여 명이 참여한 가운데 출근길 직원들에게 청렴 리플릿을 직접 나누어주며, 청렴도 향상을 위한 의지를 확고하게 다졌다.

2023. 9. 4(월) 자치경찰위원회 2층 포토존에서

일선 구청 · 군청 자치경찰 협력 시스템 무산

현재 우리나라에서 실시하고 있는 자치경찰은 광역 단위이다. 즉, 대구시 자치경찰위원회는 대구시장 소속으로 합의제 행정기관이다. 따라서 일선 구청, 군청과의 협력 시스템이 중요하다. 필자는 대구시 자치경찰위원회 사무국장으로 근무하면서 광역 단위 차원에서 설치된 자치경찰위원회의 보완책으로 기초 지방자치단체의 협력 시스템 구축을 중요하게 생각해 왔다.

이와 같은 구청, 군청과 같은 기초 지방자치단체 단위의 자치경찰 협력체계는 다양한 치안 수요 및 특성을 반영해서 맞춤형 자치경찰 추진을 위해 구청, 군청 및 경찰서의 원활한 소통이 가능하다. 필자가 늘 강조하는 것이 지방행정과 치안행정의 연계, 협력이다.

구청, 군청 자치경찰 협력체계의 구체적인 목표는 대구시 내 8개 구청과 군청에 자치경찰사무 담당자를 확보, 지정하는 것이다. 이 담당자로 창구를 일원화해서 자치경찰의 협력 기반을 강화하고, 주민 밀착형 치안 서비스를 제공하는 것이다. 예를 들어 구체적인 협력 내용으로는 지역치안협의회, 자율방범대 등 자치경찰사무를 추진하고, 실제로 주민들의 의견을 수렴하는 것이다. 아울러 지방행정과 치안행정의 연계, 협력사업을 발굴하는 것이다.

예를 들면, 대구 수성구청 자치행정과 내에 자치경찰 협력 담당관을 지정하는 것이다. 이와 같이 자치경찰 협력 담당관을 지정하게 되면, 이 담당관으로 창구가 일원화되어서 업무의 책임성과 효율성이 높아지게 된다.

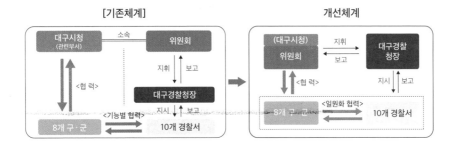

[기존체계]   개선체계

하지만, 복병을 만났다. 대구경찰청에서는 당연히 좋아할 줄 알았다. 대구경찰청 생활안전과가 당연히 찬성하고 고마워해야 할 텐데, 오히려 "현재의 체제로 업무 협조가 원활하며, 경찰서-구, 군청 간 창구 일원화(핫라인)는 필요 없다"라는 반응이다. 아마도 새로운 시스템에 대한 거부감과 혹시나 업무가 늘어날 것에 대한 부담감이 작용한 것 같다. 또한, 구청과 군청은 핫라인 구축 시 추가인력 확보가 필요하다는 입장이다. 구청과 군청은 추가로 일이 늘어나니까 당연히 거부 반응이 있을 수 있다. 필자는 대구경찰청에서만 찬성하고, 도움을 요청한다면, 구청과 군청을 직접 찾아가 설득을 하면서 자치경찰 협력 담당관 지정에 대한 지원 및 예산, 인력 확보를 할 계획이었다. 이 프로젝트 때문에 우리 사무국 박준희 협력팀장과 김지은 주무관이 많이 고생했다. 특히, 김지은 주무관은 해당 부서와 많이 소통하고 노력했다.

앞으로 시민안전을 위한 부처 간 협력사업이 많아지고, 협력 시스템의 필요성에 대한 공감대가 형성될 때 재추진하기로 하고, 이번 프로젝트는 보류 안건으로 넘겼다. 이것도 하나의 과정이다. 아쉽지만 다음에 하자.

시장 주재 간부회의

홍준표 시장 취임 이후, 간부회의는 한 달에 두 번 개최된다. 간부회의와는 별도로 산하 기관장회의도 있다. 어떤 회의든 홍준표 시장이 주재하는 회의는 간결하고 명료하다. 모든 회의는 1시간을 넘지 않는다. 당연히 집중력이 있고, 알차다. 거의 모든 참석자가 이런 회의방식에 만족감을 나타낸다. 회의 중에 졸거나 휴대전화를 보는 사람도 없다. 시장 주재 간부회의는 시장은 물론이고, 행정부시장, 경제부시장, 기회조정실장 등 3급 이상의 본청 소속 주요 간부들이 모두 참석한다.

이 자리에서는 보통 기획조정실을 시작으로 순서대로 업무보고를 하고, 상호 관련된 기관의 토론이 진행된다. 주로 각 실·국장들이 보고를 하면, 시장이 코멘트를 하고 구체적인 업무방향 등을 지시하는 방식이 주를 이룬다. 여기서 참석한 간부들은 시장의 업무중점사항, 시정의 방향을 읽을 수 있다. 그만큼 간부회의는 중요하다. 간부회의에서 나온 중요사항은 우리 사무국의 과장, 팀장들에게도 어김없이 전달한다.

그런데 위기 상황이 발생했다. 2023년 7월 말부터 자치경찰위원회 위원장과 사무국장은 간부회의에 들어오지 말라는 통지가 있었다. 자치경찰 출범 이후 최대의 위기다. 간부회의에 간부가 들어가지 못하는 것은 간부가 아니라는 뜻이다. 장군회의에 장군이 들어가지 못하고, 교수회의에 교수가 들어가지 못하는 것과 같다. 게다가 간부회의 자료집에 우리 부서의 활동과 계획 등의 자료도 제출하지 못하는 상황이 생긴 것이다. 참담한 일이다. 원인을 제대로 파악해서, 대책을 수립해야 한다. 아마도 지난번 동성로 퀴어축제 때, 대구시와 대구경찰청의 극한 갈등 상황에서 자치경찰위원회 사무국이 아무런 역할을 하지 못한 것이 원인인 것으로 파악되었다. 필자는 사무국장으로서 며칠간 잠을 못 이루었다. 우리 사무국의 직원들 보기도 미안하고, 민망하다. 이 위기를 잘 헤쳐 나가야 한다. 오히려 이 위기를 잘 극복하면 우리 자치경찰위원회가 더 발전하는 기회가 될 수 있다. 정신 바짝 차리자.

이제 2023년 7월 그토록 비가 많이 내렸던 긴 장마도 종착지에 이른 것 같다. 이 비도 그쳤으니 더욱 노력하자. 간부회의도 다시 들어가고, 성과를 내자. 업무 하나 하나 꼼꼼하게 챙기자.

홍준표 대구시장 강조사항

홍준표 시장이 주재하는 간부회의는 집중력이 높다. 해당 부처에 지시하는 사항 및 요구사항도 간결하고 명확하다. 국회의원과 당대표, 경남도지사를 지낸 다양한 경험에서 나온 내공이다. 몇 가지를 요약하면 다음과 같다.

첫째, 대구시 공무원이 변해야 대구시가 바뀐다. 지역 발전에 있어 공무원의 역할을 강조하는 사항이다. 결국 대구시 행정은 공무원이 책임과 권한을 갖고 하는 것이다. 복지부동, 무사안일을 타파하고, 적극적으로 일하라.

둘째, 언론보도에서 지적한 내용 중에서 타당한 것은 적극적으로 검토해서 실행하고, 잘못 보도된 내용에 대해서는 적극적으로 해명하라. 너무 언론에 끌려 다니지 마라. 소신 있게 일하라.

셋째, 계획만 세우지 말고, 실행이 중요하다. 계획만 세우다가 세월만 간다. 속도가 중요하다.

넷째, 회의는 1시간 이내로 한다. 그래야 집중력도 높다. 필자도 전적으로 동의하는 부분이다. 어느 기관장의 집무실에 가면 스탠드 테이블이 있다. 앉지 않고, 서서 회의를 하는 것이다. 불필요한 잡담을 줄이게 되고, 차(茶)도 마시지 않는다. 짧은 시간에 회의에 집중할 수 있다. 건강에도 좋다는 생각이 든다.

홍준표 시장 주재 간부회의

자율방범연합회 지원 조례 전부개정

부족한 경찰력을 보완하고, 지역 주민들의 안전을 위해 헌신해 온 자율방범대가 임의단체에서 법정단체가 되었다. 이에 대표 발의를 한 대구시의회 박우근 의원을 비롯한 14명의 의원이 2023년 8월 25일 대구광역시 자율방범연합회 지원 조례 전부개정안을 발의하였다.

그동안 법적 근거가 없이 운영되어 온 자율방범대에 대한 설치 근거와 활동 기반을 담은 '자율방범대 설치 및 운영에 관한 법률'이 제정, 시행(2023. 4. 27)됨에 따라 법에서 위임한 자율방범대와 연합대, 연합회 지원에 관한 근거를 마련하고, 현행 조례체계 전반을 정비하여 자율방범활동 활성화를 통해 지역 사회 안전을 도모하고자 한 것이다.

전부개정안의 주요 내용을 요약해 보면, 먼저 조례명을 '대구광역시 자율방범연합회 지원 조례'에서 '대구광역시 자율방범활동 지원 조례'로 변경함으로써 그동안 자율방범연합회 지원에 국한되었던 조례의 근거를 자율방범대 및 연합대 지원으로까지 확대시켰다. 또한 제1조는 자율방범활동 지원에 필요한 사항을 규정하여 안전한 지역 사회 조성에 기여하고자 하는 조례의 목적을 명시하였다. 아울러 제3조는 지역 사회의 자율방범활동을 권장하고, 자율방범대 등에 안정적이고 체계적으로 행, 재정적 지원을 해야 하는 시장의 책무를 명시하였다. 제5조는 자율방범활동에 필요한 경비 지원에 관한 사항을 규정한 것으로, 제1항은 연합회활동에 관한 지원을, 제2항은 자율방범대와 연합대활동에 대한 지원을 명시하였다.

제6조는 시장이 자율방범활동을 위해 지원한 경비의 사용을 점검하고, 필요시 행정지도, 감독하도록 하는 한편, 이를 위해 대구경찰청장 및 각 경찰서장에게 자료 제출 등 업무협조를 할 수 있도록 했다. 제7조는 모범대원 및 우수 자율방범대에 관한 포상 규정이고, 제8조는 시장은 원활한 자율방범대 등의 활동을 위해 관계기관 및 단체와 긴밀한 협력체계를 갖추도록 규정하였다.

2023년 9월 8일(금) 오전 10시, 대구시의회 기획행정위원회 안건심사에서 큰 이견 없이 통과되었다. 단 대구시 기획행정위원들은 지방비에만 의존하지 말고, 국비 유치에도 대구시 자치경찰위원회의 노력과 분발을 촉구했고, 자율방범대별로 지원비가 편중되지 않도록 골고루 형평성 있게 경비 지원이 되도록 주문했다.

2023년 8월과 9월은 신림동 묻지마 살인 사건 등 이상동기 범죄로 인해 시민들이 아주 불안한 시점이었다. 이에 대한 정부의 여러 대책 중에서 자율방범대의 활성화를 통한 공동체 치안의 확립이 중요한 과제로 대두되었다. 대구시 자치경찰위원회와 대구시의회의 조례 전부개정은 매우 시의적절한 조치라고 생각된다. 오늘 10시 개최된 제303회 시의회 임시회 기획행정위원회 조례안 심사 결과는 원안의 결되었고, 앞으로는 9.15(금) 개최되는 3차 본회의 의결절차가 남아 있으며 본회의 의결(가결) 후 10월 2일 자로 공포 및 시행된다.

대구광역시 자율방범활동 지원 조례

대구광역시 자율방범연합회 지원 조례 전부개정조례안
대구광역시 자율방범연합회 지원 조례 전부를 다음과 같이 개정한다.

제1조(목적) 이 조례는 「자율방범대 설치 및 운영에 관한 법률」에 따라 대구광역시 내 자율방범활동 지원에 관한 사항을 규정함으로써 자율방범대의 활동을 증진하여 안전한 지역 사회 조성에 기여함을 목적으로 한다.

제2조(정의) 이 조례에서 사용하는 용어의 뜻은 다음과 같다.

1. "자율방범대"란 지역 사회의 안전을 위하여 지역 주민들이 자율적으로 조직하여 방범활동 및 치안 유지 등을 수행하는 봉사단체로 「자율방범대 설치 및 운영에 관한 법률」(이하 "법"이라 한다) 제4조에 따라 경찰서장에게 신고한 단체를 말한다.

2. "연합대"란 구·군 내의 자율방범대가 연합하여 구성한 단체로 법 제12조에 따라 경찰서장에게 신고한 단체를 말한다.

3. "연합회"란 각 구·군의 연합대가 연합하여 구성한 단체로 법 제12조에 따

라 대구광역시경찰청장(이하 "대구경찰청장"이라 한다)에게 신고한 단체를 말한다.

제3조(시장의 책무) 대구광역시장(이하 "시장"이라 한다)은 지역 사회의 자율방범활동을 권장하고, 자율방범대 및 연합대·연합회(이하 "자율방범대등"이라 한다)에 안정적이고 체계적인 행·재정적 지원이 이루어지도록 노력하여야 한다.

제4조(연합회 활동) 연합회는 다음 각 호의 활동을 한다.

　　1. 구·군 간 방범활동 협력체계 구축

　　2. 합동 순찰·계도활동

　　3. 자율방범대 및 연합대활동의 지원 및 지도

　　4. 범죄 예방 및 선도에 관한 공익사업

　　5. 그 밖의 시장이 필요하다고 인정하는 사항

제5조(경비의 지원) ① 시장은 연합회 활동에 필요한 경비를 예산의 범위에서 지원할 수 있다.

　　② 시장은 자율방범대와 연합대의 활동에 필요한 경비의 일부를 예산의 범위에서 지원할 수 있다. 다만, 자율방범대와 연합대의 경비 지원은 구·군이 우선하여야 한다.

제6조(지도 및 감독) ① 시장은 제5조에 따라 지원된 경비가 목적대로 사용되고 있는지 확인하고, 필요한 경우 행정지도 및 감독을 하여야 한다.

　　② 시장은 제1항의 필요한 조치를 위해 대구경찰청장 및 각 경찰서장에게 자율방범대등의 활동 실적과 정기·수시 감독 결과 등의 자료 제출 및 업무협조를 요청할 수 있다.

　　③ 시장은 경비 지원에 따른 자율방범대등의 연중 활동 실적을 평가하고, 그 결과를 다음 연도 지원계획에 반영할 수 있다.

제7조(포상) 시장은 활동 실적이 우수한 자율방범대등과 모범대원에 대하여「대구광역시 각종 포상운영 조례」에 따라 포상할 수 있다.

제8조(협력체계 구축) 시장은 자율방범대등의 원활한 활동을 위해 대구경찰청장, 경찰서장, 구·군, 관련 기관 및 단체와 긴밀한 협력체계를 갖추어야 한다.

제9조(다른 조례의 적용) 이 조례에서 정하지 않은 보조금 지원에 관한 사항은「대구광역시 지방보조금 관리 조례」를 따른다.

부칙

제1조(시행일) 이 조례는 공포한 날부터 시행한다.

제2조(경과조치) 이 조례 시행 전 종전 규정에 따라 지원된 경비는 이 조례에 따라 지원한 것으로 본다.

두 번째, 국정감사

2023년 10월 23일(월), 공직 생활 3년 임기 중 두 번째 국정감사를 받았다. 첫 번째는 2021년 서울 국회에서, 그리고 두 번째는 대구시에서 열린 것이다. 대구시 자치경찰위원회는 대구시청 국정감사와 대구경찰청 국정감사 두 기관에 참석한다. 자치경찰의 업무 특성상 어쩌면 당연한 일인지 모른다.

열심히 준비했다. 대구시 자치경찰위원회 사무국 팀별로 예상 질문을 만들고, 그 질문에 따라 답변과 참고 자료를 만들었다. 중요한 것부터 A급, B급, C급으로 분류했다. 신문보도 중 이슈화된 내용과 다른 기관에서 국회의원들이 질문한 것 등을 중심으로 작성했다. 사무국 팀장들과 여러 번 모여서 스터디도 했고, 계속 보완했다.

2023년 10월 23일 당일, 대구시와 대구경찰청 국정감사에서는 동성로에서 열린 퀴어축제의 도로점용 허가에 대한 질문이 주를 이루었다. 자치경찰위원회에 대한 질문은 많지 않았다. 대구시의 국정감사에서 홍준표 시장은 현재의 자치경찰제도의 한계 및 문제점에 대해서 이야기 하고, 제도적 개선이 필요함을 강조하였다.

2023년 대구시의회 행정사무감사

2023년 10월 국회 국정감사에 이어 대구시의회 행정사무감사를 받았다. 여러 차례 예상 질문과 모범 답변 자료를 작성하고, 스터디도 했다. 2023년 11월 8일(수) 오전 10시, 대구시의회 기획행정위원회 행정사무감사에서는 자치경찰제도 발전에 관한 다양한 의견과 질문이 있었다. 모든 질문이 자치경찰 발전과 관련된 애정 있는 내용들이었다. 의원들이 자치경찰에 대해서 많이 준비한 듯 보였다.

제일 먼저 류종우 의원은 올해 9월 1일부터 시행되고 있는 '어린이보호구역 시간대별 속도제한' 시범 운영(신암초등학교 앞) 관련 현재 운영 상황을 묻고, 최근에 보행자의 안전을 위협하는 개인형 이동장치(PM)의 안전 규제 강화를 촉구했다.

전태선 의원은 자치경찰제의 수용성 제고와 현장경찰관들의 사기 진작을 위해 시행하고 있는 자치경찰 맞춤형 복지 포인트 사업의 실태와 부적정한 지급에 대한 환수 절차와 미환수액 현황을 물었고, 자치경찰제도의 안정적인 발전을 위한 현장경찰관들의 사기 진작에도 계속해서 관심을 기울일 것을 주문했다.

김대현 의원은 핼러윈 행사 등 다중 운집 행사 안전관리에 대한 각 기관의 책임과 역할을 강조하고, 진정한 자치경찰제를 위한 '한국형 자치경찰 이원화 모델' 정착을 위한 노력을 촉구했다.

이성오 의원은 우리 사회 전반에 심각한 사회 문제인 마약으로부터 청소년을 보호할 수 있는 실효성 있는 대책을 물었다. 또한 대구시 서구의 첨단 AI CCTV 운영 현황 및 실제 효과에 대한 질문과 함께 CCTV 관제 정보의 유관기관 간 연계망 구축을 촉구했다.

이어서 박우근 의원의 자율방범대에 대한 여러 질문이 있었다. 특히 대구시가 준비하고 있는 자율방범대 활성화 대책이 있는지 묻고, 이상동기 범죄 증가 등 시민의 범죄 불안 심리를 불식시킬 자율방범대의 적극적 역할과 활동 기반 마련을 주문했다.

마지막으로, 임인환 위원장은 자치경찰위원회에 파견된 경찰 공무원의 짧은 근무 기간을 문제 삼으면서, 자치경찰제도의 안정적 발전을 위해서는 자치경찰 이해도가 높고 경험이 많은 직원의 장기근속이 필요함을 강조했다. 이에 대해서는 전국 자치경찰위원장 협의회가 그동안 행정안전부, 인사혁신처, 경찰청 등을 직접 방문하여 성명서 전달, 공문 송부, 다양한 면담을 통해서 파견 경찰관들의 정원화와 적정 경찰인력 배치 필요성을 꾸준히 피력했음을 알렸다.

1시간 30분 동안 이루어진 행정사무감사는 대구시의원들의 날카롭고 세심한 질문과 성실한 답변으로 잘 마무리되었다.

2023년 11월 8일(수) 대구시의회 기획행정위원회 행정사무감사

2024년 1월 1일부터 대구경찰청 군위경찰서로!

대구광역시 자치경찰위원회는 2023년 11월 27일(월) 오후 2시 대구시 자치경찰위원회 1층 회의실에서 대구광역시, 대구경찰청, 대구교육청, 대구소방안전본부 관계자 등 15명이 참석한 가운데 2023년 마지막 회의인 '제5차 실무협의회 회의'를 개최했다. 실무협의회는 시민안전을 위한 자치경찰 업무를 보다 잘하기 위해 대구시, 대구경찰청, 소방본부, 교육청 실무 책임자들이 모인 중요한 회의다.

이 회의는 2023년 7월 1일 군위군이 대구광역시로 편입된 이후에 국가기관인 군위경찰서가 2024년 1월 1일 자로 대구경찰청으로 편입됨에 따라 이루어진 것이다. 이날 회의에서는 군위군의 범죄, 안전 등 대응체계 개편 사항을 포함해서 안전한 대구시를 만들기 위해 여러 기관이 함께 '군위군 편입에 따른 자치경찰 분야 치안 종합대책'을 총체적으로 점검했다.

먼저 대구경찰청 생활안전과에서는 군위경찰서 편입에 대비해 범죄 예방 분야별 치안 현황을 파악하고, 현장을 점검했다. 군위군의 치안 현황, 군위경찰서 조직 및 경찰인력에 대한 보고도 함께 있었다. 또한 여성청소년과는 APO(학대예방경찰관 업무관리 시스템) 및 117 센터 시스템을 정비해 신고 처리가 신속하게 되도록 하고, 성폭력, 가정폭력, 스토킹 피해자에 대해 대구지역 상담소와 보호시설로 잘 연계되도록 대구광역시 및 경북경찰청과 협의를 완료했다. 대구경찰청 교통과에서는 교통안전시설에 대한 운영 및 적정 설치 여부, 개선 필요 사항을 점검해 군위군과 협조하여 교통안전을 확보할 방침이다.

아울러 대구광역시 관계 부서와 대구교육청은 군위군 편입에 따라 추진한 시민 안전보험 가입 대상 군위군민 추가, 요보호 위기청소년 발생 시 '대구시 청소년 상담복지센터 일시 보호소' 등 연계, 교통안전시설 통합 운영 등 교통 분야 지원 대책, 군위군 재난 특성에 맞는 소방안전 대책, 군위군 학교 주변 안전 확보, 자치경찰위원회 운영사업 대상 확대 및 협력 강화 대책에 대해 보고했으며, 이후 관계

부서 간 서로 보완할 사항 등에 대해 의견을 나누었다.

향후 대구시 자치경찰위원회는 군위군 편입으로 더 커진 대구의 안전을 위해 치안 사각지대가 없도록 철저히 대비하고, 실무협의회 관계기관 간 협력과 소통을 강화해 든든한 사회 안전망을 갖추어 나갈 것이다.

2023년 제5차 실무협의회

자치경찰과 과학 치안

자치경찰에 과학 치안을 접목, 날개를 달자

자치경찰제 시행 이후 인공지능(AI), 빅 데이터, 사물인터넷(IoT) 등의 정보통신 기술(ICT)을 활용한 과학 치안을 자치경찰사무에 적용, 자치경찰제가 발전할 수 있도록 하는 방안이 치안 전문가들에 의해 논의됐다.

2022년 12월 7일, 한국과학기술단체총연합회와 과학치안진흥센터가 공동으로 주최하고, 과학기술정보통신부와 경찰청이 공동으로 후원하는 '2022 과학치안발전포럼'이 서울 강남구 한국과학기술회관에서 개최됐다. 올해로 2회를 맞이하는 과학치안발전포럼은 과학 치안 발전을 목표로 과학 기술 기반 대국민 치안 서비스 고도화 및 치안 역량 강화를 위한 소통·협력의 장으로 마련된 행사다. 이번 포럼은 '지역 맞춤형 안전망 구축과 자치경찰 중심의 과학 치안 발전방향'이라는 주제로 진행됐으며, 과학 기술, 지역 사회, 치안 분야 관계자들이 참석해 발표와 패널토론에 참여했다.

필자는 대구시 자치경찰위원회 사무국장 자격으로 발표를 맡았고, 박성수 정책과장, 김강민 정책팀장, 허재영 경감, 유영우 경사와 같이 참석했다. 특히, 대구시 자치경찰위원회는 대구형 스마트 셉테드, AI 기반 아동학대 예방 프로그램, 로봇 순찰 등에 많은 관심을 가졌기 때문에 남다른 이번 정책 포럼 참석은 큰 의미가 있다.

2021년 7월부터 실시된 자치경찰제는 지역 내 자원과 인프라를 통해 주민 생활안전과 밀접하게 관련된 치안 문제를 지역 사회 차원에서 해결하도록 요구하고 있다. 이에 전문가들은 자치경찰제로 인한 지역 간 치안 역량 격차와 치안 사각지대가 발생하지 않도록 치안 분야에도 과학 기술 역량을 결집해야 한다고 강조했다.

제일 먼저 발표한 전영수 한양대 국제학대학원 교수는 '미래 사회 지역 불균형 해소와 주민안전을 위한 정책'이라는 주제로 지역 인구 감소와 지역 소멸로 지역 주민의 행복 품질이 떨어지고 갈등과 불안이 심화하고 있음을 지적했다. 초고령화와 초저출산 등으로 나타나는 지방인구 감소 현상으로 대한민국이 위기를 맞이하게 될 것이란 우려다. 전영수 교수는 지방인구 감소는 지방의 광역화, 고립화, 한계화, 이질화 등을 심화시키고, 이는 결국 지역 사회의 불안정을 야기하게 된다고 짚었다. 그는 이 같은 해결하기 위한 지역 사회를 고려한 새로운 정책이 필요하다고 강조했다.

이어 고영주 대전과학산업진흥원장은 '지역 주도형 지역 사회 문제 해결과 삶의 질 개선방향'이라는 주제로 리빙랩 방식을 적용한 다양한 시민 참여형 지역 문제 해결 실증 사례들을 공유했다. 그는 리빙랩과 같은 실증사업을 통해 지역의 안전문제를 해결, 주민들의 '삶의 질'을 향상시킬 수 있고, 이는 지역 사회 발전에 도움이 될 수 있다고 봤다. 또한, 리빙랩 촉진을 위한 리빙랩 공동체 리더 양성, 마을실험팀 육성 과정, 리빙랩 코디네이터 양성 교육 등에 대해서도 소개했다. 고영주원장은 지역혁신주체와 지역 자산을 적절히 연계함으로써 주민의 삶의 질 개선에 기여할 수 있을 것이라고 제언했다.

다음으로 이동규 경찰청 자치경찰기획계장은 '자치경찰제 시행과 과학 치안의 필요성'이라는 주제로 전국단위 자치경찰제가 시행됨에 따라 자치경찰권이 강화됐다고 설명했다. 자치경찰제는 자치경찰의 정치적 중립성 확보와 민주적 통제를 위해 합의제 행정기관인 자치경찰위원회가 광역시·도별로 신설된 점이 특징이라고 언급했다. 그는 자치경찰제에 대해 국가별 유형이 다양하고, 국가의 치안 시스템을 근본적으로 변화시키는 만큼 충분한 사전 검토와 사회적 논의가 필요하다고 의견을 냈다. 이동규 계장은 과학 기술로 안전한 사회를 구현하기 위해 자치경찰이 참여하는 과학 치안 R&D 예산이 보다 늘어나야 한다고 주장했다. 한국의 과학 치안 R&D 예산은 국가 R&D 예산의 0.2% 수준에 불과한데, 이는 1% 가량 과학 치안 R&D 예산을 투입하고 있는 미국 등 해외 선진국과 비교했을 때 차이가 극명하다는 것이다. 아울러, 지역 치안 문제 해결을 위한 지역 치안 R&D 사업 확대가 필요하다고 말했다. 이 밖에도, 광역시·도 자치경찰위를 중심으로 지역 R&D 기관 간 거버넌스 체계를 구축해야 한다고 의견을 냈다.

박동균 대구시 자치경찰위원회 사무국장은 '국가경찰과 대비되는 자치경찰의 활동과 사례' 주제로 대구 자치경찰활동 사례를 통해 일반 행정과 치안행정이 연계되고, 과학 기술을 활용한 범죄 예방 활동 등 지역 맞춤형 치안정책 설계 및 치안 서비스 제공이 가능하다고 밝혔다. 그는 대구시 자치경찰위에서 △주민편의 및 현장대응력 향상 △시민 중심 치안 거버넌스 구축 △지역 맞춤형 치안정책 설계 및 치안 서비스 제공 등의 활동을 해나가고 있다고 소개했다.

박동균 국장은 대구시 자치경찰위가 대구형 스마트 셉테드(CPTED, Crime Prevention Through Environmental Design) 사업에 적극 나서고 있다고 전했다. 셉테드란 '환경 설계를 통한 범죄 예방'을 의미한다. 그는 스마트 그늘막을 설치해 여름철 보행자의 교통안전에 도움을 준 사업이나 한부모가구 등을 대상으로 가정용 보안 시스템 기기를 지원하는 '홈-도어가드' 지원사업 등에 대해 소개했다. 아울러, 범죄 발생을 효과적으로 예방하기 위해 유관단체와 협업하는 합동 순찰을 적극적으로 시행 중이라고도 덧붙였다. 박동균 국장은 주민이 참여하는 지역 맞춤형 셉테드의 활성화가 필요하다고 의견을 제시했다.

발표 이후 이뤄진 패널토론에서, 이여진 조선대 교수는 인구감소 문제 등 한국이 직면한 다양한 문제들이 향후 시민들의 삶을 위협하는 요소가 될 수 있다고 말했다. 이여진 교수는 이런 문제에 선제적으로 대응하기 위해서는 정부가 과학 치안 R&D에 보다 적극적으로 나서야 하며, 이를 위해 KIPoT 인력의 확충이 필요하다고 주장했다.

이여진 교수는 다부처 협력사업에서 치안산업의 기반기술이 될 수 있는 것들을 발굴하고 지원하는 게 더욱 활발하게 이뤄져야 한다고도 말했다. 과학 치안 R&D 예산 확보를 위해, 자치경찰제하에서는 국가균형발전특별회계 등을 활용하는 방안을 제시했다. 이 밖에도, 과학 치안 R&D 통합플랫폼을 구축방안을 제안했다.

홍순정 과기정통부 연구성과일자리정책과장은 과기정통부와 경찰청이 2018년부터 과학치안실용화사업 등의 공동 R&D 사업을 추진해왔다는 점을 언급했다. 이 같은 사업의 결과, 과학 기술이 접목된 R&D 성과물을 통해 범죄 예방과 치안 역량 강화가 구현되고 있다고 평가했다. 그는 자치경찰제 시행에 따라 앞으로는 과학 치안 R&D 사업의 실증을 전국의 각 지역에서 수행할 수 있을 것으로 기대했다. 다만, 과학 치안 R&D 사업 성과물이 지역 사회에서 효과를 거두기 위해서는 지역 데이터와의 연동이 필요하다고 짚었다. 가령, 한부모가정, 노인가정, 이주자가정 등에 대한 가정별 데이터를 활용, 공유할 수 있어야 효과적인 과학 치안 기반의 자치경찰사무가 가능하다는 이야기다.

홍순정 과장은 자치경찰의 주요 사무 중에 '교통'이 있는데, 과학 치안이 자치경찰의 교통 관련 활동에 적극 도입되면, 지역 사회의 안전을 확보하는 데 큰 도움이 될 것이라고 말했다. 그는 이를 위해 자율주행 등 교통 분야에 대한 과학 치안 R&D가 보다 강화될 필요가 있다고 말했다.

아울러, 과학 치안 R&D의 원활한 추진을 위해 교육 지원체계가 필요하다고 봤다. 경찰 직원을 대상으로 과학 치안 교육 프로그램을 도입, 이들이 일선 자치경찰로 활동하기 전에 과학 치안 지식과 기술을 쌓을 수 있도록 하자는 것이다.

류연수 경찰청 과학치안정책팀장은 보다 안전한 지역 사회 구현을 위해 과학치안을 자치경찰사무에 적극적으로 적용하는 게 필요하다고 말했다. 이를 위해 경찰청에서는 자치경찰의 과학 치안 R&D를 위해 예산을 확보했다며, 향후 원활한 R&D를 위해 KIPoT의 인력과 예산의 보강이 필요하다고 언급했다. 류연수 팀장은 치안산업의 생태계 조성을 위해 과학 치안 R&D 성과물들이 현장에 빠르게 보급되는 게 중요하다고 봤다. 그는 이를 위해 공공조달을 통한 과학 치안 설루션의 도입이 원활하게 이뤄질 수 있도록 법·제도적 근거가 마련돼야 한다고 말했다.

이 날 행사 참석자들은 과학 치안 R&D 촉진과 성과 확산을 위해서는 국회에서 계류 중인 치안산업진흥법률안이 조속히 처리돼야 한다고 말을 꺼냈다. 지난 2020년 9월 발의된 해당 법안은, 치안산업 관련 기술의 R&D, 치안장비의 첨단화, 치안 관련 전문인력의 양성 등 치안산업의 육성을 통해 치안역량을 강화해 나갈 수 있도록 하는 게 주된 내용이다(정보통신신문, 2022. 12. 7).

오랜 노력, 좋은 결실, 대구형 스마트 셉테드 사업

필자는 자치경찰위원회가 출범한 이래 늘 셉테드를 강조했다. 우리 자치경찰위원회 사무국 직원 역량강화 워크숍은 물론이고, 대구시 공무원교육원 강의, 찾아가는 주민설명회에서도 늘 '셉테드(CPTED, 환경설계를 통한 범죄 예방)'를 강조했다. 경찰청과 시청, 그리고 다양한 기관들이 협업해서 우리 지역에서 환경설계를 통한 범죄 예방을 잘 하면 안전한 대구 만들기가 쉽게 된다는 논리다. 우리 자치경찰위 정책TF팀에서는 이 점을 잘 알고 있고, 그동안 많은 성과를 냈다. 특히, 방범 시설 부족과 노후화로 범죄에 취약한 매입임대주택 범죄 예방 환경 개선을 위한 지역 공동체 협업 거버넌스를 구축하였다.

아울러 많은 회의와 고민, 노력 끝에 대구 테크노파크와 공동으로 경찰청·과학치안진흥센터가 주관하는 '자치경찰 수요기반 지역 문제 해결사업 선행연구용역' 사업 공모에서 2022년 7월 29일 사업 대상자로 선정됐다. 야근, 주말 출근 등 많은 노력이 있었다. 이후 보다 구체적인 협력을 위해 2022년 9월 6일(화) 대구 테크노파크와 업무협약을 체결하였다.

경북일보

특별기고

대구형 스마트 셉테드
환경설계 범죄예방

2022년 08월 17일 수요일 018면 여론광장

박동균
대구광역시
자치경찰위원회
상임위원

얼마 전 대구시 자치경찰위원회와 대구 테크노파크가 공동으로 경찰청·과학치안진흥센터가 주관하는 '자치경찰 수요기반 지역문제 해결사업 선행연구용역' 사업 공모에서 사업대상자로 선정됐다. 이 사업은 지역의 치안 문제를 지역 스스로 고민하고 해결하는 자치경찰의 취지에 맞춰 ABB(인공지능, 빅데이터, 블록체인) 등 첨단과학 기술을 치안산야에 도입해 획기적인 치안역량의 발전을 도모하기 위한 사업이다. 이른바 자치경찰 분야의 신사업이다.

대구시 자치경찰위원회는 그동안 대구시민들의 제안과 설문조사, 전문가

들의 자문 등을 통해서 대구시민들의 치안체감 만족도와 정책수요가 큰 분야로 대구형 스마트 셉테드 플랫폼 구축 과제를 선정했다. 대구형 스마트 셉테드 플랫폼을 개발하기 위해 'AI, 5G, 증강현실, 드론 등을 활용한 AI 비전 활용가', 'AI 범죄예측 시스템', '지능형 CCTV 통합관제', '스마트 조명·가로등을 비롯한 치안기술을 개발하고, 치안현장의 실증을 거쳐 이를 통합 플랫폼으로 구축하려고 한다. 아울러 이를 기반으로 해서 전국 최초의 한국형 셉테드 표준화 및 인증체계를 구축해 대구형 스마트 셉테드 플랫폼을 전국으로 확산시키는 것이 목표이다. 자치경찰제의 성공은 셉테드에 달려 있다고 해도 과언이 아니다.

셉테드(CPTED)는 'Crime Prevention Through Environmental Design(환경설계를 통한 범죄예방)'으로 도시 환경설계를 통해 범죄를 사전에 예방하는 선진국형 범죄 예방기법을 말한다. 미국이나 영국, 독일 등

주요 선진국들은 범죄예방 프로그램들을 다양하게 개발해 운영하고 있다. 그 중 대표적인 셉테드는 각종 범죄로부터의 피해를 제거하거나 피해를 담할 가능성이 있는 잠재적인 피해자들을 보호하기 위해 나온 기법이다. 즉 범죄의 구성요건이 되는 가해자, 피해자, 대상물건, 장소들간의 상관관계를 논리적으로 분석해서 범죄를 예방하기 위한 일련의 윤리적설계이다.

24시간 편의점을 투명유리로 제작해 외부에서 잘 볼 수 있게 하는 방법, 자연감시가 가능하도록 아파트단지 내에 옴벽 대신 울타리를 설치하는 방법, 공원에서 사람들의 왕래가 잘 보일 수 있도록 가로수를 사람 키보다 높게 잘라 주는 것, 주거환경 조성시에 주민들간의 자연스런 감시를 가능하게 하는 공간구성 등이 환경설계를 통한 범죄예방의 좋은 사례들이다.

자치경찰의 출범과 함께 대구시 자치경찰위원회도 대구시공사와 MOU를 통해 셉테드 사업을 추진하고 있다. 취

약계층의 생활안전 강화에 중점을 두고, 시민자치형 환경적 범죄예방 사업을 전개하고 있으며, 범죄예방 환경성 개선된 시민이 주도하는 대구형 셉테드 모델로 발전시킬 계획이다. 또한, 대구시, 대구경북청, 대구여성가족재단이 협업해서 만든 여성친화 귀갓길 '셋별로 사업', 대구물서경찰서의 지역맞춤형 자치경찰 주민제안 사업으로 주민과 함께, 가장 안전한 우리동네 만들기 사업은 전국적으로 우수사업으로 평가된다. 또한, 대구시는 그동안 많은 노력과 연구 끝에 '스마트도시 인정'이라는 귀한한 성과를 기록했다. 스마트도시는 도시 교통과 환경, 안전, 주거와 복지 서비스 등의 다양한 분야에 첨단 IT기술을 적용하는 사업이다. 인공지능(AI, 빅 데이터, 클라우드 등 차세대 이동통신 기술, 자율주행, 사물인터넷(IoT) 등 다양한 첨단기술이 동원된다. 스마트 도시와 대구형 스마트 셉테드, 자치경찰 제도의 결합은 대구시민의 안전 향상에 커다란 기폭제가 될 것이다.

대구신문

2022년 08월 01일 월요일 007면 사회

대구자치경찰위, 스마트 CPTED 플랫폼 구축

경찰청 공모사업 선정
치안분야에 첨단과학기술 도입
2천만원 확보·연장 시 20억 추가
지능형 CCTV 통합관제 등 개발

대구시자치경찰위원회는 대구테크노파크와 공동으로 경찰청·과학치안진흥센터가 주관하는 '자치경찰 수요기반 지역문제 해결사업 선행연구용역' 사업 공모에서 지난 7월 29일 사업대상자로 선정됐다.

'자치경찰 수요기반 지역문제 해결사업'은 자치경찰제가 새롭게 도입됨에 따라 각 지역의 치안문제를 지역 스스로 고민하고 해결해야 하는 시대적 변화에 맞춰 인공지능, 빅데이터, 블록체인 등 첨단과학기술을 치안분야에 도입해 획기적인 치안역량의 발전을 도모하기 위한 사업이다.

이번 선행연구용역사업 선정으로 우선적으로 연구비 2천만원을 지원받게 됐다. 내년도 본 연구사업 선정 시에는 연간 10억원씩, 3년간 30억원의 연구사업비를 지원받게 되며 사업진행경과에 따라 사업기간 연장 시 2년간 20억원을 추가로 지원받게 된다.

대구시 자치경찰위원회는 시민제안, 주민참여사업, 설문조사 등을 통해 수요조사를 한 결과 시민들의 체감만족도와 정책수요가 가장 큰 분야로 '대구형 스마트 CPTED 플랫폼 구축' 과제를 선정했고, 지역문제를 공동으로 해결할 연구기관으로 '대구테크노파크 디지털융합센터'와 공동으로 사업공모에 신청해 사업대상자로 선정됐다.

CPTED(Crime Prevention Through Environmental Design)는 범죄예방 환경설계를 이른다.

대구시 자치경찰위원회는 이번 연구용역사업을 통해 대구형 스마트 CPTED 플랫폼을 개발하기 위해 'AI, 5G, 증강현실, 드론 등을 활용한 AI비전 활용기술', 'AI 범죄예측 시스템', '지능형 CCTV 통합관제', '스마트 조명·가로등'을 비롯한 치안기술을 개발한다.

치안현장 실증을 거쳐 이를 통합 플랫폼으로 구축하는 한편 이를 기반으로 전국 최초로 한국형 CPTED 표준화 및 인증체계를 구축해 대구형 스마트 CPTED 플랫폼을 전국으로 확산시키는 것을 목표로 하고 있다.

설용숙 대구시 자치경찰위원회 위원장은 "이번 연구용역 사업 선정을 계기로 인공지능, 빅데이터 등 혁신적 IT기술을 적용한 첨단 치안서비스플랫폼을 개발해 첨단치안 선도도시로서 대구시의 위상을 제고하겠다"고 말했다.

한지연기자 jiyeon6@idaegu.co.kr

대구형 스마트 셉테드
경북일보 특별기고 (2022. 8. 17)

얼마 전 대구시 자치경찰위원회와 대구 테크노파크가 공동으로 경찰청·과학치안진흥센터가 주관하는 '자치경찰 수요기반 지역 문제 해결사업 선행연구용역' 사업 공모에서 사업 대상자로 선정됐다. 이 사업은 지역의 치안 문제를 지역 스스로 고민하고 해결하는 자치경찰의 취지에 맞춰 ABB(인공지능, 빅 데이터, 블록체인) 등 첨단과학 기술을 치안분야에 도입해 획기적인 치안역량의 발전을 도모하기 위한 사업이다. 이른바 자치경찰 분야의 新 사업이다.

대구시 자치경찰위원회는 그동안 대구시민들의 제안과 설문조사, 전문가들의 자문 등을 통해서 대구시민들의 치안체감 만족도와 정책수요가 큰 분야로 '대구형 스마트 셉테드 플랫폼 구축' 과제를 선정했다. 대구형 스마트 셉테드 플랫폼을 개발하기 위해 'AI, 5G, 증강현실, 드론 등을 활용한 AI 비전 활용기술', 'AI 범죄 예측 시스템', '지능형 CCTV 통합관제', '스마트 조명·가로등'을 비롯한 치안기술을 개발하고, 치안현장의 실증을 거쳐 이를 통합 플랫폼으로 구축하려고 한다. 아울러 이를 기반으로 해서 전국 최초의 한국형 셉테드 표준화 및 인증체계를 구축해 대구형 스마트 셉테드 플랫폼을 전국으로 확산시키는 것이 목표이다. 자치경찰제의 성공은 셉테드에 달려 있다고 해도 과언이 아니다.

셉테드(CPTED)는 'Crime Prevention Through Environmental Design(환경설계를 통한 범죄 예방)'으로 도시 환경설계를 통해 범죄를 예방하는 선진국형 범죄 예방기법을 말한다. 미국이나 영국, 독일 등 주요 선진국들은 범죄 예방 프로그램들을 다양하게 개발하여 운영하고 있다. 그 중 대표적인 셉테드는 각종 범죄로부터의 피해를 제거하거나 피해를 당할 가능성이 있는 잠재적인 피해자들을 보호하기 위해 나온 기법이다. 즉 범죄의 구성요건이 되는 가해자, 피해자, 대상 물건, 장소 간의 상관관계를 논리적으로 분석해서 범죄를 예방하기 위한 일련의 물리적 설계이다.

24시간 편의점을 투명유리로 제작하여 외부에서 잘 볼 수 있게 하는 방법, 자연 감시가 가능하도록 아파트단지 내에 옹벽 대신 울타리를 설치하는 방안, 공원에서 사람들의 왕래가 잘 보일 수 있도록 가로수를 사람 키보다 높게 잘라 주는 것, 주거환경 조성 시에 주민들 간의 자연스러운 감시를 가능하게 하는 공간구성, 방치된 건물에 대한 지속적 관리와 청결상태 유지, 어두운 골목길에 LED 조명과 CCTV 설치 등이 환경설계를 통한 범죄 예방의 좋은 사례들이다. 이른바 사전에 치밀하고 과학적으로 연구된 물리적인 환경설계를 통해서 각종 범죄를 예방하는 것이다.

자치경찰의 출범과 함께 대구시 자치경찰위원회도 대구도시공사와 MOU를 통해 셉테드 사업을 추진하고 있다. 취약계층의 생활안전 강화에 중점을 두고, 시민 주도형 환경적 범죄 예방사업을 전개하고 있으며, 범죄 예방 환경설계부터 시민이 주도하는 대구형 셉테드 모델로 발전시킬 계획이다. 또한, 대구시, 대구강북경찰서, 대구여성가족재단이 협업해서 만든 여성 안심 귀갓길 '샛별로 사업', 대구달서경찰서의 지역 맞춤형 자치경찰 주민 체감사업으로 '주민과 함께, 가장 안전한 우리 동네 만들기' 사업은 전국적으로도 우수사업으로 평가된다.

또한, 대구시는 그동안 많은 노력과 연구 끝에 '스마트 도시 인증'이라는 커다란 성과를 거두었다. 스마트 도시는 도시 교통과 환경, 안전, 주거와 복지 서비스 등의 다양한 분야에 첨단 IT기술을 적용하는 사업이다. 인공지능(AI), 빅 데이터, 클라우드 등 차세대 이동통신 기술, 자율주행, 사물인터넷(IoT), 블록체인 등 다양한 첨단기술이 동원된다. 스마트 도시와 대구형 스마트 셉테드, 자치경찰제도의 결합은 대구시민의 안전 향상에 커다란 기폭제가 될 것이다.

대구광역시 자치경찰위원회, 자치경찰 수요기반 지역 문제 해결 R&D 사업 최종 선정

오랜 준비 끝에 기쁜 소식이 도착했다. 대구광역시 자치경찰위원회(연구기관: 대구테크노파크)가 제주특별자치도 자치경찰위원회(연구기관: 제주테크노파크)와 컨소시엄을 구성해서 경찰청과 (재)과학치안진흥센터가 주관하는 '2023 자치경찰 수요기반 지역 문제 해결 R&D 사업'에 최종 선정된 것이다. 우리 대구시 자치경찰위원회는 자치경찰이 출범하면서 반드시 이와 같은 큰 규모의 공모사업이 있을 것이라는 것을 예상하고, 자치경찰 출범과 동시에 철저하게 준비했다. 특히 자치경찰의 주요한 목적은 '시민안전'이고, 시민안전을 위해서는 CCTV, AI, 드론 등 첨단 과학 치안이 중요하다고 생각하여 대구형 스마트 셉테드(CPTED, 환경설계를 통한 범죄 예방) 사업 등과 함께 꾸준하게 진행해 왔다. 이와 같은 성과들은 시민들이 능동적으로 자치경찰에 참여할 수 있는 자치경찰 주민설명회를 기반으로 대구 테크노파크와 대구도시공사 등과 함께 다양한 시민안전 프로그램들을 수행한 결과이다.

이번 '자치경찰 수요기반 지역 문제 해결 R&D 사업'은 2021년 7월 자치경찰제가 새롭게 도입됨에 따라 각 지역의 치안 문제를 스스로 고민하고 해결해야 하는 시대적 변화에 부응해 인공지능(AI), 빅 데이터, 블록체인 등 첨단 과학 기술을 치안 분야에 도입하여 획기적인 치안 역량의 발전을 도모하기 위한 사업이다. 윤희근 경찰청장이 취임한 이후부터 강조한 '과학 치안' 사업의 일환이기도 하다. 이러한 시대적, 사회적 변화에 부응해서 지난 3월, 18개 자치경찰위원회 대상으로 경찰청과 과학치안진흥센터에서 첫 정부 지원사업으로 시행한 공모에 대구광역시·제주특별자치도가 공동으로 연구기관과 컨소시엄을 구성, 제출해 선정된 것이다.

대구광역시 자치경찰위원회는 이번 R&D 사업 선정으로 2027년까지 4년 9개월간 최대 32억 5천만 원(국비 23억 7천 5백만 원, 시비 4억 5천만 원, 민자 4억 2천5백만 원)을 지원받아 지역 특성 및 치안 수요를 반영한 지역 맞춤형 R&D 사업 추진으로 자치경찰과 과학 치안 역량 강화 기반을 마련하는 첫 발걸음을 내딛게 됐다. 이

사업은 단순한 연구사업이 아니다. 실제로 시민의 안전을 위한 정책이고 치안 서비스다. 반드시 실증(實證)이 중요하다. 이 사업의 성공적인 실증을 위해 대구경찰청과 협업해서 지역 거점(Spoke Lab) 구축을 통한 치안 수요 발굴 및 거버넌스 소통 플랫폼 운영, 주민 체감형 생활안전 솔루션 실증 및 확산을 통한 지역 성공사례 발굴, 국내 최초 과학 치안 전문가 양성과정 운영을 통한 과학 치안 역할증대를 중점으로 사업을 추진할 계획이다. 이를 위해 '드론, AI, 5G 기술', 'AI 범죄 예측 시스템', '지능형 CCTV 통합관제' 등을 비롯한 치안 기술을 개발하고, 치안현장 실증을 거쳐 이를 통합 플랫폼으로 구축하는 한편 대구−제주에서 개발한 스마트 치안 기술을 전국으로 확산시키는 것을 목표로 하고 있다. 이번 사업을 통해 4차 산업 혁명 신(新)산업 기술 중 하나인 드론과 AI 기술을 과학 치안 분야에 활용함으로써, 해당 분야의 산업 활성화 및 연구인력과 기업매출 신장에 따른 신규 일자리 창출 등 지역 경제 활성화와 스마트 치안 기술 선진화 등에도 크게 기여할 것으로 전망하고 있다. 이 사업은 대구광역시 자치경찰위원회의 총괄 사령관인 설용숙 대구시 자치경찰위원장의 리더십과 역량, 생활안전팀 등 전 직원들의 노력과 열정이 만들어낸 결과이다. 시민안전을 위한 구체적이고 실제적인 성과가 나도록 모든 자원과 에너지를 투입할 것이다. 시민안전을 위한 모든 기관의 협력과 소통을 통한 시너지 효과가 나도록 로컬 거버넌스를 구축해야 한다. 이 과정에서 시민들의 적극적인 참여와 관심은 필수적이다.

대구일보

2023년 05월 01일 월요일 006면 사회

AI 등 첨단 과학기술로 '대구 치안 역량' 강화

대구시·제주도 자치경찰위 컨소시엄, 경찰청 공모사업에 선정
2027년까지 32억5천만 원 투입 치안수요 반영 R&D사업 추진

대구시 자치경찰위원회는 제주특별자치도 자치경찰위원회와 컨소시엄을 구성해 경찰청과 과학치안진흥센터가 주관하는 '2023 자치경찰 수요기반 지역문제 해결 R&D연구개발사업'에 최종 선정됐다고 밝혔다.

이번 사업은 2021년 7월 자치경찰제가 새롭게 도입됨에 따라 각 지역의 치안문제를 스스로 고민하고 해결해야 하는 시대적 변화에 부응해 인공지능(AI), 빅데이터, 블록체인 등 첨단 과학기술을 치안분야에 도입해 획기적인 치안 역량의 발전을 도모하고자 마련됐다.

지난 3월 18개 자치경찰위원회 대상으로 경찰청(과학치안진흥센터)에서 첫 정부지원사업으로 시행된 공모에 대구시·제주특별자치도가 공동으로 연구기관과 컨소시엄을 구성했고, 최종 선정된 것이다.

대구시 자치경찰위는 사업 선정으로 2027년까지 32억5천만 원을 지원받는다.

지역 특성 및 치안수요를 반영한 지역맞춤형 R&D사업 추진으로 타시·도보다

앞선 자치경찰과 과학치안 역량 강화 기반을 마련하는 첫 발걸음을 내딛는다.

자치경찰위는 대구경찰청과 협업해 △지역거점 구축을 통한 치안수요 발굴 및 거버넌스 소통플랫폼 운영 △주민체감형 생활안전 솔루션 실증 및 확산을 통한 지역 성공사례 발굴 △국내 최초 과학치안 전문가 양성과정 운영을 통한 과학치안 역할증대를 중점으로 사업을 추진할 계획이다.

이를 연구·실증하기 위해 '드론, AI, 5G 기술', 'AI 범죄예측 시스템', '지능형 CCTV 통합관제' 등을 비롯한 치안 기술을 개발하고 치안현장 실증을 거쳐 통합 플랫폼으로 구축한다.

신헌호 기자

데이터기반 생활안전 취약계층 대상
위험시간대 최적 안전안심경로 제공 서비스

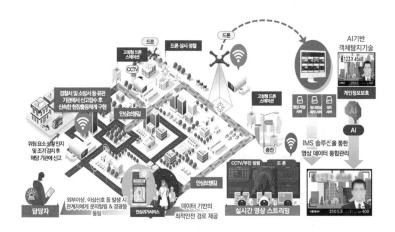

AI 영상분석기반 객체인식을 통한 등하굣길
어린이안전 확보 및 신속대응 서비스

드론과 자치경찰
매일신문 특별기고 (2023. 2. 27)

얼마 전 드론 때문에 전국이 떠들썩했다. 성주 사드 기지에 나타난 드론, 서울 등 우리 영공에 침범한 북한 드론 때문이다. 전 세계적으로 드론을 이용한 암살이나 테러도 빈번하게 발생하고 있다. 드론은 사용자의 의도에 따라 언제든지 치명적인 무기로 사용될 수 있다.

드론을 사전적으로 정의하면 '조종사가 타지 않고, 비행할 수 있게 된 장치'로 정의할 수 있다. 20세기 초 군사적인 목적으로 미국에서 개발된 드론은 최근 민간 분야로 활용 영역이 확대되고 있는 추세다.

최근 위협적인 존재감이 부각되는 드론이지만 경찰이나 소방 등 치안 분야에서 매우 요긴하게 쓰이기도 한다. 무엇보다 실시간 감시와 신속한 대응 조치가 가능해서 활용도가 높다. 드론을 이용해서 인간의 역량으로는 한계가 있거나, 생명 또는 신체에 위협을 느끼거나, 오염되어 접근이 어려운 장소나 장기간 해야 하는 임무를 편리하고 신속하고 안전하게 수행할 수 있다.

드론은 2021년 7월 자치경찰이 출범한 이후 그 활용도가 높아지고 있기도 하다. 일례로 섬이 많은 전라남도에서는 지역적 특성을 고려해 드론을 치안현장에 십분 활용하고 있다. 전남 자치경찰위원회가 드론을 활용해서 도서 지역의 치안활동에 적극적으로 활용하고 있는 것이다.

전남에서는 드론과 폐쇄회로(CC)TV를 연계해서 전남 섬 지역 치안 서비스를 개선하고 있다. 이동식 관제 차량에 치안용 드론을 실어 섬 인근 육지까지 이동한 후 순찰하고, 촬영한 영상을 이동식 관제차량 및 내부 영상망 통합관제센터에서 모니터링하는 방식으로 운용한다. 만약 순찰 중 비상 상황 발생 시에는 관제차량의 음성 및 경고 사이렌 등을 전달할 수 있는 장거리 고출력 음향 전송 시스템 개발도 진행할 계획이다.

제주 자치경찰은 드론을 더욱 오랫동안 다양한 방식으로 활용해 왔다. 특히 세계자연유산을 지키기 위해 산림과 환경 파괴 행위를 감시하고, 중산간 일대 산불 감시 및 실종자 수색, 올레길 순찰활동에도 활용하고 있는 게 특징이다.

지난해 8월 제주 '거문오름 용암 동굴계'와 선흘곶자왈 일대에서 축구장 10배 넓이의 임야를 훼손한 부동산 개발업자 2명을 구속한 사건에도 고성능 드론이 쓰였다. 진출입이 어렵고 광범위한 곶자왈 지대 내 훼손 현장을 촬영하고, 측량에 사용해 수사활동에서 객관적인 증거 자료로 사용했다.

실종사고 예방 및 대처를 위한 공중 순찰에도 효과적으로 쓰고 있다. 지난해 4월 제주 구좌읍 오름 인근에서 고사리 채취객 실종사고에서 드론이 10분 만에 요구조자 위치를 파악해 구조한 사례가 대표적이다. 이처럼 드론은 시민안전을 위해 다양하게 활용할 수 있다. 수십 명, 수백 명의 공무원이나 경찰관들이 해야 할 일을 드론 한 대가 대신할 수도 있다.

대구시는 그동안 많은 노력 끝에 국토교통부의 '스마트 도시 인증' 성과를 거뒀다. 스마트 도시는 교통과 환경, 안전, 주거와 복지 서비스 등 다양한 분야에 첨단 IT기술을 적용하는 게 핵심이다.

자치경찰의 주요 업무 분야인 교통, 생활안전, 사회적 약자 보호에 드론과 같은 첨단 과학 기술의 활용 가능성이 매우 크다는 점은 주목할 만하다. 대구시가 자치경찰 분야에서 드론을 적극적으로 도입한다면 '스마트 도시 대구'를 만드는 데 일조하는 한편 대구 시민의 안전 향상에도 커다란 큰 도움이 될 것이다. 드론과 함께하는 대구형 스마트 셉테드(CPTED·범죄 예방 환경설계) 구축을 기대해 본다.

챗 GPT와 함께 살아가기
경안일보 특별기고 (2023. 3. 6)

최근 어느 모임을 가도 온통 '챗 GPT' 이야기다. 오픈에이아이(Open AI)의 생성형 대화 인공지능(AI) 서비스 '챗 GPT'가 기존의 AI 서비스의 한계를 넘어서 주목을 받고 있다. 챗 GPT는 무료 서비스 사용자가 공개된 지 두 달 만에 월간 사용자가 1억 명을 돌파하는 등 폭발적인 반응을 얻고 있다. 엄청나게 빠른 속도다.

인간처럼 대화하는 챗 GPT는 교육, 법률, 의료, 행정 서비스 등에서 빠르게 생성형 AI 도입이 확산하고 있다. 다양한 검색 서비스, 시와 소설, 각종 연설문 작성, 음악 작곡과 작사, 소프트웨어 코딩, 논문과 보고서, 특허 분석 등 다양한 분야에서 활용된다. 실제로 최근 직장인들 사이에서는 챗 GPT를 업무에 활용하는 사례가 늘고 있다. 프로그램 코딩뿐만 아니라 각종 문서 작성 등 여러 방면에서 업무 효율성을 높여준다는 사실이 알려지면서 활용 방법을 구체적으로 알려주는 동영상도 덩달아 인기를 끌고 있다. 회사와 기관마다 전문가를 초청하는 강연도 많다. 정부 부처 업무보고에서 윤석열 대통령은 '챗 GPT' 활용을 강조하기도 했다.

기업체는 물론이고 다소 '보수적'이라고 할 수 있는 공공기관에서도 챗 GPT 활용 사례가 늘고 있다. 경찰도 예외는 아니다. 한가지 예를 들면, 피의자가 해외로 도피했거나 범죄와 연관된 국제 공조가 필요한 경우 영어공문을 작성할 때 챗 GPT를 활용하는 것이다. 일선 교사들의 경우에도 챗 GPT를 활용해 각종 행정 업무를 줄여주고, 학생들을 가르치고 상담하는 데 집중할 수 있게 된다. 업무의 신속성과 정확성을 향상하기 위해 챗 GPT를 실무에 도입하기 시작했는데, 효용이 조금씩 나타난다는 반응이다.

하지만 챗 GPT의 한계와 부작용도 분명히 존재한다. 챗 GPT는 기존에 학습한 많은 데이터를 바탕으로 확률, 통계적으로 가장 적절한 단어를 선택해서 문장을 재구성한다. 따라서 학습한 데이터가 혼합될 수도 있고, 실제로 존재하지 않은 사실이 사실인 것처럼 문장으로 만들어낼 가능성도 있다.

챗 GPT 때문에 서구권 교육계는 학생들의 부정행위의 빈도가 현저하게 늘었고,

새로운 교육방법에 대한 논의 등 다양한 화두가 생겨나고 있다. 신학기를 맞이하고 있는 우리 대학가에서도 논문이나 과제물 작성 등에 부정행위가 있을까 다양한 대책을 강구하고 있다. 서울대는 최근 교내 AI 연구원과 함께 챗 GPT를 활용한 부정행위 방지를 위한 툴 개발 등 대책 논의를 시작했다. 일부 대학교수는 개별적으로 학생에게 챗 GPT 활용 금지 방침을 공지하기도 했다. 또한 챗 GPT는 범죄자들에게도 악용될 수 있는 소지가 있다. 아울러 그럴듯한 가짜 이야기를 만들어내는 데 비용과 시간이 거의 들지 않기 때문에 엄청난 수의 대량의 가짜뉴스를 생성 배포할 수 있다. 특히 데이터가 부족한 한국어 서비스에서 오류가 더 자주 나타날 가능성이 높다.

하지만 챗 GPT는 이미 거스를 수 없는 하나의 대세이다. 인공지능(AI)이 우리 일상생활 속으로 스며드는 신호탄이 되었다. 일부 발생하는 오류와 우려들은 '성장통'일 것이다. 앞으로 그 활용이 더욱 확대될 것이다. 이제는 AI를 이해하고, AI와 동반해서 살아가야 한다. 잘 활용해서 업무의 효율성과 생활의 편의를 높여야 할 것이다. 필수적으로 챗 GPT의 부작용을 최소화할 수 있는 대책 마련도 시급하다. 하지만 무엇보다 중요한 것은 챗 GPT가 신속하고 정확하게 다양한 정보를 제공할 수는 있어도, 결국에 최종 판단은 인간의 몫이라는 점이다. 챗 GPT로 얻은 정보를 종합해서 새로운 생각을 만들어내는 능력이 중요해질 것이다. 모든 중요한 최종 결정은 인간의 머릿속에서 나오는 것이다.

또 하나의 쾌거, 첨단 AI 영상분석 시스템 구축사업

2023년 6월 19일 오후, 행복한 뉴스가 날아왔다. 행정안전부에서 주관하는 2023년 지방자치단체 협업 특별교부세 공모사업에 대구광역시 자치경찰위원회의 「첨단 AI 영상분석 시스템 구축사업」이 최종 선정된 것이다. 이 사업이 선정되어 행정안전부 특별교부세 2억 원을 확보하게 되었다.

이번 지방자치단체 협업 특별교부세 지원사업은 지역이 중심이 되어 복잡, 다양한 사회 문제를 관련 기관과 함께 해결하는 협업사업을 발굴하여 특별교부세를 지원하는 사업이다. 지난 4월 예비 심사를 시작으로 2차 전문가 심사, 3차 발표심사를 거쳐 대구시 자치경찰위원회 등 8개 지자체가 최종 선정되었다. 지난 경찰청 과학 치안 R&D 사업 선정 이후 또 다른 쾌거이다. 이 사업은 우리 대구시 자치경찰위원회 자치경찰정책과 이정효 팀장과 권혁주 경사의 작품이다. 특히 권혁주 경사는 대구서부경찰서 생활안전과에서 셉테드와 CPO 업무를 하다가 우리 사무국에서 특별히 파견 요청한, 이른바 에이스 중의 에이스 경찰관이다. 또한, 이정효 교통경비팀장은 교통사고로 갈비뼈가 부러지는 사고를 당했음에도 불구하고, 이를 숨기며 이번 특별교부세 사업 신청 작업 마무리까지 하고, 병원에 입원하는 투혼을 발휘했다. 다들 훌륭한 인재들이다.

대구시 자치경찰위원회는 사회적 약자 보호 및 시민안전 사회 조성을 위해 「첨단 AI 기술 기반 영상분석 시스템 구축」을 추진하였으며 서구청, 서부경찰서, 첨단정보통신융합산업기술원 등 총 6개 기관과 협업하여 공모사업을 준비하였다.

최근 어린이보호구역 내 불법 주정차로 인한 교통사고 증가, 치매 노인 실종 등 심각한 사회 문제가 대두되고 있으며, 코로나 일상 회복에 따른 대규모 행사·축제 개최로 다중 인파 관리의 필요성은 증대되고 있다. 그러나 경찰과 지방자치단체 등 기존 인력 중심의 대응방식은 한계점에 달해 사건·사고의 신속한 대응과 데이터 분석 기반 사건·사고 예방을 통한 사회 안전망 기반 조성이 절실히 필요하였다.

이에 대구시 자치경찰위원회에서는 사회안전지수가 낮은 대구시 서구 지역을 대상으로 대구서구청, 서부경찰서 등과 협업하여 대책을 모색하였으며, 주민이 체감하는 생활 밀착형 안전 대책과 예방을 위해 기초지방자치단체, 유관기관 등과 긴밀한 네트워크를 구축하였다. 이른바 치안 거버넌스 구축이다.

특히 서구청의 적극적인 사업 참여와 첨단정보통신융합산업기술원의 기술 자문으로 생활안전 CCTV에 첨단 ICT 기술을 도입하여 「첨단 AI 영상분석 시스템 구축사업」을 추진하게 된 것이다. 첨단 AI 영상분석 시스템을 통해 인공지능 영상분석과 지능형 관제 시스템 운영으로 어린이보호구역 내 불법 주정차 및 등하교 시간 차량 통행량 증가 시 CCTV 관제센터로 알림이 가고, 경찰서와 지자체 등 관련 기관이 현장으로 출동하여 교통사고 위험성을 조기에 해소할 수 있다. 또한, 급격한 고령화 사회 진입에 따라 고령/치매 환자 실종 사건 대응력도 강화된다. 실종자의 인상착의 입력으로 이미지 특징을 추출하고 대상의 움직임 및 이동 경로를 CCTV 관제 화면에 가시화함으로써 실종사고 발생 시 신속한 초기 대응이 가능하다. 이 밖에도 일상 회복 이후 축제·행사 개최 증가로 인파 밀집이 발생할 경우, 첨단 AI기술을 활용하여 군중 밀집도를 검출하고 위험 상황 우려 시 경찰과 소방 등 유관기관과 즉각 연계하여 안전 예방 조치를 하게 된다.

이 사업은 지난 경찰청 과학 치안 R&D 사업에 이어 대구 서구지역의 치안 안전망 구축에 크게 기여할 것이다. 명실공히 대구시는 이제 과학 치안의 메카로 자리매김할 예정이다.

과학 치안은 이제 선택이 아닌 필수가 되었다. 안정된 치안은 국가 발전의 기초이다. 2022년 8월, 윤희근 경찰청장이 취임하면서 첫 번째 정책 목표로 '선도적 미래 치안'을 제시하고, 2023년을 '선도적 미래 치안 원년'으로 선언했다. 경찰청은 과학 치안 컨트롤타워로 '미래치안정책국'을 신설했다. 연구개발, 현장 실증, 치안산업 진흥 및 수출까지 선순환 구조를 구축할 계획이다.

과학 치안을 강조하는 윤희근 경찰정장과의 소통 간담회

CCTV와 자치경찰

KBS 대구1 라디오 '생생 매거진' 오늘 2023년 7월 3일 인터뷰

1. 대구시 CCTV 통합관제센터가 범인 검거에 결정적인 역할을 하는 등 치안 보조 역할을 톡톡히 하는 것으로 나타났습니다. 앞으로 인공지능 기능이 더해지면 시민안 전망을 더욱 강화할 수 있을 것으로 기대되는데요. 대구시 CCTV 통합관제센터가 어 떻게 운영되고 있는지부터 좀 살펴주세요.

대구시 남구 대명동에 위치한 통합관제센터에는 중구·동구·서구·남구·북구·달서 구 6개 구의 CCTV 관제센터가 있다. 수성구와 달성군은 각 별도의 CCTV 관제센터를 운영하고 있다. 생활안전, 재난·재해, 교통, 초등학교 주변 CCTV 등 총 1만 4천여 대를 229명의 공무원과 경찰, 관제요원들이 24시간 동안 어두운 이면도로, 초등학교 주변, 공원, 놀이터 등 방범 취약지역을 중점적으로 관제하고 있다.

2. 24시간 잠들지 않는 대구시 CCTV 통합관제센터가 범인 검거에 큰 기여를 하고 있다고요?

그렇다. 2022년은 216건의 범인 검거활동이 있었고, 올해 2023년은 1월부터 ~ 5월 까지 67건의 검거활동이 있었다. 검거된 범행은 음주 운전, 절도, 특수폭행, 방화 등 다 양한 형태를 보인다. 관제요원들은 범죄 상황이 확인되면 먼저 112 치안 종합상황실과 실시간으로 연락을 주고받으며, 범죄 용의자의 인상착의, 이동 경로 등을 제공한다. 출동 한 경찰은 관제요원들의 생생한 정보를 바탕으로 주변을 수색하고 범죄 혐의를 확인한다. 관제요원들의 살아있는 관제활동은 경찰의 범죄 검거활동에 큰 기여를 하고 있다.

범죄 검거만이 아니다. 시민들에게 불안감과 불편함을 초래할 수 있는 청소년 선도 와 교통 소통, 나아가 자살기도자 구조까지 시민의 안전을 지키고 생명을 구하는 데 큰 역할을 하고 있다.

3. 주요 사례를 좀 소개해 주실 수 있을까요?

지난 6월 19일 오전 3시 6분에 '달서구 진천동, 배낭 멘 학생이 차 문과 상가 문을 열어 보고 있다'고 신고해 경찰이 즉시 출동해 범인을 인근 현장에서 붙잡았다. 인적이 드문 새벽 시간대에 통합관제센터 요원들의 모니터링이 절도 범죄의 목격자 역할을 톡톡히 하면서 경찰이 신속히 출동해 범인을 검거하는 데 큰 도움을 주고 있는 것이다.

지난 6월 1일 오전 3시 15분에는 남구 대명동에서 차에 들어갔다가 나온 사람이 있다는 CCTV 통합관제센터의 신고가 접수됐다. 남대명파출소가 공원과 지하철역 방면으로 구역을 나눠 순찰하는 과정에서 빌라에서 나오는 용의자를 발견했다. 피의자는 경남 마산동부경찰서에서 절도죄로 수배 중이던 20대 남성이었다.

또한 6월 14일 밤 12시 53분쯤엔 동부 지저동에서 한 남성이 가게마다 문을 다 열려고 시도한다는 내용의 신고가 대구시 CCTV 관제센터에 접수됐다. 관제센터는 즉시 동촌지구대에 연락했고 출동한 경찰은 마트 내부를 살펴보던 용의자를 발견해 야간주거침입절도 미수범으로 20대 남성을 검거했다. 이 남성은 절도로 실형을 받고 복역한 후 최근에 출소한 상태였다.

그리고 지난 5월 25일 오전 2시쯤엔 달서구 성당동에서 주차된 차량의 문을 열고 들어가 있다는 관제센터의 신고로 40대 용의자를 검거했다. 순찰차를 보고 도주하던 용의자는 절도죄로 집행유예를 받은 이력이 있었다.

4. 그야말로 범죄의 목격자 역할을 톡톡히 하고 있네요. 그런데 1만 4천여 대의 CCTV를 190여 명의 관제요원이, 그것도 3교대로 감시한다. 결코 쉬운 일이 아닐 것 같습니다.

그렇다. 현재 대구의 관제요원은 1인당 평균 275대를 관제한다. 행정안전부의 관제요원 1인당 권고 관제 수는 48대다. 약 6배가 넘는 수치이다. 8시간 근무 동안 모니터를 통해 275대를 관제하는 것은 어려운 일이고, 사고나 범죄를 놓치는 경우가 발생할 수도 있다. 관제요원들의 업무부담을 덜고 촘촘한 사회 안전망을 구성하기 위해 대구 전 지역에는 '스마트' CCTV 관제를 시행하고 있다. 사람이나 사물의 움직임, 객체의 구분, 연기, 화재와 같은 특정 이벤트 CCTV 영상을 AI를 통해 실시간으로 분석하여 유의미한 영상만 모니터에 선별하여 표출한다. 관제 표출은 평균적으로 주간은 31%, 야간은

18% 정도 되기 때문에 관제요원들의 업무부담을 줄여서 효율적인 관제가 가능하다. 아울러 대구시 자치경찰위원회와 대구경찰청은 관제요원들의 사기 진작을 위해 범인 검거와 시민안전에 도움을 주신 관제요원들에게 감사의 표시로 감사장과 소정의 포상금을 지급하고 있다.

5. 앞으로 CCTV에 인공지능 기능이 탑재되면 시민안전을 더 강화할 수 있다고요?

그렇다. 시민의 신체와 생명의 보호를 경찰력 투입으로 해결하는 시대는 지났다. 간단한 사례로서 2023년 대구국제마라톤대회에 동원 요청된 경찰력은 약 100명 정도이다. 코로나 이전 2019년 대구국제마라톤대회 때는 경찰력은 약 750명이다. 650명이 감소 된 수치이다. 의경은 폐지되었으나 그만큼 경찰인원은 보강되지 못한 결과이다. 하지만 행사·축제·집회 시위 등 다양한 분야에서 경찰인력을 요청한다. 그리고 과거 권위주의 정부시절 보다 낮아진 112 신고 문턱으로 누구나 쉽게 112 신고를 한다. 부족한 경찰인력의 문제는 첨단 기술을 통해 해결해야 한다. 이른바 '과학 치안'이다. 대구시 자치경찰위원회는 자치경찰위원회 최초로 행정안전부가 주관하는 2023 지방자치단체 협업 특별교부세 공모사업에 '첨단 AI 영상분석 시스템 구축사업'이 최종 선정되어 특별교부세 2억 원을 확보하였다. 실시간으로 어린이보호구역의 불법 주정차를 감시하고 실종자 사진을 통해 실종자 동선을 확인한다. 다중 인파 관리도 가능하다.

6. 영상을 보여주는 것에 그치지 않고 그 영상을 스스로 분석해 위험도까지 평가해준다는 얘기인가요? 그러면 위험 상황을 바로 감지할 수 있겠네요?

인공지능 영상 분석과 지능형 관제 시스템 운영으로 CCTV 관제센터에서 어린이보호구역 내 불법 주정차와 등·하교 시간 차량 통행량 증가를 실시간으로 확인하고, 교통안전 위험도 증가 시 경찰서 지자체 등 관련 기관의 출동을 요청한다. AI가 위험성을 선제적으로 분석하여 어린이 보행교통사고 위험성을 낮출 수 있다. 고령화 사회 진입에 따른 고령, 치매 환자 실종 사건에 대한 대응력 강화도 기대할 수 있는데, 실종자의 사진과 인상착의를 입력하면 이미지 특징을 추출하고 이를 바탕으로 대상의 움직임과 이동 경로를 CCTV 관제 화면에 보여준다. 빠른 실종자 식별과 동선 확인으로 신속한 초기 대응이 가능해진다. 초기 대응이 중요한 고령 치매 환자 실종 사건의 최적의 솔루션

이 될 것이다. 이 밖에도 일상 회복 이후 축제·행사 개최 증가로 인파 밀집이 발생할 경우 첨단 AI 기술을 활용해 군중 밀집도를 검출하고 위험 상황이 우려될 시 경찰과 소방 등 유관기관과 즉각 연계해 안전예방조치를 할 수 있게 된다. 이번 대구시 자치경찰위원회에서 AI 첨단 기술을 활용한 영상분석 시스템을 계획하고 있는데, 사업 지역은 서구이다. 높은 고령자 비율과 낙후된 사회기반시설로 서구 구민들이 체감하는 안전도가 낮고 서구청의 적극적인 사업 참가 의지로 사업 지역으로 선정하였다. 이번 AI 영상분석 시스템으로 서구 구민들의 체감안전도가 높아질 것으로 기대한다.

7. 이렇게 첨단기술이 발전하면서 앞으로 치안 서비스 수준도 한층 정교해지고, 높아지겠습니다.

인공지능(AI), 빅 데이터, 블록체인 등 첨단 기술이 발전하면서 치안 역량도 발전한다. 대구시 자치경찰위원회의 경우 제주특별자치도 자경위와 함께 2027년까지 최대 32억 5천만 원을 지원받아 'AI 범죄 예측 시스템', '지능형 CCTV 통합관제' 등 치안기술 개발에 나섰다. 드론과 AI 기술을 활용하면 CCTV 사각지대 보완도 기대할 수 있다. 물론 사생활 침해 등 문제의 소지가 있고 법적 규제 등 연구수행기관이 검토해야 할 부분도 있기는 하다. 심도 있는 검토가 필요하다.

8. CCTV가 시민안전 지킴이 역할을 하면서 내가 살고 있는 곳, 혹은 내가 머무르는 곳에 CCTV를 설치해 달라는 요구도 있을 수 있을 것 같은데, 그 부분은 어떻습니까?

CCTV 설치는 지방자치단체의 업무 소관이다. 즉 구청의 업무이다. 설치권한과 예산 모두 지자체에 있다. 하지만 범죄 예방, 교통안전의 업무가 경찰의 영역이니까 주민들이 경찰서로 CCTV 설치를 요청하는 경우가 종종 있다. 이런 경우 지자체의 업무라고 무시하고 단순히 통보하는 것이 아니라, 설치 장소 인근에 대한 정밀한 범죄 분석 등 다양한 범죄 빅 데이터를 활용해 검토하여 지자체와 설치 여부를 논의하고 있다. 또한 경찰에서 분석한 자료를 토대로 CCTV 설치를 검토하기도 한다. 이런 흐름은 자치경찰이 정착되는 모습으로 본다. 행정과 경찰이 따로 움직이는 것이 아니라, 시민중심, 시민안전을 위해 함께 노력하고 움직이고 있다. 자치경찰이 정착되어 가는 모습이며, 긍정적인 변화라고 생각한다.

2023년 07월 14일 금요일 017면 여론광장

특별기고

시민안전을 위한 과학치안과 자치경찰

박동균
대구광역시
자치경찰위원회
상임위원

2023년 5월, 마지막 의경 기수의 전역을 끝으로 우리나라 의경은 역사 속으로 자리졌다. 우리나라 의경은 그동안 부족한 경찰인력을 보완하면서 치안의 큰 몫을 담당해왔다. 의경 폐지로 인해 자연스럽게 현장의 경찰인력이 부족하게 되었다. 특히 치안현장의 가장 최전선인 파출소와 지구대의 젊은 경찰인력이 기존에 의경이 담당했던 기동대로 채워지면서 경찰인력의 효율적인 운용이 중요 치안정책 과제로 등장하게 되었다. 이 시점에 등장하는 것이 바로 '과학치안'이다. 과학치안은 이제 선택이 아닌 필수다. 기존에 인력중심의 치안에다가 CCTV, 셉테

드(환경설계를 통한 범죄예방)는 물론이고, 드론과 인공지능(AI), 빅 데이터 등 첨단기술을 활용해서 시민의 안전을 확보하는 것이다.

여기에 발맞추어 경찰청에서도 올해 '미래비전 2050'을 발표하면서, 2050년까지 과학치안 능력을 대폭 강화하기로 하고, 경찰의 현장대응능력과 과학수사 역량을 한층 강화할 것으로 선언했다.

과학치안의 핵심 분야 중 하나가 드론이다. 드론은 미래의 핵심산업으로 꼽힌다. 그 동안 드론은 경찰에서 실종자 수색 및 구조, 고속도로 교통단속 등에 활용되어 왔다. 하지만 드론은 무엇보다 범죄예방 순찰에 활용가치가 높다. 이에 최근에 발표된 연구가 흥미롭다. 최근 한국경찰연구학회에 발표된 논문에 따르면, 드론 1대 1순찰면적은 순찰차 보다 약 5배의 면적을 더 순찰할 수 있고, 유류비 절감 역시 연간 약 30%의 절감효과가 있는 것으로 조사되었다. 특히 관할 면적이

넓어 충분한 경찰력이 도달하기 힘든 공간에서는 현실적인 한계를 보완할 수 있는 아주 큰 장점이 있다. 따라서 경찰관이 탑승해서 현장에서 즉각적으로 조치가 가능한 순찰차량의 순찰과 함께 순찰 사각지대를 보완할 수 있는 순찰드론의 장점을 적절하게 조화시킬 수 있는 지혜가 필요하다.

2021년 7월 출범한 대구시 자치경찰위원회는 과학치안을 중요시한다. 시민과 소통하고 사회적 약자를 배려하는 시민중심의 자치경찰이 대구시 자치경찰의 정책목표이다. 시민안전을 위해서 다양한 과학치안 사업을 계획 중이다. 이미 경찰청으로부터 과학치안 R&D 사업으로 5년간 32억의 예산을 확보해서 대구 TP와 사업을 시작했다. 여성이나 청소년들이 밤늦게 귀가할 때, 가장 안전하고 빠른 길을 안내하는 시스템을 개발하고, 드론과 CCTV를 효과적으로 접목해서 안전한 대구를 만들 예정이다. 또한 대구시 자치경찰위원회가 행정안전부

의 첨단 AI 영상분석 시스템 구축사업에 선정돼 특별교부세 2억 원을 확보했다. 이와 같은 과학치안 사업들은 서로 연동되어 있고, 합쳐지면서 양질의 시너지 효과를 낼 것이다. 이를 위해서 경찰청, 대구시청, 교수 등 전문가, 시민단체 등으로 구성된 대구시 과학치안 거버넌스를 구축했다.

과학치안을 표방하는 대구시 자치경찰위원회의 비전은 밝다. 앞으로 대구시민들은 신천 금호강변에서 도달 수(도시 닭구벌 수달) 옷을 입은 친근한 로봇이 경찰관들과 함께 순찰을 하는 모습을 볼 것이다. 성서공단이나 대구시로 편입된 군위군 농산물 창고 등 넓은 지역에 드론이 경쾌한 음악과 함께 순찰을 하는 시대가 올 것이다. 휴대폰으로 안심 귀갓길 안내는 물론이고, 눈 오는 추운 날에 미끄러운 도로안내 등 각종 교통사고 방지를 위한 실시간 교통안내 등이 지금 보다 훨씬 빠르고 정교하게 안내될 것이다. 이른바 대구시민을 위한 과학치안이다.

과학 치안 거버넌스 위원회

대구광역시 자치경찰위원회는 과학 치안을 중요하게 생각한다. 경찰청과 행정안전부로부터 많은 예산을 지원받고 있다. 시민, 셉테드 전문가, 기업체, 연구소, 자치경찰위원회, 대구 TP 등으로 과학 치안 거버넌스 위원회를 구성했다. 여기서 중요한 이슈를 개발하고, 문제점과 과제를 점검하고 해결한다. 중요한 조직이다.

2023년 9월 21일(목) 오후 2시, 대구시 달서구 대구 TP에서 열린 과학 치안 거버넌스 위원회 2차회의가 열렸다. 이 회의는 조광현 연구책임자(대구 TP 센터장)의 사회로 전문가 특강, 과학 치안 거버넌스 위원회와 치안 문제 발굴단의 활동 영상 시청, 리빙랩 기반 치안 문제 해결 사례 및 결과 공유, 대구 드론 스테이션 실증 영상 시청, 대구 실증 서비스 관련 영상 시청 및 질의/응답의 순으로 열렸다. 비가 많이 오는 가을날, 속도감 있게 진행되었다. 필자는 이 회의에 처음 참석했고, 특강을 했다.

강의 주제는 "대구 자치경찰 2년, 그간의 성과와 과제"이다. 참석자들이 과학 치안에 관심이 많은 시민이고, 전문가들이다. 하지만 자치경찰은 피상적으로만 접했지, 무슨 일을 하는지, 정확하게 어떤 조직인지를 잘 모른다. 어찌 보면 당연한 일이다. 파출소와 지구대, 경찰 공무원의 복장과 순찰차 등 외형적인 부분에서는 전혀 바뀐 것이 없으니 일반 시민들의 입장에서는 자치경찰의 실체를 알 수가 없다. 그래서 필자는 아주 기초적인 자치경찰의 의의와 특징을 설명하고, 그동안 대구시 자치경찰위원회가 이룬 성과들을 중심으로 강의를 진행했다. 모든 참석자가 진지했다.

2021년 7월 1일부터 지금까지 해 온 일들을 일일이 설명하면서 필자는 가슴 벅찬 느낌이 들었다. 시행하면서 겪었던 난관들, 포기하고 싶었던 순간들이 주마등처럼 스쳐 지나갔다. 강의를 마친 후 우레와 같은 함성과 박수를 받았다.

이제 남은 임기 동안은 과학 치안에 더 집중해야 한다. 대구 자치경찰은 과학 치안이다.

필자의 특강, (재)대구 테크노 파크 성서 캠퍼스

첨단 AI를 CCTV에 입히다
경북일보 특별기고 (2023. 9. 22)

경찰청은 첨단 AI를 기반으로 빅 데이터 분석을 통해 범죄 위험도를 예측하고 대비하는 '범죄 위험도 예측분석 시스템(Pre-cas)'을 개발해서 운용하고 있다. 이 예측분석 시스템은 112 신고와 다양한 범죄 통계 등 치안 데이터를 통합해서, 이를 첨단 AI가 정밀하게 분석해 범죄 위험도를 예측하는 시스템이다. 경찰청은 이 시스템을 기반으로 해서 범죄 위험도가 높은 장소를 순찰차 내비게이션에 자동으로 전달시켜 선제적인 순찰이 가능하게 했다. 꼭 필요한 시간과 장소별로 범죄와 무질서 발생 변수를 예측해 경찰인력을 미리 배치해서 범죄를 예방하는 것이다. 이른바 치안에 과학을 결합하는 것이다.

대구시는 앞으로 미래 핵심산업인 AI(인공지능), 빅 데이터, 블록체인, 미래 모빌리티, 로봇 등의 분야를 집중적으로 육성할 예정이다. 이에 발맞추어 대구시 자치경찰위원회에서도 시민안전을 위한 '과학 치안' 역량 강화에 집중하고 있다.

대구시 자치경찰위원회는 기존의 CCTV 시스템에 과학 기술의 요체인 첨단 AI를 입힐 계획이다. 그러면 몇 가지 효과가 나타난다.

첫째, 어린이보호구역(school zone)과 이면도로에 대한 교통관제 활동을 강화할 수 있다. 실시간으로 어린이보호구역의 불법 주정차를 파악하여, 일정 대수 이상이 확인될 때는 관제 모니터에 알려주어 지방자치단체의 불법 주정차 단속을 강화하고, 긴급 상황 시에는 경찰과 소방이 출동, 협조하는 시스템을 구축하게 된다. 앞으로 어린이 보행자 교통사고가 획기적으로 감소할 것이다.

둘째, 다중 인파의 효율적인 관리도 가능하다. 대구시는 이태원 압사 참사 이후 사람들이 많이 모이는 주요 행사와 지역 축제에 CCTV 관제를 강화하고 있다. 앞으로는 첨단 AI를 통해서 일정한 장소 내에 특정 인원수가 초과될 때, 관제 모니터에 위험 상황을 미리 알려준다. 이를 통한 신속한 출동으로 위험 상황에 효율적으로 대비할 수 있다.

세 번째는 치매 어르신이나 실종자 찾기다. 예를 들어 치매 어르신이 실종되었을 때, 112 신고 후 실종 당시 옷이나 인상착의 등을 실종자 찾기 시스템에 입력하면 실종자의 이동 경로와 최종위치가 표시된다. 이렇게 첨단 기술이 발전하면서 앞으로는 치안 서비스의 수준도 점점 정교해진다.

이제는 영화 '마이너리티 리포트'에서나 보던 최첨단 과학 기술이 우리들의 현실로 다가온 것이다. 날로 발전해 가는 과학 기술을 조금은 보수적이라고 여겨지는 경찰과 지방자치단체에 실제로 적용하는 것이다. 하지만 일부의 우려도 있다. 시민들의 행복추구권과 프라이버시, 초상권 침해 부분이다. 사실 이 부분에 대해서는 우리나라에 CCTV가 활성화되면서 제기되었던 부분이다. 우리 동네에 CCTV가 설치되기 위해서는 동네 주민에 대한 사전동의와 함께 CCTV가 설치된 지점에 설치 현황에 대한 게시판 공지 등이 필요하다.

현재 대구시 자치경찰위원회가 시범적으로 실시하려고 하는 첨단 AI를 CCTV에 탑재하는 것은 대구시 서구 관내이다. 대구시 서구는 주민들의 안전지수가 다른 지역에 비해 낮은 편이다. 하지만 서구 구청장과 서부경찰서장 등 주민들의 '안전'에 대한 의지가 강한 지역이다. 서구 CCTV 관제센터와 서부경찰서의 경우, CCTV 통합망 활용과 관련해서 국가정보원의 보안성 검토가 완료되어 개인 정보 유출의 우려는 걱정하지 않아도 된다. 또한 어린이, 치매 노인, 심신미약자 등 실종자의 이미지를 실종자 찾기 시스템에 입력하여 CCTV 이동 경로를 확인하기 전에 반드시 개인정보 활용 등 사전동의를 받을 것이다. 아무리 안전이 중요하다고 하지만 시민들의 프라이버시가 침해되어서는 안 된다. 중요한 것은 첨단 과학 기술을 시민안전에 잘 접목해 대구시민을 안전하게 보호하는 것이다. 대구시민의 안전이 최고의 복지다. 시민을 안전하게 보호해야 한다.

대구일보

특별기고

박동균
대구시 자치경찰위원회
상임위원(사무국장)

로봇이 우리 동네를 순찰한다고?

2023년 10월 12일 목요일 019면 오피니언

요즘 식당에 가면 로봇이 손님 테이블로 음식을 나르는 것을 쉽게 볼 수 있다. 예전에는 생소했던 광경이 이제는 익숙해졌다. 최근에는 로봇이 사람을 대신해서 조리하나 음료를 공급받을 수 있는 커피숍, 다양한 일을 로봇이 하고 있다.

싱가포르는 코로나19가 한창 유행할 때 4주 보행 로봇 개를 도심 공원에 배치했다. 산책 나온 시민들에게 지켜야 할 거리를 유지하고 안내 멘트를 전달했다. 경찰이나 공무원이 할 일을 로봇이 대신하는 것이다. 좀 더 나아가 싱가포르 도심에는 순찰로봇이 다니고 있다. 감시하고 투입된 로봇들까지 등장했다. 아울러 싱가포르 경찰서는 올해 4월부터 공항 터미널에 순찰 로봇을 배치했다. 이 순찰 로봇은 경찰관이 직접 조종하지 않고, 자율 순찰이 가능하다. 또 현장의 사진을 실시간으로 경찰관에게 제공해서 신속한 의사결정과 판단을 가능하게 한다. 순찰 로봇은 경찰관이 현장에 출동하기 전에 경계를 강화하거나 주변 사람들에게 경고를 하기 위해 경광등, 사이렌 등과 같은 임시 수단을 활용할 수 있다. 앞으로 싱가포르 전역에 이러한 노력은 싱가포르 경찰뿐만 아니라, 중앙정부, 지방자치단체, 대학의 연구소, 기업체 등 관련 기관들의 심도있는 연구 및 과학예산 등이 체계적으로 분담되기 때문에 가능한 일이다.

우리나라도 마약, 이상동기범죄, 보이스피싱, 신종사기 범죄 등 치안수요는 늘어나는데 경찰 인력은 늘 부족하다. 로봇순찰을 과학적으로 적극적으로 활용하는 싱가포르의 사례를 적극적으로 벤치마킹할 필요가 있다.

우리나라에서 로봇순찰은 서울시 관악구가 서구

자치적 역할을 하고 있다. 관악구는 지난 6월 자율주행 순찰 로봇을 운영하기 시작했다. 관내에 순찰이 필요한 구석구석을 다니며 범죄를 예방하는 상황을 발견하면 이를 관리구청 통합관제센터에 알린다. 심야시간에는 주택가와 어린이공원 주변, 주간에는 별도 비전센터를 주로 순찰한다. 순찰 중에 위험한 영상은 관악구 스마트 통합관제센터에 전송하고, 이후 실시간 모니터링을 통해 시민 불안을 예방한다. 설치해야 효과를 높이기 위해서 순찰로봇도 부착했다. 계속해서 로봇순찰 시스템은 진화되고 있다.

최근 정부가 내년까지 경찰의 순찰 활동에 로봇을 적극적으로 활용할 수 있도록 하겠다고 발표했다. 반가운 일이다. 신남부와 경찰청은 내년까지 순찰로봇 운용을 위한 법령규칙 마련을 추진한다. 주요 내용은 경찰이 보유하거나 운영하는 장비에 순찰로봇을 포함시키는 것이다. 순찰로봇은 CCTV의 사각지대 해소, 안전시고 예방, 순찰대원의 피로도 경감 등 활용가치

가 높다. 하지만 사생활 침해에 대한 우려의 목소리도 있다. 특히 공공장소를 활용하는 기존의 CCTV와 달리 순찰로봇은 이동을 하기 때문에 원치치 않는 불특정 다수가 카메라에 잡힐 우려가 있기 때문이다. 하지만 이 문제도 충분히 해결할 수 있다.

우리나라에 CCTV도 처음 도입되었을 때도 우리의 목소리가 많았다. 하지만 지금 CCTV는 범죄예방과 시민들의 범죄에 대한 불안감 해소에 많은 도움을 주고 있어 계속하므로 확대 설치되고 있다. 로봇순찰도 마찬가지다. 아직 로봇이 시민들에게 익숙하지 않아서 그렇지, 순찰로봇의 활용을 사전에 지역주민들에게 시행을 고지하고, 운행되는 구간을 미리 정해놓고 안내하면 충분히 수 있는 문제이다. 이제 로봇이 일상생활 속에서 피할 수 없는 대세이다. 로봇을 범죄예방과 시민안전에 잘 활용하는 지혜가 필요하다. 2023년 7월 출범한 대구 자치경찰위원회도 단계별 CCTV와 접목 시키는 등 다양한 전문가들로 과학적이고 거버넌스를 구축했다. 로봇, 드론, 첨단 CCTV 등을 활용해서 시민과 함께, 소통하므로 안전하고 행복한 대구를 만들 것이다.

122   자치경찰 에세이 2권

'후면' 무인 교통 단속 카메라

대구일보 특별기고 (2023. 12. 5)

2021년 7월 출범한 자치경찰제의 주요 업무 중 하나가 바로 교통 문제이다. 교통사고의 예방과 단속 등 시민을 안전하게 보호하고, 또한 교통 소통을 원활하게 하는 중요한 임무이다. 작년에 대구시 자치경찰위원회가 대구시민들을 대상으로 운전 중에 가장 큰 위협이 되는 것이 무엇인지를 묻는 항목에 대하여 '오토바이(이륜차)'가 전체 응답자의 57%로 가장 많았다. 그다음이 전동 킥보드(21.2%), 화물트럭(12.4%)의 순이었다. 또한 교통수단이 위협이 되는 이유에 대하여 질문한 결과, 돌발적인 출연으로 인한 교통사고 위험성(36.8%), 인도 침입 및 운행(19.3%), 보복·난폭 운전(12%), 과속 운전(10.6%), 신호위반(10.3%)의 순으로 나타났다.

실제로 도로에서 운전해 보면, 운전자들이 오토바이 때문에 깜짝깜짝 놀란다. 신호위반은 물론이고 지그재그 난폭 운행, 굉음을 내며 질주하는 모습은 정말 아찔하고, 위험천만하다. 최근에는 배달 문화의 확산으로 오토바이 운전자들이 벌이는 촌각을 다투는 시간경쟁이 사고 위험을 배가시킨다. 더욱이 배달 오토바이가 주로 다니는 아파트 단지와 상가 주변은 노인과 어린이 보행자가 사고 위험에 그대로 노출되어 있다. 이륜차의 경우, 실제로 교통사고가 발생하면 운전자는 심각한 부상은 물론이고, 심지어는 생명을 잃을 수도 있다.

이런 심각성을 인식하고 안전한 대구시를 만들기 위해서, 앞으로 대구시에 차량의 후면 번호판을 촬영해서 교통법규 위반 행위를 단속하는 '후면 무인 교통 단속 카메라'를 확대할 예정이다. 그동안 교통 단속의 사각지대로 여겨졌던 이륜차는 물론이고, 단속 카메라 앞에서만 잠시 속도를 줄이는 얌체 운전자들도 이제 정밀하게 단속한다. 2024년 3월까지 10억 원의 예산을 투입해서 대구지역 어린이보호구역과 사고 다발 지역 29곳에 후면 단속용 무인 교통감시 카메라를 설치한다.

대구경찰청은 올해 10월부터 대구시 내 수성구 범어네거리 남측과 동측 2개소 등 총 11개 장소에 후면 번호판을 촬영하는 무인 교통 단속 장비를 설치해 운영해 왔다.

현재는 도로 위에 이륜차는 번호판이 뒷면에 부착되어 있기 때문에 기존의 전방 번호판 단속 카메라는 이륜차의 법규 위반을 단속할 수 없었다. 후면 번호판 단속 장비는 추적용 카메라의 영상분석 기술을 이용해서 이륜차(오토바이)와 자동차의 과속과 신호 위반을 검지하고, 위반차량의 후면에 위치한 번호판을 촬영하여 단속하는 시스템이다. 또한 AI 기반 영상분석 기술을 활용해서 이륜차 안전모 미착용도 단속이 가능하다.

실제로 경기도 수원 중부경찰서와 화성 서부경찰서에서 후면 단속 카메라를 설치해서 단속한 결과, 과속과 신호위반의 예방효과가 큰 것으로 분석되었다. 대구광역시 자치경찰위원회도 대구경찰청, 대구시, 도로교통공단, 교통방송 등과 잘 협력해서 후면 번호판 단속 장비의 설치 등을 시민들에게 적극적으로 홍보해서 운전자들에게 경각심을 높이는 한편, 교통사고 예방에도 철저히 할 예정이다.

지난해 전체 교통사망 사고 중 이륜차 가해 사망사고가 전체 사고의 15.2%를 차지했다. 대구시 자치경찰위원회에서는 대구경찰청과 함께 오토바이 폭주족에 대한 단속에도 철저히 하고 있다. 폭주족은 난폭 운전을 하는 본인이 위험한 것은 물론이고, 다른 운전자들의 안전에도 매우 위험하다. 삼일절과 광복절에 주요 폭주족 출몰 지역에 경찰력과 단속, 안전장비를 배치해서 예방은 물론이고, 철저한 단속을 통해 오토바이 폭주행위를 근절하도록 하고 있다. '시민중심, 시민안전, 대구 자치경찰'이 대구시 자치경찰위원회의 비전이다. 첨단 AI 등 과학 기술을 교통에 접목해서 안전한 대구시를 만들 것이다.

후면 무인 교통 단속 카메라

과학 치안과 자치경찰
대구교통방송 생방송 라디오 2023년 8월 17일 인터뷰

1. 민중의 지팡이 경찰관. 우리 사회에 결코 없어서는 안 될 중요한 존재인데요. 하지만 과학 기술의 발전에 따라 사건·사고의 종류가 점점 더 다양해지고 범죄는 훨씬 더 지능화되고 있어 경찰인력만으로는 대처하기에 역부족이라는 목소리도 있습니다. 이에 따라, 최근 들어 과학 치안의 중요성이 제기되고 있는데요. 그래서 오늘은 과학 치안, 그리고 이와 관련된 대구광역시 자치경찰위원회의 현안에 대해 알아보는 시간 가지겠습니다. 국장님, '과학 치안'이라는 용어가 아직은 좀 생소하게 느껴지는데요. 과학 치안이란 무엇인가요?

네, 과학 치안이란 쉽게 말해 과학 기술을 적용한 치안 방식이라고 보시면 되는데요. 디지털플랫폼과 과학 기술이 하루가 다르게 발전하고 있고, 사회구조가 빠르게 변함에 따라 범죄 수법도 날로 교묘해지고 또한 고도화되고 있습니다. 그렇다보니 시민들이 예전보다 더 쉽게, 더 자주 범죄에 노출되고 있어요. 이에 대한 대책으로 AI라 불리는 인공지능, 빅 데이터, 사물인터넷 등 첨단 과학 기술을 활용한 과학 치안을 자치경찰사무에 적용하는 것이 매우 중요해졌습니다.

2. 특히 자치경찰사무에 반드시 과학 치안을 적용해야 하는 이유가 뭘까요?

자치경찰제는 지역 사회 차원에서 여러 가지 자원과 인프라를 활용해 주민 생활과 밀접한 치안 문제를 스스로 해결하고자 도입된 제도인데요. 이처럼 시민을 안전하게 보호하고, 변화무쌍한 위협에 능동적이고 신속하게 대처하기 위해서는 경찰인력 중심의 전통적인 치안 방식에서 벗어나 치안에 과학 기술을 접목한 과학 치안의 도입이 꼭 필요하다고 볼 수 있습니다.

3. 경찰인력을 말씀 하시니 생각나는데 요새 거리를 다녀보면 그 많던 의경들이 전혀 보이질 않더라고요. 이것도 과학 치안의 등장과 연관이 있을까요?

맞습니다. 2023년 5월에 마지막 의경 기수가 전역하면서 의경은 역사 속으로 완전히 사라졌는데요. 의경은 오랜 시간 동안 경찰인력의 빈자리를 메우면서 치안에 있어 큰 역할을 맡아 왔습니다. 그렇다 보니 의경이 폐지되면서 자연스럽게 현장의 경찰인력이 부족해졌고요. 이와 맞물려 치안의 최전선에 있는 지구대와 파출소의 젊은 경찰관들이 의경의 결원을 채우기 위해 기동대로 대거 이동하면서 지구대와 파출소의 경찰인력이 노후화되고 있습니다. 이제 경찰인력을 효율적으로 운영하기 위해 고민해야 할 시점이 온 거죠. 여기서 등장한 개념이 바로 과학 치안입니다.

4. 과학 치안의 등장을 여러 측면에서 이해해야겠군요. 최근에 대구자치경찰위원회에서도 과학 치안 관련 좋은 소식이 있었다고 들었습니다?

네, 평소에도 대구자치경찰위원회는 과학 치안의 중요성을 절실하게 느끼고 있었는데요. 그러던 차에 행정안전부에서 '2023년 지방자치단체 협업 특별교부세 공모사업'을 신청하라고 공문을 내려 보냅니다. 대구자치경찰위원회는 과학 치안의 영역을 확대할 수 있는 기회로 생각해서 즉시 실행에 옮겼어요. 바로 '첨단 AI 영상분석 시스템 구축사업'을 기획해서 신청하게 된 것인데요. 사업 발표와 엄격한 심사 등 여러 절차를 거쳐 결국 지난 6월 공모사업에 최종 선정됐고요. 이로써 행정안전부 특별교부세 2억 원을 확보하는 쾌거를 이뤘습니다.

5. 공모사업 최종 선정을 축하 드립니다. 그런데 '협업 특별교부세'라고 하셨잖아요. 그럼 여러 기관과 협업을 하셨겠군요?

맞습니다. 평소 타 기관과의 협업을 중시하는 대구자치경찰위원회는 이번에도 사업 추진을 위해 사전에 서구청, 서부경찰서, 첨단정보통신융합산업기술원 등 총 6개 기관과 협업을 했습니다. 사회적 약자 보호와 시민이 안전한 사회 조성이라는 큰 뜻 아래 지역 사회의 주요 기관들이 한마음, 한뜻으로 뭉친 것이죠.

6. 첨단 AI 영상분석 시스템 구축사업. 이름만 들어도 과학 치안의 향기가 물씬 풍기는데요. 이 사업을 추진하시게 된 배경은 어떻게 되나요?

지역 내 다양한 안전 문제들이 있지만 그중에서도 어린이보호구역 내 불법 주정차로 인한 교통사고, 치매 노인 실종, 대규모 축제·행사 시 다중 인파 밀집 문제 등이 최근에 주요한 안전 이슈로 떠오르고 있습니다. 첨단 AI 영상분석 시스템 구축사업은 이러한 문제를 해결하기 위해 추진됐는데요. 이 방송을 듣고 계시는 서구 주민들께 죄송한 말씀입니다만, 올해 초에 실시된 사회안전지수 평가에서 서구 지역이 전국 최하위를 기록했어요. 그래서 안전의 손길이 특히나 더 간절히 요구되는 서구를 사업 대상 지역으로 특정하게 됐습니다. 지난달 방송에 출연하신 류한국 서구청장님을 포함한 서구청 간부와 직원들의 참여 의지 또한 아주 적극적이었습니다.

7. 같은 대구 안이라 하더라도 지역 특성에 따라 안전도의 차이는 있을 테니까요. 국장님, 이 사업에 대해 간단히 설명 부탁 드립니다.

동네 다니시다 보면 저 높이 설치돼 있는 생활안전 CCTV를 자주 보실 텐데요. 첨단 AI 영상분석 시스템 구축사업은 생활안전 CCTV에 첨단 과학 기술을 도입해 AI, 즉 인공지능을 활용한 영상분석 시스템과 지능형 관제 시스템을 운영하는 것입니다. 이를 통해 어린이보호구역 내 불법 주정차 또는 등하교 시간 동안 차량 통행량 증가 시 CCTV 관제센터로 알림이 가고요. 경찰서와 지자체 등 관계기관은 이 알림을 받고 즉시 현장으로 출동해 교통사고 위험을 조기에 해소할 수 있습니다.

8. 앞서 말씀하신 노인 실종이나 인파 밀집 문제를 해결하는 데도 요긴하겠어요.

물론입니다. 우리나라도 곧 노인 인구 비율이 20% 이상인 초고령 사회로 진입하게 됩니다. 노인 실종 사건은 더 이상 '옆집 일'이 아닌 거죠. 첨단 AI 영상분석 시스템 구축사업을 통해 노인 실종 사건에 대한 대응력을 강화할 것으로 기대되는데요. 실종자의 인상착의를 시스템에 입력해서 이미지 특징을 추출하고 움직임과 이동 경로를 CCTV 관제 화면에 가시화함으로써 실종 초기에 재빨리 대응할 수 있습니다. 한편, 코로나19로부터 일상 회복 이후 축제·행사 건수가 가파르게 증가하고 있는데요. 첨단 AI 기술을 활용해서 군중 밀집도를 검출하고, 위험 상황이 우려되면 경찰·소방 등 유관기관이 즉시 연계하여 안전예방조치를 취할 수 있습니다.

9. 첨단 AI 기술이 지켜주는 우리 동네, 참 든든한데요. 앞서 2023년 4월에도 대구자치경찰위원회에서 중요한 과학 치안 성과가 하나 나왔다고 해요?

네, 대구자치경찰위원회가 제주자치경찰위원회와 협력해서 경찰청 주관 '자치경찰 수요기반 지역 문제 해결 R&D 사업'에 전국 최초로 선정됐습니다. 'AI 데이터 기반 치안 취약지구 디지털 순찰 서비스 개발·실증사업'인데요. 총사업 기간은 약 5년으로 국비 약 24억 원, 시비 약 5억 원 등 총 33억 원 정도의 사업비가 투입되고요. 드론, CCTV 등 데이터 기반 '위험시간대 최적 안전 안심경로 제공 서비스'와 AI 영상분석 기반 '등하굣길 어린이 안전 확보 및 신속 대응 서비스'를 개발하게 되는데요. 이 사업을 통해 드론, AI 등 첨단 과학 기술을 활용한 스마트 치안환경을 구축해서 각종 사건·사고를 예방하고, 효율적인 치안 서비스를 제공할 것으로 기대됩니다.

10. 과학 치안 시대를 향한 대구자치경찰위원회의 신호탄, 잘 들었습니다. 국장님, 마지막으로 하실 말씀은요?

과학 기술을 활용한 안전 사회가 구현되려면 먼저 풀어야 할 과제가 있는데요. 자치경찰이 참여하는 과학 치안 R&D 예산을 현재보다 더 증액해야 합니다. 우리나라의 과학 치안 R&D 예산은 국가 전체 R&D 예산의 채 1%에도 못 미치는 실정입니다. 이는 과학 치안에 R&D 예산을 과감하게 투입하고 있는 미국 등 주요 선진국들과 비교할 때 심히 부족한 수준이에요. 과학 치안 R&D 예산을 대폭 늘려서 지역 내 부족한 경찰인력과 인프라를 보강해야 하고요. 이와 더불어, 자치경찰과 지방자치단체, 대학, 연구소, 기업 등 지역 내 주요 기관과 단체들이 끈끈하게 소통하고 협력해서 미래지향적인 로컬 거버넌스를 구축할 필요가 있습니다. 과학 기술, 그리고 민-관이 함께 어우러져 만든 안전한 도시는 그야말로 금상첨화가 아니겠습니까? 이는 시민들의 행복한 삶의 터전이고요.

셉테드는 안전한 대구 만들기의 출발점
경북일보 특별기고 (2023. 12. 8)

셉테드(CPTED)는 'Crime Prevention Through Environmental Design(환경설계를 통한 범죄 예방)'으로 물리적인 환경설계를 통해서 범죄를 예방하는 기법이다. 어두운 골목길에 CCTV나 가로등, 비상벨을 설치하는 것이 셉테드의 전형적인 방법이다. 보통 범죄자는 자신이 범죄를 저질렀을 때, 발각되어 처벌될 가능성이 있으면, 범죄를 단념한다. 따라서 제복 입은 늠름한 경찰관들이 지역을 순회하면서 예방 순찰을 강화하고, 셉테드를 보강하면 범죄를 예방하는 데 매우 효과적이다.

2021년 7월 1일, 자치경찰제가 실시되었다. 이제 2년 4개월이 지났다. 자치경찰의 출범과 함께 대구시 자치경찰위원회도 다양한 셉테드 사업을 진행하고 있다. 대구도시개발공사와 협업하여 시민안전을 위한 다양한 컨설팅 사업과 환경 개선사업을 하고 있다. 대구시 북구 태전동의 여성 안전 귀갓길 '샛별로 사업', 대구 달서경찰서의 지역 맞춤형 자치경찰 주민 체감사업으로 시행된 '주민과 함께, 가장 안전한 우리 동네 만들기 달래길 사업'은 우수한 셉테드 사업으로 평가된다.

최근에는 대구시의 모든 경찰서와 구청에서도 셉테드 사업을 시행하고 있다. 대구중부경찰서는 서문시장 옆 계성중, 고등학교 인근 통학로를 대상으로 환경을 개선하는 '햇빛사이로(路) 프로젝트'를 최근에 마무리했다. 대구시 자치경찰위원회가 확보한 통학로 범죄 예방 환경 개선 예산으로 노후주택이 밀집되고 빈집이 많아 청소년 비행 등의 우려가 높은 500미터 구간에 태양광 벽부등과 방범용 반사경, 비상벨 등을 설치했다.

또한, 대구 중구청은 유동 인구가 많고, 유흥가가 밀집된 삼덕동 1가와 공평동에 내년 2월 완료 예정으로 어둡고 낙후된 골목 개선과 복잡한 동성로 골목의 보행환경 개선에 주안점을 두고 셉테드 사업을 하고 있다. 이 사업에는 소화전과 CCTV 도색, 막다른 골목길의 인지성을 높이기 위한 진입로 안내판과 조명 설치, 골목길 바닥에 태양광 설치 등이 포함된다.

대구 달성경찰서는 현풍읍 중리 일원에 안심 바람이 부는 길 '늘솔길 Ⅱ'를 조성했다. '늘솔길 II' 사업은 달성경찰서, 달성군, 현풍읍 행정복지센터가 공동으로 경찰청 셉테드 컨설팅 공모전에 선정된 지역 공동체 협력 치안사업이다. 이 사업은 전문가들의 자문을 거쳐 셉테드 기업을 적용해서 노후화된 벽면 도색과 어두운 골목길에 솔라벽부등, 솔라표지병을 설치해서 조도를 높였고, 어린이들의 보행 안전을 위해 어린이보호구역 전신주 래핑과 함께 일련번호를 기입해 112 신고와 연계하는 등 위치 확인이 간편하게 이루어져 경찰출동이 용이하도록 했다.

안전한 대구 만들기를 위한 셉테드 사업의 효과를 높이려면 중요한 것이 두 가지가 있다. 첫째, 셉테드 설계 초기 단계부터 해당 지역 주민과 함께하는 것이 중요하다. 지역에서 어디가 위험하고, 어디가 개선되어야 하는지는 지역에 살고 있는 주민이 가장 잘 안다. 그리고 셉테드 사업의 기획 단계부터 지역 주민이 참여하게 되면 사업이 실제로 집행되는 과정과 혹시나 있을 문제점에 대한 보완 작업에도 주민들의 호응과 협조가 훨씬 용이하다. 주민이 직접적으로 '참여'하는 셉테드 사업이 필요한 이유이다. 둘째, 사람이 건강하려면 적정한 운동과 음식, 생활 습관 모두가 중요하듯이 셉테드 사업은 지역의 현장경찰관들과 자율방범대 등과 함께 하는 예방 순찰과 공동체 치안 시스템 확립 등과 병행하는 것이 더욱 효과적이다.

대구 자치경찰의 궁극적인 목표는 시민의 안전이다. 모든 역량과 시스템을 모아서 대구시민을 '안전하게' 보호할 것이다.

범죄 예방과 자치경찰

음주와 범죄
경북일보 특별기고 (2022. 10. 11)

코로나19 사회적 거리 두기가 해제된 이후 각종 모임이 많아졌다. 저녁 모임인 경우 음식 메뉴에서 빠지지 않는 것이 바로 술이다. 덩달아 술로 인한 사건, 사고 건수도 많아졌다. 적절한 수준을 넘어서는 과도한 음주는 판단력을 흐리게 한다. 충동 조절이 제대로 안 되고, 통제력을 상실하게 되며, 범죄 행위에 대한 인식도 저하된다. 또한, 과도한 음주는 범죄의 피해자가 되기도 한다. 술에 만취한 사람은 범죄의 피해를 보아도 본인이 기억을 못 함은 물론 주위의 증거물이나 목격자 확보도 어려운 경우가 많다. 억울해도 달리 방법이 없다.

범죄를 연구하는 학자들 사이에 '술집 옆은 교도소'라는 우스갯소리가 있다. 술로 인한 사회적 비용이 연간 15조라는 통계도 있다.

2008년 초등학생 성폭행(조두순 사건), 2010년 부산 여중생 성폭행 살해 유기(김길태 사건), 2012년 성폭행 토막살인(오원춘 사건), 2019년 베트남 아내 폭행 사건, 2022년 인하대 성폭행 사건 등의 공통점은 범행 당시 범죄자가 음주 상태였다는 것이다.

어느 조사에 의하면, 살인자가 살인을 저지를 당시 30%에서 70%가 술을 마셨다고 한다. 또한 폭력의 전과자를 상대로 조사한 바에 따르면, 폭력 범죄 당시 약 65%가 술을 마시고 있었다고 한다. 아울러 알코올 중독자의 자살률은 정상적인 사람들에 비해 약 60배 정도 높다고 한다.

실제로 우리나라에서도 112 신고가 많고, 범죄가 많은 지역은 주로 유흥업소 등 술집이 많은 지역이다. 대구시의 경우를 예로 들면, 중구 동성로 클럽 골목이나 수성구 황금동, 동대구역 주변 등 유흥업소 밀집지역이 그렇다.

현장경찰관들의 이야기를 들어보면, 야간 폭력 사건의 대부분이 과도한 음주와 관련이 있다고 말한다. 과도한 음주로 인해 자기감정을 조절 못 해 주먹을 휘두른다는 뜻이다. 실제로 전체 경찰 업무의 26.6%가 음주 범죄라는 통계도 있다. 야간에 근무하는 경찰관들은 주취자들 때문에 많은 애로를 겪고 있다.

하지만 우리나라는 여전히 음주에 대해 관대한 편이다. 음주 중이나 음주 후 실수한 것에 대해 너그러운 편이다. 심지어 음주 후 범죄를 저지른 것에 대해서도 판사들의 형량이 낮은 편이다. 또한 아무리 지속적인 단속을 해도 음주 운전은 끊임없이 적발된다. 음주 운전은 단순한 교통법규 위반이 아닌 무고한 사람의 생명을 빼앗을 수 있는 강력범죄라는 인식이 우리 사회에 자리 잡아야 한다.

청소년의 음주도 심각한 상황이다. 청소년 5명 중 1명이 음주경험이 있는 것으로 나타났다. 청소년의 음주는 정상적인 성장과 발달을 저해할 뿐만 아니라 성인기 알코올 중독의 원인이 되고, 비행 행동의 출발점이 되기도 한다. 현재 미성년자에게 주류 판매를 엄격하게 금지하고 있지만, 신분 확인과 판매 거절 등의 어려움으로 청소년들의 주류 구매가 비교적 쉬운 편이다. 이에 대한 강력하고 실질적인 대책이 필요하다.

아울러 우리 사회 전반의 음주문화 개혁이 필요하다. 국회에서는 김용판 국회의원이 대표적인 음주문화 개혁론자이다. 경찰 재직 당시 주폭(酒暴)과의 전쟁을 선포한 장본인이다. 최근에는 대구의 대학교수들을 중심으로 한국음주문화관리협회가 설립되어 대한민국 음주문화 개혁 프로젝트를 출범했다.

강조하건대 지금 필요한 것은 건전한 음주문화를 위한 교육과 계몽이다. 초, 중, 고, 대학에서 건전한 음주문화에 대한 교육이 필요하다. 필자가 학생들에게, 그리고 시민들에게 꼭 이야기하는 것이 있다. 스트레스를 풀려고 술 마시지 않기. 억지로 상대방에게 술 권하지 않기. 1차만 하기. 주량을 넘지 않기. 음주 운전은 파멸의 길이니 절대 하지 않기 등이다.

우리 지역의 교육계, 언론계, 경제계, 시민단체 등이 적극적으로 동참하길 희망한다.

깨진 유리창 이론과 자치경찰
경북일보 특별기고 (2023. 2. 3)

1980년대, 90년대 미국 뉴욕시는 골치 아픈 문제가 있었다. 바로 범죄 문제이다. 뉴욕의 지하철은 살인, 강도, 강간, 소매치기 등이 빈번하게 발생했다. 해외관광객들이 조심해야 하는 곳이 바로 뉴욕 지하철이었다.

1994년 뉴욕시장으로 선출된 루돌프 줄리아니는 범죄와 무질서 문제를 해결하기 위해 '범죄와의 전쟁'을 선포하고, 경찰력을 총동원하였다. 범죄 다발 및 위험지역에 경찰력을 전진 배치하고, CCTV를 설치하는 등 범죄 예방과 범죄자 검거율 제고에 집중했다. 하지만 좀처럼 효과가 나타나지 않았다. 줄리아니 뉴욕시장이 마지막으로 심혈을 기울여 시도한 것이 거리의 무질서한 낙서 지우기였다. 소위 예술이라는 핑계로 곳곳에 그려진 지저분한 그림과 낙서를 지우는 작업을 시작하였다. 뉴욕시민들은 가뜩이나 경찰인력도 부족한데, 낙서나 지우고, 정작 범죄자들은 안 잡고 무임승차 하는 시민들이나 잡는다고 불만을 제기했다. 지워도 지워도 낙서는 다시 생겨났고, 모든 낙서를 지우는 데 오랜 기간이 걸렸다. 하지만 신기하게도 낙서를 지운 후 점차 범죄율이 줄기 시작했다. 1년 후에는 30~40% 감소하고, 2년 후에는 50% 감소하고, 3년 후에는 무려 80%가 줄어 들었다. 길거리 낙서를 지우면서 동시에 신호위반, 쓰레기 무단투기와 같은 경범죄도 적극적으로 단속했다. 시민 생활의 근본인 '기초 질서'를 확립하는 것이었다. 그 결과 강력 범죄까지 줄어드는 결과를 얻었다. 놀라운 일이었다. 줄리아니 뉴욕시장이 사용한 전략은 바로 '깨진 유리창 이론'에 근거한 것이다. 깨진 유리창 이론은 "깨진 유리창의 자동차를 거리에 방치하면 사회의 법과 질서가 작동되지 않고 있다고 시민들에게 인식되어 더 큰 범죄로 이어질 가능성이 높다"라는 이론이다.

1969년 스탠포드 대학교 짐바르도 교수는 유리창이 깨지고 번호판도 없는 자동차를 브롱크스 거리에 방치하고 사람들의 행동을 관찰했다. 사람들은 핸들이나 배터리, 타이어 같은 부품을 훔쳐 가고, 더 이상 훔쳐 갈 것이 없자 자동차를 깨부수었다. 깨진 유리창 하나를 방치하니까 그 지점을 중심으로 점차 범죄가 확산한 것이다. 1982년 켈

링과 윌슨은 이 실험에 착안하여 '깨진 유리창 이론'이라는 이름을 붙였다.

실제로 우리 주위에 어둡고, 더럽고, 정돈되지 않은 공원이나 거리에는 노상방뇨나 쓰레기 무단투기가 많다. 한 대의 불법주차가 용인되면, 얼마 지나지 않아 그 거리는 불법주차 거리가 된다. 이러한 초기의 무질서는 크고 작은 범죄로 이어지게 된다. 따라서, 이런 환경을 만들지 않는 것이 중요하다.

우리 지역 내 어두운 공원에 가로등과 CCTV를 정비하고, 담장을 제거해야 한다. 화장실 내 불법 카메라 감지장치와 비상벨을 설치하여 다양한 성범죄로부터 안전감을 확보해야 한다. 이른바 환경설계를 통한 범죄 예방(Crime Prevention Through Environmental Design)이다. 환경설계를 통한 범죄 예방은 시민들이 참여함으로써 그 효과를 증폭시킬 수 있다. 경찰과 지역 주민들이 합동 순찰을 통해서 공원 내에서 음주, 흡연, 노숙행위를 할 수 없도록 하고, 공원 내 전시회나 작은 음악회 등 다양한 이벤트를 통해 주민들 간에 만남과 소통의 장을 만드는 것도 좋은 방법이다.

2021년 7월에 출범한 대구시 자치경찰은 범죄 예방과 시민안전이 최우선 정책과제이다. 주민자치행정과 경찰행정을 잘 결합해서 시민안전에 장애가 되는 문제점을 찾아내서 개선한다. 지역 내 어느 곳이 위험하고, 어떻게 하면 개선할 수 있는지는 그 지역 주민이 가장 잘 안다. 대구시민들의 다양한 제언과 참여가 중요하다. 대구 자치경찰의 주인은 대구시민이다.

범죄 예방 환경설계의 중요성
매일신문 특별기고 (2023. 7. 7)

2005년 9월 새벽 인천, 여고 2학년생인 A 양이 자기 방에서 잠을 자다가 창문 방충망을 뜯고 침입한 20대 범인에 의해 강간 살해된 사건이 발생했다. 밤늦게까지 공부를 하다가 잠이 들었고, 우연히 이 집 옆의 좁은 골목으로 소변을 보러 온 범인이 불을 켜 놓은 채 잠이 든 A 양을 보게 되었다. 성적 충동을 느낀 범인은 허술한 창문을 뜯고 들어가 성폭행을 하였고, 피해자에게 얼굴이 알려져 경찰에 체포될 것을 염려해서 A 양의 목을 졸라 살해한 것이다. 범인은 전과가 없고, 가정과 직장에도 큰 문제가 없으며, 범죄성도 높지 않은 것으로 밝혀졌다.

또 다른 사례는 1998년 필자가 단독주택 2층에 살 때의 일이다. 가족들이 집을 비운 어느 날 파출소 경찰관으로부터 전화 연락이 왔다. 우리 집에 도둑이 들었다는 것이다. 마침 순찰 중에 도둑을 발견하고 호루라기를 부니까 도주하여 체포하지는 못했는데, 빨리 문단속해달라는 전화였다. 당시 우리 집 2층은 방범창이 없고, 전봇대를 통해 쉽게 2층으로 진입이 가능했다. 만약 침입한 도둑과 우리 가족이 직접 마주쳤다면 끔찍한 상황이 벌어질 수도 있었다. 나중에 안 사실이지만 그 동네 거의 모든 주택이 도둑의 피해를 보았다고 한다.

인천의 여고생 강간살인 사건과 필자 집에 침입한 도둑 사건은 한가지 공통점이 있다. 바로 허술한 창문이다. 만약 방범 기능이 있는 창살이나 잠금장치가 있었다면 이런 일을 발생하기 어려웠을 것이다.

일반적으로 범죄는 보호능력이나 방어능력이 없는 사람이나 장소에 발생할 가능성이 높다. 필자는 도둑이 들어온 다음 날, 모든 창문에 튼튼한 방범창을 설치했다.

영국 경찰은 1980년대부터 꾸준하게 지방자치단체 등과 범죄 피해자 지원사업으로 침입 범죄에 취약한 서민주택에 침입 방어 성능이 인증된 고품질의 방범용 창살과 잠금장치를 무료로 설치해 주었다. 이를 통해 획기적으로 침입 범죄를 예방한 것이다. 셉테드(CPTED)는 'Crime Prevention Through Environmental Design(환경설계를 통한 범죄 예방)'으로 도시 환경설계를 통해 범죄를 예방하는 선진국형 범죄 예방기법을 말한다. 건축환경의 적정한 설계와 효과적인 활용이 범죄의 발생과 범죄에 대한 두려움을 줄일 수 있다는 학술적이고 실무적인 접근이다,

2021년 자치경찰제가 출범하면서 대구시 자치경찰위원회는 취약계층의 생활안전 강화에 중점을 두고, 시민 주도형 환경적 범죄 예방사업을 전개하고 있으며, 범죄 예방 환경설계부터 시민이 주도하는 대구형 셉테드 모델로 발전시킬 계획이다. 또한 대구도 시공사와 MOU를 통해 셉테드 사업을 추진하고 있다. 아울러, 여성 1인 가구와 주거안전 취약 가구를 위한 세이프-홈 지원사업을 실시하고 있다. 세이프-홈 지원사업은 집안 내 움직임을 감지해 스마트폰으로 통보해 주는 가정용 CCTV, 외부로부터 침입을 막아주는 창문 잠금장치와 방범창, 현관문이 완전히 열리는 것을 막아주는 현관 이중 잠금장치로 구성된 안심 홈 4종 세트를 무료로 지원하는 프로그램이다. 자치경찰의 중요한 목적은 바로 대구시민의 안전이다.

신천, 가로등과 CCTV 추가 설치

2023년 8월, 서울 신림동 등산로에서 발생한 성폭행 살인 사건 범인 최윤종은 CCTV가 없는 장소를 범행 장소로 선정했다고 진술했다. 특히 등산로는 시민들이 트래킹과 걷기 등 운동을 하는 여가와 힐링의 장소로서 애용하는 곳인데, 이 등산로마저도 안전지대가 아닌 것이다.

홍준표 시장은 신천에 가로등과 CCTV를 추가로 설치할 것을 지시했다. 홍준표 시장은 대구시장에 취임한 이후 대구시정을 이끌면서 특히 '시민안전'을 매우 중요시 한다. 특히, 산불이나 화재 등 재난이나 범죄 예방을 특히 중요시 여긴다. 아울러 국장들에게 현장에 직접 나가 보고, 현장에 꼭 필요한 정책을 집행할 것을 강조한다.

이에 따라 2023년 8월 25일, 대구광역시는 연간 6백만 명 이상의 많은 시민이 이용하는 도심하천인 신천에 보행로 야간경관 개선 및 범죄 사각지대 안전성 확보를 위해 가로등 900주와 폐쇄회로(CCTV) 22대를 추가 설치하기로 했다. 이는 행정안전부와 경찰청의 지방자치단체에 협조사항이기도 하다. 하지만 대구시는 이보다 먼저 선제적으로 시행하였다. 이른 새벽부터 밤늦게까지 신천을 이용하는 시민들이 불안감을 느끼지 않도록 안전을 더욱 강화하기 위해 가로등 900주와 CCTV 22대를 추가로 설치하기로 한 것이다. 아울러 신천에 기존 가로등 355주는 교체 및 정비하고, 좌·우안에 900여 주의 가로등을 추가로 설치해 산책로를 이용하는 시민들의 안전뿐만 아니라 신천둔치의 야간경관도 개선할 계획이며, 또한 신천 숲 조성과 관련해 안전 사각지대를 면밀히 분석하고, 기존 설치된 CCTV 33대를 내년까지 55대로 늘려 도심의 그늘숲에서 누구나 안심하며 산책할 수 있는 여건을 조성할 계획이다.

홍준표 대구광역시장은 "시민들의 여가 공간에 대한 안전은 무엇보다도 중요하다"라며, "신천 산책길에 가로등과 CCTV를 추가로 설치해 신천의 야간경관은 물론 시민들이 안전하게 이용할 수 있도록 노력하겠다"라고 밝혔다. 한편 대구시는 2023년 10월부터 대봉교~상동교 좌안 구간에 느티나무 등 수목 500여 주 식재를 시작으로 2024년까지 총 3천여 그루의 수목을 식재해 '푸른 신천숲'을 조성할 계획이다.

신천 수변공원화 계획 조감도

지역의 자랑할 만한 공원을 만들어 보자

경안일보 특별기고 (2022. 7. 19)

필자는 교수생활 25년간 주로 범죄와 안전에 대하여 교육하고, 연구했다. 지금은 공직자로서 대구시 자치경찰위원회에서 주민안전과 관련된 일을 하고 있다. 주민의 안전을 방해하는 요소는 무엇인지? 그 방해요소를 어떻게 개선해야 하는지가 주요 관심사이다. 특히 지역 내 범죄가 많이 발생하는 시간과 장소, 교통사고 다발 시간과 장소는 매우 중요하다. 특히 초, 중학생들의 통학로, 지역 내 공원이나 빈집, 유흥업소 밀집지역은 경찰청, 시청, 교육청 등 관계기관들이 소통하고 협력해서 촘촘한 사회 안전망을 만들고 있다.

작년 7월 자치경찰제가 본격적으로 시작되면서 '지역 내 공원안전'에 대한 관심이 높아지고 있다. 지역에 있는 작은 공원은 주민들이 머리를 식히고, 간단한 운동을 하며, 힐링을 할 수 있는 휴식공간이다. 아울러 가족들과 이웃이 삼삼오오 모여 정겨운 대화와 교류를 갖는 열린 공간이기도 하다. 따라서 지역에 아름답고 쾌적한 멋진 공원이 있다는 것은 지역의 소중한 자산이며, 자랑거리가 된다.

하지만 지역에 있는 공원이 어둡고, 지저분하며, 제대로 관리가 되어 있지 않으면 노상방뇨, 쓰레기 무단투기, 불법주차 등 여러 가지 문제가 발생하기도 한다.

깨진 유리창 이론이라는 것이 있다. 이 이론은 자동차의 작은 깨진 유리창과 같은 사소한 무질서가 더 큰 범죄와 무질서 상태를 가져올 수 있으며, 따라서 사소한 무질서에 대해서 경각심을 가지고 질서정연한 상태로 유지하는 것이 미래의 더 큰 범죄를 막는 데 중요한 역할을 한다는 이론이다. 따라서, 지역의 공원을 잘 가꾸어야 한다. 여기서 필자는 지역에 있는 공원을 주민들의 지혜를 모아서 멋지게 가꾸어야 한다고 제안한다. 그러기 위해서는 어떻게 해야 하는가?

첫째, 가장 중요한 것이 '청결'이다. 좋은 공원의 가장 중요한 첫 번째 조건은 청결함이다. 쓰레기가 없는 공원이어야 한다. 최근에는 반려견을 키우는 가정이 늘고 있다. 공원 내에서 반려견을 동반해서 산책하는 도중에 발생하는 대소변은 견주가 반드시 처리해야 한다. 또한, 공원 내 화장실을 고속도로 휴게실과 동일한 수준으로 깨끗하게 유지하여야 한다.

둘째, 공원의 '안전성'이다. 안전한 공원이 바로 좋은 공원이다. 최근에는 도시 내에 '환경설계를 통한 범죄 예방(셉테드)'이라는 개념이 도입되어 운영되고 있다. 이는 물리적인 환경을 잘 설계함으로써 각종 범죄를 예방할 수 있다는 것이다.

1969년 미국 뉴욕시는 치안상태가 불안했다. 뉴욕시 버스 터미널은 알코올 중독자와 노숙자, 소매치기들로 넘쳐났고, 절도와 성범죄 등 크고 작은 범죄들이 끊이질 않았다. 이를 해결하기 위하여 건물 중앙에 있던 사각기둥을 원형으로 개조해서 소매치기범들이 사각지대를 활용하지 못하게 했고, 벤치를 노숙자들이 누워서 잘 수 없게 물통 모양으로 변경했다. 또한, 어두운 복도에 가로등과 CCTV를 대폭 설치했다. 이렇게 함으로써 여러 형태의 범죄와 무질서를 줄였다. 우리 지역의 공원에도 이 기법을 적용, 확대할 필요가 있다. 공원을 열린 공간으로 만들어 거리를 통행하는 사람들이 잘 볼 수 있도록 울타리를 제거하고 CCTV와 가로등을 정비하는 것은 물론이고, 화장실 내 비상벨을 설치하여 다양한 범죄로부터 안전감을 확보해야 한다. 공원 내에서 음주, 흡연, 노숙행위를 할 수 없도록 하고, 경찰과 지역 주민들의 합동 순찰을 통해서 안전을 확보해야 한다.

끝으로, 공원 내 다양한 이벤트를 통해 지역 주민들 간에 소통의 장, 만남의 장을 만드는 것도 좋은 방법이다. 즉, 독서 캠프, 작은 음악회나 전시회 등 공원의 이용률을 높이는 것도 좋은 공원을 만드는 방법이다.

우리 지역에 주민자치회, 자율방범대, 녹색어머니회 등 다양한 단체들이 있다. 주민들의 다양한 의견을 모아 우리 지역에 있는 공원을 잘 정비해 보자.

대구와 경북이 손을 잡고, 캠페인

대구시 자치경찰위원회와 경북 자치경찰위원회가 손을 맞잡고 '범죄 예방 클린과 안심 대구·경북 만들기' 합동 캠페인을 펼쳤다. 이날 캠페인은 이순동 경상북도 자치경찰위원장의 제안으로 시작되어 양 위원회의 소통과 협력을 위한 협업 프로그램이라고 할 수 있다.

2022년 11월 29일, 오후 2시 대구와 경북 자치경찰위원회는 경북경찰청, 경산경찰서, 자율방범대 등 관계자 30여 명과 함께 영남대학교 앞 밀집 상가와 원룸촌 주변을 돌며 범죄 예방의 시작은 기초 질서 준수에서부터 시작된다는 인식 함양을 위한 환경정화 캠페인을 전개했다.

환경정화활동과 함께 범죄 예방 시설물 확인, 범죄 취약지 등을 현장경찰관과 동행하여 구석구석 점검하며, 개선이 필요한 사항은 향후 보완할 수 있도록 범죄 예방을 위한 환경 개선에 적극적으로 협력하기로 했다.

또한 자치경찰제의 인식 확산을 위해 영남대역 출입구, 횡단보도 등 유동 인구가 많은 지역을 중심으로, 자치경찰제도와 시행 취지를 담은 자료집을 배부하는 등 찾아가는 홍보활동에도 양 기관이 함께 발을 맞췄다.

대구·경북 자경위 범죄 예방 클린 공동 캠페인

결혼이주여성, 이들도 대한민국 국민이다.

경안일보 특별기고 (2022. 8. 1)

얼마 전 베트남 결혼이주여성이 남편으로부터 무차별 폭행을 당한 영상이 공개돼 국민적 공분을 샀다. 더 비참한 것은 두 살배기 아들이 보는 앞에서 자행된 폭행이었다. 이 영상은 페이스북과 인터넷 커뮤니티 등을 통해 국내는 물론 전 세계로 급속하게 퍼졌다. 급기야는 외교 문제로까지 비화하여 경찰청장과 장관, 국무총리가 사과했고, 청와대 국민청원 게시판에는 이 남편을 엄벌해달라는 국민 청원까지 올라왔다.

국제결혼은 최근 계속 증가 추세에 있다. 매년 결혼 건수는 최저치를 경신하며 "비혼(非婚)이 대세"라는 말까지 나오는 상황이지만, 국제결혼만큼은 그렇지 않다. 우리나라 국제결혼 건수는 매년 전체 혼인의 7~10% 수준이다. 적지 않은 숫자이다. 통계적으로 배우자의 성비를 기준으로 보면, 한국 남성이 외국 여성과 하는 경우가 제일 많다. 국제결혼 10건 중 7건이 한국인 남성과 외국인 여성의 혼인이다. 외국인 배우자 수는 남녀 합계 기준으로 최근 3년 모두 1위 베트남, 2위 중국, 3위 미국 순이었다.

국제결혼을 하는 대부분의 부부는 행복하게 살고 있다. 하지만 일부에서 가정폭력과 같은 범죄들이 보고되고 있다. 전문가들은 가정폭력이나 성폭력을 경험한 결혼이주여성들이 실제 정부가 파악하고 있는 공식 통계보다 많을 것으로 파악한다. 일명 암수범죄(hidden crime)가 많다는 의미이다. 이들이 외부 기관에 도움을 요청하는 경우가 많지 않기 때문이다. 국가인권위원회 조사에서도 가정폭력 경험 이주여성의 31%는 관련 기관에 도움을 요청하지 않았다. 신고하는 데 겁이 나기 때문이다.

2007년 대구에서 벌어진 사건이 떠오른다. 동남아 출신 결혼이주여성 A(당시 33세)씨가 임신한 상태로, 갇혀있던 아파트 9층에서 밧줄을 타고 내려오다 떨어져 사망했다. 남편의 폭력을 피해 탈출하려다 발생한 사고였다.

또 다른 사건이다. 동남아 출신 히엔(가명·24)은 2014년 결혼중개업체를 통해 남편을 만나 한국으로 건너왔다. 16살이 많은 남편은 술을 마시면 히엔에 손을 댔다. 처음에는 가벼운 따귀 한두 대였던 폭력은, 히엔이 공장에 취직하면서 점차 심해졌다. 폭행 뒤에는 "억울하면 베트남으로 돌아가라"라는 협박이 이어졌다. 결국 남편의 폭행에 유산을 하고 나서야 히엔은 이주여성센터의 도움으로 쉼터로 피신할 수 있었다.

국가인권위원회가 결혼이주여성 920명을 상대로 진행한 보고서에 따르면, 전체의 절반에 가까운 387명(42.1%)의 결혼이주여성이 가정폭력을 경험한 것으로 조사됐다. 이들 중 38.0%(147명)는 가정에서 폭력 위협을 당했고, 19.9%(77명)는 흉기로 협박당하기까지 했다. 그런데도 이들이 혼인 관계를 유지한 이유는 '자녀에게 피해를 줄 것이 걱정돼서'라는 응답이 52.8%(복수 응답)로 가장 많았다. '자녀를 양육하지 못할까 봐 걱정됐다'(25%)는 대답이 두 번째로 많았다. 결혼이주여성들은 한국어도 서툴고, 외부로의 사회적 연결망이 없어 피해 사실을 알리기가 어렵다. 이에 대한 심도 있고 실질적인 대책이 필요하다. 인종적, 문화적 다양화에 따른 갈등을 최소화하여 내·외국인이 서로 공존하고, 상생하는 치안활동, 주민자치행정을 전개해야 할 것이다.

결혼이주여성, 다문화 정책은 어느 한 기관에서 할 수 있는 일이 아니다. 76년 만에 실시되고 있는 자치경찰제도가 중요한 역할을 수행해야 한다. 자치경찰위원회를 중심으로 지방자치단체, 경찰청, 교육청, 시민단체, 대학, 기업체 등 관련 기관들이 소통하고 협력해서 촘촘한 사회 안전망을 만들어야 한다. 결혼이주여성, 이들도 대한민국 국민이다.

누구나 알아야 할 생활 속 법률 이야기

반가운 전화를 받았다. 대구한의대학교 다문화복지한국어학과 남미경 교수(학과장)로부터 온 전화이다. 특강 의뢰를 받았다. 주제는 마음대로 정하되, 외국에서 이민 온 다문화 학생들에게 꼭 필요한 내용을 부탁한 것이다. 필자는 주저 없이 승낙했다. 특강 날짜도 업무와는 관계없는 토요일이었다. 요즘 대학들은 성인학습자 학생들을 위해서 사이버 강좌를 많이 개설하고 있다. 아울러 오프라인(대면) 강의도 주로 토요일에 실시한다. 직장을 다니는 성인 학습자를 배려하기 위함이다.

필자는 여러 날을 고심한 끝에, 외국 이주 여성들이 꼭 알아야 할 법률 상식과 범죄 예방 상식을 위주로 강의 주제를 잡았다. 최종 강의 제목은 "누구나 알아야 할 생활 속 법률 이야기"다.

드디어 2022년 9월 17일(토) 오후 1시, 다문화복지한국어학과 1~4학년 학생들 전체를 대상으로 강의를 시작하였다. 강의 내용은 범죄란 무엇인가? 범죄는 어느 때 발생하는가? 범죄를 예방하려면 어떻게 하여야 하는가? 조심해야 할 범죄들(보이스피싱 등 사기 범죄, 가정폭력, 데이트 폭력, 스토킹 등)과 범죄 신고 요령 소개, 기초 법률 용어 상식과 자치경찰제 이야기 등이다. 특히 위급할 때는 112 신고를 해야 하고, 문자 신고도 가능하다는 것을 강조했다.

여러 주제를 실제 사례 위주로 쉽게, 그리고 천천히 발음을 정확하게 하며 강의를 마쳤다. 나름대로 생각해도 학생들의 반응이 좋았다. 질문도 나왔다. 보통 특강할 때는 질문이 잘 나오지 않았는데, 이번에는 보이스피싱 등에 대한 간단한 질문이 있었다. 우레와 같은 박수로 강의를 마쳤다.

나중에 신문보도를 보고 알았는데, 강의를 들은 2학년 이인화(네팔 출신) 씨가 "한국에 온 지 10년이 됐고, 10년 동안 살아오면서 법률 강의를 들어 본 적이 거의 없었다. 오늘 특강을 통해 앞으로 살아가면서 조심해야 할 것과 자기의 권리를 어떻게 보호하는지도 알게 된 유익한 시간이었다"라고 소감을 남겨주었다.

한편, 대구한의대 다문화복지한국어학과는 2014년 전국에서 최초로 대구시에 거주하는 결혼이주여성과 다문화가정 자녀를 대상으로 개설되었다.

외국인 노동자와 자치경찰
경안일보 특별기고 (2023. 10. 5)

우리나라도 이제 저출산, 고령화가 심화함에 따라서 생산가능인구가 줄어들고 있다. 게다가 어렵고 힘든 일을 하지 않으려는 사회풍조로 인해서 꼭 필요한 산업 현장에 노동인력이 부족하다. 이런 현실에서 정부는 외국인 노동자 유입을 확대하겠다고 발표했다.

현재 대구·경북에서 일하는 외국인 노동자는 2021년 8월 13,849명, 2022년 8월 14,605명, 2023년 8월 19,976명으로 매년 늘고 있다. 대구 성서공단과 달성 논공, 경산 진량공단, 구미와 포항 등 공단지역에는 외국인 노동자들을 쉽게 만날 수 있다. 하지만 법적으로 공식 입국하는 외국인 노동자가 있는 반면에, 관광비자로 들어와서 불법 체류하는 노동자도 상당수가 있어 실제로는 외국인 노동자가 훨씬 많을 것으로 추정된다.

불법체류 노동자들은 정상적인 제도권 내에서 관리가 되지 않는 사각지대에 있다. 따라서 각종 범죄의 피해자가 되거나 반대로 범죄를 저지르는 경우도 있어 심각한 사회문제로 대두된다.

외국인 노동자들은 우리 산업 현장에서 많은 일들을 하고 있다. 이들이 없으면 꼭 필요한 공장이 멈출 수도 있다. 앞으로 더 많은 외국인 노동인력을 유치해야 한다. 하지만 외국인 노동자들에 대한 부당한 대우가 일부 보고되고 있다. 이는 불법체류 노동자들에게 더 많다. 임금체불, 폭행, 과다 노동 등 노동자들에 대한 인권침해 등 다양한 피해들이 보고되고 있다. 아울러 이들 중에서는 마약밀수 및 투약, 청부 폭행 및 살인 등 범죄를 저지르는 경우도 있다. 특히 마약 문제는 심각한데, 마약은 죄의식도 적고, 발각도 잘되지 않는 은밀한 경우에서 거래되기 때문에 더욱 심각하다. 마약은 단순한 투약을 넘어 폭행, 성폭력, 강도 및 살인으로 이어지는 경우가 많기 때문에 국가적 차원의 철저한 대응이 필요하다.

이제 우리나라는 단일민족국가가 아니다. 이른바 '다문화국가'다. 이에 상응하는 사회정책이 필요하다. 취업이나 복지 등에 소외된 다문화 가족들이 우리 사회에 대한 원망이나 분노로 이어져 묻지마 흉악 범죄를 저지를 수 있다. 아울러 이들이 조직화하여 '외로운 늑대(lonely wolf)'가 되어 무고한 시민들을 대상으로 무차별적인 테러를 가할 수도 있다. 우리는 이런 일들을 프랑스나 독일 등 유럽 국가들과 미국 등에서 자주 볼 수 있었다.

이제 외국인 노동자와 다문화 가족에 대한 사회정책의 기본 방향을 제대로 정립해야 한다. 외국인에 대한 차별과 편견의 극복, 외국인과 이민자 공동체의 활성화, 노동시장에서 외국인 노동자들에 대한 정당한 처우 등이 필요하다. 가장 좋은 정책은 그들을 가족과 같이 따뜻하게 '공평'하게 대하는 것이다.

2021년 7월 출범한 대구광역시 자치경찰위원회는 "시민과 소통하고, 사회적 약자를 배려하는 대구형 자치경찰"을 정책목표로 하고 있다. 특히, 올여름 신림동 묻지마 살인을 시작으로 발생한 이상동기 범죄를 계기로 대구시 내 지역 주민들을 직접 찾아가는 소통의 장을 적극적으로 시행하고 있다. 여기서 주민자치위원, 자율방범대, 통반장 등을 대상으로 범죄 예방 교육, 치안정책에 참여하는 방법, 공동체 치안과 자치경찰 등을 교육하였다. 아울러 지역 내 문제점들을 행정복지센터나 파출소·지구대에 알려 달라고 부탁하였다. 사실 지역의 문제점은 지역에 사는 지역 주민이 제일 잘 알고 있다. 은둔형 외톨이, 불법 체류자, 정신이상자, 독거노인 등 돌봄의 대상자들은 지역에 살고 있는 통반장들이 상세하게 알고 있다. 이들의 제언과 객관적인 자료를 기초로 해서 맞춤형 안전·복지정책을 수립해야 한다.

우리 사회의 구성원인 외국인 노동자와 다문화 가족들에 대한 포용정책, 복지정책이 무엇보다 중요하다. 외국인 노동자에 대한 좋은 사회정책이 가장 효과적인 형사정책이다.

농산물 절도는 정말 나쁜 범죄다

태풍이 지나간 이후 추석 연휴가 지났다. 코로나19 이후 집합 금지가 해제되고 처음 맞는 추석이라서 풍성한 명절이었다. 하지만 농촌에는 걱정거리가 생겼다. 바로 자식같이 키운 농축산물 절도에 대한 걱정이다. 특히 올해는 집중호우와 태풍, 원자재가 상승 등으로 농산물 가격이 계속 오르고 있어 여느 해보다 절도 피해가 심각할 것으로 예상된다. 농가의 각별한 주의와 함께 관계기관들의 단속 강화가 요구된다.

실제로 얼마 전 강원도 춘천에서는 비닐하우스 18개 동에서 키운 방울토마토가 하룻밤 사이에 감쪽같이 사라지는 일이 있었다. 새벽 시간대 길가에 적재해 둔 쌀자루를 화물차로 이용해 순식간에 훔쳐 가 버리고 창고에 보관 중인 고추나 사과도 차량을 이용해 손쉽게 절도를 실행한다. 농민이 농산물을 도둑맞은 사실을 알았을 때는 이미 범행 지역을 벗어나서 도품 회수는 포기해야 하는 실정이다.

국민의 힘 정희용 국회의원이 경찰청으로부터 제출받은 자료에 따르면, 지난 5년간 농가 절도 피해 건수는 4,200여 건, 피해액은 406억 원에 달한다. 절도는 기승을 부리는데, 검거율은 절반에도 미치지 못하고, 검거액은 피해 금액의 19%에 달했다.

경찰은 농산물 절도 예방 특별 방범활동 등 대응책을 강구하고 있으나 한정된 인력으로 수사와 예방에는 애로사항이 많다. 농촌은 인구가 적고 방범 시설의 미비 및 고정 경비인력의 부족 등으로 탐문수사가 곤란하고 증거자료 수집에 한계가 있다. 특히 야간이나 새벽에는 목격자의 확보 등 수사에 곤란한 점이 있는 것이 사실이다.

최근의 농산물 절도 유형을 분석해 보면, 농산물 저장창고에 보관 중인 농산물을 절취하는 '곳간 털이' 보다 논이나 밭에서 농산물을 훔쳐 가는 '들걷이'가 13배 이상 많았다. 미리 수확해 놓은 물건을 쉽게 가져갈 수 있다는 점을 노린 것이다. 따라서 이와 같은 점을 고려한 농산물 절도 피해 예방 대책이 필요하다.

필자는 오래전부터 이 부분에 대해서 현장에서 근무하는 경찰관들과 민간 보안 분야 전문가들과 함께 몇 가지 중요한 농산물 절도의 예방 대책을 제시해 왔다.

첫째, 넓은 면적에 적은 경찰력으로 순찰 및 감시활동을 하기 어려운 경우에 활용할 수 있는 수단이 CCTV이다. 즉, CCTV는 범죄 예방에 유용한 수단이다. 예산을 확보해서 CCTV를 확대 운용해야 한다. 또 농산물 도난이 우려되는 창고나 마을회관 등에 방범용 비상벨과 센서 등을 설치함으로써 절도 범죄를 예방할 수 있다.

즉 방범 벨이 설치된 문에서 범죄자의 침입 시도가 있으면 곧바로 강력한 사이렌 소리가 발생함으로써 본인과 가족 그리고 이웃 주민에게 범죄나 위험 상황을 알려 농산물 절도 예방에 효과가 있다. 예산이 확보되는 대로 차츰차츰 늘려가야 한다.

둘째, 자율방범대, 해병전우회 등 민간 협력단체들의 지역 치안에의 적극적인 참여를 유도하고, 대원들의 자긍심 고취로 협력 방범체제를 구축하는 것이 중요하다. 민·경 협력으로 부족한 경찰력 보완 및 지역 치안유지에 기여하고 범죄 예방은 경찰의 노력뿐만 아니라 주민의 적극적인 협력으로 이뤄진다는 공감대를 형성하고 있다.

셋째, 경찰과 마찬가지로 민간 경비도 지역 사회와 공공단체의 안전을 위해 중요한 영역이다. 실제로 우리나라의 민간 경비는 치안 서비스의 공급주체인 경찰과 함께 치안 환경 변화요인을 기준으로 한 상호역할 분담을 충실히 수행하고 있으며, 기본적인 목적인 사회적 재산을 보호하고 손실예방에 노력하고 있다. 농촌지역의 농산물 절도 예방을 위해서 민간 경비의 적극적인 활용이 필수적이다.

끝으로, 경찰은 순찰, 방범심방 및 홍보 등의 적극적 역할을 수행해야 한다. 농촌 노인들의 경우에는 외지상인 등 처음 보는 사람들에게도 의심 없이 호의적인 태도로 일관한다. 이런 경우 외지인이 보는 앞에서 차량번호를 적어 두기만 해도 그 외지인이 절도범인 경우 농산물 절도의 의지를 사전에 꺾어 버리는 효과가 있다. 지역 주민들에게 도난 예방을 위한 자위방범 요령 및 신고 방법을 적극적으로 홍보해야 한다(세이프 투데이 박동균 칼럼과 박동균의 논문 중에서).

가을 캠핑을 안전하게 즐기는 방법

경북일보 특별기고 (2022. 11. 18)

　2021년 7월에 출범한 자치경찰은 아동과 청소년, 여성 보호, 교통지도와 단속 및 교통사고 조사, 범죄 예방과 생활안전 업무 등 지역 주민의 생활안전과 밀접한 업무를 수행하고 있다. 대구시를 비롯한 전국의 자치경찰위원회에서는 나름 지역의 특성에 맞추어 다양한 성과를 내고 있다. 대구시 자치경찰위원회에서도 여성과 아동 등 사회적 약자를 보호하는 치안 프로그램 등 지역 주민과 소통하는 정책, 안전한 통학로 및 환경설계를 통한 범죄 예방 등 다양한 정책집행으로 다른 자치경찰위원회의 벤치마킹 대상이 되고 있다.

　지역에서 일어나는 사회 문제 중에는 범죄라고 보기는 어렵고, 또한 경찰의 업무인지 시청의 업무인지 헷갈리는 문제들이 있다. 이른바 그레이 존(회색 지대)에 속하는 업무들이다. 대표적인 것이 개 물림 사고이다. 실제로 대구시에서는 일주일에 한 번씩 개 물림 사고가 발생하고 있고, 공원이나 거리에서 반려견의 대소변 등 문제로 얼굴을 붉히는 일이 종종 발생하고 있다. 이런 시점에서 대구시 자치경찰위원회에서 2022년 6월 실시한 '개 물림 사고 예방 캠페인'은 많은 호응을 얻었다.

　그 후속 캠페인으로 대구시 자치경찰위원회는 지난 11월 10일(목) 오후 4시부터 달서 별빛 캠핑장에서 캠핑장 안전사고 예방을 위한 캠페인을 실시했다. 최근 생활 속 워라밸 문화가 주목받으면서 캠핑족이 꾸준히 증가하고 있지만 캠핑장 음주사고, 절도, 동절기 일산화탄소 중독사고 또한 지속해서 발생함에 따라 캠핑장 안전사고를 예방하기 위해 기획된 행사이다.

　실제로 얼마 전 강원도 원주시 오토 캠핑장 텐트 안에서 20~30대 남성 3명이 가스 중독으로 추정되는 사고가 일어나 1명은 사망하고, 2명은 의식이 혼미한 상태로 병원에 옮겨져 치료받고 있다. 그에 앞서 충남 태안의 한 해수욕장에서도 캠핑하던 50대 남녀가 텐트에 가스난로를 켜두고 잠들었다가 일산화탄소로 숨지는 사고가 있었다. 이와 같이 날씨가 쌀쌀해지면서 가족들이나 친구들과 캠핑장이나 차박 캠핑을 갔다가 일산화탄소로 인한 사고를 겪는 경우가 증가하고 있다. 사고 원인은 가스류 노출이 가장 많다. 사고 원인이 가장 높게 나온 가스류 물질은 부탄가스를 이용한 난로 및 온수매트였다.

이날 캠페인은 '가을 캠핑을 즐기는 가장 안전한 방법'이라는 주제로 대구시 자치경찰위원회와 대구소방안전본부의 컬래버 프로젝트로 진행됐으며, 소방안전본부는 심폐소생술(CPR)과 소화기 사용 교육, 자치경찰위원회는 캠핑장 내 절도사고 예방, 음주 운전 예방 교육 등을 실시했다. 특히, 대구시 자치경찰위원회 시민 중심 자치경찰 네트워크 협의체 위원들이 적극적으로 참여해서 전단과 홍보물을 배포하면서 캠핑을 온 시민들과 소통하는 등 시종 진지한 모습이었다.

시민들에게는 "난방기구 사용 시에 가스가 체류하지 않도록 자주 환기를 해야 하며, 잠들기 전에는 반드시 난방기구 전원을 꺼야 한다. 아울러 차량과 텐트 등 실내에서는 일산화탄소 감지기를 설치하는 것이 좋다"라는 홍보와 함께 자치경찰위원회에서 준비한 일산화탄소 감지기를 배부했다.

최근 안타까운 이태원 참사에서 보듯이 심폐소생술 등 안전 교육에 대한 전면적인 강화가 필요한 시점에서, 심폐소생술은 참석자들에게 아주 인기가 있었다. 차제에 초, 중, 고, 대학에서까지 응급처치 및 안전 교육이 필수 교과목으로 지정되길 희망한다.

앞으로도 시민과 소통하고, 사회적 약자를 보호하는 대구 자치경찰을 목표로 해서 시민들의 일상생활 속 안전을 책임지는 자치경찰의 역할을 다할 것이다.

개 물림 사고 예방 캠페인(1탄), 캠핑 안전사고 예방 캠페인(2탄)에 이어 3탄은 어떤 것이 좋을까? 대구시민들이 직접 제안해 주어도 좋을 것 같다. 대구시 자치경찰의 고객이자 주인은 바로 '대구시민'이다.

캠핑장 안전사고 예방 캠페인
대구교통방송 2022년 11월 17일 인터뷰

1. 최근 많은 분들이 캠핑장을 찾고 있죠. 그만큼 안전사고도 빈번하게 발생하고 있다고 하는데, 안전하게 캠핑을 즐길 수 있는 방법에 대해 얘기 나눠보는 시간 갖도록 하겠습니다. 최근 캠핑 즐기시는 분들이 엄청 많으신 거 같아요?

그렇습니다. 한국관광공사의 통계에 따르면요, 지난 2021년 국내 캠핑 시장 규모는 약 6조 3,000억 원 정도로 추정된다고 하는데요. 코로나19 발생 전인 2019년에 3조 689억 원에서 2020년에는 5조 8,336억 원으로 급성장했다고 해요. 또한 한국무역통계진흥원에 따르면 지난해 기준 국내 캠핑 인구수는 약 700만 명에 달한다고 합니다.

이렇게 캠핑 시장의 규모와 캠핑 인구가 큰 폭으로 증가한 대표적인 원인은 우선 코로나19로 인한 비대면으로 즐길 수 있는 여가 수요 증가를 꼽을 수 있고, 휴식과 여유를 중요시하는 MZ세대들의 대거 합류 등도 캠핑 인구 증가 원인으로 꼽을 수 있겠습니다. 이제는 캠핑이 단순히 일시적인 유행이라기보다 하나의 여가생활로 어느 정도 자리를 잡았다고 볼 수 있겠습니다.

2. 캠핑을 즐기시는 분들이 많은 만큼 관련 안전사고도 많이 발생하고 있다는 뉴스를 종종 접하기도 하는데요.

얼마 전 강원도 원주시 오토 캠핑장 텐트 안에서 20~30대 남성 3명이 가스 중독으로 추정되는 사고가 일어나 1명은 사망하고, 2명은 의식이 혼미한 상태로 병원에 옮겨져 치료받고 있다고 하고요. 그에 앞서 충남 태안의 한 해수욕장에서도 캠핑을 하던 50대 남녀가 텐트에 가스난로를 켜두고 잠들었다가 일산화탄소 중독으로 숨지는 사고가 있었어요. 일교차가 큰 요즘 날씨에 저녁에는 쌀쌀해지면서 캠핑할 때 난로를 많이들 사용하실 텐데요. 캠핑 시 난방기기의 잘못된 사용으로 인해 해마다 이러한 일산화탄소 중독사고가 되풀이되고 있습니다.

3. 이렇게 캠핑장에서 많은 안전사고들이 발생하고 있는데, 우선 캠핑장 안전사고 유형과 원인에 대해서 자세히 한번 정리해 주시죠.

네, 먼저 앞에서 언급한 일산화탄소 중독사고에 대해서 먼저 설명해 드리면요. 요즘처럼 일교차가 큰 계절부터 해서 겨울을 지나 초봄까지 캠핑을 즐길 때 날씨가 상당히 춥잖아요? 난방기기 사용은 거의 필수적인데, 텐트나 차 안에서 난방기기 사용 시에 불완전 연소로 인한 일산화탄소가 발생하고, 환기가 제대로 되지 않아 사망사고로 이어지는 경우가 정말 많습니다. 그리고 바비큐나 불멍 같은 게 또 캠핑의 묘미잖아요? 캠핑장에서 이처럼 불을 다루는 경우가 많은데 이로 인한 화재사고나 전기 기기를 과하게 사용해서 발생하는 전기 화재사고도 정말 잦은데요. 한국소비자원 소비자 위해 감시 시스템 접수 통계자료 발표에 따르면요. 최근 3년간 캠핑용품 안전사고가 총 396건 발생했는데 그중에 화재와 관련된 사고가 62% 가까이 차지했다고 해요. 또한 캠핑 시 과음이나 음주 운전으로 인한 교통사고도 무시 못 하거든요. 이 외에도 캠핑장 내 음주 시비라든지 절도와 같은 문제들도 있고요.

(말씀해주신 사고 유형들이 생각보다 다양한데요? 그중에 일산화탄소 중독이라든지, 화재와 같은 사고는 발생했을 때 정말 치명적인 결과로 이어질 확률이 높잖아요.)

그렇습니다. 그래서 무엇보다 캠핑 안전사고가 발생하지 않도록 사전에 예방하는 것이 가장 중요하겠죠.

4. 캠핑 안전사고는 예방이 가장 중요하다고 말씀해 주셨는데요. 캠핑 안전사고 예방을 위한 필수적인 행동 요령이 있다면 몇 가지 소개해 주시죠?

네, 우선 캠핑 안전사고 예방을 위해서 일단 텐트나 차 안과 같은 밀폐된 공간에서 난로와 같은 난방기기를 사용하지 않는 것이 좋겠죠. 하지만 추운 날씨에 난로 없이 캠핑을 즐기는 것이 현실적으로 어렵기 때문에 부득이하게 난방기기를 사용해야 한다면 일산화탄소가 체류하지 않도록 주기적으로 꼭 환기를 잘 해주셔야 해요. 괜찮다면 창문을 열어두시는 것도 좋고요. 일산화탄소 경보기는 반드시 설치하시고요.

(주기적으로 환기 하면서, 텐트에 창문도 몇 개 열어놓고, 일산화탄소 경보기도 설치하고, 이렇게 이중삼중으로 안전장치를 마련하는 게 가장 좋겠네요.)

확실한 방법이네요. 이어서 설명해 드리면요. 또 화로나 모닥불을 피울 수 있는 캠핑장이라면 텐트에 불이 옮겨붙지 않게 일정 거리를 잘 유지하셔야 하고요. 불을 다 피우고 나서는 혹시 있을지 모르는 불씨를 없애기 위해서 주변에 물을 뿌리고 잔불도 반드시 정리해 주셔야 합니다. 또 휴대용 가스레인지 사용 시에는 과대 불판으로 인한 폭발 사고가 일어나지 않게 가스레인지에 맞는 불판을 사용해 주시고요. 그리고 지나친 과음은 피해주세요. 사실 일산화탄소 중독사고나 화재로 인한 질식 사고에서 사망자가 발생하는 이유가 사고 자체의 위험성도 물론 높지만요. 사고 당시 과음으로 만취한 상태라면 사고 위험에 더 취약할 수밖에 없거든요. 그리고 과음으로 인한 음주 운전 사고나 음주 시비와 같은 문제도 발생하기 때문에 과음은 꼭 자제해주시길 당부드립니다.

5. 정부나 공공기관 차원의 캠핑 안전사고 예방 대책은 어떤 것들이 있을까요?

정부나 공공기관 차원에서의 대책으로는 가장 대표적인 게 안전사고 예방을 위한 교육이나 사고가 발생했을 때 현장에서 할 수 있는 응급처치 교육 같은 것들이 있는데요. 물론 이런 교육이나 홍보활동 외에도 관할 지자체에서 정기적으로 캠핑장 안전관리 실태 점검을 통해 안전 설비 설치, 화재·대피·질서유지·안전사고 예방 기준과 야영장업 등록 기준 위반 사항 등을 체크하는 것도 당연히 필요하고요. 실제로 행안부나 여러 지자체, 각 지역 소방서 등에서 캠핑 안전사고 예방을 위한 행동 요령 교육이나 홍보, 응급처치 교육, 안전 점검과 같은 활동들을 지속해서 하고 있습니다.

(최근에 대구시자치경찰위원회에서도 캠핑 안전사고 관련 캠페인을 진행했다고 들었어요.)

그렇습니다. 지난 11월 10일에 달서 별빛캠핑장이라고 있거든요? 거기서 저희 대구시자치경찰위원회와 대구소방안전본부의 컬래버 프로젝트로 "가을 캠핑을 즐기는 가장 안전한 방법"이라는 제목의 캠핑 안전사고 예방 캠페인을 진행했는데요. 대구소방안전본부는 심폐소생술(CPR)과 소화기 사용 교육, 불조심 강조 화재 예방 홍보 활동을 했고, 저희 대구시자치경찰위원회는 캠핑장 내 절도사고 예방, 음주 운전 예방 교육 등을 실시했습니다. 캠페인 내용 전반이 캠핑장에 계신 시민 여러분들의 호응이 있었지만 특히 심폐소생술은 호응도가 좋았습니다. 최근 정말 안타까운 이태원 참사도 있었잖아요? 평소에 심폐소생술과 같은 응급조치 교육이 숙지 되어 있으면 캠핑 안전사고를 비롯한 여러 위급한 상황에서 한 생명을 구해낼 수도 있기 때문에 이런 교육을 강화할 필요성을 느꼈고요. 이번 행사는 시민들의 일상생활 속 안전을 책임지는 자치경찰의 역할을 수행하는 데에 의미가 있었다고 생각합니다.

안전한 설 명절과 자치경찰
경안일보 특별기고 (2023. 1. 25)

2023년 1월 설 명절은 나흘간의 비교적 긴 휴일이었다. 다행히 큰 사건과 사고 없이 평온하게 지나갔다. 대구시 자치경찰위원회에서는 행복하고 안전한 설 명절을 위해 대구시청, 대구경찰청, 대구소방본부 안전 담당자들과 함께 자치경찰위원회 실무협의회를 통해서 총체적인 안전 계획을 수립해서 시행했다. 대구경찰청에서는 지난 1월 11일부터 24일까지 2주간 하루 평균 1,200명, 연인원 16,496명의 경찰인력을 투입해서 안전 순찰, 방범 시설 점검 등 범죄 예방활동을 펼쳤다. 편의점과 금융기관, 귀금속점, 무인점포 등에 대한 안전을 점검하고, 취약 부분에 대해서는 개선을 권고하는 등 지역 사회의 관심을 제고하였다. 또한 가정폭력이 재발할 가능성이 있는 우려 가정과 학대 피해 아동과 여성을 대상으로 세심한 모니터링을 통해서 사회적 약자 보호활동을 강화하였다. 아울러 이동 인구가 많기 때문에 교통안전 확보와 교통 불편 최소화를 위해서 매일 교통경찰 165명을 동원하여 교통 혼잡구간 84개소에 대한 특별 교통관리를 실시하였다.

이번 설 연휴 기간에 112 신고는 일평균 2,243건으로 전년 대비 20% 증가하였고, 그중에서 가정폭력 13.9%, 데이트 폭력은 43.9% 증가하였으며, 교통사고는 74건 발생하여 전년 대비 일평균 30% 감소, 사망사고는 1건 발생, 부상은 9.5명으로 32% 감소하였다.

이번 설 명절은 사회적 거리 두기가 해제된 이후 일상이 회복되고 맞는 첫 명절이다. 친지 등 각종 모임이 증가함으로써 치안 수요가 늘어난 것으로 분석된다. 특히 술자리 등 사적 모임이 증가함에 따른 외부활동 관련 범죄가 증가하였다. 폭력은 30%, 시비는 37%, 보호조치는 23%가 증가한 것이다. 하지만 사회적 관심을 끄는 큰 사고나 사건은 없었다. 명절 분위기를 해치는 살인과 강도신고도 없었다. 특히, 건조하고 유난히도 바람이 많이 부는 한파 속에서도 산불이나 화재 등 재난사고도 없었다. 이는 현장에 많은 경찰인력을 배치하고, 민경 합동 순찰을 통한 선제적이고 예방적인 대응을 강화했기 때문이다. 대구 경찰은 물론이고, 소방과 대구시청 및 각 구·군청 공무원들의 노력은 실효성 있고, 매우 헌신적이다.

작년 발생한 이태원 참사 이후 시민안전에 대한 관심이 더욱 높아졌다. 지역 내 시민들의 안전을 위협하는 요인은 무엇인지? 어떻게 하면 시민을 안전하게 보호할 수 있는지에 대한 면밀한 분석과 실효성 있는 대책이 중요하다. 이는 무엇보다도 안전과 관련된 기관과의 소통과 협력이 중요하다. 업무의 성격상 안전은 어느 한 기관 혼자 하기가 어렵다. 지방자치단체는 물론이고 경찰, 소방, 군, 병원, 민간 기관 등이 함께 해야 빈틈이 생기지 않는다. 99% 안전한 것은 안전한 것이 아니다. 1%의 불안전한 지점에서 큰 사고가 터지기 때문이다. 만일에 있을 수 있는 위험 지점에 대해 촘촘하고 세밀한 대책이 필요하다. 안전 업무는 확인 또 확인하는 것이 중요하다. 자동차의 브레이크가 하나일 때보다 두 개 이상 이중 장치가 되어 있으면 훨씬 안전 운행이 보장되는 것처럼 비용이 조금 더 들더라도 안전이 우선이다. 우리 사회에 더 이상의 안전불감증은 없어야 한다.

노인학대 문제를 실무협의회 안건으로

필자는 대구시 자치경찰위원회 실무협의회 안건으로 노인학대 예방을 상정했다. 2022년 6월 7일(화) 오후 3시 대구시, 대구경찰청, 대구교육청, 소방본부 관계자 등 15명이 참석한 가운데 '2022년 제3차 실무협의회 회의'를 개최했다.

이 회의에서는 6월 15일 '노인학대 예방의 날'을 맞아 우리 지역의 노인인구 비율이 높고 노인학대 발생 건수가 매년 증가하고 있는 점을 고려해 '노인학대 예방대책'을 중점적으로 점검했다.

대구시는 노인보호전문기관(2개소)과 학대 피해 노인 전용쉼터(1개소)를 운영하고 있고, 6월 1일부터 30일까지 '노인학대 예방 집중 홍보기간'을 운영해 유관기관 합동캠페인, 노인학대 예방의 날 기념행사, SNS 홍보 등을 추진했다. 또한 노인복지시설 종사자 등에게 노인인권 교육을 실시하고, 노인학대 사례판정위원회를 운영하는 등 노인학대 예방 및 피해자 지원을 위해 많은 노력을 기울였다.

대구경찰청은 학대범죄에 전담 대응하는 학대예방경찰관(APO)을 운영해 노인학대와 관련된 예방, 수사연계, 사후관리 등의 전 과정에 컨트롤 타워 역할을 수행한다. 접수된 노인학대 사건에 대해서는 초동 조치, 재발 위험성, 사후 지원 등에 대해 전수 합동조사로 피해 노인 보호에 총력 대응하고 노인보호전문기관과 협업 체계를 구축해 학대 혐의가 현장에서 확인되지 않아 즉시 수사에 착수하지 않더라도 보호·지원이 될 수 있도록 조치한다. 또한 학대우려 노인은 학대위험요인이 해소될 때까지 APO가 해당가정을 모니터링함으로써 재학대를 예방한다. '노인학대 예방·근절 추진기간'(6.15~7.15)을 운영해 내부교육 등을 통해 대응역량을 강화하고, 학대우려노인을 일제 모니터링하며 노인 관련 시설, 신고 의무자를 대상으로 노인학대 인식개선 및 신고 활성화를 위해 집중 홍보를 진행했다.

이날 대구시와 대구경찰청은 '노인학대 예방의 날' 합동 홍보·캠페인을 상호보완하며 협력하기로 했다.

우수사례 : 경상북도 자치경찰위원회, 노인학대 예방

경상북도 자치경찰위원회는 경북도, 경북경찰청, 노인보호전문기관과 협업체계를 구축해 노인학대 예방홍보와 신고 활성화를 위해 협업하기로 했다.

경북경찰청에 따르면, 노인학대 신고는 2020년 497건에서 2021년 640건(28.8%)으로 증가하고 있는 추세이다. 노인학대는 동거 가족이 가해자인 경우가 많아 쉽게 은폐 되거나 묵인되고, 상습·반복적으로 이뤄져 주변의 관심과 신고가 중요하다. 이에 경북도, 경북경찰청, 노인보호전문기관 등은 피해 노인 조기 발견을 위해 경로당 행복도우미를 어르신지킴이로 병행 운영할 방침이다.

경로당 행복도우미와 노인보호전문기관, 학대예방경찰관 등이 정기적 간담회 등으로 최근 노인학대 피해 유형 등 정보를 공유하고 범죄 피해 노인을 조기 발견에 나선다. 경로당 행복 도우미를 통해 신고를 꺼리는 고위험군 범죄 피해 의심 노인을 발견한 경우 학대예방경찰관·노인보호전문기관 합동 현장방문, 직접 대면해 피해 사실을 확인한다.

피해 노인은 신속히 가해자와 분리해 피해 사실 확인 및 형사·가정 보호 사건 절차를 안내하는 등 피해 노인이 적극 대응 할 수 있도록 조치하며, 고위험군 노인에 대한 주기적 모니터링 실시로 선제적으로 안전을 확보할 방침이다.

경로당 행복도우미 수행자가 신고에 따른 신변 노출로 보복을 우려하지 않도록 신분이 철저히 보장됨을 고지해 신고 부담감을 경감시킬 예정이다.

이순동 경상북도 자치경찰위원장은 "협업체계 구축으로 노인 대상 범죄 사각지대를 해소하며 현장 의견 수렴으로 개선 사항을 지속 발굴하겠다"라고 밝혔다(노컷뉴스, 2022. 7. 28).

대구시 어르신 안전과 자치경찰
경북일보 특별기고 (2023. 8. 11)

어르신(노인)은 우리 시대의 부모님이고, 소중한 가족이다. 어르신은 나이가 들면서 신체적으로 기력이 떨어지고, 경제력이 없어지면서 사회의 보호 대상이 된다. 특히, 자식이나 배우자 등 가족의 조력을 받을 수 없는 독거노인들의 경우, 사회경제적인 지원이나 지지가 없으면 혼자서 생활하기가 불가능한 경우가 많다. 지병이 있거나 치매인 경우에는 더욱 그렇다. 그래서 흔히들 경제나 복지정책을 수립할 때, 사회적 약자에 어르신을 포함한다.

현재 중앙정부나 지방자치단체에서는 어르신들을 위한 다양한 정책을 시행하고 있다. 대구시 자치경찰위원회도 2021년 7월 자치경찰제가 출범하면서, 어르신 등 사회적 약자를 보호하는 정책에 집중하고 있다. 이런 배경에서 대구시 자치경찰위원회의 정책 목표를 '시민과 소통하고, 사회적 약자를 배려하는 대구형 자치경찰'로 채택했다. 특히, '어르신들의 안전'이 중요한 정책과제이다.

그러면, 우리 사회에서 어르신들의 안전을 위협하는 것들은 어떤 것들이 있을까? 결론부터 이야기하면, 어르신들의 안전을 가장 위협하는 것은 바로 '교통사고'이다. 그리고 보이스피싱과 같은 사기 범죄 등이 그다음을 차지한다고 할 수 있다.

대구시는 어르신들의 교통안전을 위해 현재 59개소로 지정되어 있는 노인보호구역의 확대·개선사업으로 어르신 통행이 잦은 장소 주변 도로의 교통안전 시설물을 설치·정비하였다. 또한, 고령 운전자들의 교통사고가 늘어남에 따라서 고령 운전자들의 운전면허 자진반납이 활성화 될 수 있도록 반납자에게 대구로페이 10만 원을 지급하고 있다. 대구시 자치경찰위원회에서는 고령자의 운전면허 반납률을 높이기 위하여 대구시, 대구경찰청 관련 부서와 실무협의회를 개최하여 다양한 방법을 논의한 바 있다. 이를 통해서 어르신들이 운전면허를 반납할 경우, 지금보다 혜택을 강화하는 것은 물론이고, 어르신들이 걷기에 긴 횡단보도 중간에 잠시 쉬어 갈 수 있도록 스마트 그물막을 확대하여 설치하기로 했다. 이런 점에서, 홍준표 대구시장의 70세 이상 어르신들에 대한 대중교통 무상 이용은 어르신 교통안전에 중요하고 의미 있는 정책이다.

또한, 대구시 자치경찰위원회는 지난 7월 12일, 대구시 어르신들의 안전을 확보하기 위해 "2023년 하반기에는 고령자 교통안전을 보다 강화"하는 안건을 의결해서 대구경찰청 교통과에 전달했다. 이는 올해 상반기 교통사고 사망자 중에서 고령 사망자가 다수(사망자의 40%)임을 고려한 것이다.

아울러 어르신들을 대상으로 한 보이스피싱이 심각한 사회 문제이다. "손녀를 납치했다. 돈을 보내라.", "아들이 교통사고를 당했으니 병원비를 보내야 지금 당장 수술할 수 있다.", "현재 당신의 통장이 범죄자에게 이용당하고 있다. 빨리 현금으로 인출해서 가져오면 안전하게 조치하겠다"라는 문자와 전화는 나이 드신 어르신들은 자칫 속기 쉬울 수 있다. 실제로 이렇게 해서 피해를 보는 경우도 많다. 보이스피싱 수법은 점점 더 교묘해지고 치밀하게 발전하고 있다. 이런 점에서, 대구시 자치경찰위원회에서는 대학생들을 대상으로 전문성 있는 보이스피싱 예방 교육을 실시해서, 이들로 하여금 지역의 어르신들을 대상으로 찾아가는 보이스피싱의 사례 및 예방 방법 등을 교육하고 있다. 호응이 좋다. 시민 중심의 찾아가는 범죄 예방 교육을 확대할 예정이다.

현재 대구시의 어르신 인구 비율이 19%로 우리나라 특별시, 광역시 중에서 부산시 다음으로 높다. 2025년에는 대구시 전체 인구의 21%, 2030년에는 27%로 초고령사회가 된다. 어르신들을 위한 촘촘하고 든든한 사회 안전망을 만들어야 한다. 이것은 어느 한 기관의 힘만으로는 불가능하다. 지방자치단체, 경찰청, 대학, 병원, 사회복지시설 등 관련된 다양한 기관의 소통과 협력으로 로컬 거버넌스를 구축해야 한다.

치매 노인 실종과 자치경찰
경북일보 특별기고 (2023. 10. 27)

경북 영양에서 실종된 80대 치매 노인이 8일 만에 자택에서 800미터 떨어진 야산 계곡에서 숨진 채 발견됐다. 이 치매 노인은 지난 8월 26일 새벽에 휴대전화 없이 집을 나왔고, 가족이 실종 신고를 했다. 경찰과 소방, 군, 공무원들은 실종 노인을 찾기 위해 마을과 주변 계곡을 대대적으로 수색했지만 결국 사망한 채로 가족의 품으로 돌아왔다.

대구에서는 몇 달 전 수성구 욱수골에서 실종된 80대 치매 노인이 경찰과 공무원, 자율방범대원 등 많은 인력을 동원하여 수색에 나섰지만 아직도 행방이 묘연하다. 가족들은 하루하루 애가 탄다. 또한, 2014년 실종 신고됐던 80대 치매 노인이 대구시청 산격청사에서 백골로 발견되었다. 경찰 관계자는 올 3월 16일 오전 11시 50분쯤 대구시청 산격청사 부지 안에서 청소를 하던 직원이 백골 상태의 시신을 발견해 신고했다고 밝혔다. 경찰은 시신과 함께 발견된 소지품 등을 확인해 2014년 실종 신고가 됐던 80대 치매 노인으로 추정했다.

현재 대구시의 노인인구 비율은 전체 인구의 19%이다. 우리나라 특별시, 광역시 중에서 부산시 다음으로 높은 수치이다. 2025년에는 대구시 전체 인구의 21%, 2030년에는 27%로 이른바 '초고령 사회'가 된다. 또한, 현재 우리나라 65세 이상 노인들의 치매 유병률은 10.4%로 노인 10명 중 1명이 치매를 앓고 있다. 인지능력이 부족한 치매 노인들은 실종되면 사고의 위험성이 매우 높다.

연간 실종되는 치매 노인은 평균 만 2천여 명이고, 올해 상반기만 해도 7천여 명이 실종되었다. 앞서 보도된 사례들과 같이, 실종됐던 노인 치매 환자가 숨진 채 발견되는 경우도 연평균 백여 명에 이르고 있고, 최근 5년 넘게 찾지 못한 장기 실종 치매 노인도 89명에 이른다. 최근 5년간 사망한 채 발견된 실종자 세 명 중 두 명이 치매 노인이라는 통계도 있다.

경찰청에서는 치매 노인들과 아동들의 실종에 대비하기 위해 경찰 시스템에 지문과 사진, 보호자 연락처, 기타 신상정보를 입력하는 '지문 사전등록제도'를 운영하고 있다.

이를 통해 실종 시 등록된 자료를 활용해 신속하게 보호자를 찾을 수 있게 된다.

경찰청에 따르면, 치매 환자의 지문 사전등록 누적 등록률이 2018년 17.8%, 20년 27.1%, 22년 34.2%로 조금씩 늘고는 있지만 아직도 부족한 실정이다. 앞으로 지문 사전등록제에 대한 일선의 업무 중요성 제고 및 정책 추동력 확보를 통한 직접 등록 활성화, 유관기관 협력, 대국민 홍보 등 지문 사전등록률 향상을 계속 추진할 예정이다.

대구시 자치경찰위원회는 2021년 7월 자치경찰제가 출범하면서, 대구시 자치경찰위원회의 정책목표를 '시민과 소통하고, 사회적 약자를 배려하는 대구형 자치경찰'로 정했다. 특히, '노인들의 안전'이 중요한 정책과제이고, 사회적 약자를 촘촘하게 보호하기 위해서 관계기관과 소통하고, 보호하는 정책을 펼치고 있다.

대구시 자치경찰위원회에서는 경찰서의 치매 노인 지문 사전등록제를 성과 평가 항목으로 선정해서 활성화하고 있다. 경찰서의 지문 사전등록률이 높으면 성과 평가 점수를 높게 받을 수 있다는 의미이다. 지문 사전등록에는 8세 미만 아동, 치매 환자, 지적 장애인을 포함한다.

아울러 대구시 자치경찰위원회는 대구시 내 기존 CCTV 시스템에 첨단 과학 기술의 요체인 AI를 활용할 계획이다. 그러면 치매 노인이 실종되었을 때, 찾기가 훨씬 쉬워진다. 예를 들면, 치매 노인이 실종되었을 때, 112 신고 후 실종 당시 옷이나 인상착의 등을 실종자 찾기 시스템에 입력하면 실종자의 이동 경로와 최종위치가 표시된다. 다시 말해서 똑똑한(smart) AI가 CCTV에 들어가서 실종자를 쉽게 찾는 것이다.

노인들의 생활안전을 위한 촘촘한 사회 안전망 강화가 필요하다. '노인안전'이 노인들에게는 최상의 복지다.

불안한 캠퍼스 범죄, 대구시의 해법은?

대구일보 특별기고 (2022. 8. 3)

7월 15일 새벽, 인하대학교에서 한 여학생이 또래 남학생에게 성폭행을 당하고, 건물 3층에서 추락해서 사망했다. 가장 안전해야 할 대학 캠퍼스에서 발생한 충격적이고 가슴 아픈 사건이다. 실제로 대학 캠퍼스 내에서 여러 유형의 범죄들이 발생한다.

지난 6월 5일, K 대학교에서 대학축제 도중 30대 남성이 캠코더로 여성 다수의 신체를 몰래 불법 촬영하다가 현장에서 검거되었고, 7월 4일, Y 대학교에서는 한 의대생이 교내 여자 화장실에서 휴대전화로 옆 칸 학생을 불법 촬영하다가 현행범으로 체포되었다.

캠퍼스 내에서 교통사고도 적지 않게 발생한다. 지난 2011년 OO 대학교 법학관 앞에서는 이 대학 여학생이 교내에서 셔틀버스와 충돌해 사망하는 교통사고가 발생했다. 이 사고 장소는 인도가 따로 마련되어 있지 않고, 공사차량이나 외부차량, 그리고 많은 사람으로 혼잡한 곳이었다. 이와 같이, 대학 캠퍼스에는 학생들과 음식 배달 오토바이가 인도와 도로의 구분 없이 질주하고 다녀 교통사고가 빈번하게 일어나고, 또한 노트북이나 스마트폰, 가방이나 지갑 절도 범죄도 적지 않게 발생한다.

이러한 내용은 각 대학의 학생처, 경찰서 등에 신고한 내용을 통해 정확한 통계를 알 수 있지만, 학생들은 신고가 귀찮게 여기거나 범인을 잡기 어려울 것 같다는 이유로 신고에 적극적이지 않다. 또한 대학도 교내에서 발생한 각종 범죄나 사고를 대학의 위신이나 명예 때문에 쉬쉬하고 넘어가는 경우가 적지 않다. 즉 실제로 범죄는 발생했지만 공식적인 통계에는 잡히지 않는 암수 범죄가 많다고 추정된다.

대학 캠퍼스에서 자주 범죄에 노출되는 이유는 대체로 대학 캠퍼스가 지역 사회에 24시간 개방되어 있고, 숲이나 산 등으로 어둡고 후미진 곳이나 이면 공간이 많기 때문이기도 하다.

대학은 청년문화의 장이며, 학문 탐구활동의 장이다. 가장 안전하고 자유로운 진리의 상아탑인 대학 캠퍼스가 안전해야 한다. 이런 맥락에서 실질적인 안전대책이 필요하다. 필자는 여기서 몇 가지 대학 캠퍼스의 안전 정책을 제시하고자 한다.

첫째, 무엇보다도 대학 당국 및 학생들의 안전의식이 중요하다. 범죄 다발 지역 또는 위험지역에 CCTV, LED 조명, 비상벨 등 안전시설을 강화해야 한다. 경비인력이 부족한 넓은 지역을 효과적으로 방어하기 위한 장비로서 CCTV만 한 장비는 없다. 설치 이전에 구성원들의 동의를 반드시 얻고, 운영 시에도 사생활 침해가 없도록 해야 한다. 필자가 연구한 바에 의하면, 대학생들이 캠퍼스 범죄의 문제를 해결하기 위해 CCTV를 설치하는 것에 대해 대다수가 찬성하는 것으로 나타났다.

아울러 요즘 대학마다 노후화된 건물을 리모델링하거나 학생 편의시설이나 기숙사, 체육관, 도서관 등 신축건물을 짓는 경우가 많다. 이때는 건물설계 단계부터 환경설계를 통한 범죄 예방(CPTED)을 적극적으로 활용해야 한다.

둘째, 캠퍼스 폴리스를 운용하는 것이 바람직하다. 물론 대학의 규모나 입지 등에 따라 운영 방법은 다양하게 할 수 있다. 대학의 자율성과 '자치 치안'이라는 독립성 등의 이념에도 캠퍼스 폴리스는 설립 근거가 된다. 캠퍼스 폴리스의 순찰은 범죄 예방에 중요한 역할을 한다.

마지막으로, 대학 캠퍼스의 안전대책은 지역 사회와의 관계 속에서 해결하는 것이 바람직하다. 지역 안전 지킴이의 중추적 역할을 하고 있는 대구시 자치경찰위원회를 중심으로 경찰청, 시청, 교육청, 대학 등이 평상시에 긴밀한 교류와 협력을 통해서 범죄를 예방하고, 촘촘한 안전망을 만들어야 한다.

'행사 성폭력 대응 지침' 주요 내용

- 행사 책임자들은 금주하고 2인 1조로 불침번
- 러브샷 등 술 게임을 지양한다
- 불필요한 신체 접촉을 지양한다
- 과도한 음주 지양
- 술 마시고 산책 가지 않기
- 성소수자가 있다는 것을 감안해 말하기
- 실외 화장실·샤워실 등은 2명 이상이 같이 가기

자료=전국대학학생회네트워크

2023년 치안 전망과 자치경찰
경북일보 특별기고 (2023. 1. 3)

　경찰대학 치안정책연구소에서 발간한 '치안전망 2023' 보고서를 보면, 2022년 발생한 전체 범죄 건수가 2021년과 비교해 약 5% 증가했고, 이러한 추세가 2023년에도 계속 이어질 것으로 전망했다. 실제로 살인, 강도, 성폭행, 절도, 폭행 등 5대 범죄는 작년 대비 8.4% 증가했다. 특히 사회적 거리 두기 완화 이후 전체 범죄율도 조금씩 상승할 것으로 예상했다. 또한, 경제가 어려운 시기에는 사기나 횡령 등 경제 범죄가 많이 발생한다. 최근 부동산 가격 하락과 금리 인상 속에 부동산시장의 혼란을 틈타 전세 사기가 더욱 지능화될 것이다. '빌라왕'으로 불리는 등 '무자본 갭투자', '깡통주택' 사기가 끊임없이 발생하고 있다. 아울러 전세 사기와 함께 대표적인 서민 피해 범죄로 꼽히는 보험 사기도 더욱 지능화된 방법으로 증가할 것이다. 보이스피싱도 마찬가지다.

　최근 성폭력 범죄는 그 양적 증가와 함께 특히 온라인 성희롱과 '몸캠피싱' 범죄가 높은 범죄 수익을 목적으로 더욱 지능화할 것으로 전망된다. 마약과 알코올 등 중독성 범죄도 심각한 수준이다. 급속한 사회구조 변화와 디지털화 속에서 마약과 사이버 도박 등 중독 현상이 급증하여 일반 국민들의 생활 속까지 침투하고 있는 실정이다. 코로나19의 장기화와 SNS를 활용한 다크웹이 성행하면서 해외에서 밀수입되는 마약류가 급격하게 늘고 있다. UN 마약 범죄 사무소 통계에 따르면, 일반적 포털 사이트에서 검색되지 않는 딥 웹을 통한 마약 거래가 증가하였고, 이에 가상화폐인 비트코인 등을 사용한 거래가 증가하고 있다. 즉 예전에 조직폭력배와 같은 범죄 집단에서 유통하던 방식에서 한층 진화한 것이다. UN은 인구 10만 명당 마약류 사범이 20명 미만인 국가를 마약 청정국이라고 하는데, 우리나라의 마약류 사범 수는 인구 10만 명당 25.2명꼴로 마약 청정국 기준을 이미 넘어섰다. 아울러 데이트 폭력, 성폭력, 아동학대, 노인학대 등 사회적 약자를 대상으로 범죄도 꾸준하게 늘고 있다.

　우리나라의 치안은 다른 국가에 비해서 비교적 안전한 편이다. 하지만 치안은 한번 무너지면 급격하게 무너지고, 국가적으로 큰 혼란에 처하게 된다. 촘촘하고 튼튼한 사회 안전망을 만들어야 한다. 이런 점에서 볼 때, 시민의 가장 가까운 곳에서 시민의 생명과 재산을 보호하는 경찰의 역할이 무엇보다 중요하다. 급변하는 치안 환경에 맞추어 경찰 업무의 시스템을 현장 위주로 혁신해야 한다. 현장에 답이 있다. 치안현장에 경찰인력을 보다 많이 배치해야 한다. 또한 과학적인 데이터 분석을 통해 치안 상황에 대한 예측력과 효율성을 제고해야 한다. 암호화폐를 비롯한 신종 범죄에 대해서도 선제적으로 대응함으로써 과학 치안 패러다임을 정착시켜야 한다. 아울러 스토킹, 가정폭력, 아동학대 등과 같은 사회적 약자를 대상으로 한 범죄는 가해자 처벌은 물론이고, 피해자 보호에도 치안 역량을 결집해야 한다. 이런 점에서 볼 때, 2021년 7월에 출범한 자치경찰제의 역할이 중요하다. 자치경찰은 궁극적으로 각종 범죄를 예방하고, 시민안전을 주요 업무로 하고 있다. 대구시에서 실시하는 자치경찰은 아동·청소년·여성 등 사회적 약자 보호, 교통지도·단속 및 교통질서 유지, 범죄 예방과 생활안전 업무 등 대구시민들의 가장 가까운 곳에서 시민들의 안전 업무를 수행하고 있다. 자치경찰은 주민자치행정과 경찰행정을 잘 연계하고, 시민들의 적극적인 지지와 참여를 이끌어내는 것이 중요하다. 자치경찰제에서는 시민들이 적극적으로 치안행정에 참여하고, 동네 순찰 등 지역안전에 능동적으로 관여하는 '공동체 치안'이 중요하다. 아울러 자치경찰과 국가경찰이 소통, 협업하고, 지역 내 대학, 병원, 기업들이 긴밀하게 협력해서 안전한 대구시를 만들도록 로컬 치안 거버넌스를 구축해야 한다. 혼자 하면 어렵고 힘들지만, 같이 하면 즐겁고 쉽다. 치안도 마찬가지다.

'묻지마 범죄'와 자치경찰
경안일보 특별기고 (2023. 7. 28)

대낮에 서울 도심 한복판에서 끔찍한 범죄가 또 발생했다. 30대 남성 조 씨는 지난 7월 21일 오후 2시경 서울 신림동의 상가 골목길에서 흉기를 휘둘러 20대 남성 1명을 숨지게 하고, 30대 남성 3명을 다치게 했다. 범행 약 10분 뒤 범인 조 씨는 경찰에게 현행범으로 체포되었다. 경찰 조사에서 범인 조 씨는 자신도 불행하게 사는데 남들도 불행하게 만들고 싶었다고 범행 동기를 말했다. 추가로 조사 중이다. 범인 조 씨는 폭행 등 전과 3범에 소년부로 14차례 송치된 전력이 있고, 피해자 4명과는 일면식이 없는 사이인 것으로 알려졌다.

이보다 앞선 지난 7월 12일, 아무런 이유 없이 길을 걷던 노인을 대상으로 폭행·상해를 한 30대 남성 A 씨를 구속했다. A 씨는 지난 12일 낮 12시 50분쯤 제주시의 한 횡단보도에서 신호를 기다리던 80대 남성의 머리 등을 아무런 이유 없이 주먹으로 폭행했다. 또 16일 오전 8시 50쯤 제주시 도련동 횡단보도에서 70대 여성을 폭행해 진단 2주 상해를 입혔다. 일면식도 없는 노인을 이유 없이 폭행한 것이다. 이들 피해자는 주위에 창피하고 혹시 나중에 보복할까 봐 두려워 바로 신고하지 못해 가족들이 신고한 것으로 알려졌다. 실제로 이런 유형의 크고 작은 범죄 피해는 공식적으로 경찰에 신고된 범죄보다 많을 것으로 생각된다.

보통 묻지마 범죄(무동기 범죄)는 피의자와 피해자와의 관계에 아무런 상관관계가 존재하지 않거나, 범죄 자체에 이유가 없이 불특정의 대상을 상대로 행해지는 범죄를 말한다. 묻지마 범죄는 일면식이 없는 불특정 다수를 대상으로 저지르고, 동기도 뚜렷하지 않다. 대신 자신의 처지에 대한 비관이나 사회에 대한 불만을 무차별적으로 표출하기 위한 범죄가 대부분이다. 그래서 부유층이나 화이트칼라 등 사회적 기득권층에서 저질러지는 묻지마 범죄는 거의 없다. 묻지마 범죄자들은 사회 부적응, 은둔형 외톨이 또는 정신 병력에 기인하여 사회관계가 단절되는 병폐 현상으로 인한 범죄가 대부분이고, 갈수록 늘어나고 있다. 사회에서 좌절과 실패를 겪으면서 증오를 가진 이들이 벌이는 '외로운 늑대'형 범죄로부터 우리 사회는 안전하지 않다. 특히 앞으로는 외국인 노동자, 다문화 2세대, 무직자 등 사회적으로 소외된 세력들에 의한, 이른바 자생 테러 등도 가능성이 있다. 외로운 늑대는 사회에 속해 있지만 고립된 상태에서 불만과 분노를 키우다가 반사회적 범죄자가 된 사람들을 뜻한다. 요즘 선진 외국의 사례를 보더라도 지하철역, 공원, 극장 등 다중이용시설에 외로운 늑대들이 무고한 시민을 대상으로 한 테러를 가하고 있다. 학계에서는 앞으로 갈수록 치열해지는 경쟁과 경제적 양극화 때문에 '분노'를 매개로 한 범죄가 늘어날 것으로 예측한다. 우리 사회에 대한 혐오와 증오가 곧바로 범죄로 이어지는 연결고리를 끊어야 한다.

2021년 7월 시행된 자치경찰의 역할이 중요하다. 특히 사회적 약자 보호는 자치경찰의 중요한 임무이다. 시민의 생명과 재산을 보호하는 주민의 가장 가까운 곳에서 근무하는 형사사법기관이 경찰이다. 주민들이 위급할 때 가장 의지하는 국가기관이기도 하다. 제복을 입은 늠름한 외근 현장경찰관들의 평상시의 예방 순찰, 그리고 긴급 상황 발생 시의 신속한 출동과 주민 보호가 무엇보다 중요하다. 아울러 치안행정의 최일선에 있는 파출소와 지구대의 경찰, 그리고 주민자치행정의 최일선에 있는 행정복지센터(옛 동사무소)가 주민 행복을 위해 정보를 공유하고 소통하고 협력해야 한다. 이른바 협력 치안, 공동체 치안이다. 우리 동네에 소외되고 어렵게 살고 있는 주민들에 대한 정확한 실태 파악, 그리고 이들에 대한 맞춤형 복지·안전정책이 필수적이다. 우리 사회에서 묻지마 범죄를 예방하기 위해서는 더불어 잘 사는 세밀하고 촘촘한 사회 안전망을 구축해야 한다. 이는 어느 한 기관의 힘으로는 해결할 수 없다. 경찰, 소방, 지방자치단체, 병원, 대학, 기업 등 지역 로컬 거버넌스를 구축해야 한다. 다 같이 함께 하면 해결하기 쉽다.

묻지마 범죄와 관련해서 필자는 많은 칼럼과 방송 인터뷰를 했다. 하지만 안타깝게도 어김없이 범죄는 발생한다. 다양한 정책을 통해서 튼튼한 안전망을 구축해야 한다. 하나씩 하나씩. 진정성을 갖고 다 같이 함께.

묻지마 범죄, 어떻게 할 것인가?
KBS 1라디오 생생 매거진 2023년 8월 1일 인터뷰

KBS 1라디오 인터뷰 (생생 매거진)

1. 최근 불특정 다수를 대상으로 무차별적으로 범죄를 저지르는 이른바 '묻지마 범죄'가 잇따르면서 시민 사회의 불안감이 커지고 있습니다. 강력 범죄에 대한 대책을 세워야 한다는 목소리가 높은데요, 대구에서도 근래에 비슷한 사건들이 꽤 있었던 걸로 기억합니다.

지난 7월 21일 대낮에 서울 도심 한복판에서 끔찍한 범죄가 발생했다. 범죄를 저지른 조선은 서울 신림동의 상가 골목길에서 흉기를 휘둘러 20대 남성 1명을 숨지게 하고, 30대 남성 3명을 다치게 했다. 우리 지역에서도 여러 묻지마 범죄가 있었다.

지난 5월 13일 북구 복현동의 한 빌라에서 20대 남성 A 씨가 일면식이 없는 20대 여성을 따라가 흉기를 휘두른 혐의로 경찰에 체포됐다. 경찰에 따르면 A 씨는 마땅한 범행 동기 없이 피해 여성을 따라가 범행을 저지른 것으로 드러났다.

하루 전인 12일에도 달서구 진천동에서 정신병원에서 퇴원한 50대 남성 B 씨가 근처를 지나던 50대 여성의 머리를 맥주병으로 내려치는 사건이 벌어졌다.

지난 4월에는 달서구 본리동에서 10대 남성 C 군이 엘리베이터를 기다리는 10대 여성을 흉기로 위협했다. 경찰 수사 결과, B 씨와 C 군 모두 피해자와 아무 관계가 없는 사이였다.

2. 묻지마 범죄는 언제, 어디서, 누구에게서 당할지 모르는 일이라 더 불안하고 공포감이 드는 것 같습니다.

보통 묻지마 범죄는 피의자와 피해자와의 관계에 아무런 상관관계가 존재하지 않거나, 범죄 자체에 이유가 없이 불특정의 대상을 상대로 행해지는 범죄를 말한다. 묻지마 범죄는 길거리와 지하철 등 일상적인 공간에서 아무런 이유 없이 무방비로 범행 대상이 될 수 있다는 점에서 사회적으로 큰 불안감을 야기한다. 이와 같은 현상을 반영하듯 최근에는 여성은 물론이고 남성들도 삼단봉, 가스 스프레이 등 개인 호신용품 구입이 대폭 늘었다고 한다.

3. 명확한 이유나 대상이 없어 대책을 마련하기가 쉽지 않을 것 같은데, 그래도 사건의 특징들이 좀 있을 것 같습니다.

경찰에서는 '묻지마 범죄'라는 표현을 잘 사용하지 않고, '이상동기 범죄'라는 용어를 쓰는데, 이렇게 범행 동기가 명확하지 않고, 범행 대상에 필연적인 이유가 없는 범죄들에 대한 태스크포스(TF)를 지난해 구성해서 사례 분석과 대응책 마련에 나서고 있다.

보통 묻지마 범죄는 개인의 부정적인 정서, 심리적 원인, 정신장애 등으로 인해 공격성이 표출되는 범죄이다. 최근에 사회적으로 더 문제시되는 부분은 범죄를 저지르는 원인이 편집증이나 망상 장애 등 정신 병력이 아니라 삶의 만족도가 낮고 사회에 대한 적대감이 큰 상태에서 공감 능력이나 분노 억제 능력이 결여되어 분노를 타인에게 능동적으로 표출하는 형태이다. 범행 대상도 그들이 분풀이를 할 수 있다고 생각되는 불특정 다수 중에 선정하는 경향이 있다. 체포된 이들이 경찰에 진술한 범행 동기는 대체로 유사한데, "삶에 지쳤다", "행복한 사람을 보면 죽이고 싶다" 등과 같이 나타나고 있다.

2021년 경찰청과 한국문화및사회문제심리학회가 주최한 관련 세미나에 따르면, 2017년 이상동기 범죄자를 분석한 결과, 전체 48명 중 31명은 3040세대였고, 또 35명은 월평균 소득이 아예 없는 이들로 확인됐다. 전문가들은 이런 범죄를 두고 가지지 못한 것에 대한 열등감이 만든 범죄'라고 평가한다.

4. 사회 부적응이나 실패가 이런 묻지마 범죄로 이어지는 경우가 많다는 거네요.

이상동기 범죄를 연구한 국내 논문과 최근 2년간 검찰이 '묻지마 범죄'라고 명시해 기소한 사건의 1심 판결문을 분석해 보면, 성장 과정에서 경험한 실패와 사회적 유대감이 낮은 단절 상태가 지속되는 가운데 갑작스러운 해고·이혼·경제적 손실 등이 트리거(방아쇠)가 된 경우가 많았다. 이들 대부분은 사회에서 고립된 삶을 살았으며, 상당수는 '사람들이 나를 무시한다', '나를 죽이려 한다'는 피해망상에 시달렸다.

5. 사회적으로 경쟁이 치열해지고, 소득 격차가 더 벌어지면서 우리 사회의 분노지수 또한 높아지고 있다고 보는 시각이 많은데, 그럴수록 '묻지마 범죄'는 더 늘어나지 않을까 우려됩니다.

부유층이나 화이트칼라 등 사회적 기득권층에서 저질러지는 묻지마 범죄는 거의 없다. 경기 침체와 과도하게 경쟁적인 사회 분위기가 묻지마 범죄의 원인이 될 수 있다. 경제적 양극화가 두드러질 경우 상대적 박탈감이 심화하고 자신의 어려운 처지에 대한 비관이 사회 전반에 대한 막연한 분노로 나타나 묻지마 범죄라는 폭력적인 양상으로 표출되기도 한다.

2000년대 초반 일본의 묻지마 범죄를 뜻하는 도리마(通り魔·길거리의 악마) 범죄가 심각한 사회 문제로 대두된 배경에도 경기 침체와 비정규직, 히키코모리(은둔 외톨이) 증가가 있었다. 앞으로는 외국인 노동자, 다문화 2세대, 무직자 등 사회적으로 소외된 세력들에 의한 이른바 자생 테러 등도 가능성이 있다. 외로운 늑대는 사회에 속해 있지만 고립된 상태에서 불만과 분노를 키우다가 반사회적 범죄자가 된 사람들을 뜻한다. 요즘 선진 외국의 사례를 보더라도 지하철역, 공원, 극장 등 다중이용시설에 외로운 늑대들이 무고한 시민을 대상으로 한 테러를 가하고 있다. 학계에서는 앞으로 갈수록 치열해지는 경쟁과 경제적 양극화 때문에 '분노'를 매개로 한 범죄가 늘어날 것으로 예측한다.

6. 대책은 어떻게 세워야 할까요?

묻지마 범죄 가해자는 사회경제적인 취약계층이 대부분으로 안정적인 직장이나, 교육, 가정 환경, 사회적 지지 등이 결여되어 있는 사람들이다. 우리 사회에 대한 혐오와 증오가 곧바로 범죄로 이어지는 연결고리를 끊어야 한다. 가정불화나 경제력에 대한 비관이 잔혹한 범죄로 이어져 나가는 것인 만큼 이를 예방하기 위해서는 사회적 불평등을 해소하고, 더불어 잘 사는 세밀하고 촘촘한 사회 안전망을 구축해야 한다.

치안행정의 최일선에 있는 파출소와 지구대의 경찰, 그리고 주민자치행정의 최일선에 있는 행정복지센터가 주민 행복을 위해 정보를 공유하고 소통하고 협력해야 한다. 묻지마 범죄를 예방하기 위한 사회 안전망 구축은 어느 한 기관의 힘으로는 해결할 수 없다. 경찰, 소방, 자치단체, 병원, 대학, 기업 등이 거버넌스를 구축해야 한다. 아울러 우리 동네에 소외되고 어렵게 살고 있는 주민들에 대한 정확한 실태 파악, 그리고 이들에 대한 맞춤형 복지·안전정책을 펴나가야 한다.

7. 이런 부분에서 자치경찰이 역할도 중요하겠죠?

2021년 7월 자치경찰제가 시행되었다. 사회적 약자 보호는 자치경찰의 중요한 임무이다. 평상시의 예방 순찰은 물론 긴급 상황 발생 시 신속한 출동과 주민 보호가 무엇보다 중요하다. 특히 동성로, 라이온즈파크, 대구스타디움 등 다중 운집 장소에 대한 범죄 발생 시 대형 피해가 우려되는 지역에 대해 촘촘한 사회 안전망 구축이 필요하다. 이러한 노력에는 지역의 상황을 누구보다 잘 알고 있는 지역 주민들의 자발적이고 능동적인 참여가 반드시 필요하다. 이른바 공동체 치안이 중요한 것이다.

8. 처벌을 강화해야 한다는 지적도 나오는데, 그 부분은 어떻게 보십니까?

'묻지마 범죄'로 인해 사회적 공포가 커져가면서 국회에서도 가중처벌 법안이 추진되고는 있는데, 물론 묻지마 범죄자들이 엄한 처벌을 받아야 하는 건 맞지만 이들은 사회에서 낙오돼 더 이상 잃을 게 없다 생각하는 사람들이어서 실제로 형사 처벌조차 두려워하지 않는 경우가 많다. 따라서 근본적인 해결책을 마련하기 위해선 처벌 강화보다 아까도 말씀드린 체계적인 사회 안전망 구축이 우선되어야 한다.

9. 형사처벌을 두려워하지 않는다. 이 부분도 참 우려스러운 부분입니다. 교화 가능성이 그만큼 떨어질 수 있다는 거잖아요.

실제로 '묻지마 범죄' 가해자의 75%가 전과자라는 연구도 있다. 이번에 서울 신림동에서 시민 4명을 상대로 '묻지마 흉기 난동'을 벌인 조선도 폭행 등 전과 3범에 소년부로 14차례 송치된 전력이 있는 것으로 밝혀졌다.

우리나라는 성범죄자가 출소할 때는 재범 위험성을 평가하고 전자발찌를 채워 관리하지만, 폭행이나 다른 강력 범죄자는 형기만 마치면 사후관리를 하지 않는다. 재범 위험성이 있다고 분류되는 경우에는 독일처럼 이들이 사회에 적응하는 것을 목적으로 개별적인 치료 및 교화, 일반적인 생활 처우 개선방안도 고민해야 한다. 그러기 위해서는 교도소에서도 실질적인 치료와 교화에 맞춘 프로그램으로 시설 환경과 인력 보강 등의 노력이 필요하다.

10. 이 밖에 묻지마 범죄 예방을 위해 필요하다고 생각하시는 부분 있다면요?

묻지마 범죄 예방은 분노조절장애, 사회적 적대감 등을 드러내는 정신질환적인 징후를 사전에 파악하는 데서도 시작할 수 있다. 감정을 조절하지 못해 돌발적으로 범죄를 저지를 가능성이 높은 고위험군을 관리할 필요성이 있다. 개인이 고립되지 않도록 사람 사이의 연결을 강화하는 것도 중요하다. 그리고 '묻지마 범죄'를 저지른 사람은 치료감호와 치료명령 대상에 포함돼 있지 않는데, 무차별 범죄는 반사회성 인격장애가 있는 사람이 저지르는 경우가 많은 만큼 치료를 통한 재범 방지도 필요하다. 묻지마 범죄를 저지른 사람을 치료감호 및 치료명령 대상에 포함해야 한다. 그렇게 정신보건 영역부터 치안까지 포괄적인 사회적 안전망이 갖춰져야 한다.

11. 묻지마 범죄, 광범위하고 복잡하지만 그래도 하나씩 대책을 마련해 나가는 노력이 절실해 보입니다.

묻지마 범죄를 단순히 사이코패스 등 개인 문제로 치부해 버리지 말고 사회적 원인을 파악해 그에 맞는 정책을 수립해야 한다. 장기적인 관점에서 묻지마 범죄에 대한 분석과 연구가 이뤄져야 한다. 사회가 복잡해지고 불평등이 심화함에 따라 다양한 범죄 양상이 나타나기 때문에 예방을 위해서는 범죄 자체에 대한 분석이 선행되어야 한다. '사이코패스 유무' 등 범죄자의 개인적 이력과 범죄의 잔혹성만 조명될 경우 유사한 범죄는 언제든지 일어나면 피할 수 없는 범죄로 남게 된다. 그러기 위해서는 경찰뿐만 아니라 법무부, 복지부, 지방자치단체 등 범정부기관이 다 함께 대책을 수립해서 대응해야 한다.

2023. 8. 3(목) 21시 폭염경보가 있던 밤, 고산3동 자율방범대(대장: 백승민) 초청으로, 대원들과 함께 필자가 묻지마 범죄 대응요령, 셉테드 설명을 하면서 토크(talk) 순찰하는 장면

범죄 예방 중심의 경찰 치안 시스템
경안일보 특별기고 (2023. 8. 8)

최근 서울 신림역 묻지마 살인을 시작으로 분당 서현동 묻지마 칼부림, 연이은 살인 예고 인터넷 글 등으로 시민들이 불안에 떨고 있다. 이와 같은 묻지마 범죄는 경찰만의 힘으로 해결할 수 있는 것은 아니다. 정부와 지방자치단체 등 관련 기관들이 촘촘한 사회 안전망을 만들어야 한다. 아울러 경찰은 시민들이 많이 모이는 장소에 대한 순찰을 강화함으로써 시민들의 범죄에 대한 불안감을 해소해야 한다. 또한, 이번 기회에 시민과 가장 가까운 곳에서 시민의 생명과 재산을 보호하는 임무를 수행하고 있는 파출소와 지구대의 역할을 강화해야 한다.

주지하는 바와 같이, 범죄는 '예방'이 최선이다. 범죄가 발생하고 나서 범죄자를 체포하고, 수사를 하는 것은 이미 범죄자가 목숨을 잃거나 다친 이후의 활동이다. 따라서 경찰은 무엇보다 범죄의 '예방'에 주력해야 한다. 그러면 경찰이 범죄를 예방하기 위해 중요한 것은 무엇일까? 필자는 가장 중요한 범죄 예방 수단으로 제복을 입은 늠름한 외근 경찰이 수행하는 '도보 순찰'을 강조한다. 정복을 입은 경찰관이 순찰을 하면, 범죄자들은 이 지역에는 도처에 경찰관이 있다고 생각해서 범죄를 단념하게 된다. 아울러 시민들도 이와 같은 경찰의 존재에 안전감을 느낀다. 그만큼 순찰이 중요하다.

하지만 치안 인력 여건이 녹록지 않다. 최근 의경 제도가 폐지되고, 젊은 경찰관들이 기동대로 이동하면서 치안 일선에 있는 파출소, 지구대의 인력이 부족해졌다. 게다가, 파출소와 지구대가 국가경찰인 112 치안 종합상황실 소속으로 변경되면서 예방 순찰보다는 신고 접수 시 긴급출동에 중점을 두기 시작하였다. 따라서 지역의 범죄 예방보다는 긴급 상황 발생 시의 사건 진압 및 처리에 외근경찰력이 집중되고 있는 실정이다. 물론 신고 출동도 당연히 중요하다. 하지만 범죄는 예방하는 것이 무엇보다 중요하고, 이를 위한 예방 순찰이 파출소, 지구대 차원에서 적극적으로 이루어져야 한다.

현재의 시점에서 경찰인력 관리상 필요하다고 생각되어 제안한다. 범죄 예방 치안 시스템으로의 전환을 위해 지역 경찰 '순찰차 휴차 줄이기'를 시행해야 한다. 현재 지구대별로 순찰차가 3~4대가 운영되고, 파출소별로 순찰차가 1~2대가 운영되고 있다.

현재 팀별 연가(휴가) 등의 실시로 야간 시간대(20:00~23:00)는 자원 근무로 충원하여 순찰차를 정상 운행하고 있지만 심야 시간대(23:00~03:00)와 새벽 시간대(03:00~06:00)는 지구대에서 잠시 휴식하는 대기자가 있어 순찰차가 70% 수준으로 운행하고 있어 실질적인 출동이 어렵다. 지역 경찰 등에서 대기 근무는 주요 사건 발생 시 출동해야 하는 근무 시간의 연장으로 근무 시간에 포함되어 있지만 그렇다고 야간 근무자에게 대기 시간 없이 근무하게 할 수는 없다. 그 대안으로서 내근 근무자들에 대한 현업근무를 할 수 있도록 하면 지역 경찰의 순찰차 휴차를 줄일 수 있다. 예를 들면 대구경찰청 경무계 또는 대구동부경찰서 경비과 근무자의 시간 외 근무 희망자를 일 시점 현업근무로 전환하여 주말에 대구 동부경찰서에서 치안 수요가 많은 안심지구대의 지원 근무를 하게 하고, 기존 안심지구대의 근무자들을 주중에 타 팀 자원 근무를 할 수 있게 한다면 주중과 주말에 순찰차 휴차를 줄이고, 주중과 주말에 발생할 수 있는 치안 공백을 줄일 수 있다.

가장 중요한 것은 지역 경찰인 지구대와 파출소에서 순찰과 주민과의 협력을 통한 범죄 예방 위주의 치안활동이다. 예방 순찰활동 중심의 안심 순찰을 강화하고, 지역 사회 단체들과 협의체를 통한 셉테드(CPTED, 환경설계를 통한 범죄 예방) 활동을 강화해야 한다. 지역의 통장들과 주민자치위원들은 지역의 구석구석을 잘 안다. 해당 지역의 특성과 주민들의 실정을 가장 잘 아는 지역 주민들과 현장경찰관이 같이 동네를 순찰하고, 지역 치안 문제에 대해 정책대안을 제시하는 '공동체 치안', '협력 치안'을 확립하는 것이 중요하다. 주민들과 가장 가까운 최일선에서 범죄 예방 중심의 치안 시스템 재정비가 필요하다.

묻지마 범죄
포항 KBS 라디오 투데이 포커스 2023년 8월 9일 인터뷰

1. 서울 신림역 묻지마 칼부림 사건이 발생한 지 13일 만에 경기도 분당 서현역에서 묻지마 흉기난동으로 14명이 부상을 입었습니다. 범인은 체포 당시 "사람을 죽여 관심을 끌고 싶었다"고 진술했다고 하는데요. 시민들은 모방 범죄가 확산될까 불안에 떨고 있습니다. 윤희근 경찰청장은 지난 2023년 8월 4일(금) "국민 불안이 해소될 때까지 특별치안활동을 선포한다"라며 "흉기 난동 시 총기 사용 등 경찰물리력을 동원하겠다"라고 밝혔는데요. 사건 개요와 교수님께서는 어떻게 보셨는지 정리해 주시죠?

지난 7월 21일 대낮에 서울 도심 한복판에서 끔찍한 범죄가 발생했다. 범죄를 저지른 조선은 서울 신림동의 상가 골목길에서 흉기를 휘둘러 20대 남성 1명을 숨지게 하고, 30대 남성 3명을 다치게 했다.

하지만 얼마 지나지 않아 또다시 끔찍한 범죄가 발생해서 충격이다. 범인 22살 최원종은 지난 8월 3일 오후 6시께 경기 성남시 분당구 서현동 AK플라자 백화점 1~2층에서 흉기 2자루를 들고 시민들을 향해 무차별적으로 휘두른 혐의를 받고 있다. 그는 흉기 난동 전, 모친 명의로 된 모닝 차를 몰고 백화점 앞 인도로 돌진해 보행자를 들이받은 뒤 더 나아가지 못하자 차에서 내려 백화점 안으로 들어가 이와 같은 범행을 저질렀다. 이 사건으로 5명이 차량에 의해, 9명이 흉기에 의해 부상을 당했다. 이 중 이날 뇌사에 빠진 60대 여성이 결국 숨졌다. 경찰은 당초 적용했던 살인미수 혐의에서 살인 혐의로 죄목을 변경해 조사를 벌이고 있다.

2. 신림역 사건, 서현역 사건 범인 두 명 모두 정신질환을 앓고 있었나요?

현재 신림역 사건의 조선은 사이코패스로 확인되었고, 서현역 칼부림 최원종은 아직 조사 중인데, 피해망상증 등 정신 병력이 있는 것으로 추정된다. 서현역 칼부림 범죄는 오히려 2019년 진주에서 발생한 안인득 사건과 유사한 듯하다.

2019년 4월 17일 새벽 4시 25분쯤 진주에서 끔찍한 살인 사건이 발생했다. 이 사건의 범인 안인득은 자신의 집에 불을 낸 후, 복도와 계단 등으로 대피하던 주민 11명에게 마구 흉기를 휘둘렀다. 70대 남성 1명, 60대와 50대 여성 각 1명, 18세와 12세 여학생이 숨졌다. 나머지 6명은 중경상을 입고 병원으로 이송됐다. 화재로 인해서 연기를 흡입하거나 정신적 충격을 받은 주민 7명도 병원에서 치료를 받았다. 이 사건은 범인이 미리 흉기와 방화 물질 등을 준비하고 대피하는 주민들을 기다렸다가 살해하려고 철저하게 계획했다는 점에서 충격을 준다. 범인 안인득은 2015년부터 이 아파트에 혼자 살았다. 2010년 폭력 혐의로 구속돼 조현병 진단을 받고 치료감호소에서 보호관찰 처분을 받았다. 2015년에는 정신병원을 찾아가 입원하기도 했다. 하지만 2016년 7월 이후 치료받은 기록이 없다고 경찰은 밝혔다.

3. 대전 대덕구에서 교사 피습 사건도 있었습니다. 최근 들어 '묻지마 범죄'가 눈에 띄게 급증하고 있는 배경이 뭔가요?

대전 대덕구 교사 피습 사건은 방송에서 보도되기로는 범죄자와 피해자가 사제지간이라고 알려지고 있는데, 지금 수사 중에 있어서 정확하게 묻지마 범죄에 속하는지는 잘 모르겠다.

사회적으로 경쟁이 치열해지고, 소득 격차가 더 벌어지면서 우리 사회의 분노지수 또한 높아지고 있다고 보는 시각이 많은데, 그럴수록 '묻지마 범죄'는 더 늘어나지 않을까 우려된다. 부유층이나 화이트칼라 등 사회적 기득권층에서 저질러지는 묻지마 범죄는 거의 없다. 경기 침체와 과도하게 경쟁적인 사회 분위기가 묻지마 범죄의 원인이 될 수 있다. 경제적 양극화가 두드러질 경우 상대적 박탈감이 심화하고 자신의 어려운 처지에 대한 비관이 사회 전반에 대한 막연한 분노로 나타나 묻지마 범죄라는 폭력적인 양상으로 표출되기도 한다.

4. 모방 범죄 확산될까 우려가 큽니다. 국민들은 언제, 어디서 사건이 터질지 모르니 지하철이나 버스를 타는 것도 무서울 것 같아요.

최근에 모방 범죄에 속하는 크고 작은 사건들이 있었다. 사회에 불만을 가지고 있다가 이런 묻지마 살인 등을 보고 자기도 사회에 대한 불만을 표출해야겠다고 범죄를 저지르는 것이다. 신림역과 서현역 흉기 난동 사고들이 일종의 촉매제 역할을 한 것인데, 이 두 사건의 범인 조선과 최원종은 범행에 앞서 휴대전화로 과거 묻지마 범죄 사례(각각 홍콩 묻지마, 신림역 묻지마)를 검색했던 것으로 나타났다.

5. 경찰청은 "특별치안활동을 선포한다" 밝혔는데, 교수님은 어떻게 생각하세요?

지난달 서울 신림역에 이어 8월 3일 분당 서현역에서 불특정 시민을 대상으로 한 흉기 난동 사건이 잇따라 벌어지자 경찰이 처음으로 특별치안활동을 선포했다. 윤희근 경찰청장은 대국민 담화문을 통해 "국민 불안이 해소될 때까지 흉악 범죄에 대응하기 위한 특별치안활동을 선포한다"라고 밝혔다. 특별치안활동이란 통상적인 일상치안활동으로는 치안 유지가 어렵다고 판단될 때 경찰청장 재량으로 경찰인력과 장비를 집중 투입하도록 하는 조치다. 경찰은 이에 따라 순찰활동에 경력을 우선 배치했다. 인파가 밀집하는 광장이나 지하철역, 백화점 등을 중점으로 전국에 247개 장소를 선정, 경찰관 1만 2천여 명을 배치해 순찰한다. 또한, 경찰은 검문검색 인력을 늘려 흉기 난동 등 흉악 범죄 예방에 총력을 기울인다는 방침이다. 아울러 실제 흉기 난동 범죄가 발생하면 현장에서 범인에 대해 총기나 테이저건 등 경찰 물리력을 적극 활용하라고 일선에 지시했다. 범행 제압을 위해 총기 등을 사용한 경찰관에는 면책규정도 적극 적용할 방침이다. 경찰은 잇단 흉기 난동 이후 이를 모방한 범죄를 저지르겠다고 온라인 커뮤니티 등에 협박성 예고 글을 쓴 작성자도 추적해 엄벌키로 했다. 아울러 지방자치단체와 자율방범대, 민간 경비업체 등과의 협업으로 시민의 일상생활 공간의 안전을 확보하고 유관기관과 치안 인프라 확충과 법·제도 개선방안을 논의하겠다고도 밝혔다.

경찰의 특별치안활동은 아주 적절한 조치라고 생각한다. 우선 경찰은 시민들이 많이 모이는 장소에 대한 순찰을 강화함으로써 시민들의 범죄에 대한 불안감을 해소해야 한다.

6. 언론에서 보도를 하는 것들이 오히려 범죄를 노출시켜 역효과를 낳는 것은 아닐지, 저희가 얘기하면서도 조심스러워요.

언론에서도 묻지마 범죄의 잔인성이나 구체적인 범행 수법 같은 것은 신중하게 보도해야 한다. 자칫 모방 범죄가 있을 수 있다. 자살과 같은 것도 그런 이유에서 구체적인 방법이나 심지어는 자살이라는 용어도 방송에서 자제하고 있다. 자살 대신 '극단적인 선택'이라는 표현을 쓰고 있다.

7. 시민들이 내 몸을 보호하기 위해 필요한 것들, 대피 요령이 있다면 알려주세요.

묻지마 범죄는 사람이 많이 모이는 장소에서 불특정 다수를 대상으로 이루어지기 때문에 범죄 예방 방법이라는 것이 쉽지는 않다. 조금 어색하고, 불편할 수도 있지만 거리에서 휴대폰을 보면서, 음악을 들으면서 걷는 것은 교통사고나 재난 등에도 그리고 범죄 예방에도 좋지 않다. 아울러 과도한 음주나 밤늦은 시간이나 새벽에 아무도 없는 거리도 위험하다. 여성들은 엘리베이터에 낯선 사람과 둘이 탈 때는 가급적 뒤쪽에 타고, 지하철에서도 철로 부근에서 떨어져 있다가 지하철이 들어오면 천천히 이동하는 것이 필요하다. 아울러 묻지마 범죄자가 흉기를 휘두를 때는 맞서거나 제압하려 하지 말고, 그 자리를 피하는 것이 가장 좋다.

8. 마지막으로 한 말씀 듣고 마무리하겠습니다.

묻지마 범죄는 범죄라고 치부해서 오직 경찰의 문제라고 하면 해결하기 어렵다. 경찰만의 힘만으로 해결할 수 있는 것도 아니다. 정부와 지방자치단체 등 관련 기관들이 촘촘한 사회 안전망을 만들어야 한다. 아울러 경찰은 시민들이 많이 모이는 장소에 대한 순찰을 강화함으로써 시민들의 범죄에 대한 불안감을 해소해야 한다.

또한 해당 지역의 특성과 주민들의 실정을 가장 잘 아는 통장과 지역 주민들, 그리고 현장경찰관이 같이 동네를 순찰하고, 지역 치안 문제에 대해 정책대안을 제시하는 '공동체 치안', '협력 치안'을 확립하는 것이 중요하다.

흉기 난동 범죄, 철저한 대응을 강조

2023년 8월 9일(수) 오후 2시, 17차 대구시 자치경찰위원회 정기회의가 열렸다. 이날은 대구경찰청 보고안건 2건과 경찰 공무원 직권휴직(질병) 의결안건 1건이 있었다. 그 중 2023년 신림역 묻지마 살인과 분당 서현역 흉기 난동 사건 등 연이은 흉악 범죄로부터 시민들이 불안해 하고 있는 시점에서, 대구시민을 보호하는 자치경찰 추진활동을 대구경찰청으로부터 보고 받았다. 이날 회의에서는 생활안전과와 여성청소년과가 보고를 했다.

먼저 생활안전과에서는 흉악 범죄가 억지될 수 있도록 가시적인 위력 순찰을 강화하고, 112 신고 다발지와 다중 밀집지역을 대상으로 한 범죄예방진단과 CCTV 관제 강화 등을 보고했다. 여성청소년과에서는 여성대상 범죄와 관련하여 '고위험 재범우려자'에 대한 별도의 모니터링을 통한 선제적 예방활동을 강화하고, 흉기난동 범죄 예방을 위한 APO(학대예방 경찰관), SPO(학교전담경찰관)의 현장활동을 강화하는 것이다.

이날 자치경찰위원들은 최근 특별치안활동을 하고 있는 현장경찰관들의 노고를 치하하고, 몇 가지 당부사항을 제시하였다. 먼저 생활안전과에는 제복을 입은 경찰관들의 도보 순찰 등 다중 운집 장소에 대한 특별치안활동을 8월 말까지 지속적으로 추진하고, 살인 예고글 게시 범죄와 관련하여 대구지역 통계를 별도로 관리할 필요가 있음을 당부했다. 아울러 노인들이 모임에 따라서 흉기 난동 범죄에 취약할 것으로 생각되는 반월당역 등에 대한 순찰을 강화하고, 불심검문 및 시민신고를 활성화할 수 있도록 강조했다.

아울러 여성청소년과에는 흉기 난동 범죄 예고글 게시 예방을 위해 학부모 대상 가정통신문에 법률상 처벌 가능한 범죄명과 형벌규정을 구체적으로 명시할 필요가 있으며, 교육청과의 협업을 통해 청소년 교육 강화 및 언론과 공공기관과의 협업을 통한 홍보를 강화할 것을 주문했다.

2023년 제17차 대구시 자치경찰위원회 정기회의

칼을 든 흉악범이 시민을 위협할 때

경안일보 특별기고 (2023. 8. 16)

마동석 주연의 범죄도시 시리즈가 모두 흥행을 기록했다. 이 영화를 보면, 극 중 베테랑 형사인 마동석이 칼을 든 건달이나 조직폭력배를 맨주먹으로 기절시키고, 팔을 꺾고, 제압, 체포하는 장면이 나온다. 관객들은 통쾌한 마음으로 박수를 치고, 환호를 보낸다. 하지만 이것은 영화나 드라마에서나 가능한 것이다. 실제로는 경찰이 그렇게 하기 어렵다. 아니 불가능하다. 만약 영화와 똑같은 행동을 하게 되면, 직권남용, 독직폭행 등으로 징계를 받거나 형사처벌을 받게 된다. 제압당한 범죄자가 민사소송을 제기할 수도 있다. 이래서 전현직 경찰관 중에는 이런 류(類)의 영화는 보지 않는다는 사람들도 있다. 전혀 현실과 다르다고 생각하기 때문이다.

최근 서울 신림역과 분당 서현역에서 발생한 묻지마 흉기 난동 범죄와 같은 잇따른 강력 범죄로 시민들이 많이 불안해하고 있다. 단순 미수에 그친 사건도 있고, 살인 예고 글이 인터넷에 오르고, 크고 작은 모방 범죄가 발생하고 있어 더욱 불안하다. 호신용 스프레이나 삼단봉, 전자 충격기 등 개인 호신용품도 불티나게 팔린다고 한다.

이에 경찰은 시민들이 많이 모이는 장소에 예방 순찰을 강화하고, 선별적인 검문검색을 실시하는 등 특별치안활동을 하고 있다. 이러한 시점에서 불특정 시민들을 대상으로 하는 흉기 난동 사건에 대해서 경찰은 테이저건이나 총과 같은 실효적이고 강력한 진압장비를 통한 대응이 필요하다.

솔직하게 말해서, 칼을 들고 무고한 시민들을 해치려는 흉악범을 제압하려면 경찰은 어떻게 해야 할까? 아무리 생각해도 방법은 하나뿐이다. 무기를 사용할 수밖에 없다. 이런 위급한 상황에서 국민을 보호하라고 국가가 무기를 준 것이다.

필자가 만난 대다수의 시민은 흉악범들에 대해서 경찰의 강력한 법집행을 주문한다. 실제로 여러 조사에서도 국민들은 흉악범 제압을 위해 경찰의 총기 사용을 긍정적으로 생각한다. 하지만 현실은 그렇게 녹록지 않다. 현장에서 근무하는 경찰관들은 과거의 여러 가지 사례를 비추어 볼 때, 무기를 사용했을 때의 후폭풍을 걱정한다. 흉악범 검거를 위해 현장에 출동하는 경찰관들은 하나같이 "실제로 상황이 위험하다고 무조건 총기를 사용할 수는 없다. 경찰관 사이에서는 총기를 사용하면 경위서와 무기사용 신고서 등 여러 서류를 써서 상부에 보고해야 하고, 조금만 규정을 벗어나면 감찰 조사를 받고 징계를 받기 십상이라며, 국가인권위원회 조사, 언론기자들의 집요한 인터뷰 등 골치 아픈 게 한두 가지가 아니다. 몇 년간 민사소송에 시달리는 경우도 봤다. 총은 사용하지 않는 것이 낫다"라고 이야기한다. 이것이 현실이다.

윤희근 경찰청장은 "흉기 난동 범죄에 대해서는 총기, 테이저건 등 정당한 경찰물리력 사용을 주저하지 않고, 국민안전을 최우선 기준으로 경찰관에 대한 면책규정을 적극적으로 적용해 현장의 법집행을 뒷받침하겠다"라고 말했다. 이상민 행정안전부장관도 "행정안전부는 흉기 난동 범죄에 대해 경찰이 강력하게 대응할 것을 당부하며, 경찰이 당당하게 법집행을 할 수 있도록 제도적 지원에 최선을 다하겠다"라고 밝혔다.

이번 기회에 칼과 흉기를 든 흉악 범죄자를 일선 현장경찰관들이 자신있게 제압할수 있도록 법률적, 제도적 정비를 확실하게 하는 것이 필요하다. 위험하고 긴급하게 돌아가는 사건 현장은 시시각각 변하고, 예측하기가 불가능하다. 칼을 들고 시민을 해치고 위협하는 흉악 범죄자에게 관용은 없다. 위험을 무릅쓰고 이들을 제압하는 경찰관들에게 국가는 소신있게 법을 집행하도록 권한과 용기, 그리고 응원을 해주어야 한다. 국민의 안전을 위해서 꼭 필요하다.

대구신문

2023년 10월 19일 목요일 023면 오피니언

범죄 대응과 법 집행력

기고

박동균
대구시 자치경찰위원회
상임위원

미국 사회에서 경찰은 '강력한 공권력'의 상징이다. 경찰은 법을 위반에 대해 즉각적으로 대응한다. 경찰관의 정당한 요구에 응하지 않으면 범죄자의 손에는 수갑이 채워진다. 이러한 사실은 미국민 대부분이 알고 있다. 민간인의 총기 소지가 가능한데다가 총기 난사와 같은 강력범죄가 자주 발생하기 때문에 경찰의 법 집행력(공권력) 역시 강력하다. 미국 경찰관들은 차량순찰이든 도보순찰이든, 거의 방탄복을 착용한다. 순찰할 때 권총한 정에 실탄복을 가득 장전해 들고 나간다. 순찰차 트렁크에는 산탄총이나 소총 같은 보조 무기도 꼭 챙겨서 다닌다. 흉기를 든 위험한 범죄자에게는 경찰관이 총기를 사용하는 경우도 많고, 이에 대해서 법원은 관대한 편이다.

우리나라 상황은 좀 다르다. 범죄자가 난동을 부리거나 심지어는 경찰관을 폭행해도 경찰관이 웬만큼 위험하지 않으면 무기 사용을 자제한다.

실제로 지난 8월, 서울 은평구의 한 주택가에서 흉기 8개를 소지한 채 난동을 부리던 30대 피의자에게 경찰은 테이저건을 사용하지 않고, 치킨과 소주를 제공해 가며 세 시간 가까이 설득한 사건이 있었다. 이 사건 현장에 경찰특공대까지 출동했었고, 흉기를 든 피의자가 흉기로 자해하겠다고 위협하기 때문에 혹시나 물리력 행사 시 피의자가 위험할지도 모른다는 점을 고려한 것이다.

이와 같은 소식에 일부 시민들은 불만을 표시하기도 한다. 왜 경찰이 곧바로 무기를 사용해서 진압하지 않는가에 대한 불만인 것이다. 하지만 아무리 경찰의 물리력 사용 조건이 완화됐다 하더라도 사건이 종료된 후에 피의자나 그 가족 등으로부터 치료비 등 민사소송이 들어오면 이를 경찰관이 애를 먹는다. 위험한 사건 현장에서 매뉴얼 대로 행동을 했다 하더라도 경찰 개개인에게 민원이나 민·형사상 소송이 들어오는 게 현실이다. 이런 이유로 경찰관들은 소극적으로 대처할 수 밖에 없다. 실제로 경찰관들은 총기나 테이저건을 사용한 후 민사소송을 당해 경찰 개개인이 많은 액수의 변상금이나 위자료를 지불한 사례도 적지 않다.

그래서 "총은 쏘는 것이 아니라 던지는 것이다"라는 비아냥 소리가 나온다. 무고한 시민을 위협하고 해치는 흉악범에게는 경찰관이 소신있게 무기를 사용해서 범죄를 조기에 진압할 수 있게 해야 한다. 흉기 든 강력범죄자보다 약한 공권력으로는 시민을 안전하게 지킬 수 없다. 아울러 현장경찰관들의 범죄대응 역량 향상을 위해 사격 및 테이저 건, 체포술 등 교육훈련을 강화하고 방탄복, 방검복 등 예산지원이 필수적으로 요구된다.

묻지마 흉악 범죄, '예방'과 '협업'이 중요

경안일보 특별기고 (2023. 8. 25)

최근 신림동과 분당 서현역 등에서 잇따라 발생한 묻지마 범죄(이상동기 범죄)로 시민들이 극도로 불안해하고 있다. 이에 묻지마 범죄에 대한 철저한 대책을 수립하라는 윤 대통령의 지시가 있었고, 한덕수 국무총리의 담화문 발표, 그리고 고위 당정협의회 등이 열렸다. 당정협의회에서는 묻지마 흉악범에 대해서 가석방 없는 종신제 도입, 흉악범 전담 교도소 설치, 공중협박죄와 공공장소 흉기 소지죄를 의원 입법으로 추진한다고 발표했다. 꼭 필요한 정책들이다. 이번 기회에 우리 사회에서 묻지마 흉악 범죄를 사전에 '예방'하기 위한 근본적인 대책 수립이 필요하다.

병(病)이 났을 때, 먼저 병이 난 정확한 원인을 진단해야 한다. 그리고 그 원인에 맞는 치료를 해야 한다. 약을 처방하고, 수술이 필요하면 수술을 해야 하고, 식이요법과 운동요법 등 다양한 방법을 활용해서 병을 고치는 것이다.

묻지마 흉악 범죄도 마찬가지다. 다양한 기관의 노력과 협업이 필수적이다. 먼저 경찰의 역할이 무엇보다 중요하다. 범죄의 예방, 진압 및 수사는 경찰의 몫이다. 강조하건대 경찰은 제복을 입고, 예방 순찰을 강화해야 한다. 순찰은 범죄의 예방은 물론 시민들의 범죄에 대한 두려움도 줄여줄 수 있다. 곳곳에 경찰관이 있다는 시그널은 범죄자들에게 범죄를 포기하게 만든다. 파출소와 지구대에서 나와 중요거점을 중심으로 거점순찰, 예방 순찰을 강화해야 한다. 지역 주민들과 함께 합동으로 순찰하는 것도 좋은 방법이다.

또한, 경찰은 지방자치단체와 긴밀한 소통과 협력으로 지역 내 공원이나 산책로, 통학로 등에 CCTV를 설치하고, 환경설계를 통한 범죄 예방(CPTED, Crime Prevention Through Environmental Design)을 확대해야 한다. 지금 전국에 범죄 예방과 재난관리를 위해 지방자치단체가 53만 대의 CCTV를 설치해서 운영 중이고, 지방자치단체 통합관제센터가 221개가 운영되고 있다. 이번 신림동 둘레길 성폭행 살인 사건의 범인은 사전에 CCTV가 없는 곳을 범행 장소로 물색했다고 한다. 앞으로 지역에 꼭 필요한 장소를 선정해서 과학적인 예방 치안 시스템을 만들어야 한다. 이는 한정된 경찰인력으로 넓은 지역을 순찰하는 인력 경비를 보완하는 좋은 방책이다. CCTV, 보안등, 방범 비상벨 등 다양한 방법을 활용할 수 있다.

아울러 시민들과 기업체들 스스로의 안전 노력이 중요하다. 백화점이나 마트, 극장, 놀이 동원 등 다중 운집 장소에서는 스스로 보안·경비요원을 고용해서 고객들을 보호하는 것이 필요하다. 이는 자체 직원들이 하거나 민간 경비업체와의 계약을 통해서 가능할 것이다. 미국 등 주요 선진국들은 경찰관의 숫자보다 민간 경비업체 경비원의 숫자가 훨씬 많다. 우리나라도 민간 경비업을 보다 활성화해서 안전사회 구축에 활용할 필요가 있다. 민간 경비업은 공공성과 기업성을 동시에 갖고 있는 토탈 시큐리티 산업으로 더욱 활성화해야 한다. 시설 경비업, 기계경비, 신변 보호, 공인탐정업 등이 모두 포함된다.

끝으로, 조현병 등 정신질환자들에 대한 국가의 관심과 보호를 들 수 있다. 정신질환자 중에서 치료를 하지 않거나 중단한 경우, 국가가 이 환자들에 대한 지원을 아끼지 않아야 한다. 지금 사법입원(안심입원) 등에 대한 논의가 한창이다. 이는 정신질환자 본인은 물론이고, 그 가족들, 지역 사회 주민들 모두에게 꼭 필요하다. 많은 흉악 범죄 중에서 치료를 중단한 정신질환자가 많은 점에 주목할 필요가 있다.

묻지마 범죄자들은 사회 부적응과 은둔형 외톨이 등 다른 사람들과 소통이 단절된 상태에서 범죄를 저지르는 경우가 많다. 실패를 겪으면서 증오를 가진 이들이 흉악 범죄로 연결되지 않도록 국가가 따뜻하게 포용해야 한다. 지역에 소외되고 힘들게 살고 있는 주민들에 대한 정확한 실태 파악이 이루어져야 한다. 그리고 이들에 대한 맞춤형 복지정책이 필수적이다.

행정안전부 차관 주재, 이상동기 범죄 대책회의

2023년 8월 28일(월) 오후 2시, 고기동 행정안전부 차관 주재로 '이상동기 범죄(묻지마 범죄) 대책희의'가 화상회의로 개최되었다. 고기동 차관과 김희중 경찰국장, 그리고 전국 시도 기회조정실장과 자치경찰위원회 사무국장이 참석하는 회의다. 대구광역시는 황순조 기획조정실장과 필자(대구시 자치경찰위원회 사무국장), 그리고 대구시 안전정책과 CCTV 관리팀과 건강증진과 정신건강팀, 자치경찰위원회 박만우 정책과장과 생활안전팀 직원들이 모두 참석하였다. 대구시 산격청사 1층 영상회의실에 모두 모였다.

고기동 행정안전부 차관의 모두 발언에 이어 치안상황 현황 보고 및 지방자치단체 협조 사항 요청, 지방자치단체 의견수렴의 순으로 이어진 회의는 50분간 이어졌다. 행정안전부의 주요 협조 요청은 크게 세 가지로 요약된다.

첫째, 지방자치단체별로 범죄 예방 기반 시설을 확충해 달라는 요청이다. 구체적으로는 둘레길 진출입로 등 범죄 취약 시설에 CCTV를 확대 설치하고, CPTED(셉테드) 사업을 확대 요청이다.

둘째, 서울, 경기 남부, 경기 북부에서 실시하고 있는 정신질환자 합동대응 모델을 전국 지방자치단체에 확대 시행해 달라는 요청이다. 현재 2022년 10월부터 전국 시·도 경찰청 소속 정신응급 경찰대응팀을 신설해서 현재 경찰 96명을 배치하고 있다. 서울시의 경우, 2022년 10월 17일 정신응급 합동대응센터에서 경찰과 지방자치단체 공무원이 합동 근무하면서, 신고 접수 시 합동 출동, 응급입원 등 조치를 통해서 정신질환자 관련 112 처리시간이 평균 1시간 3분 단축하는 긍정적 효과가 나타났다. 이에 행정안전부는 전국 시·도에 '정신응급 합동대응센터'을 설치할 것을 요청했다.

셋째, 현재 지역 주민들이 자율적으로 조직하여 관할 파출소와 지구대와 상호 협력하면서 범죄 예방활동을 하고 있는 자원봉사 조직으로 자율방범대를 운영하고 있다. 지방자치단체별로 지원 중이나 초소 노후화, 대원들의 안전장비 부족 등 적극적인 활동 추진에 애로가 있어 자율방범대 운영비 확대를 요청하였다.

이상의 세 가지는 지역 주민의 안전을 위해 꼭 필요한 정책들이다. 하지만 중요한 것은 재정(돈)이다. 행정안전부의 협조 요청에 이은 자유토론에서는 각 시도 기획조정실장과 자경위 사무국장들의 발언이 이어졌다. 대부분은 "지방자치단체별로 재정상의 차이가 있고, 재정이 열악한 지방자치단체가 많으니, 중앙정부에서 특별교부세를 통해 지원해 달라"라는 요청이 주를 이루었다.

행정안전부 차관 주재 화상회의, 필자와 대구시 기획조정실장 참석

묻지마 범죄, 대책 마련 실무협의회

대구광역시 자치경찰위원회는 8월 29일(화) 오후 2시 대구경찰청, 대구교육청, 대구광역시 및 구·군 관련 부서 실무자 등 15명이 참석한 가운데 최근 발생한 흉기 난동 범죄, 신림동 성폭행 사건, 청소년들의 무분별한 범죄 예고 글 등의 예방 대책을 논의하기 위한 긴급 실무협의회 회의를 개최했다. 이날은 특히, 구·군 실무자들이 참석해서 의미를 더 했다.

이날 회의에서는 다양한 범죄 및 시민안전 문제에 대응하기 위한 관계기관 간의 협력의 필요성을 강조하며, 묻지마 범죄, CCTV 사각지대에서의 안전, 청소년들의 무분별한 범죄 예고 글 등에 대한 대응방안을 논의했다.

먼저 대구시 북구의 다중 밀집 지역 범죄 대응을 위한 CCTV 집중관제 대응 발표와 달성군의 등산로 및 근린공원 CCTV 설치에 관한 보고가 있었다. 이들 기초지방자치단체는 구청장의 안전에 대한 의지가 확고한 우수 자치단체이다.

이어서 대구경찰청 생활안전과에서는 흉기 난동 범죄 총력 대응을 위한 특별 치안활동으로 매일 대책회의를 개최해 세부 과제를 마련하고, 범죄 의지가 억제될 수 있는 가시적이고 예방적인 순찰을 강화하고 있다. 아울러 김도한 생활안전계장은 각 구·군에서 CCTV를 설치할 때, 각 경찰서의 CPO(범죄 예방 담당경찰)의 의견을 참고하면 훨씬 효과적인 범죄 예방이 될 수 있음을 강조했다.

또한 여성청소년과에서는 학교전담경찰관(SPO), 학대전담경찰관(APO) 중심 현장활동을 강화해 모방·장난 글 게시에 대해 특별예방 교육을 실시하고, 사회적 약자 범죄(가정·교제 폭력, 스토킹, 학대) 고위험 재범 우려자의 모니터링을 강화한다. 아울러 이상동기 범죄 예방 특별 교육, 홍보시 교육청과 학교에 적극적인 협조를 요청했다.

대구광역시 및 구·군에서는 산책길 진·출입로 등 범죄 취약지역에 범죄 예방 진단을 통해서 CCTV를 확대 설치(신규 666대, 교체 938대)하고, CCTV 관제실을 통한 다중 밀집지역 집중 관제와 24시간 CCTV 실시간 모니터링도 강화할 예정이다. 또한, 대구시 안전정책과에서는 원래 노후된 CCTV를 교체하려는 계획을 하였으나 최근 묻지마 흉악 범죄로 인해 CCTV를 추가 설치하는 것으로 방향을 선회하였다.

이날 회의에 참석한 기관들은 최근 불특정 다수를 대상으로 하는 다양한 범죄 예방을 위해 논의 된 사항에 대해 적극적으로 협력해 추신하기로 했다.

실무협의회 위원장인 필자는 마무리 발언으로 "최근 급증하는 묻지마 흉악 범죄를 예방하기 위해서는 다중 이용 시설과 범죄 다발 지역에 대한 가시적인 예방 순찰활동이 중요하며, 둘레길과 같은 범죄 취약지역에 CCTV 등 추가 설치를 통해 범죄 예방 환경을 만들어야 한다"라며, "대구시 자치경찰위원회는 오늘 회의와 같이 관련된 모든 기관과 지속적인 협업을 통해 안전한 치안망이 구축될 수 있도록 최선을 다하겠다"라고 말했다.

은둔형 외톨이와 자치경찰
매일신문 특별기고 (2023. 12. 25)

　최근에 한국보건사회연구원은 우리나라의 고립 청년이 약 54만 명, 이 중에서 사회생활을 하지 않고 제한된 공간에서 스스로를 가둔 은둔 청년이 24만 명에 이를 것으로 추정하고 있다. 또한 고립 청년으로 인한 사회적 비용을 7조 원으로 추정했다. 이 보고서에 따르면, 고립·은둔 청년 2명 중 1명은 신체 또는 정신건강의 문제를 겪고 있는 것으로 나타났다. 또한 4명 중 3명은 자살을 생각한 적이 있다고 응답했다. 이 수치는 일반 청년의 33배에 해당한다. 또한 고립과 은둔의 가장 큰 이유는 '직업 관련 어려움'(24.1%)이었고, '대인관계'(23.5%), '가족관계'(12.4%)의 순이었다.

　은둔형 외톨이(히키코모리) 문제는 이미 일본에서 심각한 사회적 문제로 대두되었다. 일본의 히키코모리 문제는 1990년대 '경제 버블(거품)'이 꺼지면서 시작되었다. 히키코모리란 '틀어 박히다'라는 의미를 나타내는 일본어 '히키코모루(ひきこもる)'의 명사형으로, '여러 가지 이유로 사회적 참가영역이 좁아져서 취직이나 취학 등 자택 외에서의 생활의 장이 장기간에 걸쳐 단절된 상태'와 그런 상태에 있는 사람을 의미한다. 2000년대 초까지 대학을 졸업하고도 취업을 하지 못한 청년층이 은둔·고립으로 내몰렸다. 일본은 만 15~64세 인구의 2%에 해당하는 약 146만 명이 6개월 이상 자신들의 방이나 집 밖을 거의 나가지 않는 히키코모리로 추정하고 있다.

　애당초 일본 정부는 히키코모리를 청년 세대의 문제로만 여겼다. 10대들이 학교에 가지 않거나 20대들이 취업을 하지 않으려는 하나의 '세태' 정도로만 생각했다. 그런데 지금 히키코모리는 전 세대에 걸친 심각한 사회 문제가 되었다. 취업의 적기를 놓친 청년 히키코모리는 경제가 회복된 이후에도 여전히 사회 복귀에 실패하는 경우가 많았다. 게다가 얼마 전 코로나 19의 창궐도 히키코모리 문제를 가속화시켰다.

　코로나 19 이후 청년층의 고립은 세계적인 현상이다. 유럽에서는 이를 '극단적 사회 탈퇴(extreme social withdrawal)'라고 부른다. 특히 일본의 히키코모리와 한국의 은둔형 외톨이는 심각한데, 학자들은 한일 양국의 치열한 경쟁과 높은 기대감을 원인으로 꼽는다. 물질적 가치를 추구하는 사회 문화와 학력 지상주의가 청년들에게 스트레스와 압박감을 준다는 것이다.

얼마 전 서울 신림역과 분당 서현역에서 묻지마 칼부림 난동 사건이 발생했다. 일반 시민들을 대상으로 특별한 이유 없이 저지르는 범죄를 '묻지마(이상동기) 범죄'라고 부른 다. 묻지마 범죄자들의 상당수가 사회적 소외계층이다.

우리 사회의 고립·은둔 청년들이 사회와 격리되지 않도록 다양한 청년 복지정책을 시행해야 한다. 은둔형 외톨이에 대한 지원 정책은 지방자치단체의 역할이 중요하다. 먼저 지역 내에 있는 은둔형 외톨이에 대한 정확한 실태 파악이 우선이다. 그 다음은 이에 입각한 다각도의 맞춤형 복지 지원이다. 지역 주민의 안전을 위한 자치경찰, 소방, 행정복지센터, 보건소, 학교, 자원봉사단체 등을 유기적으로 연계하는 로컬 거버넌스를 구축해야 한다. 2021년 7월 1일 출범한 자치경찰을 중심으로 촘촘하고 든든한 사회 안 전망 만들기가 중요하다.

MZ 조폭을 말하다
경북일보 특별기고 (2024. 2. 8)

MZ 조폭은 19세에서 39세까지의 젊은 조폭을 말한다. 이들은 과거 OB파, 국제파, 서방파 등과 같이 거대한 1개의 조직으로 활동하지 않고, 점조직으로 SNS로 소통하면서 이합집산하는 특징을 갖고 있다. 최근 MZ 조직폭력배가 꾸준하게 세를 불리는 것으로 나타났다. MZ 조폭들은 예전 조폭들과는 달리 인스타그램과 유튜브 활동 등을 활발하게 하고 있어 조직폭력 세계에 발을 들이는 청소년들도 늘어나고 있는 실정이다. 특히 정서적으로 민감한 청소년들이 MZ 조폭들이 활동하는 SNS에 접근해서 선정적인 무용담이나 범죄 미화 활동을 흉내 내는 등 모방 범죄의 우려가 현실로 나타나고 있다.

또한 예전 조폭들은 나이트클럽이나 유흥가를 무대로 서민들을 대상으로 한 협박·집단 폭행·갈취 등의 범죄를 저질렀다. 하지만 MZ 조폭들은 폭력 조직을 결성하거나 합류하는 형태로 SNS를 지능적으로 활용하여 리딩방 사기, 보이스피싱 사기단을 조직적으로 운용한다. MZ 조폭은 서로 다른 조직에 속한, 또래 조폭들끼리 만든 변종 폭력 모임이라는 점, '두목'이나 '형님'이란 호칭 대신에 '회장'이라는 명칭을 사용한다는 점, 20~30대 젊은 사람이 주축이라는 점, 평소에는 소속된 조직에서 활동하다가 모임 자리에서 각자 익힌 범죄 수법을 공유하며 세를 확장했다는 점 등이 특징이다.

경찰청 국가수사본부는 작년 8월부터 4개월간 조직폭력 범죄를 집중 단속해서 총 1천 183명을 검거하고, 이 중 189명을 구속했다. 작년 같은 기간보다 검거 인원은 44.6% 늘었고, 구속된 피의자도 19.6% 증가했다. 경찰은 이와 같은 집중 단속에 앞서 약 한 달간 MZ세대 조폭의 온·오프라인 동향을 전수 조사했다.

단속 기간 검거된 인원을 연령대로 살펴보면, 30대 이하(10대~30대)가 888명(75.0%)으로 가장 많아 MZ세대 조직폭력 범죄 사범이 다수 검거된 것으로 나타났다. MZ세대 검거 인원 비중은 상반기 단속 결과(57.8%)에 대비해서 큰 폭으로 증가했다. 범죄 유형을 살펴보면, 기업형·지능형 불법행위가 520명(44.0%)으로 가장 많았고, 폭력·갈취 등 서민 대상 불법행위 310명(26.1%), 폭력 조직 가입·활동 254명(21.5%), 기타 범죄 99명(8.4%)의 순으로 검거됐다. MZ 조폭의 경우에는 기업형·지능형 불법 행위가 396명(38.8%)으로 가장 많았고, 폭력 조직 가입·활동 246명(27.7%), 폭력·갈취 등 서민 대상 불법 행위 189명(21.3%), 기타 범죄 56명(6.3%) 순이었다.

연령대가 낮아진 MZ 조폭들이 늘어나면서 경찰도 기존 수사와는 다른 어려움을 겪고 있다. 온라인에 익숙한 MZ 조폭이 자신들의 범행 흔적을 지우는 데 능수능란하기 때문이다. 따라서, 사이버 수사와의 협력 시스템이 중요하게 대두된다. 아울러 시민들의 적극적인 제보와 협력이 중요하다.

조직폭력 범죄는 초기에 해체하여야 한다. 한번 커진 조직은 범죄 조직의 생리상 쉽게 괴멸되지 않는다. 경찰은 체계적이고 과학적이며, 지속적인 수사와 단속을 통해 시민을 보호해야 한다. 또한 시민들을 대상으로 다양한 캠페인과 홍보를 통해 각종 범죄 피해를 예방해야 한다.

현재 대구시에는 전국연대로 활동하는 MZ 조폭은 없다. 앞으로 날로 지능화되고 있는 MZ 조폭에 대한 보다 효과적인 범죄 대응체계를 구축하고, MZ 조폭의 다양한 조직성 범죄에 대해서도 수사 역량을 집중해야 한다.

범죄 피해자 주거안전 업무협약

대구시 자치경찰위원회가 2022년 연말에 사회적 약자 보호 사업에 한 발 더 다가갔다. 대구시 자치경찰위원회 정책TF팀에서는 DB 손해보험, 대구서부범죄피해자지원센터와 '스토킹 등 범죄 피해자 주거안전 확보'를 위한 삼자 간 업무협약을 체결했다.

이번 상호협약을 통해 DB손해보험은 사회공헌기금 1억 7,000만 원을 대구서부범죄피해자지원센터에 지정 기탁하고, 대구서부범죄피해자지원센터는 기금을 집행, 관리하며, 대구자치경찰위원회와 대구경찰청은 스토킹 범죄 피해자 등 범죄 노출 우려가 있는 사회적 약자 147가구에 홈-도어가드(CCTV)를 무상 설치한다. 또한 민간 경비업체의 홈-보안 서비스를 3년간 지원하는 등 사회 안전망 확보라는 공익적 가치 실현을 위해 함께 노력할 것을 약속했다. 홈-보안 서비스 주요 기능으로는 폐쇄형 카메라(CCTV)가 설치된 현관문 앞 실시간 영상 확인 및 배회 감지, 영상녹화, 출입 기록 확인, 24시간 출동 서비스 기능이 있어 스토킹 이외의 절도 등 범죄 예방과 대응에 효과적일 것으로 기대된다.

DB 손해보험은 지역 사회와 국가에 사회공헌 및 사회봉사에 많은 기여를 하는 기업이다. 특히, 범죄 피해자 보호에 대한 남다른 애착과 관심을 갖고 있는 상태에서 대구시 자치경찰위원회와 소통이 된 것이다. 최근 스토킹, 데이트 폭력 등 여성에 대한 범죄가 자주 발생하는 시점에서 의미 있는 협력사업으로 평가된다.

연말연시, 시민안전 확인 또 확인

이태원 참사 이후 안전에 대한 관심과 걱정이 많은 시점에서 연말연시를 맞았다. 대구시 자치경찰위원회는 2022년 12월 22일 오후 3시, 대구시, 대구경찰청, 대구교육청, 대구소방안전본부 관계자 등 15명이 참석한 가운데 촘촘하고 든든한 사회 안전망을 만들기 위한 '2022년 제5차 실무협의회 회의'를 개최했다.

이날 회의에서는 사회적 거리 두기가 완화된 연말연시 음주, 폭력, 절도 등 각종 사건 사고에 대비해 시민들이 따뜻하고 안전한 연말연시를 보낼 수 있도록 관계기관과 함께 '연말연시 특별치안 및 안전 대책'을 중점적으로 점검했다.

대구경찰청의 연말연시 특별치안 대책은 12월 19일(월)부터 2023년 1월 1일(일)까지 14일간 추진되며 주민들과 밀접한 기능 중심으로 ▷ 취약지역 중심 선제적 범죄 예방활동 ▷ 동계방학 졸업 기간 청소년 선도 보호활동 ▷ 연말연시 모임 등에 대비, 음주 운전 경각심 제고 ▷ 112 순찰활동을 강화하여 평온한 연말연시 분위기를 조성할 방침이다.

대구경찰청은 3개월간의 범죄 통계 등을 활용한 범죄 취약지, 취약 시간을 바탕으로 순찰선, 거점근무지를 세밀히 설정, 지역 경찰 강·절도 예방 순찰을 강화하며, 제2금융기관, 편의점, 귀금속점, 무인점포 등 치안 여건에 따른 '맞춤형 경찰활동'을 전개하고, 특히 긴급신고 시 관할 기능 불문 '112 총력대응' 태세를 확립해 신속하게 조치할 계획이다. 또한, 동계방학, 졸업 기간 청소년 선도를 위해 청소년비행대책협의회 등 지역 사회와 협업으로 선제적 청소년 범죄 비행활동을 예방하며 학교 가정 밖 위기청소년을 관련 기관, 제도와 적극 연계하기로 했다.

교통 분야에서는 내년 1월 31일까지 연말연시 각종 모임에 대비 음주 운전을 집중 홍보하고 음주 운전 취약 장소와 연계되는 '목지점' 단속 및 1시간 단위로 단속장소를 변경하는 '스팟 이동식' 단속도 실시한다.

아울러 대구시 관계부서 및 대구교육청은 겨울철 안전 대책으로 ▷ 취약 시설

안전관리 이행 실태 점검 ▷ 동절기 취약노인 보호 ▷ 장애인복지시설 안전 점검 ▷ 사회복지시설 안전 점검 ▷ 청소년 전화 1388 및 일시 보호소 운영 ▷ 겨울철 자연 재난 대비 교통 대책 ▷ 소방안전 대책 ▷ 학교폭력 예방 대책에 대해 보고했으며, 이후 관계부서 간 서로 보완할 사항 등에 대해 의견을 나눴다.

실제로 대구시 자치경찰위원회 출범 이후 실무협의회를 통해 어린이보호구역 통학로 안전, 어르신 교통안전을 위한 교통섬 그늘막 의자 설치 확대 등 다양한 성과가 있었다. 2023년에도 시민과 소통하고 사회적 약자를 배려하는 대구자치경찰의 비전에 부합해 치안행정과 자치행정의 연계 소통을 강화해 나갈 것이다.

대구일보

2022년 12월 26일 월요일 016면 사람

"철저한 대비로 안전한 연말연시 만들게요"

대구시 자치경찰위원회가 지난 22일 든든한 사회안전망을 만들기 위한 '2022년 제5차 실무협의회 회의'를 개최했다.

이날 회의에는 대구시, 대구경찰청, 대구시교육청, 대구소방안전본부 관계자 등 15명이 참석했다.

회의에서는 사회적 거리두기가 완화된 연말연시 음주, 폭력, 절도 등 각종 사건 사고에 대비해 시민들이 따뜻하고 안전한 연말연시를 보낼 수 있도록 관계기관과 함께 '연말연시 특별치안 및 안전대책'을 중점적으로 점검했다.

대구경찰청은 다음달 1일까지 연말연시 특별치안 대책을 실시한다.

이 기간 주민들과 밀접한 기능 중심으로 △취약지역 중심 선제적 범죄예방 활동 △동계방학·졸업기간 청소년 선도 보호 활동 △연말연시 모임 등에 대비, 음주운

'2022년 제5차 실무협의회 회의'에 참석한 관계자들이 회의를 진행하고 있다.

대구시 자치경찰위원회, 제5차 실무협의회 회의
순찰 강화·112 총력 대응 태세 등 안전대책 점검

전 경각심 제고 △112 순찰 활동을 강화하여 평온한 연말연시 분위기를 조성할 방침이다.

대구경찰청은 3개월간의 범죄 통계 등을 활용한 범죄취약지, 취약시간을 바탕으로 순찰선, 거점 근무지를 세밀히 설정, 지역경찰 강·절도 예방 순찰을 강화한다. 제2금융기관, 편의점, 귀금속점, 무인점포 등 치안 여건에 따른 '맞춤형 경찰활동'을 전개하고, 긴급 신고시 관할 가능 불문 '112 총력 대응' 태세를 확립해 신속하게 조치할 방침이다.

교통 분야에서는 내년 1월31일까지 연말연시 각종 모임에 대비 음주운전을 집중 홍보하고 음주운전 취약장소와 연계되는 '복지점' 단속 및 1시간 단위로 단속장소를 변경하는 '스팟 이동식' 단속도 실시하기로 했다.

신현호 기자 shh24@idaegu.com

시민안전이 최고의 복지다

경북일보 특별기고 (2023. 11. 24)

전 세계가 각종 재난으로 심각한 피해를 보고 있다. 올해 캐나다에서 발생한 엄청난 규모의 산불은 미국 뉴욕보다도 넓은 면적을 불태웠다. 올 8월에 발생한 하와이 마우이섬 산불로 인해 388명이 사망하거나 실종됐다. 또한 최근 유럽을 강타한 폭염과 극한 호우, 지진은 수많은 사망자와 재산 피해, 이재민을 만들었다. 강력한 산불과 폭염으로 그리스는 인기 관광지인 아크로폴리스의 관광객 방문을 금지했다.

재난은 특히 가난한 사람들에게 더 가혹하다. 경제적으로 빈곤한 후진국에서 발생한 재난은 참으로 혹독하다. 앞으로 지구온난화와 기후변화에 따른 자연 재난 발생 빈도와 위험성은 훨씬 더 위협적으로 우리에게 다가올 것이다.

우리나라도 최근 몇 년간 극한 호우로 인해 큰 피해를 입었다. 올여름 극한 호우와 산사태로 인해서 경북 영주, 예천, 봉화 지역에서 25명이 사망하고, 예천에서는 2명이 실종된 재난이 발생했다. 경북지역은 전국에서 산사태 위험지구가 가장 많은 것으로 나타났다. 또한, 지난 7월 충북지방에 내린 폭우로 청주시 오송 지하차도에 순식간에 물이 차서 14명이 사망하는 재난 사고가 발생했다. 3일간 쏟아진 엄청난 비로 인해 인근 미호천교의 임시제방이 붕괴해서 6만 톤의 강물이 한꺼번에 쏟아져 나오면서 지하차도가 불과 3분 만에 물로 가득 차면서 발생한 것이다. 이런 유형의 사고는 작년에도 있었다. 경북 포항시의 한 아파트 지하 주차장에 인근 냉천에서 범람한 물이 쏟아지면서 순식간에 침수되어 7명이 사망한 사고가 있었다. 2020년 7월에는 시간당 최대 81.6mm의 집중호우가 내려 부산 동구 지하차도가 침수되면서 3명이 사망하는 사고가 발생했다. 앞으로 기후변화에 따른 이른바 극한 호우 현상은 더욱 많이 발생할 것으로 예상된다. 극한 호우는 말 그대로 '단시간에 많은 비가 퍼붓는 현상'으로, 2013년부터 현재까지 연평균 8.5% 증가하고 있다.

극한 호우는 범정부적 차원에서의 철저한 대비가 필요하다. 이러한 대비는 정부의 어느 한 부처의 노력과 역량으로는 불가능하다. 관련된 모든 부처와 기관의 소통과 협력으로 재난 및 위기관리 시스템을 재정비해야 한다. 여기서 부처이기주의나 업무 떠넘기기 같은 고질적인 관료주의 병폐가 있어서는 절대로 안 된다.

재난 및 위기관리에 있어서는 무엇보다 해당 지역에 살고 있는 지역 주민의 능동적인 참여가 중요하다. 산사태나 극한 호우로 인한 지하차도 침수 등 지역의 위험한 곳은 지역 주민들이 가장 잘 안다. 실제로 재난 피해가 발생한 지역을 상세하게 분석해 보면, 지역 주민들이 위험하다고 개선을 요구한 지역이 많다. 예산 부족을 핑계로, 또는 임기응변식으로 대충 넘기다가 또 다른 피해를 입게 되는 것이다. 지역 주민과 정부가 공동으로 참여하는 확실하고 꼼꼼한 재난관리 시스템을 만들어야 한다.

2021년 7월, 대구시 자치경찰위원회가 출범하고 '찾아가는 주민안전 소통 설명회'를 열정적으로 시행하고 있다. 여기서 강조하는 것이 바로 주민이 '참여'하는 지방자치이다. 재난이나 범죄로부터 위험한 장소와 시간은 물론이고, 돌봄을 받아야 할 사회적 약자들에 대한 정보는 해당 지역 주민과 통반장들이 가장 잘 안다. 지역 주민이 스스로 주체가 되어 지역의 안전 문제를 해결해야 한다.

그리고 또 한 가지 중요한 것이 있다. 위험이 확인된 장소에 대한 철저한 대비이다. 재난 및 위기관리에 있어 가장 큰 제약요인은 바로 방심과 안전불감증이다. 세월호 참사, 이태원 참사도 그랬고, 오송 지하차도 참사도 마찬가지다. 옛말에 '소 잃고 외양간 고친다'는 말이 있다. 이 말을 수정해서 '소를 잃었으니, 방심하지 말고, 외양간을 잘 고쳐서 다시는 소를 잃어서는 안된다'고 강조하고 싶다. 시민안전이 최고의 복지다. 살기 좋은 도시는 바로 '안전한' 도시다.

2024년 치안전망과 자치경찰

경북일보 특별기고 (2024. 1. 8)

범죄를 과학적으로 예측하고, 철저하게 대비하는 것은 국가의 중요한 책무이다. 향후 어떤 유형의 범죄가, 어디서, 어떻게 발생할지를 예측하는 것은 주로 기존의 빅 데이터와 추세 분석 등을 활용한다. 국립 경찰대학 치안정책연구소에서 발간한 「치안전망 2024」를 중심으로 올해의 범죄 양상을 예측해 본다.

올해의 치안 상황을 전망해 보면, 먼저 선거 범죄가 증가할 것으로 예측된다. 올해 4월 10일 국회의원 선거가 예정되어 있다. 현재 예비후보로 등록을 하고, 선거운동을 하는 등 열기가 뜨겁다. 선거 범죄는 주요 선거가 이루어진 해에 발생 건수가 급증하는 패턴을 보인다. 경찰, 선관위 등 공공기관의 공정하고 신뢰성 있는 법집행이 필수적이다.

또한, 교통사고의 위험성을 예측할 수 있다. 2023년 코로나19 방역 정책 해제 이후 각종 모임 등 시민들의 외부활동이 급격하게 늘어났다. 음주 운전 교통사고는 물론이고, 노인 운전자들의 교통사고, 스쿨존에서 아동 교통사고 등 교통약자들에 대한 사고가 늘고 있다. 지속적인 교통 단속은 물론이고 캠페인을 통한 교육과 홍보가 필요하다.

아울러 경제가 어려운 시기에는 사기와 횡령 등 지능·경제 범죄가 증가하는 경향이 있고, 특정 경제 범죄의 유형 중에 특히 전자금융거래법 위반, 저작권법 위반의 증가가 예상된다. 특히 전세·보험 사기, 투자 리딩방 사기 범죄는 2021년 이후 증가추세가 이어지고 있다. 이러한 사기 범죄의 피해자는 엄청난 규모의 재산 피해는 물론이거니와 심지어 피해자 중에서 극단적인 선택을 하는 경우도 있다. 범정부적인 철저한 대책이 요구된다.

계속 증가하고 있는 사이버 범죄도 지속해서 발생할 것으로 예측된다. 경찰대학 치안정책연구소 자료에 따르면, 최근 10년 동안 사이버 범죄는 연평균 약 17만 2천여 건 발생했다. 2023년에 발생한 온라인 거래 사기, 게임 사기 등으로 대표되는 사이버 사기는 약 12만 7천여 건으로 사이버 범죄의 약 70%를 차지하였고, 메신저피싱, 몸캠피싱 등으로 알려진 사이버 금융 범죄, 사이버 명예훼손·모욕 범죄가 각각 2만여 건(11%) 발생하였다.

가정폭력 범죄도 예외는 아니다. 가정폭력은 2021년 이후 증가추세를 지속하고 있고, 교제(데이트) 폭력 또한 2020년 이후 증가추세에 있다. 아동이나 여성, 노인 등 사회적 약자들에 대한 범죄 피해자 지원 대책이 중요한 대목이다.

우리 사회에 마약 범죄도 남의 일이 아니다. 심각한 수준이다. 과거 조직폭력배와 유흥가에서 주로 통용되었던 마약이 우리 사회 곳곳에 들어왔다. 청소년, 대학생, 주부들에 이르기까지 안전지대가 아니다. 최근에는 외국인 마약류 범죄가 증가할 것으로 예상된다. 2023년 9월 기준 국내 체류 외국인은 251만 명이다. 대구시 전체 인구와 맞먹는 수치이다. 체류 외국인의 증가와 함께 외국인에 의한 마약류 범죄의 조직화, 다양화, 탈국경화에 따른 마약류 범죄의 증가가 전망된다.

2021년 7월, 자치경찰제도가 처음 시행되었다. 자치경찰제의 궁극적 목표는 시민의 안전이다. 이를 위해서 대구시 자치경찰위원회는 '시민과 소통하고, 사회적 약자를 배려하는 시민 중심의 자치경찰'을 정책목표로 채택하였다. 현재 대구시민의 안전을 위해 치밀하게 치안 여건을 분석해서 촘촘하고 든든한 치안정책을 펼치고 있다. 제복 입은 경찰관들의 예방 순찰 강화, 지능형 CCTV 등 물리적인 환경설계를 통한 범죄 예방, 과학치안 시스템의 도입, 시민 참여형 치안 거버넌스 구축 등 주민자치행정과 경찰행정을 잘 결합해서 대구시민을 안전하게 보호할 것이다.

중구 동성로, 라이온스 파크 야구장 합동 캠페인

대구광역시 자치경찰위원회는 2023년 5월 15일(월) 오후 7시에 대구시의 주요 범죄 다발 지역인 대구시 중구 동성로 클럽골목에서 마약과 불법 촬영 범죄 예방을 위한 민관경 합동 캠페인을 개최했다.

이날 우리 대구광역시 자치경찰위원회와 대구광역시의회 기획행정위원회, 중부경찰서, 대구 중구청 그리고 중구 자율방범대연합회, 동성로 시민경찰대, 대구광역시 자치경찰 네트워크 협의체 등 많은 시민이 모여 마약과 불법 촬영 범죄 예방을 위한 캠페인을 실시했다.

이번 캠페인은 성년의 날(5.15.)을 맞아 청년들이 많이 찾는 동성로 클럽골목에서 실시했으며, 마약 및 불법 촬영 근절 전단과 마약류 시약 스티커 그리고 불법 촬영 자가탐지 카드를 시민들에게 배부하며 마약 및 불법 촬영 범죄의 위험성을 알렸다.

또한, 다음 날 5월 16일, 삼성 라이온즈와 기아 타이거즈가 경기하는 수성구 대구 라이온스 파크에서 마약 범죄로부터 청소년들을 보호하고자 하는 캠페인을 실시하였다. 이 행사에는 대구시 자치경찰위원회를 비롯해 대구시, 대구경찰청, 수성경찰서, 시교육청, 대구지구JC, 대구마약퇴치운동본부 등 총 100여 명이 참여하였다.

대구라이온스파크 합동 청소년 보호 캠페인

범죄는 왜 발생하나?
대구신문 특별기고 (2024. 5. 30)

사람이 몸이 아플 때, 병원에 가서 각종 검사를 한다. 먼저 혈압과 체온, 맥박을 재고, 심전도와 소변 검사를 한다. 그 이유는 병의 원인을 찾기 위해서이다. 병이 발생한 원인을 정확하게 알아야 제대로 된 진단이 나오고 처방이 나온다. 약을 처방하고, 수술이 필요하면 수술을 해야 하고, 운동요법 등 다양한 방법을 활용해서 병을 고치는 것이다. 공부를 잘하는 학생은 모의고사를 보고 나서 어떤 문제가 틀렸는지, 어느 부분이 내가 부족한지를 정확하게 알고, 집중적으로 공부를 한다. 우등생들은 절대로 모의고사에서 틀린 문제를 또다시 틀리지 않는다. 범죄를 예방하는 것도 마찬가지다. 범죄를 예방하는 것은 경찰의 몫이라고 생각하는 사람들이 많다. 하지만 그렇지 않다. 범죄를 예방하는 것은 경찰, 지방자치단체, 보건소 등 의료기관, 초·중·고등학교 등 교육기관 등이 소통하고 협력해서 촘촘한 사회 안전망을 만들어야 가능하다.

다시 돌아가서 생각해 보자. 범죄는 왜 발생하는가? 범죄가 발생하는 이유를 정확하게 파악하면 제대로 된 실효성 있는 대책이 나온다.

일반적으로 범죄는 범죄자가 탐하는 매력적인 대상이나 물건에 대해 적발(처벌)당하지 않고, 그들의 목적을 달성할 수 있을 때 발생한다. 즉 범죄를 저지르고도 무사할 때 발생할 가능성이 높다. 예를 들어, 고가의 물건을 훔쳤는데 보는 사람이 아무도 없을 때, 절도범은 안심하고 범죄를 저지르게 된다. 강도나 성범죄도 마찬가지다.

또한, 술과 범죄는 아주 밀접한 관련성을 갖는다. 범죄를 연구하는 학자들 사이에서 '술집 옆은 교도소'라는 우스갯소리가 있다. 술로 인한 사회적 비용이 연간 15조라는 통계도 있다. 어느 조사에 의하면, 살인자가 살인을 저지를 당시 30%에서 70%가 술을 마셨다고 한다. 또한 폭력 전과자를 상대로 조사한 바에 따르면, 폭력 범죄 당시 약 65%가 술을 마시고 있었다는 자료도 있다. 아울러 알코올 중독자의 자살률은 정상적인 사람들에 비해 약 60배 정도 높다고 한다. 실제로 대구시에서도 112 사건신고가 많고, 범죄가 많은 지역은 중구 동성로 클럽 골목이나 수성구 황금동, 동대구역 주변 등 유흥업소 밀집지역이다.

범죄는 보호 능력이 없는 사회적 약자들에게 치명적이다. 혼자 사는 독거노인, 청소년, 정신질환자들에게는 범죄자가 쉽게 접근할 수 있다. 혼자의 힘으로는 스스로를 방어할 수 없기 때문에 이들에 대한 국가의 지원이 필수적이다.

불과 얼마 전 묻지마 흉악 범죄 때문에 전 국민이 불안에 떨었다. 묻지마 범죄자들은 사회 부적응과 은둔형 외톨이 등 다른 사람들과 소통이 단절된 상태에서 범죄를 저지르는 경우가 많다. 또한, 조현병 환자 중에서 치료를 중단한 사람들도 위험군에 속한다. 따라서, 지역 내 다양한 기관의 노력과 협업이 매우 중요하다. 먼저 경찰의 역할이 무엇보다 중요하다. 늠름한 경찰이 제복을 입고, 순찰을 해야 한다. 순찰은 범죄의 예방은 물론 시민들의 범죄에 대한 두려움도 줄여줄 수 있다. 곳곳에 경찰관이 있다는 사실은 범죄자들에게 범죄를 단념하게 만든다. 파출소와 지구대에서 나와서 중요 거점을 중심으로 거점 순찰, 예방 순찰을 강화해야 한다. 경찰력의 한계가 있기 때문에 지역 주민들과 함께 합동으로 순찰하는 등 공동체 치안을 만들어야 한다. 이런 점에서 자율방범대, 녹색어머니회, 해병전우회 등은 중요한 자산이다. 또한, 경찰과 지방자치단체가 과학적인 분석을 통해 지역 내 공원이나 산책로, 통학로 등에 고성능 CCTV를 설치하고, 환경설계를 통한 범죄 예방(CPTED, Crime Prevention Through Environmental Design)을 확대해야 한다. 첨단 AI 기술을 치안에 활용해서 시민들을 적극적으로 안전하게 보호해야 한다.

끝으로, 지금 경제 상황이 안 좋다. 양극화도 심화되고, 경제적 빈곤층들이 많다. 실패를 겪으면서 사회에 증오를 가진 사람들이 흉악 범죄로 연결되지 않도록 국가가 따뜻하게 포용해야 한다. 이들에 대한 맞춤형 복지정책이 필수적이다.

05

다중 밀집 인파사고와 안전

안전 교육의 중요성
경안일보 특별기고 (2022. 8. 22)

우리는 과거 안전불감증으로 인한 후진국형 재난사고들을 겪었다. 삼풍백화점 붕괴 사고, 성수대교 붕괴 사고, 세월호 참사를 비롯해서 대구·경북지역에서도 많은 인명 피해를 일으킨 큰 재난사고들이 있었다.

그중에서도 먼저 2005년 10월 3일 발생한 상주 MBC 가요콘서트 사고를 들 수 있다. 이날 오후 5시 40분쯤 상주 시민운동장에서 MBC 가요콘서트를 관람하기 위해 모인 군중이 한꺼번에 들어가려다 앞쪽의 사람들이 넘어지는 바람에 11명이 숨지고, 83명이 중경상을 입는 끔찍한 사고가 일어났다. 상주전국자전거축제의 마지막 행사인 이날 콘서트에는 인기가수 20여 명이 출연할 예정으로 상주시와 문경, 김천시뿐만 아니라 전국에서 3만 여명의 관람객들이 몰렸다. 사고는 일찍부터 문 앞에서 기다리던 군중이 출입문이 열리자 한꺼번에 들어가려 하면서 앞에 서 있던 사람들이 넘어져 일어났다. 출입문은 안쪽으로 경사진 데다 앞줄에는 주로 노인과 어린아이 등 노약자들이 서 있어 사고가 커졌다.

또 다른 사고로 대구 지하철 화재사고가 있다. 대구 지하철 화재 참사는 2003년 2월 18일 대구 도시철도 중앙로역에서 방화로 일어난 참사이자 대한민국에서 가장 인명 피해가 큰 철도사고이다. 이로 인해 2개의 전동차가 모두 불타고, 192명의 사망자와 21명의 실종자 그리고 148명의 부상자라는 참담한 재난사고가 발생했다. 이 사고는 1995년 아제르바이잔 지하철 화재 참사, 대구 상인동 가스 폭발 사고와 함께 세계 3대 최악의 지하철 사고로 꼽힌다.

이런 사고는 미연에 방지할 수 있는 인재(人災) 사고이다. 안전불감증이 만들어낸 사고라는 것이다. 필자는 이러한 재난사고를 방지하기 위해서는 여러 가지 대책이 필요하겠지만 근본적으로 볼 때, 국민 안전 교육이 중요하다고 생각한다. 빨리빨리, 설마 문제 없겠지? 라는 생각을 버리도록 어릴 때부터 안전 교육을 실시해야 한다.

미국과 일본 같은 선진국의 안전 교육에 대한 예를 들면, 미국의 초등학교에서 쓰레기 현장 견학을 가면, 커다란 플라스틱 유리안경과 모자, 노란색 큰 조끼를 준비해서 학생들에게 나누어준다. 모자, 안경, 옷들을 착용하고 안전하게 견학할 수 있도록 필요한 조치를 하는 것이다. 어릴 때부터 그렇게 안전 교육이 철저하면 이에 따라 학생들의 안전 의식도 강화될 수밖에 없다. 또한 샌프란시스코 근교에는 지진 발생 때문에 초등학교에 입학과 함께 개인의 3일간의 비상식량을 준비해서 교실 한 곳에 비닐 팩에 담아 1년을 보관한 후, 학년이 바뀌는 때에 돌려준다. 그리고 새 학년이 되면 또 새롭게 3일간의 비상식량을 넣은 비닐 팩을 준비해 새 교실에 보관해 둔다. 항상 유사시를 대비하는 준비가 철저하다. 학생들은 물론 성인들도 한 달에 한 번 있는 지진대피 훈련에 모두 적극적으로 참여한다. 이처럼 어릴 때부터 성인에 이르기까지 안전에 대한 교육과 실천행동은 일상생활에 깃들어 있기 때문에 안전 불감증으로 인한 사고는 잘 발생하지 않는다.

지진이 많은 일본도 안전 교육만큼은 철저하다. 우리도 수능을 대비한 입시 교육에만 집중하지 말고, 민주시민으로서 생활안전 교육을 실시해야 한다.

최근에 초등학생들 사이에서는 '민식이법 놀이'가 유행한다고 한다. 아이들이 스쿨존(어린이보호구역)을 지나가는 차량에 접근해서 운전자를 놀라게 하는 것이다. 차를 만지고 오는 행위를 하면 아이들끼리 서로 돈을 주고받기까지 한다고 한다. 참으로 어처구니 없는 일이다. 적절한 교육이 필요하다. 단순한 강의형 교육보다는 학생들이 참여하는 체험형 교육이 더욱 효과적이다. 이런 측면에서, 대구시 동구에 있는 대구시민안전테마파크를 주목할 필요가 있다.

대구시민안전테마파크는 상인동 가스 폭발 사고, 대구지하철 참사 등 각종 재난과 안전사고 유발요인을 분석하고, 이에 대한 실질적인 체험 교육을 통해서 시민의 안전 의식과 재난 대응 역량을 함양하기 위해서 설립된 기관이다. 주요 시설로는 지하철 안전체험장, 교통안전체험장(교통사고, 자전거, 도로교통), 지진 및 방재미래관, 화재진압 체험장, 모노레일 체험장, 응급처치 체험장 등이 있다. 심도 있게 설계된 다양한 시민 체험 프로그램, 우수한 시설과 성실한 교관이 있다. 우리 지역에서 적극적으로 활용할 것을 추천한다.

이제 유치원 안전 교육을 시작해서 초, 중, 고등, 대학과 성인에 이르기까지 안전을 교육하고 홍보해야 한다. 안전은 투자이고, 관심이다.

다시 돌아온 지역 축제, '안전'이 중요하다
경안일보 특별기고 (2022. 7. 11)

바야흐로 축제의 계절이다. 각종 음악회, 콘서트와 함께 지역 축제들이 앞을 다투어 개최되고 있다. 대구·경북도 예외는 아니다. 얼마 전 대구 스타디움에 2만여 명이 모인 K 트로트 축제를 비롯하여 대구시의 대표적인 축제인 2022 대구치맥 페스티벌은 7월 6일부터 10일까지 5일간 대구시 두류공원 일대에서 실시되었다. 아울러 7월 9일과 10일 양일간 대구시 내 국채보상로 일대에서 파워풀 대구 페스티벌이 많은 시민과 관광객이 참석해서 성황을 이루었다.

코로나19 때문에 3년 만에 개최된 대구치맥 페스티벌과 파워 페스티벌에는 실로 많은 인파가 몰렸다. 행사 기간 중에 소매치기, 성범죄 등 범죄 예방, 행사장 주변 교통관리, 무더위와 음주로 인한 안전사고 발생 우려가 높다. 그래서 행사장 경호, 혼잡 경비 등의 이름으로 세심한 안전대책을 수립한다.

원래 좁은 장소에 많은 사람이 모이는 경우는 안전사고가 발생할 가능성이 높다. 특히 음식과 술이 있는 행사는 더욱 그렇다. 주차와 교통 문제도 중요하다. 안전을 확인해야 한다. 확인 또 확인. 주최 측과 경찰, 소방, 시청 등 관계자들의 철저한 안전 대책을 수립했다.

대구시 자치경찰위에서도 필자를 비롯한 직원들이 치맥 국제 페스티벌 행사가 열린 두류야구장 일대의 현장을 확인하고, 경찰관 등 관계자를 격려하였다. 더운 여름 야간에 자발적으로 순찰 봉사하는 자율방범대와 시민명예경찰 등은 정말 자랑스럽다.

현장에서 성서경찰서 자율방범대, 시민경찰 등이 협력방범 및 범죄 예방활동, 행사장 내외의 성폭력 예방, 청소년 선도, 보호활동, 행사장 주변 교통관리 등 업무를 진행하였다.

기억하고 싶지는 않지만 우리는 예전의 실패한 사례를 통해서 배우고, 또 대비해야 한다. 지역 축제 기간 중에 인명사고가 발생한 가슴 아픈 사례가 있다. 2005년 10월 3일, 상주 자전거 축제 중에 열린 MBC 쇼 프로그램 '가요 콘서트'를 관람하기 위해 시민들이 일거에 몰려들면서 11명이 사망하고, 78명이 부상하는 대형 압사사고가 발생했다. 이 사고는 행사장 출입문이 열린 뒤 한꺼번에 들어가려다 앞서던 사람들이 넘어지자 뒤따르던 사람들이 잇따라 넘어지면서 빚어졌다. 사망자는 대부분 노인과 어린이였다.

또 다른 사고도 있다. 2014년 10월 17일, 경기도 성남시 분당구 판교신도시에서 개최된 제 1회 판교테크노밸리 축제 도중 벌어진 안전사고이다. 2014년 10월 17일, 오후 17시 50분경, 경기 성남시의 판교신도시 유스페이스 광장에서 걸그룹 포미닛이 공연을 진행하던 중이었다. 인근 건물에서는 공연을 관람하기 위해 27명의 관람객이 해당 건물의 지하 주차장과 연결된 환풍구 위에 올라가 있었는데, 이내 환풍구가 붕괴되며 지하 18.7m로 올라가 있던 인원 전원이 추락하는 참사가 일어났다. 이 사고로 최종 집계 16명이 사망하고, 11명이 부상을 입었다. 참석자의 안전이 중요하다. 아무리 강조해도 지나치지 않다.

지금 여름 휴가철을 맞아 코로나19가 재확산 조짐을 보이고 있다. 일선 시군에서 개최되는 지역 축제에 대한 안전관리 대책 수립이 매우 중요하다. 백신 추가 접종과 실내 마스크 착용 등 그 어느 때보다 철저한 개인 방역이 필요한 때이다.

이 여름이 지나면 더 많은 축제가 개최될 예정이다. 안동 국제탈춤 페스티벌, 봉화 송이 축제, 영주 인삼 축제 등 많은 관광객이 우리 지역을 방문할 예정이다. 그들이 즐기고, 먹고, 자고, 추억을 만들 수 있도록 안전에 최선을 다해야 한다. 안전한 지역 축제가 행복한 지역 축제의 제일 중요한 조건이다.

2022 파워풀 축제 기간 중 중부경찰서 CP 격려 방문

지역 내 다중 운집 행사와 자치경찰 업무의 범위

2022년 10월 29일 22시 15분에 서울시 용산구 이태원동에서 대형 압사사고가 발생했다. 당시 이태원에는 핼러윈을 앞두고 많은 사람이 몰려 들었으며, 해밀톤 호텔 앞 좁은 골목길로 인파가 밀리면서 사상자가 다수 발생했다. 2022년 11월 1일 기준으로 사망자는 156명으로 집계되었다. 이 사고는 2014년 세월호 침몰 사고 이후로는 우리나라 최대 인명 사고이며, 특히 서울 도심에서 벌어진 대형 참사로는 502명이 사망한 1995년 삼풍백화점 붕괴 사고 이후 처음으로 기록되었다. 경찰청 특별수사본부에서 관련 수사와 감찰이 진행 중이고, 정부에서는 민관합동점검단이 구성되는 등 참사의 원인 규명과 함께 유사 사고 재발 방지 대책 등으로 분주하다. 절대로 발생해서는 안 될 끔찍하고 가슴 아픈 사고이다.

이태원 참사와 관련하여 대구시 자치경찰위원회에서는 대구경찰청에 공문을 보내 앞으로 인파가 많이 모이는 행사에 대한 철저한 안전대책을 수립하고, 그 대책을 자치경찰위원회에 통보할 것을 요청했다. 아울러 경찰청의 사전 경비 대책 회의에도 자경위 직원들이 반드시 참석하도록 요청했다. 이러한 내용은 2022년 11월 9일 대구시 자치경찰위원회 정기회의 때 심의 의결하였다.

또한, 이번 참사를 계기로 자치경찰사무 특히, 지역 내 다중 운집 행사와 관련하여 자치경찰 업무의 범위에 대해 검토해 보았다. 그래야 업무에 집중할 수 있고, 관련 기관들과 협조와 지원, 소통을 원활하게 할 수 있기 때문이다.

내용 요약

▨ 자치경찰사무(지역 내 다중 운집 행사 관련)의 범위 기준 및 구체적 사항과 범위

◖ 경찰법 제4조제1항제2호다목의 자치경찰사무인 「지역 내 다중 운집 행사 관련 혼잡

교통 및 안전관리」에 대한 자치경찰사무의 범위 기준(경찰법시행령 제2조의 별표)은 '~교통안전관리(안전관리) 지원'이며, 구체적 사항과 범위(조례 제2조의 별표1)는 '~교통관리(교통안전활동) 지원 및 안전관리계획 수립(안전활동) 지원'으로 명시하고 있음.

▨ 관련 근거(법, 대통령령, 조례)

◖ 국가경찰과 자치경찰의 조직 및 운영에 관한 법률(경찰법)

제4조(경찰의 사무) ① 경찰의 사무는 다음 각 호와 같이 구분한다.

1. 국가경찰사무:제3조에서 정한 경찰의 임무를 수행하기 위한 사무. 다만, 제2호의 자치경찰사무는 제외한다.

2. 자치경찰사무:제3조에서 정한 경찰의 임무 범위에서 관할 지역의 생활안전·교통·경비·수사 등에 관한 다음 각 목의 사무

   다. 지역 내 다중 운집 행사 관련 혼잡 교통 및 안전관리

② 제1항제2호가목부터 다목까지의 자치경찰사무에 관한 구체적인 사항 및 범위 등은 대통령령으로 정하는 기준에 따라 시·도조례로 정한다.

◖ 자치경찰사무와 시·도자치경찰위원회의 조직 및 운영 등에 관한 규정(대통령령)

제2조(생활안전·교통·경비 관련 자치경찰사무의 범위 등) 「국가경찰과 자치경찰의 조직 및 운영에 관한 법률」(이하 "법"이라 한다) 제4조제1항제2호가목부터 다목까지의 규정에 따른 자치경찰사무에 관한 구체적인 사항 및 범위 등을 같은 조 제2항에 따라 특별시·광역시·특별자치시·도·특별자치도(이하 "시·도"라 한다)의 조례로 정하는 경우 지켜야 하는 기준은 다음 각 호와 같다.

1. 법 제3조에 따른 경찰의 임무 범위와 별표에 따른 생활안전, 교통, 경비 관련 자치경찰사무의 범위를 준수할 것

생활안전, 교통, 경비 관련 자치경찰사무의 범위(제2조제1호 관련)

자치경찰사무	범위
3. 지역 내 다중 운집 행사 관련 혼잡 교통 및 안전관리	가. 지역 내 다중 운집 행사 등의 교통질서 확보 및 교통안전관리 지원 나. 지역 내 다중 운집 행사 안전관리 지원

◐ 대구광역시 자치경찰사무와 자치경찰위원회 조직 및 운영 등에 관한 조례

　제2조(생활안전·교통·경비 관련 자치경찰사무의 범위 등) ①「국가경찰과 자치경찰의 조직
　및 운영에 관한 법률」(이하 "법"이라 한다) 제4조제2항 및 「자치경찰사무와 시도자치경
　찰위원회의 조직 및 운영 등에 관한 규정」(이하 "영"이라 한다) 제2조에 따른 자치경찰
　사무의 구체적 사항과 범위는 별표 1과 같다.

　② 대구광역시장(이하 "시장"이라 한다)은 제1항에 따른 별표 1을 개정할 필요가 있을 경
　　우 영 제2조제2호에 따라 자치경찰사무를 적정한 규모로 정하기 위해 미리 대구
　　광역시경찰청장의 의견을 청취한다.

생활안전, 교통, 경비 관련 자치경찰사무의 구체적 사항 및 범위(제2조제1호 관련)

다. 지역내 다중 운집 행사 관련 혼잡 교통 및 안전관리

자치경찰사무	범위 기준	구체적 사항 및 범위
	가. 지역 내 다중 운집 행사 등의 교통질서 확보 및 교통안전관리 지원	① 다중 운집 행사장 주변 주요 교차로 소통 확보를 위한 교통관리 지원 ② 행사장 주변 보행자 등 교통사고 예방을 위한 교통안전활동 지원
	나. 지역 내 다중 운집 행사 안전관리 지원	① 다중 운집 행사 안전관리계획 수립 지원 ② 행사장 주변 안전사고 예방 및 질서유지를 위한 안전활동 지원

✅ 기타사항 : 알기쉬운 자치경찰제 법령(21.6, 경찰청 발간) 내용 중(P.12)

◐ 자치경찰사무의 기준(경찰법 제4조제1항제2호)

　제4조제1항제2호는 자치경찰사무를 '제3조에서 정한 경찰의 임무 범위에서 관할 지
　역의 생활안전 교통 경비 수사 등에 관한 다음 각 목의 사무'로 정의하고 있다. 가목
　부터 라목까지의 사무는 예시적 규정이 아닌 열거적 규정에 해당하며, 열거되지 않
　는 사무는 자치경찰사무에 해당하지 않는다.

다중 밀집 인파사고 예방을 위한 전문가 토론회

2022년 12월 16일 14시, 대구 엑스코에서 대구시가 주최하고, 대구경북연구원이 주관한 다중 밀집 인파사고 예방을 위한 전문가 토론회가 열렸다. 필자는 주제발표를 맡았다. 발표내용은 정리해서 대구경북연구원이 발간하는 대경포럼에 게재하였다.

다중 밀집 인파사고 예방 토론회

2022년 10월 29일 22시 15분경, 서울특별시 용산구 이태원동에서 발생한 대형 압사 사고는 정말 일어나서는 안 될 비극적인 참사이다. 당시 이태원에는 핼러윈을 앞두고 많은 사람이 몰려 들었으며, 해밀톤 호텔 앞 좁은 골목길에 많은 인파가 몰리면서 사상자가 다수 발생했다. 이 사고는 304명이 사망한 2014년 세월호 침몰 사고 이후 대한민국 최대의 인명 사고이며, 특히 서울 도심에서 벌어진 대형 참사로는 502명이 사망한 1995년 삼풍백화점 붕괴 사고 이후 처음으로 기록되었다.

이와 같은 다중 밀집 인파사고는 해외에서도 여러 차례 발생하였는데, 1964년 페루 리마에서 열린 페루와 아르헨티나의 동경 올림픽 축구 예선전에서 당시 홈 팀 페루의 골이 무효 처리되자 관중들이 경기장으로 흥분하며 쏟아졌다. 이에 경찰이 최루탄을 사용하면서 이를 피하려던 320명이 사망하고, 1,000명 이상이 부상하였다.

1990년 사우디아라비아에서는 세계적으로 역대 최악의 압사사고가 발생하였다. 1990년 이슬람 성지인 사우디아라비아 메카 인근에서 발생한 사고인데, 성지순례 '하지'에 이어지는 '이드 알 아드하'(희생제) 기간 도중 터널에 몰려든 사람 중 1천 426명이 압사했다. 9월 24일 이른 아침부터 미나 지역의 204번, 223번 도로가 교차하는 지점에 사람이 몰리기 시작해서 버스에서 내린 순례객 무리와 다른 무리가 합쳐지며 일대가 포화 상태가 되어 버렸고, 순례객들은 오도 가도 못하는 상태가 되어버렸다. 압사사고가 나기 전부터 일부 순례객들이 기절하거나 탈수를 호소하기도 했는데, 결국 의식에 참여하려던 사람들이 한꺼번에 몰리고 발이 엉키면서 대형 참사가 터진 것이다.

또한, 2001년 7월 21일, 일본 효고현 아카시시 아사기리역 남쪽 출구 방면 육교에서 불꽃 축제 압사사고가 발생하였다. 일본 아카시시에서는 사고 발생 하루 전인 7월 20일부터 '제32회 아카시시민 여름 축제 불꽃놀이 대회'가 개최되고 있었다. 7월 21일 오후 8시 30분경, 아사기리역 남쪽 출구로 이어지는 다리에서 역에서 나오려는 인파와 불꽃축제를 즐기고 돌아가는 인파가 겹쳐 대혼잡이 발생했다. 결국 11명이 압사하고, 수백명이 부상했다.

독일에서는 2010년 7월 열린 세계 최대 테크노 음악 축제 '러브 퍼레이드'에서 공연장으로 향하는 터널에 사람들이 한꺼번에 몰리면서 21명이 숨지고, 652명이 다쳤다.

2010년 11월, 캄보디아 프놈펜의 코픽 섬에서 사흘간 진행된 물 축제 마지막 날, 보트 경기를 보려고 몰려든 인파에 의한 압사사고가 발생했다. 경기 직후 섬과 육지를 잇는 좁은 다리 위로 한꺼번에 몰리면서 최소 349명, 최대 395명 사망했다.

2015년 9월 24일, 사우디아라비아 이슬람 성지 메카 인근에서 성지순례(하지) 행사 도중 압사사고가 발생했다. 당시 700명이 넘는 사망자가 발생했다. 이날, 오전 9시쯤 메카로부터 5km 정도 떨어진 미나에서 치러진 성지순례 행사의 하나인 자마라트(마귀 돌 기둥에 돌을 던지는 의식)에서 수십만 명의 이슬람 신자가 한꺼번에 몰려들며 발생했다. 돌을 던지는 의식이 시작되면서 서로 돌을 던지기 위해 수많은 인파가 기둥을 향해 몰려드는데, 이 과정에서 넘어진 사람들을 밟게 되면서 대형 참사로 이어진 것이다.

2022년 10월 1일, 인도네시아 프로축구 경기 참사가 발생했는데, 홈 팀이 패하며 관중들이 경기장에서 난동을 부리자, 경찰이 진압을 위해 최루탄을 쏘면서 장내가 아수라장이 되었고, 한꺼번에 많은 사람이 출구로 몰리면서 132명이 사망했다.

다중 밀집 인파사고는 국내에서도 여러 차례 발생하였는데, 1959년 7월 17일, 부산 공설운동장에서 시민 위안잔치에 참석한 관객들이 소나기를 피하려 출입구로 몰리면서 67명이 압사 사망했다.

1960년 1월 26일에는 설을 앞두고 승객들이 몰린 서울역 계단에서 사람들이 한꺼번에 몰리면서 31명이 압사했다. 열차 출발이 가까워져 오자 열차 쪽으로 몰린 인파에 여러 명이 동시다발적으로 미끄러져 사고가 발생한 것이다. 한겨울, 역사에서 열차 차량 정원을 훌쩍 넘는 기차표를 팔았고, 무임승차까지 더해지자 피해가 커졌다.

1980년 2월 11일, 부산 남구 용호국민학교에서 조회에 참석하려던 1,000여 명의 학생이 1~2층 계단에서 밀려 넘어지면서 5명이 압사했다.

1992년 2월 17일, 서울 잠실 올림픽 체조 경기장에서 미국 인기그룹 '뉴키즈온더블록' 공연 도중 팬들이 무대 앞에 몰려들면서 1명이 압사했다.

1996년 12월 16일, 대구 달서구 우방타워랜드 대공연장에서 공개방송을 보러 온 사람들이 출입문 쪽으로 몰리면서 2명이 압사했다.

2005년 10월 3일 오후 5시 40분쯤 상주시민 운동장에서 MBC 가요 콘서트를 관람하기 위해 모인 군중이 한꺼번에 들어가려다 앞쪽의 사람들이 밀려 넘어지는 바람에 11명이 숨지고, 78명이 중경상을 입는 끔찍한 사고가 일어났다. 이날 콘서트에는 유명 인기가수가 다수 출연할 예정으로 전국에서 3만여 명의 관람객들이 몰렸다. 사고는 일찍부터 문 앞에서 기다리던 군중이 출입문이 열리자 한꺼번에 들어가려 하면서 앞에 서 있던 사람들이 밀려 넘어져 일어났다. 출입문은 안쪽으로 경사진 데다 앞줄에는 주로 노인과 어린아이 등 노약자들이 서 있어 사고가 커졌다.

이처럼 국내는 물론 해외에서도 다수의 다중 밀집 인파사고가 발생했다. 주로 경기장이나 공연장, 지역 축제, 종교행사 등에서 많이 발생했고, 좁은 지역에 많은 인파가 몰리면서 비극적인 참사가 발생했다는 공통점이 있다.

그렇다면 향후 다중 밀집 인파사고 등 위기관리 시스템을 어떻게 해야 할까? 현재 행정안전부를 중심으로 경찰청, 지방자치단체마다 이와 관련된 대책 수립과 대응 매뉴얼을 준비 중에 있다. 아마도 이전보다 정교하고 효과적인 매뉴얼이 마련될 것이다.

이 글에서는 이태원 참사와 국내외 위기발생 사례를 통해서 나타난 교훈을 중심으로 거시적인 틀에서 다중 밀집 인파사고 등 국가 위기관리의 방향을 제시하고자 한다.

첫째, 위기관리는 초동대응이 중요하다. 골든 타임 말이다. 초동대응에 실패하면 더 큰 위기 상황이 온다. 소화기로 끌 수 있는 불을 소방차가 끌 수 없는 상황이 초래된다. 이태원 참사도 초기대응의 실패이다.

둘째, 이태원 참사에서 보는 바와 같이, 구청, 경찰서, 소방서 등 관련 기관 간의 소통과 협업 시스템이 무엇보다 중요하다. 위기는 평상시의 일상적인 역량으로는 그 해결이 곤란하다. 관련된 기관 간의 협력과 지원 시스템이 무엇보다 필수적이다. 사전에 유관 부처들이 모여 치밀하게 대응 매뉴얼을 작성한 후 반복적인 훈련과 연습을 해야 한다. 이태원 핼러윈 축제와 같은 주최자가 없는 행사의 경우는 기초지방자치단체가 위기관리의 중심이 되어야 한다. 시민의 생명과 재산을 보호하는 시민과 가장 가까운 곳에 있는 기초지방자치단체의 책임과 역할이 크다.

셋째, 국민의 정부에 대한 신뢰 회복이다. 지금 이태원 참사에 대한 수사가 진행 중이다. 참사의 원인 및 책임소재 등이 발표될 것이다. 지금까지 언론을 통해 나타난 것을 살펴보면, 용산구청, 용산경찰서, 용산소방서 등의 위기관리 사전 대비 시스템의 미비, 초동 대응의 실패, 공공기관의 안전불감증 등이 문제점으로 지적되고 있다. 설마 괜찮겠지 하는 공직자의 정신자세는 금물이다. 국민이 99% 안전한 것은 안전한 것이 아니다. 100% 안전하게 꼼꼼하게 안전망을 만들어야 한다. 이런 공직 자세를 가져야 국민은 정부를 신뢰하고, 법을 집행하는데 저항을 하지 않는다. 국민이 신뢰할 수 있는 정부가

'일 잘하는 정부'의 기초이다.

넷째, 위기관리 업무는 '과학'으로 풀어야 한다. 위기관리는 정치인이 아니라 전문가에 의해 수행되어야 한다. 위기는 정상적인 상황을 넘어서는 극히 예외적인 상황이다. 위기 상황은 돌발적이고 가변적이고 긴급하다. 따라서, 이 업무는 고도의 전문성과 내공을 가진 사람에 의해 노련하게 수행되어야 한다. 아마추어는 이 업무를 감당할 수 없다.

다섯째, 민간 경비의 활용이다. 이태원 참사 이후 각종 지역 행사에 기동대 파견요청이 많아졌다. 실제로 주요 대학 논술과 면접 시험장에도 기동대가 배치되었다. 전경과 의경 제도가 폐지된 이후 전문 경찰관으로 구성된 기동대는 앞으로 잦은 출동과 긴장감으로 과부하가 걸려 절대적인 한계점에 이를 수도 있다. 지역 축제나 다중 운집 행사 등 혼잡 경비에 전문성 있는 민간 경비산업을 육성하는 정책이 필요하다. 민간 부문에서 잘하는 것은 공공부문에서도 효과적으로 활용하는 지혜가 필요하다.

사고가 터지고, 위기 상황이 종료되면, 그냥 미봉책이나 임기응변, 관련된 몇 명 처벌하는 선에서 끝나서는 안 된다. 국민의 안전을 지키는 것이야말로 국가의 최고과제이다.

대구치맥 페스티벌, 안전 또 안전 !!!!

코로나19 때문에 3년 만에 개최된 대구치맥 페스티벌에 많은 인파가 몰렸다. 특히 사회적 거리 두기 해제 이후 최대인파가 모여, 행사 기간에 폭력사고, 소매치기, 성범죄 등 범죄 예방, 행사장 주변 교통관리, 무더위와 음주로 인한 안전사고 발생 우려가 높다. 좁은 장소에 많은 사람이 모이는 경우는 안전사고가 발생할 가능성이 높다. 특히 음식과 술이 있는 장소는 더욱 그렇다. 주차와 교통 문제도 중요하다. 안전을 확인해야 한다. 확인 또 확인.

대구시 자치경찰위에서는 행사가 열린 두류야구장 일대를 현장 점검하고, 경찰관 등 관계자 격려를 실시하였다. 더운 여름 야간에 자발적으로 순찰 봉사하는 자율방범대와 시민명예경찰 등은 정말 자랑스럽다.

대구시 경찰위원회는 7월 6일(수) 19:00부터 필자를 비롯한 서정숙 기획팀장, 김광년 경위 등 4명의 직원이 야외음악당, 행사장 로드, 관광정보센터 주차장, 2/28 주차장, 두류야구장을 순찰하고, 성서경찰서 생활안전과 직원들을 격려하였다. 특히, 최현석 대구성서경찰서장 등 주요 간부들이 현장에 나와 직원들과 함께 현장을 지휘하였다. 이날 현장에서 성서경찰서 자율방범대, 시민경찰 등이 협력방범 및 범죄 예방활동, 행사장 내외의 성폭력 예방, 청소년 선도, 보호활동, 행사장 주변 교통관리 등 자치경찰위원회의 주요 업무 확인활동을 수행했다. 지역 축제 및 행사장 안전은 대구시 자치경찰위원회의 중요한 업무이다.

한편 대구의 대표적인 축제인 2022 대구치맥 페스티벌은 7월 6일부터 10일까지 5일간 대구시 두류공원 일대에서 실시되었다. 언론과의 인터뷰에서 필자는 "시민들이 많이 운집한 행사장, 지역 축제는 폭력, 소매치기, 성추행 등 크고 작은 범죄, 그리고 안전사고의 위험성이 있다. 현장의 상황을 점검하는 것이 중요하다. 시민들이 즐기고, 먹고, 추억을 만들 수 있도록 안전관리에 최선을 다하겠다. 대구시 자치경찰은 늘 시민들과 가장 가까운 곳에서, 시민들의 목소리에 귀 기울이는 안전 지킴이로 거듭나겠다"라고 했다.

대구치맥 페스티벌, 성서경찰서 자율방범대 격려

싸이 콘서트와 혼잡 경비
경북일보 특별기고 (2022. 8. 29)

2022년 8월 13, 14일 양일간 인기가수 싸이 콘서트가 대구 스타디움에서 열렸다. 가수 싸이의 여름 콘서트인 흠뻑 쇼는 수백 톤(t)의 물을 뿌려대며 관객들이 흠뻑 젖은 채로 즐기는 공연이다. 코로나19로 2019년 이후 중단됐다가 3년 만에 재개되자 그동안의 스트레스를 해소하듯 하루 최대 2만 5천 명의 관객이 모였다. 물을 마구 뿌려대는 싸이 흠뻑 쇼의 성격상 코로나19 감염 우려 등으로 대구시와 경찰청 등 관계기관들은 초비상이었다. 또한 이날 공연 때문에 이 지역의 도로는 거의 주차장에 가까웠다. 대구시 공무원들과 대구경찰청, 대구 수성경찰서 경비과와 교통과 직원들이 관람객들이 안전하게 귀가 할 때까지 근무하느라 새벽에 퇴근할 정도로 많은 고생을 했다.

하지만 정작 실망스러운 것은 공연을 마치고 나서다. 싸이 흠뻑 쇼가 열렸던 대구 스타디움은 각종 쓰레기로 몸살을 앓았다. 대구시 소속 스타디움 직원 8명은 아침 일찍부터 청소에 나섰지만 역부족이었다. 매일신문 기자와의 인터뷰에서 한 청소 직원은 "공연 주최 측에서 외부 청소업체 직원들을 보내준다고 했는데 아직 소식이 없다"며, "경기장 내부와 가수들이 머물던 VIP실 모두 쓰레기로 가득하다"라고 하소연했다. 필자도 이날 현장에 나가 봤는데, 청소는 잘 이루어지지 않고 있었다.

싸이 콘서트는 우리나라 대표적인 인기공연이다. 청소년뿐만 아니라 성인에 이르기까지 인기가 매우 높은 명품공연이다. 이 콘서트를 주최하는 공연 기획사는 높은 이익을 얻는다. 입장권 1장당 가격이 10만 원이 넘고, 2만 5천여 명 이상이 입장하니까 어림짐작으로 수십억 원의 입장료 수익을 올린다. 공연기획사는 당연히 안전하고 쾌적한 공연을 위해 주차 및 안전요원, 관리 및 청소요원 등을 충분하게 고용하여야 한다. 그것도 당연히 공연 전 뿐만 아니라 공연이 마치고 난 이후도 마찬가지다. 깔끔하게 마무리 했어야 했다.

우리나라는 과거에 공연장에서 여러 안전사고가 발생한 적이 있다.

2014년 10월 17일, 오후 17시 50분경, 경기 성남시의 판교신도시 유스페이스 광장에서 걸그룹 포미닛이 공연을 진행하던 중이었다. 인근 건물에서는 공연을 관람하기 위해

27명의 관람객이 해당 건물의 지하 주차장과 연결된 환풍구 위에 올라가 있었는데, 이내 환풍구가 붕괴되며, 지하 18.7m로 올라가 있던 인원 전원이 추락하는 참사가 일어났다. 이 사고로 최종 집계 16명이 사망하고, 11명이 부상을 입은 안타까운 사고였다.

이에 앞서 2005년 10월 3일 오후 5시 40분쯤 상주시민 운동장에서 MBC 가요콘서트를 관람하기 위해 모인 군중이 한꺼번에 들어가려다 앞쪽의 사람들이 넘어지는 바람에 11명이 숨지고, 83명이 중경상을 입는 끔찍한 사고가 일어났다. 이날 콘서트에는 인기가수 20여 명이 출연할 예정으로 전국에서 3만 여명의 관람객들이 몰렸다. 사고는 일찍부터 문 앞에서 기다리던 군중이 출입문이 열리자 한꺼번에 들어가려 하면서 앞에서 있던 사람들이 넘어져 일어났다. 출입문은 안쪽으로 경사진 데다 앞줄에는 주로 노인과 어린아이 등 노약자들이 서 있어 사고가 커졌다.

이와 같이 좁은 공간에 많은 관객들이 모이는 공연장에는 크고 작은 사고들이 발생할 가능성이 매우 높다. 판교 사고와 상주 MBC 가요콘서트 사고처럼 붕괴 및 압사 사고는 물론이고 성추행, 소매치기, 폭력사고 등 다양한 범죄들도 발생한다. 게다가 교통혼잡 및 주차 문제는 고질적인 문제이다. 그래서 이러한 공연장 안전 경비를 '혼잡 경비'라고 부르고, 수익자 부담원칙에 의해서 공연을 주최하는 측에서 행사 규모에 맞는 비용을 투입하여 안전관리를 해야 한다.

앞으로 가을철에 지역의 많은 축제와 공연이 예정되어 있다. 공연기획사들은 안전요원에 대한 보다 전문적인 교육을 실시하고, 충분하고 여유 있는 전문인력을 동원해서 안전하고 쾌적한 공연을 개최하길 기대한다.

부끄러운 자화상, 대구 스타디움 광장은 전날 열린 '싸이 흠뻑쇼'
관람객들이 버리고 간 쓰레기로 가득했다. 사진: 매일신문 구민수 기자

수능 시험 대비, 안전대책회의

이태원 참사 이후 다중 밀집 인파사고 재발 방지가 매우 중요해졌다. 2022년 11월 17일 치러지는 수학능력 시험과 연말연시 해맞이 행사 등 행사 주최자 없이 다중이 모이는 행사에 대한 안전대책회의가 열렸다.

2022년 11월 15일(화) 오전 11시, 시청 2층 회의실에서 김종한 행정부시장 주재로 시민안전실장, 소방안전본부장, 자치경찰위원회 사무국장, 자치경찰정책과장, 대구경찰청 공공안전부장, 경비과장, 각 구와 군의 담당 국장이 참석했다. 이날 회의는 대구시 안전정책과장의 다중 밀집 인파사고 예방대책 발표로 시작하였다.

대책의 핵심은 수능 시험일, 크리스마스를 중심으로 시청 내 총괄 상황실을 운영하고, CCTV 관제 및 유동 인구 데이터(SKT 실시간 유동 인구)를 활용하여 다중 밀집 상황을 신속하게 확인하고, 경찰과 소방, 각 구와 군의 긴밀한 협조체계를 구축하는 것이다. 특히, 안전사고를 대비하여 현장, 대구시, 행정안전부 간 상황 보고체계를 구축해서 운용하고, 대구시 안전정책과 총괄 상황실을 운영하여 CCTV 관제센터 및 구, 군 안전관리부서와 상황관리, 비상 대응을 하는 것이다. 또한 CCTV 관제센터와 시 재난안전상황실에서 CCTV 집중관제 및 실시간 유동 인구 데이터를 상시 모니터링하고, 다중 인파 유입 차단 및 시민 대피를 위해 긴급한 경우 안전안내 재난문자(CBS)를 발송한다. 또한 현재 추진중인 다중 이용 시설 안전 점검이 소홀히 추진되지 않도록 대구시가 안전감찰을 통해 시설별 안전 점검이 이루어지도록 할 계획이다. 그리고 자치경찰위원회와 경찰청의 행사, 집회 정보를 주기적으로 공유하고, 현장 확인 및 관련 정보를 신속하게 전파하고, 비상 상황 발생 시 행정력 및 경찰력을 동원한다.

이어서 경찰청과 소방본부의 예방 대책 발표가 있었다. 대구경찰청에서는 112 신고 및 각종 돌발 상황에 신속하게 대응하기 위해 '다목적 당직기동대'를 24시간 운용할 예정이니 필요시 112로 신고하기를 요청하였다.

이어진 토론에서는 기관별 정보공유 및 적극적인 지원 협조 요청이 있었고, 각 기관의 각종 행사 관련 정보를 필요한 경우 공유하자는 공감대가 형성되었다. 아울러 클럽 등 밀집 장소의 비상통로를 점검하고, 업주를 상대로 한 교육도 실시해야 한다. 실외만 집중하지 말고, 다른 상상하지도 못한 장소에서 돌발 상황이 발생할 수 있음을 인식하고, 실내 화재, 붕괴, 가스 폭발 등 다각적인 점검을 하는 것이 중요하다. 사실 특정한 사고가 발생했을 때, 그 사고에만 대비를 하는 것은 단편적인 대책에 불과하다. 유사 사고 등에 대비한 종합적인 안전 점검이 필요하다.

필자는 축제나 대규모 운집 행사 등에 있어 정보를 공유하고, 사전 대책회의 시에 자치경찰위원히 관계 직원이 참석할 수 있도록 협조 요청했다. 끝으로 김종한 행정부시장은 각 구와 군내에 이태원 참사와 같이 좁은 골목길에 많은 인파가 몰리는 위험한 구간이 있는지를 철저하게 파악하고, 실효성 있는 안전대책을 수립할 것을 주문했다.

다중 밀집 인파사고 예방 유관기관 합동 점검회의

신천지 대구 스타디움 행사 경찰 총력 대응

　대구시 자치경찰위원회와 대구시, 대구경찰청에서는 신천지(시온기독교선교센터) 행사의 안전을 위해 여러 차례 회의를 하고, 안전대책을 수립하였다. 2023년 11월 12일(일) 12:00~15:00, 신천지 예수교에서 주최하는 연합 수료식(10만 명 참석)이 대구 수성구 대구 스타디움과 보조경기장에서 열렸다. 전국 각지에서 수료생을 태운 버스 2,300여 대 등 차량 2,700여 대가 행사장과 주차지인 달성 구지 국가산단 일대로 몰려 주변 차량정체와 다중 운집으로 혼잡이 심할 것이 예상되었다. 이에 대구경찰청에서는 기동대 3개 중대와 교통경찰관 등 경찰관 250여 명을 현장에 배치하고, 유관기관(대구시 소방 등)과 협력하여 합동 종합상황실을 운영하였다. 특히 차량이 들어오는 새벽 2시부터 해산 시까지 교통소통 관리를 하고, 교통방송과 전광판 등을 통한 사전 홍보와 실시간 교통정보를 제공하여 일반 운전자들이 미리 우회할 수 있도록 안내했다. 아울러 주요 취약지에 경찰관을 배치하여 안전사고 예방에 총력을 기울였다. 대규모 인파가 몰려 안전을 우려하는 의견이 나오면서 신천지 주최 측에서는 질서 유지와 안전관리를 위해 수천 명의 안내원과 응급의료팀을 배치했다고 밝혔다.

　행사 당일, 전국 각지에서 수료생을 태운 버스는 새벽부터 대구로 하나둘씩 도착했다. 2천 300여 대의 버스는 수료생을 행사장에 내려준 뒤에 달성군 대구국가산업단지나 테크노폴리스에 흩어져 있다가 행사가 끝난 뒤 차례로 다시 태우고 귀가했다.

　행사장 주변에는 차가 몰려 혼잡하기는 했지만 신천지 측이 차량 도착 시간이나 출발 시간을 분산하면서 우려했던 만큼의 큰 정체 현상은 발생하지 않았다. 행사장 인근에서는 신천지 반대 단체가 1인 시위를 하거나 신천지를 비판하는 현수막을 걸고 집회를 열었으나 큰 마찰은 없었다. 행사는 안전하게 끝났다. 필자는 행사 당일, 행사장인 대구 스타디움에서 수성경찰서 이종호 교통안전계장, 최영호 고산지구대장 등과 함께 현장을 확인하고, 격려했다.

신천지 행사장 안전 점검(대구 스타디움, 필자 왼쪽 수성경찰서 이종호 교통안전계장,
오른쪽 최영호 고산지구대장)

신천지 행사, 우려 속에 안전하게 마쳐

2022년 11월 20일(일), 대구시 수성구 대구스타디움에서 신천지 행사가 열렸다. 신천지예수교회의 성경교육기관인 시온기독교선교센터는 이날 시온기독교선교센터 113기 수료식을 개최했다. 수료한 수료생은 총 10만 6,186명으로 신학 교육 기관으로서는 세계 최대 규모다.

현장에는 안전을 위해 국내에서 수료식에 참여하는 인원을 8만 명으로 제한하고, 유튜브 실시간 생중계, 9개 언어로 전 세계에 송출해 온오프라인으로 30만여 명이 수료식에 참여했다.

특히 이날 수료식 행사는 이태원 참사와 관련된 안전 문제 논란을 의식해 안전에 만전을 기했고, 주최 측과 관련 기관들이 합심하여 안전 대책을 수립했다.

신천지예수교회 측은 "무엇보다 안전하게 수료식을 치르기 위해 안전을 최우선에 두고 준비했다"라며, "지방자치단체와 안전사고를 대비하는 협력 네트워크를 구성해 수차례에 걸쳐 방역, 안전, 교통, 질서유지 등을 점검하고 현장에 경찰, 소방서, 대구시 및 수성구청 안전 관련 담당자들과 함께 모니터링하는 상황실을 운영했다"라고 밝혔다. 또한 "교단 자체적으로는 행사장 내외부 질서유지를 위한 안전 요원 스태프만 총 1만 1천여 명을 배치하고, 인원이 몰리지 않도록 4시간에 걸쳐 입·퇴장토록 했다"라며, "혹시 모를 사고에 대비해 의료진 180여 명과 구급차 4대도 대기했다. 안전 요원 전원을 대상으로 응급구조 교육을 실시했고, 수료생 전원도 응급구조 영상 시청을 완료했다"라고 설명했다. 주최자가 있는 행사라서 나름 책임감 있는 안전대책을 자체적으로도 수립했다고 생각된다.

한편, 이번 행사를 허가한 대구시는 대구시의회 등 지역 사회의 비판을 받았다. 대구 코로나19 확진자 수가 증가 추세이고, 이태원 참사 이후 대규모 행사에 대한 안전사고 우려가 커지고 있다는 이유에서다. 대구시의회 문화복지위원회 소속 시의원들은 11월 18일 대구시의회 2층 간담회장에서 기자회견을 열고, 10만 명의 인파가 밀집하는 신천지 예수교회의 종교행사가 열릴 예정인 대구시 수성구 대구스타디움 대관 허가를 비판하고 취소를 촉구하는 성명을 발표했다.

하지만 대구시는 "규정상 불허할 사유가 없었다"라는 입장이다. 도시관리본부 측은 "적법한 대관 신청을 거부할 방법이 없으며 주최 측과 협의해 철저히 관리하겠다"라는 입장을 밝혔다. 홍준표 대구시장은 11월 18일 본인의 페이스북을 통해 "감정적으로는 (신천지 행사 허가를) 받아들이기 어려울 수 있겠지만 대민 행정을 어찌 감정으로만 처리할 수 있겠나. 종교의 자유도 있다. 잘 대처하겠다"라고 말한 뒤 수차례 관계기관과 사전대책을 수립하고, 실행에 옮겼다.

이날, 대구 스타디움 인근에는 대규모 인파가 몰리면서 대구시 공무원들과 대구경찰청 교통, 경비, 외근경찰, 기동대 등 경찰관들은 현장에서 교통정리와 안전관리 등에 나서느라 고생을 했다. 다행히 큰 안전사고 없이 행사는 종료되었다.

행사를 마치고 나서, 참석자들은 대형버스를 타고 순차적으로 빠져 나갔고, 특이한 비상 상황은 발생하지 않았다. 인근에서는 신천지 반대 단체의 집회도 열렸다. 신천지피해자연대 측은 행사를 마친 신천지 신도들을 향해 "신천지 교리를 다시 확인하라" 등의 말을 외쳤으나, 경찰이 현장 관리에 나서면서 충돌 상황은 벌어지지 않았다. 사전에 철저하게 대비한 탓이다.

늘 유비무환(有備無患, 미리 준비가 되어 있으면 걱정할 것이 없음)의 자세로 대구 시민의 안전을 챙기겠다고 다시 다짐한다.

每日新聞   2022년 11월 21일 월요일 006면 사회

신천지 8만5천명 행사 혼란 없이 마무리

버스 2500대에 GPS 부착
혼잡 방지하려 순차 집결
반대 단체와 충돌은 없어

대구에 10만 인파를 모으면서 많은 우려를 낳았던 신천지예수교 증거장막성전(신천지) 종교행사가 큰 혼란 없이 마무리됐다. 한계에서 대구로 인파가 집중하면서 대구시와 경찰은 안전 관리에 주력했다.

20일 대구시에 따르면 이날 정오부터 오후 2시 30분까지 수성구 대구스타디움에서 신천지 신도 113기 수료식이 열렸다. 신천지 측은 당초 집회 예정인원으로 10만명을 신고했지만 실제로는 8만5천여 명이 참석한 것으로 집계됐다. 주최 측은 60만천여의 관심사가 있는 대규모 집회였지만 대구시와 경찰의 주경기장에 추가로 의자를 마련해 7만명을 수용했고, 1만5천명은 보조경기장에서 전광판을 통해 행사에 참여했다.

이날 45인승 버스 2천500여 대에 나눠 타고 신도들은 오전 5시부터 오정 및 오후 시간대에 걸쳐 대구스타디움에 집결했다. 대구 정체 사태버스(1천561대)와 1차량 1대보다 많은 버스를 밀린 뒤 교통흐름을 낮추기 위해 버스를 조율했다. 버스에 위치추적장치(GPS)를 부착해 정체되는 버스가 많을 때는 주변 차량을 물색하거나 우회했다.

신도들을 내려 준 전세버스는 달성군 내 국가산업단지, 테크노폴리스 부지와

주차했다가 행사 이후 다시 대구스타디움에 집결했다. 경기장 주변에는 버스들을 수용할 공간이 없고, 차로 교통대란이 빚어질 수 있다는 이유에서다. 달성군청 관계자는 "주최 측이 한 달 전부터 교통편과 신호체계 등을 분석해 서울 레이션을 했다"며 "차량이 적은 주말에 버스가 들어와 문제는 없었다"고 했다.

행사가 열린 대구스타디움 인근에서 '신천지피해자연대' 등 반대단체의 집회도 열렸지만 충돌은 벌어지지 않았다. 경찰은 기동대 5개 중대를 투입해 교통 및 안전관리에 힘을 쏟았다. 경찰 관계자는 "400명 넘는 경찰이 투입돼 우려했던 민원은 없었다"고 했다.

마스크 착용 의무가 없는 실외에서 행사가 진행된 뒤에 코로나19 확산 우려도, 제기됐지만 신도들은 대부분 마스크를 착용했다. 주최 측은 사고 대비하고자 1만4천여 명의 안전요원과 180여 명의 의료진을 현장에 배치했다.

그러나 안전사고 우려되는 상황 속에서 대응을 회피한 대구시를 향한 비판은 여전했다. 일부 대구시의원은 시를 비판하면서 대구시와 요구했지만 대구시는 결국 사유가 없다는 이유로 대관을 유지했다. 홍준표 대구시장은 지난 18일 자신의 페이스북을 통해 "감정적으로는 받아들이기 어려울 수 있겠지만 대민 행정을 어찌 감정으로만 처리할 수 있겠다"고 밝혔다.

신천지예수교 증거장막성전(신천지) 신도 113기 수료식이 20일 대구스타디움에서 열렸다. 이날 오후 수료식을 마친 신도들을 태우기 위한 버스가 스타디움 앞 도로에 줄지어 서 있다. 김영헌 기자 kyjnael@imaeil.com

임재환 기자 rehwan@imaeil.com

대구시청 산격청사, 집회 시위 안전관리 지원

최근 이슬람사원 건축 반대 및 마트 의무휴업일 평일 변경 반대 집회 등 다양한 집회들이 대구시청 산격청사에서 개최되고 있다. 예전에는 주로 집회나 시위가 주로 중구 대구시청 동인동 청사에서 있었다. 하지만 홍준표 시장이 대구시장으로 취임하면서 주로 산격청사에서 근무를 하기 때문에 산격청사에서 집회를 하는 것이다.

대구시 자치경찰위원회는 대구시 산격청사에서 위치하고 있다. 이곳에 배치되고 근무 중인 기동대 등 경찰관의 안전한 집회관리를 위한 지원 역할이 필요한 것으로 판단되었다. 다중 운집 행사와 지역 축제 행사 시 기동대와의 유대관계도 중요하다. 특히 영하의 날씨에 대구경찰청, 북부경찰서, 기동대 경력이 안전한 집회관리를 위해 대구시 산격청사 외부에서 대기하는 등 불편함이 존재한다. 화장실 이용과 음료의 공급이 어렵고, 현장회의 장소가 별도로 마련되지 않아 경찰관들이 불편함을 호소하기도 하였다.

이에 우리 자치경찰위원회에서는 대구시청 산격청사 집회 시 필요한 경우, 대구경찰청 경비과, 관할 북부경찰서와 협조하여 자치경찰위 건물 1층 화장실과 회의실, 커뮤니티 홀과 정수기를 제공하기로 했다. 특히 1층 커뮤니티 홀에는 휴게 공간이 있고, 지휘부 등 현장회의 시에 빔 프로젝트 사용이 가능하다. 앞으로도 대구시 산격청사의 안전한 집회관리를 위해 다양한 지원을 아끼지 않을 것이다.

대구 퀴어 축제, 대구시 공무원과 경찰 충돌

2023년 6월 17일(토), 대구 퀴어 문화 축제 개최를 두고 대구시와 경찰이 유례없는 물리적 충돌을 일으키면서 논란이 커지고 있다. 퀴어 문화 축제는 우리나라에서 열리는 퍼레이드 형식의 성소수자 축제이다. 대구 퀴어 축제는 올해 15회째로 지난 15년간 안전하게 관리되어 왔다. 하지만 이날 충돌은 주최 측이 신고한 행사 장소에 무대와 부스를 설치하려 하자 대구시 공무원들이 불법 도로점용이라며 막아서고 경찰이 이를 제지하면서 발생했다.

대구 퀴어 축제는 축제 주최자와 반대 측이 충돌한 것이 아닌 대구시청 공무원과 경찰이 부딪혀 전국적인 관심을 모았다. 2023년 6월 17일 오전 9시 30분부터 퀴어 축제를 준비하기 위해 장비를 실은 차량이 대구 중구 대중교통전용지구에 들어서자 대구시청과 중구청 직원 500여명이 차를 막아섰다. 이에 경찰은 '퀴어 축제는 적법하게 신고가 됐기 때문에 법적으로 보호를 받을 수 있다'며 경찰력 1,500명을 동원해 차량이 진입할 수 있도록 대구시청 공무원 벽을 밀어내면서 양측간 몸싸움이 일어났다. 양측 충돌 소식에 현장에 나온 홍준표 시장은 "법원에서 '집회를 제한하지 않는다'고 판결했지 불법 도로 점거까지는 하라고 하지 않았다"며 경찰에 강력 항의했다. 홍준표 대구시장이 현장에서 경찰을 비판하는 기자회견을 한 뒤 공무원들을 해산시켜 대치상황은 일단 마무리됐다. 이후 홍 시장은 "완전한 지방자치경찰 시대라면 대구 경찰청장을 내가 즉각 파면했을 것"이라는 등 반드시 책임을 묻겠다고 나섰다. 그러자 대구경찰청 공무원직장협의회연합은 "홍 시장의 언사는 대구경찰 모두를 모욕한 것"이라며, "퀴어 문화 축제는 개최 반대 측이 금지 가처분 신청을 했으나 법원에서 전부 기각된 것으로 적법한 집회이자, 집시법에 따라 경찰이 보호해야 할 집회"라고 강조했다(뉴스1, 2023. 6. 19).

그러나 홍 시장은 여전히 퀴어 축제가 불법 도로점용 행사였다는 입장을 굽히지 않고 있다. 그는 6월 18일도 페이스북에 글을 올려 "집회시위 신고만 있다면 집회제한구역이라도 도로점용 허가 없이 교통 차단을 하고 자기들만의 파티를 할 수 있도록 열어 준다면 대한민국 대도시 혼란은 불을 보듯이 뻔할 것"이라며 경찰을 비판했다. 이번 논란은 집회를 위해 도로에 무대 등을 설치할 때 도로법에 따라 별도의 허가를 받아야 하는지가 현행법상 명확하지 않은 탓에 불거졌다는 지적이다. 홍준표 시장은 "집회 신고를 하더라도 그 장소가 공공도로라면 도로 점용 허가를 별도로 받아야 한다"라고 주장한다. 반면 경찰은 적법하게 신고된 집회는 도로점용허가를 받지 않더라도 집회 장소로 신고된 도로를 사용할 수 있다는 입장이다. 현행 도로법과 시행령은 도로를 점용해 시설물을 설치하려면 사전에 지방자치단체 등에 허가를 받도록 한다. 하지만 집회 장소로 이미 신고한 경우에도 허가를 따로 받아야 하는지는 별다른 규정이 없다. 집회 및 시위에 관한 법률도 집회 장소와 행진 진로 등을 사전에 신고하도록 할 뿐 도로점용 허가 여부는 언급하지 않고 있다. 다만 법원은 적법하게 신고된 집회는 따로 도로점용 허가를 받지 않더라도 도로에 집회를 위한 시설물을 설치할 수 있다고 판단한다. 대법원은 2016년 7월 일반교통방해죄 사건에서 "헌법이 집회 허가제를 금지하고 집시법이 집회 신고 시 따로 도로점용 허가를 받을 것을 규정하고 있지 않은 점을 고려하면 집회 참가자들이 점용할 것으로 예정된 장소에서 집회의 자유를 실현하기 위해 필요한 물건으로 인정되면 규제는 제한적으로 이뤄져야 한다"라고 판시했다. 집회 시 도로사용을 따로 허가받도록 할 경우 누구나 신고만 하면 자유롭게 집회하도록 한 헌법에 어긋나게 사실상 집회 허가제로 변질될 수 있다는 논리다. 일각에서는 법적 근거도 없이 적법한 집회인 대구 퀴어 문화 축제를 막으려 한 홍준표 시장과 대구시 공무원들을 공무집행방해 또는 집시법상 집회방해 혐의로 형사처벌해야 한다는 주장도 제기된다. 집시법은 평화적인 집회를 방해한 자를 3년 이하의 징역이나 300만원 이하의 벌금으로 처벌하도록 한다. 대구시의 행정대집행을 두고 법조계에서는 누구보다 헌법을 준수해야 할 의무가 있는 공무원이 헌법이 두텁게 보호하는 집회의 자유를 고의로 방해한 행위라는 해석이 나온다(연합뉴스, 2023. 6. 18).

행사를 마친 후 주말 기간 동안에 신문과 방송에서 이 사건을 대대적으로 보도했다. 서울 등 중앙언론에서도 비중 있게 이 문제를 보도했다.

2023년 6월 19일(월) 대구시의회 기획행정위원회 결산심사 때, 이성오 대구시의회 의원이 필자에게 현재의 상황에 대해 질문을 했다. 참담한 심정으로 필자는 다음과 같은 답변을 했다.

퀴어 축제가 명칭은 축제이기는 하지만, 일반적으로 지방자치단체에서 안전관리 대책을 수립하는 축제나 행사의 성격과는 다르게 2023년 5월 18일에 집회 신고된 집회이다. 시위나 집회는 <집회 및 시위에 관한 법률>에 따라 업무를 처리하는 국가사무이다. 따라서 이번 '퀴어 축제'는 대구경찰청에서 관리하는 국가사무의 영역이며, 자치경찰사무라고 할 수 없다.

퀴어 집회는 대구 치맥 축제와 같은 지역 축제가 아니다. 대구시 자치경찰위원회가 통제하거나 관리할 영역이 아니라는 의미다. 그리고 <퀴어집회금지 가처분 기각결정, 대구지법 6.15.>으로 퀴어 집회가 정당성을 가지고 있음은 양 기관이 모두 동의하는 바이다. 하지만 집회를 행사하는 중 필수 불가결하게 발생하는 도로 점유에 대해서는 양 기관의 입장 차이가 있다. 그리고 불미스러운 충돌이 일어났다. 사전에 양 기관의 의견을 조율하는 방안을 찾았으면 하는 아쉬움이 있다. 또한 이번 일은 사회적 합의가 필요하다. 집회 및 시위의 자유와 일반 시민이 겪는 불편함에 대해 심도 있는 논의가 있어야 한다. 단순히 법령의 해석을 넘어 시민과 사회가 이해하고 받아들일 수 있는 사회적 합의의 기회가 되기를 바란다.

핼러윈과 자치경찰

경안일보 특별기고 (2023. 11. 2)

작년에 발생한 이태원 참사 이후 대구시는 시민들이 많이 운집하는 행사에 대하여 안전관리를 철저히 하고 있다. 관련된 기관들 간의 회의를 통해 협업 및 소통 시스템을 갖추고, 현장을 점검하고 대비하는 시스템이다.

대구시는 핼러윈 데이인 2023년 10월 31일(화)의 직전 주말에 시민들이 대구시 중심인 동성로에 가장 많이 운집할 것으로 예상했다. 대구시는 10월 27일(금) 오후 6시를 기해서 대구시 전 지역에 핼러윈 데이를 '가족과 함께 보내 달라'는 내용으로 긴급 재난 문자를 보냈다. "핼러윈 데이는 가족과 함께!! 사람이 많이 모이는 다중 밀집지역은 피하고, 인파사고를 예방하여 안전한 핼러윈 데이를 보냅시다"라는 내용이다. 다중 인파사고 방지를 위한 호소 문자를 대구시민들에게 선제적으로 보낸 것이다. 이와 같은 내용의 문자를 보낸 지방자치단체는 전국에서 대구시가 유일하다.

대구시는 3시간 뒤인 이 날 오후 9시에도 "인파 밀집사고가 우려되므로 주말과 핼러윈 데이는 다중 밀집지역은 피하고, 가족과 함께 안전하게 보내시기 바랍니다"라는 내용의 긴급 재난 문자를 대구시 전 지역에 발송했다. 오후 9시쯤은 대구시의 대표적인 다중 밀집지역인 로데오거리 인파가 증가하는 시간대이다. 시민들에게 저녁 약속을 일찍 마무리한 다음에 늦지 않게 귀가하기를 권유하는 것이다.

대구시에서 작년 10월 29일 오후 6시부터 이튿날 오전 4시까지 동성로 로데오거리(클럽 골목)과 옛 대구백화점 앞 등 도심 주요 지점 7곳에 대한 인파 밀집도를 분석한 결과, 30일 0시와 오전 2시 동성로 클럽 골목의 밀집도가 가장 높았던 것으로 나타났다.

실제로 동성로 클럽 골목은 클럽 뿐만 아니라 감성 주점 등 다양한 분위기의 유흥 주점이 모여 있는 골목이다. 당연히 음주 폭력사고가 많은 대구시 내에서 가장 치안 수요가 많은 지역이다. 물론 핼러윈 데이 전후로 인파가 가장 밀집한 지역이기도 하다.

대구시는 동성로 클럽 골목에 설치된 CCTV 8대를 활용해서 동일 시간대에 m²당 4명을 초과할 경우, CCTV 관제센터에 알람이 울리도록 설계했다. 대구시는 10월 27일과

28일, 핼러윈 데이 당일인 31일 등에 당일 오후 6시부터 이튿날 오전 3시까지 비상근무를 했다. 또한 대구경찰청은 동성로 로데오거리(클럽 골목) 주변에서 특별 안전대책을 추진해서 하루 최대 80명을 투입, 각종 안전사고와 범죄를 예방했다. 동성로 현장에는 대구경찰청이 올해 자체 제작한 인파 안전관리 차량을 배치해서 고공 관측을 통한 인파 밀집도를 분석해 밀집도가 늘어나면 안내 방송을 실시, 일방통행 등의 조치를 했다.

아울러 대구시 자치경찰위원회는 대구 중구청, 대구 중부경찰서, 중구 자율방범연합대와 합동으로 10월 27일(금) 저녁 8시 30분부터 동성로 클럽 골목을 중심으로 합동 순찰을 하고, 안전 상황 등을 점검했다. 대구시민들은 평온했고, 질서정연했다. 골목과 주요 거점에 배치된 공무원, 경찰관, 소방관들에게도 시민들이 따뜻한 격려의 말을 전했다. 이들의 노력이 대구시 안전의 밑거름이 되는 것이다.

올해 대구시의 핼러윈 주간은 안전하게 종료되었다. 대구시청, 중구청, 경찰, 소방 등 관련 기관의 협업 시스템과 철저한 대비, 대구시민들의 적극적인 협조 덕분이다. 모든 사고는 안전 불감증과 설마 괜찮겠지 하는 안일한 대비에서 발생하는 것이다. 작년 이태원 참사가 그랬고, 세월호 침몰 사고도 그랬다. 좀 과하다고 할 정도로 촘촘하게 안전 시스템을 만들어야 한다.

2023년 10월 27일(금) 21시, 대구 동성로 핼러윈 합동 순찰
필자를 중심으로 (좌측) 류규하 대구중구청장, (우측) 정근호 중부경찰서장

아동청소년의 안전

아동안전지킴이와 자치경찰
경북일보 특별기고 (2023. 3. 17)

아동은 성인과는 달리 자신을 스스로 보호하기 어렵다. 누군가 도와주지 않으면 각종 위험으로부터 벗어 나기 어렵다. 그래서 아동은 범죄자들에게 범행의 용이한 표적이 되기도 한다. 잠재적인 범죄 피해자로서의 아동에 대한 범죄 예방대책은 안전한 사회의 중요한 요소라고 할 수 있다.

최근 우리 사회에서 아동 대상 범죄가 심각해지면서 '아동안전'에 대한 관심이 증가하게 되었다. 특히 2007년 12월 안양 초등학교 여학생들의 유괴, 성폭행 살해 사건에 이어 이듬해 3월 일산 초등 여아 납치미수 사건 등 아동을 대상으로 한 강력 범죄가 잇따라 발생하면서 국민들의 불안감이 고조되었다. 이에 경찰청에서는 2008년 4월 아동 범죄 예방을 위해 지역 주민들의 참여방안의 하나로 '아동안전지킴이집'과 '아동안전지킴이' 제도를 시행하게 되었다.

'아동안전지킴이집'은 아동의 등하굣길 등 이동로 주변에 위치한 문구점, 편의점, 약국 등을 경찰이 지정 협약하여 위험에 처한 아동이 대피할 수 있도록 하고, 업주의 보호하에서 경찰에게 적극적으로 신고해 주는 시스템이다. 외국에서 시행 중인 유사한 제도 중 호주의 안전주택(Safety House)은 위험한 사람이 접근했을 경우, 아동이 피신하는 집이다. 캐나다의 골목부모 프로그램(block parent)은 위험에 처한 아동을 임시 보호하고 경찰에 인계하는 역할을 한다. 미국의 맥그러프 주택(McGruff House)은 길을 잃거나 위험에 처한 아동의 임시 보호 프로그램이다.

하지만 아동안전지킴이집은 어느 한 장소에 고정되어 있는 시설이다. 이와 같은 고정성은 아동안전지킴이집과 떨어져 있는 지점에서 발생하는 위험 상황에서는 무용지물이 된다. 이런 측면에서 아동안전지킴이제도는 아동안전지킴이집의 단점을 보완하기 위해 고안된 것이다. '아동안전지킴이'는 은퇴한 노인들을 선발해서 초등학교 주변의 통학로와 놀이터 등에 배치하여 이동하며 아동의 안전을 지원하는 것이다. 아동안전지킴이는 경찰서 관할 지구대 및 파출소를 중심으로 경찰이 지정한 곳에서 아동 대상 범죄 예방을 포함한 다양한 안전 지원활동을 근무 내용으로 한다. 구체적인 임무는 아동보호구역과 통학로, 놀이터와 공원 주변 등에 대한 순찰 및 지도, 일시적 보호 및 안전사고 예방을 위한 임시 조치, 통학로 주변 아동안전지킴이집 등과 연계한 활동, 비행 청소년 선도 및 범죄 예방을 위한 교육·홍보 등 기타 취급 사항, 그 밖에 실종 및 유괴 등 아동 범죄 예방을 위하여 필요한 조치 등을 수행하는 것이다.

이와 같은 아동안전지킴이제도는 아동의 범죄 피해 예방 등 전반적인 아동의 안전 증진을 도모하는 협력 치안, 공동체 치안의 실천적 모델이라는 점에서 의미 있는 제도라고 할 수 있다. 아동안전지킴이제도를 보다 활성화하기 위해서는 지역 주민들의 협조와 관심이 무엇보다 중요하고, 다양한 홍보와 함께 아동안전지킴이 참가자들에 대한 인센티브 제공 등 실질적인 정책적 지원이 필요하다.

현재 대구시에는 아동안전지킴이 340명, 아동안전지킴이집 529개가 운영되고 있다. 2021년 7월 1일부터 전국적으로 시행하고 있는 자치경찰도 아동안전에 많은 관심을 두고 있다. 대구시 자치경찰위원회는 대구경찰청, 대구교육청, 대구소방안전본부 및 대구시 관련 부서 실무자 등 15명이 참석해서 대구시 아동들을 위한 촘촘하고 든든한 사회안전망을 만들기 위해 2023년 제1차 실무협의회 회의를 개최했다. 앞으로도 아동안전에 대해서 꼼꼼하게 관련 기관들과 소통과 협력을 통해서 풀어갈 것이다. 매년 반복되는 일상이지만, 3년 동안 써오던 마스크도 벗고, 칸막이도 없이 공부할 우리 아이들의 안전을 위해 선제적으로 점검하고 대책을 공유해서 아이들이 안전하게 생활할 수 있도록 최선의 노력을 다할 것이다.

신학기 "어린이안전"에 발 벗고 나서!

대구시 자치경찰위원회의 정책목표는 시민과 소통하고 사회적 약자를 보호하는 대구형 자치경찰이다. 특히 어린이들의 안전은 특히 중요하다.

2023년 2월 23일(목) 오후 3시, 대구시 자치경찰위원회는 대구경찰청, 대구교육청, 대구소방안전본부 및 대구시 관련 부서 실무자 등 15명이 참석한 가운데 신학기 활동이 다양해지는 아동들을 위한 촘촘하고 든든한 사회 안전망을 만들기 위해 '2023년 제1차 실무협의회 회의'를 개최했다.

이날 회의에서는 길고 긴 코로나19로 인한 침체에서 벗어나 명실상부한 일상 회복의 기운이 완연히 느껴지는 가운데 개학, 봄 행락 철 등 활동이 왕성해지는 우리 '아이들의 안전대책'에 대해 중점적으로 논의했다.

3월 신학기를 맞이해 대구시, 대구경찰청, 도로교통공단이 참여하는 '어린이보호구역' 안전 점검을 시행한다. 2. 20(월)~3. 17(금)까지 4주간 집중적으로, 어린이보호구역 내 불법 주정차 및 법규 위반 단속을 강화하고 공사장 주변 어린이 통학로 안전관리 상태를 확인·개선 조치할 예정이다.

대구경찰청에서는 등하교 시간대 스쿨존에 집중적으로 경찰을 배치해 사고 예방활동을 강화하며 대구교육청과 함께 어린이 대상 교통안전 교육 등 홍보활동도 전개한다.

대구교육청에서는 학교 차원의 통학 안전 확보를 위해 교육청, 학교, 지자체, 경찰, 전문기관 등이 참여하는 '어린이 통학 안전 협의체'를 운영해 학교 안전 문화 확산 및 교통안전 교육을 강화할 방침이다. 또한, 대구시에서는 교통안전, 식품 안전, 환경안전, 시설안전, 안전 교육 분야별로 세부적인 어린이안전 시행계획을 수립하며, 위기 아동 보호를 위해 아동학대 예방 및 공공 중심의 아동 보호체계를 강화한다. 그리고 아동학대 예방을 위한 인공지능 심리분석 시스템을 운영해 학대를 사전에 발견하고 심리치료 및 학대예방경찰관 심층 진단 등 관련 기관과의 협업을 통해 아동안전을 확보할 예정이다.

　이날 회의에 참석한 기관들은 아동안전에 대한 정보를 공유하며, 이후 관계 부서 간 서로 보완할 사항에 대해 의견을 나누었다. 이렇게 유관기관들이 모여 서로의 의견을 나누고 소통하는 것이 중요하다. 그래서 자치경찰은 소통과 협력이 중요하다고 하는 것이다. 연초에 새로 부임한 과장, 계장들이 실무협의회에 처음 참석하고 나서 만족도가 높은 것으로 나타났다.

　대구시 자치경찰위원회 실무협의회 위원장을 맡고 있는 필자는 앞으로 각 기관에서 꼭 필요한 과제가 있으면, 실무위원회에서 적극적으로 논의할 수 있도록 하겠으니 거리낌 없이 안건을 제출해달라고 부탁했다. 실무협의회 말미에, 필자는 참석자들에게 "매년 되풀이되는 일상이지만, 3년 동안 써오던 마스크도 벗고, 칸막이도 없이 생활할 우리 아이들의 안전을 실무협의회에서 선제적으로 점검하고 대책을 공유해 아이들이 안전하게 생활할 수 있도록 각 기관에서 최선의 노력을 부탁한다"라고 말했다.

어린이보호구역 안전시설 현장 점검, 캠페인

어린이보호구역은 교통사고의 위험으로부터 어린이를 보호하기 위해 자동차 등의 통행속도를 제한하는 구역을 말한다. 하지만 최근 대전, 수원 등 어린이보호구역에서 교통사고가 연이어 발생함으로써 시민들이 불안에 떨고 있다.

이런 취지에서 2023년 5월 31일(수) 대구시 자치경찰위원회와 대구경찰청은 수성구 동일초등학교에서 어린이보호구역의 주요 안전시설을 점검하고, 학부모와 동일초등학교, 대구청, 수성구청 관계자들과 간담회를 가졌다.

이번 안전시설 점검 및 간담회는 지역 어린이들의 안전을 강화하기 위해 학부모와 학교 등 현장 의견을 수렴 후 정책에 반영하기 위해 마련됐다. 이날 행사에는 김수영 대구경찰청장, 김대영 대구시 교통국장, 이점형 대구 동부교육장, 이금녀 대구 동일초등학교 교장, 녹색어머니회, 모범운전자회 관계자들이 대거 참석했다. 이날 참석자들은 동일초등학교를 직접 찾아 안전시설을 둘러본 후 간담회를 가지고, 학교 주변 어린이 교통안전 제고방안 등에 대한 현장 의견을 수렴했다.

특히, 이금녀 동일초등학교 교장은 학교 후문에 보행 지도를 위한 시니어 클럽 인원 충원, 수성네거리 좌회전 신호 추가, 하교시간대 교통안전 지도 요원 충원, 스쿨존 안전 펜스 설치 추가, 방음 및 매연 차단벽의 설치를 간곡하게 요청했다. 필자는 이러한 건의를 교육청을 통해 대구시 자치경찰위원회에 접수되면, 실무협의회를 개최하여 처리하겠다고 밝혔다.

한편 대구경찰청은 어린이 교통안전을 위해 매일 등하교 시간대 어린이보호구역 내 경찰관 배치 및 협력단체 협업, 초등학생 대상 보행안전 지도와 운전자 대상 안전 운전을 유도하는 등 교육·홍보활동을 해오고 있다. 또한 신학기 초 합동점검반을 편성하고, 보호구역 내 교통안전시설 일제 점검해 노면·표지판 등 867개 시설을 정비했다.

2023년 어린이날, '어린이가 안전한 대구' 캠페인

2023년도는 시민들이 있는 곳으로 직접 방문해서 홍보하는 '찾아가는 자치경찰'을 집중적으로 실시하였다. 일부러 시민들을 어느 장소로 초대하는 것이 아닌 시민들이 자연스럽게 모여있는 곳으로 다가가는 것이 훨씬 효과적이다.

2023년 5월 5일(금) 어린이날은 무척이나 비가 많이 왔다. 다른 지역의 어린이날 야외행사는 취소된 곳이 많았다. 대구시 자치경찰위원회는 야외에서 실내로 이동해서 행사를 진행했다. 장소는 국립대구박물관이다. '어린이가 안전한 대구'라는 주제로 자치경찰 홍보 행사를 진행했다. 코로나19라는 긴 터널 후 맞이하는 국립대구박물관 어린이날 야외행사에는 빗속에서도 많은 지역 주민이 참가해서 아이들의 웃음소리가 끊이질 않았다. 대성공이었다.

이번 행사는 대구 자치경찰위원회와 대구 수성경찰서, 굿네이버스가 '어린이가 안전한 대구'라는 주제로 국립대구박물관에서 준비한 행사와 더불어 부스마다 다채로운 행사들이 진행됐다.

대구광역시 자치경찰위원회와 각 기관에서는 자치경찰 알기 룰렛 이벤트, 미아방지 지문 등록, 아동의 4대 권리 퀴즈 등을 진행하여 지역 주민의 높은 호응을 얻었다. 특히, 대구수성경찰서 여성청소년과에서 미아 방지 지문을 직접 등록하는 서비스를 했고, 어린이들에게는 포돌이, 포순이와 사진찍기 등이 특히 인기가 있었다. 무엇보다 행사를 진행한 경찰관들의 열정이 남달랐다. 필자는 이날 당직으로 참석하지 못한 한기철 수성경찰서 여성청소년과장에게 격려와 감사 전화를 했다. 참석한 어린이들에게는 포돌이와 포순이가 그려진 부채, 볼펜, 지우개 등을 선물했다. 대구시 자치경찰위원회에서는 필자, 박만우 자치경찰정책과장, 조은정 주무관, 송현일 주임이 참석해서 자치경찰 알기 룰렛 이벤트 등으로 진행했다. 자치경찰 홍보 책자, 볼펜, 머그 컵, L자 파일, 에코백 등도 제작해서 참석자들에게 나누어 주었다.

특히, 이날 행사는 故이건희 회장 기증품 특별전(어느 수집가의 초대)이 진행되고 있어 성인들도 상당히 많았다. 필자는 대구국립박물관의 요청으로 혹시나 있을지 모을 안전사고를 대비해서 한 달 전부터 안전사고 예방 자문을 맡았다. 필자는 한 전시장에 150명 이상을 출입시키지 말고, 동선을 일방통행으로 할 것, 주차 및 안전 요원을 추가 배치할 것을 주문했다. 필자는 이날 현장을 찾아 다중 밀집 인파사고 예방을 위해 동선을 점검하기도 했다.

국립대구박물관, '어린이가 안전한 대구' 캠페인

햇빛사이로(路), 안전한 통학로 프로젝트

대구 중부경찰서가 계성중·고 인근 통학로 대상 '햇빛사이로' 사업을 시행해 치안 확보에 나섰다. 이 사업은 노후 주택가 골목길 치안 인프라 구축을 통해서 초, 중등학교 통학로 및 서문시장 지름길 범죄 불안감을 해소하고, 범죄로부터 안전한 골목길을 조성하는 사업이다. 대구중부경찰서에 따르면, 대구시 중구 서문시장 옆 계성중·고등학교 인근 통학로에는 빈 노후주택이 밀집하여 청소년 일탈 등의 우려가 큰 지역이다. 대구중부경찰서는 2023년 3월 한 달 동안, 계성중학교 학생과 학부모, 주민들을 대상으로 설문조사를 실시했다. 그 결과 응답자들의 73%가 인적이 드물고, 어두운 거리를 불안 요인으로 응답했고, 그 해결방안으로 가로등의 조도 개선, CCTV 설치, 길거리 깨끗하게 유지하기, 순찰 강화의 순으로 응답했다.

이에 대한 결과로 대구중부경찰서는 통학로 범죄 예방 환경 개선 예산으로 해당 지역 500m 구간에 태양광 벽부등, LED 벽화 등을 설치했다. 또한 CCTV 추가 설치, 도로 한편에 20년간 방치됐던 자율방범대 초소 철거, 벽면 도색 등 환경 개선을 통해 안전한 통학로를 확보했다. 대구시 자치경찰위원회에서는 1억 원의 예산을 지원했다. 대구시 자치경찰위원회의 주요 성과 중 하나가 바로 대구형 스마트 셉테드이다.

계성초등학교 앞 등하굣길 태양광, 벽부등 설치

스쿨존과 자치경찰
경북일보 특별기고 (2023. 11. 14)

스쿨존은 어린이를 보호하는 구역이다. 스쿨존은 초등학교와 유치원 주 출입문에서 반경 300m 이내의 주 통학로를 보호구역으로 지정하여 교통사고를 예방하기 위한 제도를 말한다. 이런 스쿨존에서 어린이 교통사고가 발생한다는 것은 큰 문제다.

스쿨존 내에서 교통사고 처벌을 강화한 이른바 '민식이법'이 시행된 지 3년이 지났다. 민식이법은 스쿨존 내에서 안전 운전 의무 위반 등으로 사망이나 상해사고를 일으킨 가해자를 가중 처벌한다. 2019년 9월 충남 아산시의 한 스쿨존에서 교통사고로 사망한 김민식 군(당시 9세) 사고 이후 발의돼 2020년 3월부터 시행되었다. 하지만 우리나라 스쿨존 내 교통사고는 줄지 않고 있다.

도로교통공단의 최근 통계자료에 따르면, 스쿨존에서 발생한 어린이 교통사고 건수는 2019년 567건에서 2020년 483건으로 줄었다가 2021년에는 523건으로 다시 증가했다. 2020년에 사고 건수가 잠시 줄었던 것은 코로나19로 인해서 어린이들이 학교에 가지 않고 집에서 원격수업을 했기 때문이다.

최근 대전에서는 스쿨존 내에서 배승아(9) 양이 음주 운전 차량에 치어 숨졌다. 지난 4월 8일 오후 2시, 대전 서구 스쿨존에서 방 모(66) 씨가 만취 상태로 제한 속도인 시속 30km를 넘어 시속 42km로 도로 경계석을 넘어 인도로 돌진했다. 이 사고로 배 양이 숨지고, 함께 있던 어린이 3명이 다쳤다. 운전자 방 씨의 혈중알코올농도는 면허 취소 기준(0.08%)을 넘는 0.108%였다.

대구시의 스쿨존 교통사고의 경우는 다른 시·도에 비해서 양호한 편이다. 대구시의 전체 어린이 교통 사망사고는 2018년부터 최근 6년간 발생하지 않았다. 특히 스쿨존 내 어린이 교통 사망사고는 8년간 없었으며, 어린이 교통사고도 전년 대비 6.1%(22건) 감소하였다. 이런 결과는 대구시와 대구경찰청의 많은 노력 때문이다.

2021년 7월, 자치경찰제가 실시되었다. 자치경찰은 노인과 아동, 청소년 등 사회적 약자 보호, 교통지도와 단속 및 교통질서 유지, 범죄 예방과 생활안전 업무 등 시민들의 안전 업무를 수행한다. 특히, 교통 업무는 자치경찰의 핵심이다. 대구시 자치경찰위원회와 대구경찰청은 어린이보호구역 안전 확보를 위해 교통안전시설 개선 및 안전한 보행 환경 조성을 위해 취약지역을 중심으로 가시적 순찰을 강화하고, 어린이 교통안전 문화 확산을 위해 노력하고 있다. 또한, 대구시 자치경찰위원회는 대구교통방송, 대학, 시민단체 등과 함께 어린이 교통안전에 대한 시민 참여를 활성화하고, 지역 사회와 함께 선제적인 예방적 교통활동을 추진하고 있다. 특히 올해는 행정안전부 공모사업에 선정된 생활안전 CCTV를 활용한 '첨단 AI 영상분석 시스템 구축'을 통해 스쿨존 중심 교통관제 활동을 강화하고, 어린이 교통안전 위험 상황 발생 시 CCTV 관제 모니터 알람을 통해 신속하게 대응할 수 있는 시스템을 구축하고 있다.

교통사고를 예방하고, 시민의 안전을 확보하기 위해서는 교통경찰관의 지속적인 단속(enforcement), 교통안전 시설 및 인프라 구축(engineering), 시민홍보 및 계몽(education)이 필요하다. 특히, 어린이들이 주로 다니는 스쿨존에서의 속도 준수 및 안전 주의 의무는 필수적이다. 미국이나 호주 같은 국가에서는 운전자들이 스쿨존에서 속도를 위반하면 엄청난 액수의 벌금을 내야 한다. 호주의 경우, 최대 350만 원의 벌금을 내야 한다. 스쿨존에서는 도로를 좁고 구불거리게 해서 자동차가 원천적으로 속도를 줄이도록 도로를 설계하는 방법도 생각해 볼 수 있다. 하지만 무엇보다 중요한 것은 운전자의 의식이다. "스쿨존은 속도를 내서는 절대 안 되는 공간이다. 반드시 핸들을 두 손으로 잡고, 서행한다." "스쿨존은 소중한 우리 아이들을 안전하게 보호하는 특별구역이다."

전국 최초 청소년 범죄 예방 교육 프로그램 개발

대구광역시 자치경찰위원회는 2023년 9월, 학교폭력, 청소년 도박, 마약 등 최근 이슈가 되고 있는 청소년 범죄를 예방하고, 선제적으로 대응하기 위해서 '청소년 범죄 예방 교육 프로그램'을 개발하였다.

최근 청소년들을 대상으로 한 사이버 도박, 마약, 무인점포 절도, 개인정보 유출과 같은 범죄 사례가 급증하고 있는 가운데, 범죄 예방을 위한 교육자료가 부족한 상황이다. 이에 따라 청소년들의 범죄에 대한 올바른 인식과 대처 능력을 향상시키고, 학생들과 학부모들에게 범죄 예방에 대한 중요성을 확산시키기 위해 청소년 범죄 예방 교육 프로그램을 개발한 것이다. 이와 같은 성과는 대구교육청에서 파견 나온 대구시 자치경찰위원회 여성청소년팀 신종철 장학사의 아이디어로 이루어졌다. 신종철 장학사는 현재 학교폭력과 청소년 안전 등의 업무를 담당하고 있고, 특히 대구시 자치경찰위원회의 사업인 폴리스 틴, 폴리스 키즈 업무를 전담하고 있다.

이번에 개발된 프로그램은 기존에 나와 있는 카드 뉴스나 PPT 자료가 아닌 수업용 학습 모델로 개발된 범죄 예방 교육 프로그램으로는 전국 최초라고 할 수 있다. 앞으로 대구경찰청 학교전담경찰관(SPO, School Police Officer)과 각급 학교 교사를 대상으로 전면적으로 보급할 계획이다. 이번에 개발된 청소년 범죄 예방 교육 프로그램은 도박, 마약, 도난 및 절도 예방과 개인정보 보호를 위한 학습계획안, 교수−학습과정안, 활동지, 보조자료(PPT, 동영상), 가정통신문 등으로 구성되어 있다.

기존에 나와 있는 교육자료들은 주로 범죄를 저질렀을 때, 법적 처벌을 강조해서 범죄 예방 효과를 높이고자 한 것들이 대부분이었다. 하지만 이번에 개발된 프로그램은 교육 전문가들과 심도 있게 논의해서 자기 통제력의 강화, 윤리적인 판단과 도덕성 강조, 장기적인 범죄 예방 효과, 사회 참여 촉진, 긍정적인 환경 조성을 중점으로 한 것이 특징이다.

Contents

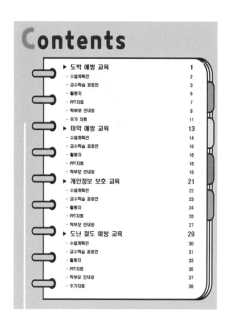

▶ 도박 예방 교육 ... 1
- 수업계획안 ... 2
- 교수학습 과정안 ... 3
- 활동지 ... 5
- PPT자료 ... 7
- 학부모 안내장 ... 9
- 추가 자료 ... 11
▶ 마약 예방 교육 ... 13
- 수업계획안 ... 14
- 교수학습 과정안 ... 15
- 활동지 ... 16
- PPT자료 ... 18
- 학부모 안내장 ... 19
▶ 개인정보 보호 교육 ... 21
- 수업계획안 ... 22
- 교수학습 과정안 ... 23
- 활동지 ... 24
- PPT자료 ... 26
- 학부모 안내장 ... 27
▶ 도난 절도 예방 교육 ... 29
- 수업계획안 ... 30
- 교수학습 과정안 ... 31
- 활동지 ... 33
- PPT자료 ... 35
- 학부모 안내장 ... 37
- 추가자료 ... 39

또한, 학생들의 적극적인 수업 참여를 유도하기 위해서 최신 사례를 중심으로 구성되었다. 단순히 수업 예시가 아닌 범죄 예방 교육 학습 모델의 역할을 충실하게 할 수 있도록 개발됐다. 파워 포인트 학습자료, 동영상, 학부모 안내장 등 다양한 보조자료를 제공해 학교전담경찰관과 교사들이 다양한 교육방법을 활용할 수 있도록 지원하고 있다.

대구광역시 자치경찰위원회는 청소년 범죄 예방 교육자료를 위원회 누리집(자료마당/참고자료)에 게재하고, 교육청 공문을 통해 일선 학교에도 보급할 계획이다. 또한, 9월 18일과 19일에는 학교전담경찰관을 대상으로 프로그램 활용 교육을 실시했고, 학교전담경찰관과 교사들을 대상으로 활용 인증 이벤트도 계획 중이다. 향후, 보급 성과를 분석해 청소년 범죄 예방 교육개발 시스템을 구축하고, 신종 범죄 예방 교육 프로그램도 개발할 예정이다.

촉법소년
대구신문 대구논단 특별기고 (2024. 3. 7)

　최근 우리 사회에서 촉법소년에 의한 범죄가 심각한 수준이다. 범죄를 저지르고도 형사처분을 받지 않는 촉법소년이 매년 늘고 있어 최근 5년간 6만여 명에 달하는 것으로 나타났다. 현행법률상 촉법소년은 범죄를 저지른 만 10세 이상 14세 미만의 청소년으로서, 징역이나 벌금 등 형사처벌 대신 사회봉사나 소년원 송치 등 보호처분만을 받는다.

　지난해 서울 노원구 월계동의 한 아파트 단지에서 만 10세 초등학생이 고층에서 떨어뜨린 돌에 맞아 70대 남성이 숨졌다. 지난해 4월에는 인천에서 여중생을 폭행하고, 속옷만 입힌 채 촬영한 뒤 협박한 10대 청소년 6명이 공동폭행, 협박, 성폭력특례법 위반 등으로 검찰에 송치됐다. 하지만 이들 중 3명은 만 14세 미만의 촉법소년이었다. 또한 충남 천안에서는 중학교 1학년, 초등학교 5학년 2명을 또래 학생 20여 명이 집단으로 폭행하고, 이를 휴대전화로 촬영한 사건이 발생하기도 했다. 이 사건의 가해 학생 대부분이 촉법소년인 것으로 파악됐다. 또한, 성인들이 촉법소년제도를 악용해 어린 청소년들을 범죄에 끌어들이는 사례도 있다. 형사처벌을 받지 않는 10대 가출 청소년들을 범죄에 끌어들여 대전 시내 금은방을 턴 성인 일당이 경찰에 붙잡혔다. 수사 결과 이들은 오토바이를 사주겠다고 어린 청소년들을 범죄에 끌어들이고 구체적인 범죄 수법은 물론이고, 촉법소년이라는 점을 경찰에 진술하도록 교육까지 했다.

　경찰청 자료에 따르면, 지난 2019년부터 작년까지 5년간 촉법소년 수는 총 6만 5,987명으로 집계됐다. 연도별로 보면 2019년 8,615명, 2020년 9,606명, 2021년 1만 1,677명, 2022년 1만 6,435명, 2023년 1만 9,654명으로 매년 늘고 있다. 범죄 유형별로 살펴보면, 절도가 3만 2,673명(49.5%)으로 가장 많았고, 폭력 1만 6,140명(24.5%), 강간·추행이 2,445명(3.7%)이 그 뒤를 이었다. 방화(263명), 강도(54명), 살인(11명) 등 강력범죄도 눈에 띄게 늘었다.

　더욱이 일부 촉법소년들은 비난의 수준이 높은 강력 범죄를 자행하고도 전혀 반성하지 않는 모습이 알려지면서 피해자들뿐만 아니라 많은 시민의 공분을 사기도 했다. 어떤 범죄는 만 14세 미만의 범죄라고는 믿기 힘들 정도로 잔혹한 강력 범죄를 저지른 경우도 있다. 촉법소년의 연령을 낮춰 경종을 울려야 한다는 지적이 터져 나오는 이유다.

외국의 경우, 촉법소년의 연령은 프랑스가 13세 미만, 캐나다는 12세 미만, 영국은 10세 미만, 미국은 10~13세 미만, 호주는 10세 미만이다.

촉법소년을 규정하는 연령 상한을 낮추는 문제는 지난 1953년 형법 제정 당시부터 시작해 반복적으로 제기되어 왔다. 촉법소년 기준 연령 하향 문제는 윤석열 대통령의 국정과제이기도 하다. 윤석열 대통령은 후보 시절 촉법소년 상한 연령을 현행 만 14세 미만에서 12세 미만으로 하향하겠다는 공약을 발표한 바 있다. 하지만 아직 법률 개정안 등은 아직 국회 문턱을 넘지 못하고 있다. 촉법소년 처벌이 근본적인 청소년 범죄의 해법이 될 수 없고, 미성년 전과자라는 낙인을 찍으면 성인 범죄로 이어질 가능성이 높다는 걱정 때문이다. 하지만 촉법소년들 대부분은 자신들이 범죄를 저질러도 처벌받지 않는다는 사실을 잘 알고 있다. 이를 악용하는 사례도 적지 않다. '나는 어려서 범죄를 저질러도 교도소에 가지 않아'라는 말이 공공연하게 청소년들 사이에서 오고 간다. 이제 근본적인 인식 변화가 필요하다. 단지 나이가 어리다고 흉악범조차 처벌하지 않는 것은 현재의 우리나라 국민 정서와는 맞지 않다. 범죄를 저지르면 그에 상응하는 법적인 처벌과 사회적 책임이 반드시 뒤따른다는 인식을 청소년 때부터 심어주어야 한다.

물론 청소년기라는 특성을 고려해서 촉법소년들에 대한 교육 및 상담, 사회봉사 등을 통한 실질적인 교화 · 선도 프로그램도 병행되어야 한다.

학교안전, '환경설계'로 푼다
경북일보 특별기고 (2023. 6. 19)

얼마 전 필자는 60여 명의 초중고 교장선생님을 대상으로 특강을 실시했다. "범죄 예방을 위한 환경설계"라는 제목으로 진행했는데, 이날 강의의 핵심은 "학교안전을 위해서는 환경설계를 통한 범죄 예방이 중요하고, 학교 공간을 설계할 때, 무엇보다 안전을 최우선으로 고려해야 한다. 공간혁신을 통한 미래 학교로의 혁신이 필수적이다"이다.

셉테드(CPTED)는 'Crime Prevention Through Environmental Design(환경설계를 통한 범죄 예방)'으로 물리적인 환경설계를 통해 범죄를 예방하는 범죄 예방기법을 말한다. 셉테드는 범죄의 가해자, 피해자, 대상 물건, 장소간의 상관관계를 논리적으로 분석해서 범죄를 예방하기 위한 일련의 물리적 설계이다.

쉬운 사례로는, 어두운 골목길에 LED 조명과 CCTV 설치, 편의점 유리창을 투명으로 제작하여 바깥에서 잘 보이게 하는 방법, 자연감시가 가능하도록 아파트단지 내에 옹벽 대신 울타리를 설치하는 방안, 방치된 공터와 노후건물에 대한 청결 상태 유지와 관리 등이다. 이는 학생들의 안전을 위해 학교 공간에서도 다양하게 활용 가능한 기법들이다.

몇 해 전에 대구광역시 달서구 상인동 굴다리는 환경 개선 후 높은 평가를 받았다. 상인동 굴다리는 노후 임대아파트가 밀집해 있는 데다 인적이 드물어 학교폭력 등 범죄 발생이 우려되는 지역이었다. 이곳에 벽면 방수·도색부터 360도 회전하는 CCTV와 보안등·안전 비상벨을 설치함으로써 범죄 발생 가능성을 낮췄다. 셉테드 예산과 노력이 투입된 우수사례이다. 셉테드를 통하여 학교 폭력이 줄어든 또 다른 사례도 있다. 2016년 셉테드 시범학교로 지정된 서울시 도봉구 창동의 가인초등학교는 주변이 공단 지역으로 공장이나 자동차 정비소들이 밀집되어 삭막한 환경이었다. 하지만 셉테드를 적용해서 아이들이 뛰어노는 모습, 여러 가지 곤충들과 예쁜 꽃들을 그려 넣은 '예쁜 벽화 거리'를 조성하였다. 그 이후 등하교 환경이 깨끗해지고 활기찬 느낌으로 대폭 바뀌었다. 학생들의 스트레스는 우울감이나 학교 폭력으로 이어질 수 있다는 점에 착안해서 만든 스트레스 프리존(Stress Free Zone)은 학교폭력을 예방하고 동시에 지역 사회 문제를 해결하는 디자인 정책으로 운영되고 있다.

섹테드는 범죄 예방만이 아니다. 각종 안전사고 방지 차원에서도 활용 가능하다. 환경설계를 잘 하면 각종 재난이나 테러 등을 예방하는 데 도움이 된다.

이와 같은 섹테드는 2005년 경찰청의 '범죄 예방을 위한 설계지침'으로 시작했다. 이후 중앙부처와 지자체에서 각각 관련 지침을 마련하는 등 전국적으로 섹테드 사업이 확산했다. 2021년 자치경찰의 출범과 함께 대구광역시 자치경찰위원회도 취약계층의 생활안전 강화에 중점을 두고, 시민 주도형 환경적 범죄 예방사업을 전개하고 있으며, 범죄 예방 환경설계부터 시민이 주도하는 대구형 섹테드 모델로 발전시킬 계획이다. 대구강북경찰서의 여성 안전 귀갓길 '샛별로' 사업, 대구달서경찰서의 '주민과 함께, 가장 안전한 우리 동네 만들기' 사업은 전국적으로도 우수사업으로 평가된다. 또한, 대구시 자치경찰위원회에서는 등하굣길 통학로 안전, 학교폭력, 학교안전 등을 중요한 의제로 다루어 대구경찰청, 대구광역시청, 대구교육청 등과 긴밀하게 소통, 협력하고 있다.

앞으로 전문가의 컨설팅을 통해 학교 내 사각지대를 정밀하게 분석해서 꼭 필요한 곳에 CCTV와 조명시설 등을 설치하고, 학교별, 건물별 맞춤형 설계를 진행해야 한다. 무엇보다 노후 건물을 대상으로 한 학교 재건축과 건물 신축할 때, '안전'을 고려한 공간설계가 필요하다. 다만 섹테드는 학생들과 교사들의 사생활 침해 등과 관련된 민감한 사항이 있을 수 있으니, 반드시 학교 구성원들인 학생과 교사들과의 사전소통과 동의는 필수 선행 조건이다. 결국 이 모든 노력이 학생과 교사들의 행복하고 안전한 학교생활을 위한 것이다.

대구일보

2023년 05월 25일 목요일 017면 사람

안전한 학교 조성 '범죄예방 환경설계' 특강 열러

박동균 대구 자치경찰위 상임위원 미래교육 강의
전국 교장 60명 참석…선진국형 '셉테드' 설계 강조

대구시 자치경찰위원회 박동균 상임위원(사무국장)은 24일 중앙교육연수원에서 운영하는 '2023년 학교경영자 미래교육 역량과정' 특강을 진행했다.

이날 특강에는 전국에서 모인 초·중·고등 교장 60여 명이 참석했다.

박 상임위원은 '범죄예방을 위한 환경설계'라는 주제로 특강을 실시했다.

그는 "학교안전은 환경설계를 통한 범죄예방이 중요하고, 학교 공간을 설계할 때, 무엇보다 안전을 최우선적으로 고려해야 한다. 공간혁신을 통한 미래학교로의 혁신이 필수적"이라고 강조했다.

셉테드(CPTED)는 환경설계를 통한 범죄예방으로 환경설계를 통해 범죄를 사전에 예방하는 선

24일 대구에 있는 중앙교육연수원에서 열린 '2023년 학교경영자 미래교육 역량과정' 특강.

진국형 범죄 예방기법을 말한다.

박 상임위원은 "자치경찰의 출범과 함께 위원회도 취약계층의 생활안전 강화에 중점을 두고, 시

민주도형 환경적 범죄예방 사업을 전개하고 있다"며 "범죄예방 환경설계부터 시민이 주도하는 대구형 셉테드 모델로 발전시킬 계획"이라고 말했다.

신헌호 기자
shh24@idaegu.com

교권이 제대로 서야 학교가 안전하다

경안일보 특별기고 (2023. 7. 31)

서울 서이초 교사가 학교에서 극단적인 선택을 한 사건 이후, 교사들의 추가 폭로가 이어지면서 이제는 학부모들의 도를 넘는 무분별한 민원과 아동학대 신고로부터 교사를 보호해야 한다는 여론이 높아지고 있다.

전국초등교사노동조합이 최근 초등교사 2천 390명을 대상으로 실태조사를 한 결과, '교권 침해를 당한 적이 있다'고 응답한 비율이 전체 응답자의 99.2%에 달했다. 이들이 겪은 교권 침해의 유형으로는 '학부모의 악성 민원'이 49%로 가장 많았고, '정당한 생활지도에 대한 불응, 무시, 반항'(44.3%)이 뒤를 이었다. 학부모에게서 폭언이나 폭행을 경험했다는 응답도 40.6%에 달했다. 이는 학생들의 폭언·폭행 경험률(34.6%)보다 높은 수치다.

대구교사노조가 지난 4월 대구지역 교사 1천 137명을 대상으로 벌인 설문조사에서도 전체의 76%가 교권 침해를 경험했다고 응답했다.

또 다른 조사도 있다. 교육부와 국회 교육위원회 자료에 따르면, 코로나19로 인해 원격수업을 했던 2020년을 제외하고는 최근 5년간 교육활동 침해행위가 매년 2천 건이 넘었고, 2022년에는 3천 건이 넘는 것으로 나타났다. 이 중 학생에 의한 교권침해가 2019년 2,435건, 2020년 1,081건, 2021년 2,098건, 2022년 2,833건이다. 특히, 학생에 의한 상해와 폭행이 2019년 240건, 2020년 106건, 2021년 231건, 2022년 347건으로 급증하고 있다. 심각한 상황이다.

최근 학생에 의한 교육활동 침해행위가 증가하면서 교사의 정당한 학생 생활지도에 대해서도 아동학대 신고가 남발되어 교사의 학생 지도가 위축되고 있다. 이로 인해 다른 학생들의 학습권까지 침해되는 상황이 발생하고 있다. 이에 따라서 정당한 학생 생활지도의 경우, 아동학대에 해당하지 않는다는 점을 법률에 명확하게 규정하는 것이 필요하다. 이를 통해 무분별한 아동학대 신고로부터 교사들을 보호하고, 학교현장의 학습환경 조성과 안전한 학교를 위해 교사의 합법적인 생활지도권을 확립해야 한다. 교사는 학생에게 지식뿐만 아니라 인성과 예절을 가르치는 교육자이다. 이번 기회를 통해 교육자로서 최소한의 사명감이나 자부심을 가질 수 있도록 법률과 제도, 근무 환경을 만들어야 한다.

현재 정부와 정치권에서는 일선 교사들의 교권 보호를 위한 여러 방안이 논의되고 있다. 교육과 인권, 인성을 중시하는 선진 국가인 독일의 사례는 참고할 만하다. 독일은 교권을 침해한 학생에 대한 교사의 징계 권한을 법률로써 보장하고 있다. 독일에서는 교권 침해 상황이 발생하면 교사가 그 즉시 학생에게 경고하고, 수업에서 배제할 수 있다. 또한 학생 행동에 변화가 없으면 교장이나 교원위원회 논의를 거쳐 퇴학까지 가능하다. 앞으로 우리나라의 교육현장에서도 일선 교사들의 학생들에 대한 생활지도 권한을 확실하게 보장해 주어야 한다. 아동학대로 고소당할까 봐 학생들의 눈치를 보거나 몸집이 큰 남학생에게 신체적으로 위협을 받는 교실에서는 제대로 된 교육이 될 수 없다. 당연히 학생들을 대상으로 한 학교폭력은 말할 것도 없다.

물론 학생들의 인권도 당연히 보장해야 한다. 하지만 이번 기회에 지나치게 학생들에게 치우쳐 있는 학생인권조례는 반드시 수정하여야 한다. 교권과 학생 인권은 상충하는 것이 아니다. 그렇기 때문에 함께 조화로운 방향으로 나가야 한다.

대구시 자치경찰위원회도 2021년 7월 자치경찰제가 출범하면서, 우리 아이들이 학교폭력으로부터 안전함은 물론이고, 각종 사고나 재난, 재해로부터 안전할 수 있도록 학교안전 정책에 집중하고 있다. 앞으로도 교육청, 학교 경영진, 일선 교사, 학부모, 그리고 학생들과 잘 소통해서 안전한 학교 만들기에 최선을 다할 것이다. 그중에서도 학교현장에서 교사의 역할은 무엇보다 중요하다. 학교안전은 학생들을 가르치는 교사의 교권이 확보될 때만이 가능하다. 교실에서는 교사가 교육 책임자이다. 교사들의 사기가 높아야 학생들도 신이 나게 공부하고, 학교도 안전하다. 교육 '현장'에 답이 있다.

청소년 마약, 심각하다
경북일보 특별기고 (2023. 4. 18)

유명 영화배우의 마약 투약 사건과 서울 강남구 대치동 학원가에서 벌어진 이른바 '마약 음료수 사건'은 우리 사회의 마약 범죄에 대한 국민들의 불안감을 증폭시키고 있다. UN은 인구 10만 명당 마약류 사범이 20명 미만인 국가를 마약 청정국이라고 하는데, 우리나라의 마약류 사범 수는 인구 10만 명당 25.2명꼴로 마약 청정국 기준을 이미 넘어섰다. 더 심각한 것은 지난해 마약류 사범으로 단속된 청소년 숫자가 500명에 육박한다는 것이다. 대검찰청의 마약류 범죄백서와 마약류 월간 동향 등을 분석한 결과를 보면, 지난해 마약류 사범으로 단속된 19살 이하 청소년은 481명으로 2013년(58명)과 비교해 볼 때, 8배 이상 증가했다. 마약 문제와 관련해서 우리 청소년들이 결코 안전하지 않다는 것을 알 수 있다. 흡연이나 음주, 폭력에 못지 많게 마약이 청소년들의 안전에 치명적인 위협 요인으로 자리 잡고 있다. 예전에는 조직폭력배나 유흥업소에서나 구할 수 있는 마약이 최근에는 인터넷을 통한 비대면 거래가 증가하면서 소셜 네트워크 서비스(SNS)에 익숙한 10대의 마약 범죄가 급증하고 있다. 특히, 텔레그램 비밀 채팅방과 다크웹 등 음지에서 비대면으로 거래되고 있는 마약 범죄의 특수성을 고려할 때, 실제로 10대 마약사범은 훨씬 더 많을 것으로 추정된다. 이른바 마약은 실제로는 발생했지만 공식적인 통계에는 잡히지 않는 암수 범죄(hidden crime)이다.

마약은 건강에 치명적인 물질로서 폭력이나 성폭력, 심지어는 살인 등으로까지 이어지는 등 심각한 사회 문제를 일으킨다. 특히, 뇌 발달이 완성되지 않은 청소년 시기의 마약 복용은 마약을 통해 느끼는 쾌감, 감각의 변화 등이 중독을 유도하고, 그로 인한 인격 및 사회적 문제, 정신질환 등을 야기하여 정상적인 학교 및 가정생활을 할 수 없게 만든다. 국가가 건강한 국민의 삶을 위해 적극적으로 개입해야 하는 이유이다.

이러한 사태의 심각성에 비추어 최근 대구경찰청은 '마약과의 전쟁'을 선포하였다. 마약 단속에 모든 수사역량을 집중하고, 청소년 마약류 범죄 예방을 위한 교육과 순찰 활동을 강화하고 있다. 또한, 검찰과 세관 등 7개 유관기관과 수사실무협의체를 구성 완료했다. 앞으로 대대적인 단속과 함께 마약류 예방 교육이 있을 예정이다. 시의적절한 대책이다. 하지만 청소년들의 마약 범죄는 경찰의 문제만이 아니다. 청소년 마약 범죄를 예방하고 해결하기 위해서는 청소년이 접하는 마약의 위험성을 깊이 인식하고, 가족 및 학교, 사회 전반의 협력이 절대적으로 필요하다. 특히 모든 정부기관은 청소년들이 마약을 예방하고 치료받을 수 있도록 관련 시설과 인력을 제공해야 하며, 지역 사회는 이러한 치료와 상담 서비스를 제공하는 기관을 상시적으로 운영, 청소년들이 쉽게 이용할 수 있도록 지원해야 할 것이다.

마약은 초기에 잡아야 한다. 시간이 지나면 잡을 수 없다. 아울러 마약은 그 중독성 때문에 반드시 치료와 재활이 병행되어야 한다. 정부가 예산과 인력을 들여 마약 중독자들을 치료해야 한다. 마약 중독자 스스로는 치유가 불가능하다. 그것이 마약의 특징이다. 아울러 마약은 일시적인 구호성 캠페인이나 검거 실적에 집착해서는 절대로 안 된다.

강조하건대, 마약은 경찰청, 검찰청, 지방자치단체, 교육청, 의료계 등 많은 관련 기관과의 업무 연계성이 높고, 범죄 예방과 치료가 중요한 만큼 대구시 자치경찰위원회에서도 많은 관심을 가지고, 홍보와 계몽, 마약 퇴치에 최선을 다할 것이다. "청소년 여러분, 길거리에서 모르는 사람이 주는 음식은 절대 먹어서는 안 됩니다." 이것은 청소년에만 국한되는 것은 아니다. 보이스피싱처럼 마약에 대한 시민홍보가 절대적으로 중요한 시점이다. 이제 '마약'과의 전쟁이다. 전쟁과 같이 강력하게 단속하고, 홍보하고 치료해야 한다.

대구 수성경찰서 여성청소년과에서 추진 중인 '마약 나쁜(Not Four)' 운동이 주목된다. 청소년이 SNS 등을 통해 마약에 자연스럽게 노출되고 '유명 연예인 마약 복용', '청소년 마약 음료 사건' 등으로 마약에 대한 관심이 커지고 있는 상황이 위험 수준에 있다고 판단해 예방활동의 필요성을 절감하고 추진하는 운동이다. '나쁜', 즉 네 가지 해서는 안 될 일은 △ 호기심에 마약 관련 검색하지 않기 △ 고수익 미끼에 넘어가 마약운반(속칭 드로퍼) 하지 않기 △ SNS 등을 통해 모르는 약물 구매 않기 △ 친구에게 모르는 약물 권하지 않기 등이다.

'폴리스 틴·키즈'도 청소년 대상 마약 범죄 예방 캠페인 동참

대구시 자치경찰위원회도 청소년 대상 마약 범죄 예방에 적극 동참한다. 대구시 자치경찰위원회에서 운영하고 있는 '폴리스 틴·키즈'는 본격적으로 청소년 마약 범죄 예방 캠페인 활동을 실시한다. 이제 성인뿐만 아니라 나이가 어린 청소년들도 마약 범죄의 피해자가 될 수도 있다는 불안감이 커지고 있다. 이에 따라 마약 범죄 예방을 위한 관련 활동이 절실하다는 학교현장의 요청에 폴리스 틴·키즈 대원들이 움직인 것이다.

'폴리스 틴·키즈' 대원들은 마약으로부터 자신과 친구들을 보호하기 위해 5월 8일(월) 영진고를 시작으로 5월 9일(화) 강북고, 동도초, 5월 10일(수) 사대부고, 동호초, 5월 11일(목) 신명고, 율원중, 입석중, 5월 12일(금) 경북고에서 마약 범죄 예방 캠페인을 실시할 예정이다. '폴리스 틴·키즈' 대원들은 등교 시간에 어깨띠를 두르고 마약 범죄 예방을 위해 제작된 교육자료를 나누어 주고, 관련 구호도 힘차게 외치며, 청소년 대상 마약 범죄 예방을 위해 힘을 보탤 것이다. 이번 캠페인 활동에서 초등학생 '폴리스 키즈' 대원은 남이 주는 음료를 마시지 않기를 강조해 안내하고, 중학생 '폴리스 틴' 대원은 마약의 위험성을 알리는 데 주력한다.

이번 캠페인에는 대구광역시 자치경찰위원회, 대구경찰청, 대구광역시교육청이 힘을 모았다. 이번 캠페인은 대구자치경찰위원회에서 대구경찰청과 대구광역시교육청에 도움을 요청했고, 이에 세 기관이 적극적으로 협력해 실시할 수 있게 됐다. 대구광역시자치경찰위원회는 캠페인 활동을 기획·총괄해 관련 기관의 인적·물적 자원이 효율적으로 활용될 수 있도록 했다. 대구광역시교육청과 각 학교는 캠페인 활동을 위한 담당 장학사 및 지도 교사를 배정하여 캠페인이 안전하게 이루어질 수 있도록 학생들을 지도했다. 대구경찰청은 '마약나뽀' 프로젝트를 확산하기 위해 교육자료 및 홍보 물품을 제공했으며, 각 경찰서에서는 소속 학교전담경찰(SPO)이 출동해 최근 마약 범죄 유형에 대한 안내 및 마약의 위험성을 알렸다.

캠페인 첫날, 5월 8일(월) 오전 8시, 영진고에서는 설용숙 위원장, 필자(사무국장) 등이 직접 참석했다. 영진고 교장과 교감을 비롯한 교사들, 학생회 간부, 대구북부 경찰서 여성청소년과에서도 동참했다.

청소년 마약 범죄 예방 캠페인(영진고)

읍내 고등학교 소통 · 협력 방문

대구 읍내 고등학교라는 학교에 대해서 일반 시민들은 잘 모를 것 같다. 대구 읍내 고등학교는 대구소년원을 말한다. 준법 교육, 심리치료 등 인성 교육, 제과제빵, 바리스타와 같은 직업 교육, 원적 학교 학업연계 교과 교육 등 좋은 교육 프로그램을 갖고 있기 때문에 학교라는 명칭을 사용한다. 예를 들어, 서울소년원은 '고봉중고등학교', 대구소년원은 '대구 읍내 고등학교'라는 이름을 사용한다. 시민들에게도 친숙하고, 학생들에게도 호감가는 이름이다.

2022년 10월 13일(목) 오후 3시에 읍내 고등학교를 방문했다. 우리 사무국 협력팀 성용철 경위가 미리 일정을 잡았고, 박준희 협력팀장과 같이 방문, 시설들을 둘러 보고, 현황에 대한 설명을 들었다. 이헌구 대구소년원장의 소년원과 학생들에 대한 열정과 역량, 리더십을 배웠다. 필자는 자치경찰제도를 설명하고, 아울러 대구시 경찰위원회의 현황과 성과를 설명했다.

대구소년원은 비행 청소년의 재교육을 위해 대한민국 법무부 범죄예방정책국 산하에 설치된 기관이다. 대구소년원은 비행 청소년의 올바른 품성 도야를 목표로 인성 교육을 집중적으로 실시하는 인성 교육 전문 소년 보호 교육기관이며, 위기 청소년의 비행 예방 및 재비행 방지를 위한 문제행동 진단, 법원심리에 필요한 자료 제공, 가정·학교 등에 학생 지도에 필요한 지도 방향을 제시하는 대안 교육기관이다.

미성년자는 그 범죄 형량에 따라 소년교도소에 수감될지, 소년원에 입소될지 결정된다. 소년교도소는 금고 이상의 형에 해당되는 범죄를 저지른 미성년자가 동기와 죄질이 형사처분할 필요가 있다고 인정될 경우 수용되는 시설이다. 소년교도소는 형사 시설이다. 만약 형 집행 중 만 23세가 되면 성인교도소로 이감된다. 소년교도소에 수감 중인 사람들은 전과기록이 남아 공무원 시험에 응시하는 것이 불가능하다. 반면에 소년원은 소년교도소와 달리 소년법상의 보호처분을 받은 범죄소년, 촉법소년을 교정, 교육하는 시설이다. 소년원 수감자들은 중, 고등학교 과정을 이수할 수 있고, 직업 교육이나 검정고시도 준비할 수 있다. 시설 내에는 교도관이 아닌 보호직 공무원이 근무한다. 이들은 보호처분을 받기 때문에 전과기록도 남지 않는다. 따라서 공무원 시험에도 응시할 수 있다.

양 기관 간에 소통과 협조를 통한 두 기관의 발전을 기약했다.

대구 읍내 고등학교 방문, 소통과 협력

폴리스 틴·키즈 비폭력 대화, 교육연극 체험

대구광역시 자치경찰위원회는 2023년 6월 17일(토) 오전 9시, 대구민주시민교육센터에서 폴리스 틴·키즈 '비폭력 대화 및 교육연극 체험'을 실시했다. 이 프로그램은 학생들끼리 갈등이 발생했을 때, 효과적인 해결 방법을 배워서 우리 폴리스 틴·키즈 대원들이 또래 갈등 중재자의 역할을 할 수 있게 하는 것이다. 최근에는 휴대전화나 컴퓨터 등으로 혼자서 공부하고, 혼자서 노는 문화가 지배적이다. 따라서 혼자서는 무엇이든 잘 하지만 둘 이상이 모이면 협업이나 소통이 잘 안되기도 한다. 따라서 공감 또는 갈등관리 프로그램이 중요하다.

이런 맥락에서 고등학생 대원을 대상으로 '비폭력 대화 체험'을 실시한 것이다. 비폭력 대화 체험은 비폭력 대화의 의미와 요소에 대해 학습하고, 상대와 소통하며 연결하는 태도를 기르기 위한 프로그램이다. 관찰과 평가, 느낌과 생각, 부탁과 강요 등 다양한 대화 상황에서 비폭력 대화의 관점으로 서로를 배려하고 이해하는 말하기를 통해 갈등을 해결하는 방법을 학습했다.

비폭력 대화(Nonviolent communication)는 구체적으로 연민의 대화, 삶의 언어라고 부르기도 한다. 비폭력이란 우리 마음 안에서 폭력이 가라앉고 우리의 본성인 연민으로 돌아간 자연스러운 상태를 말한다. 비폭력 대화는 이러한 연민이 우러나는 방식으로 다른 사람과 유대관계를 맺고, 우리 자신을 깊이 이해하는 데 도움이 되는 구체적인 대화 방법이다.

또한, 이날 초·중학생 대원을 대상으로는 '교육연극 체험'을 실시했다. 그림책 '모두의 의자' 작품 속 인물을 탐구하고, 연극을 통해 갈등 상황을 해결하는 방법을 배우며, 비폭력 대화의 관점에서 갈등 상황을 정리하는 기회를 얻게 됐다.

이번 프로그램을 통해 청소년들이 서로를 존중하고 배려하고, 이해하는 비폭력적인 대화 방법을 배울 수 있었다. 나아가 이러한 갈등 해결 방법 습득과 서로를 존중하고 이해하는 대화가 늘어나면 학교폭력도 자연스럽게 줄어들 것이다.

이번 프로그램은 학생들이 학교에 가지 않는 토요일에 이루어졌지만 참석률은 거의 100%에 가까웠다. 그 정도로 학생들의 열정과 태도, 역량이 뛰어나다. 아울러 대구교육청에서 파견 나온 신종철 장학사의 업무에 대한 헌신과 역량이 최고 수준이다. 이번 기회를 통해서 학생들이 학교 내에서, 더 나아가 지역 사회 속에서, 소통과 존중, 배려의 의미를 더욱 중요한 가치로 생각했을 것이다.

2023년 6월 17일(토) 오전 9시, 대구민주시민교육센터에서
폴리스 틴·키즈 '비폭력 대화 및 교육연극 체험'

학교폭력과 자치경찰
경북일보 특별기고 (2023. 2. 21)

'더 글로리'라는 넷플릭스 드라마가 우리 사회의 학교폭력 위험성에 경종을 울리고 있다. 물론 드라마이기는 하지만 극 중에서 '고데기 온도 체크' 학교폭력 장면은 지난 2006년 충북 청주에서 실제로 벌어졌던 사건이다. 당시 중학교 3학년 학생 여러 명이 동급생이던 학생 한 명을 표적으로 삼아 20여 일간 고데기와 옷핀, 책 등으로 상해를 입혔다. 가해자들은 피해 학생에게 돈을 요구하기도 했고, 요구에 응하지 않는 날에는 집단구타도 서슴지 않았다. 현재 가해자들은 33살이 되었다.

학교폭력은 학교 내외에서 학생을 대상으로 발생한 상해, 폭행, 감금, 협박, 약취·유인, 명예훼손·모욕, 공갈, 강요·강제적인 심부름 및 성폭력, 따돌림, 사이버 따돌림, 정보통신망을 이용한 음란·폭력 정보 등에 의하여 신체·정신 또는 재산상의 피해를 수반하는 행위를 말한다. 학교폭력을 따로 정의하는 이유는 절도나 흡연, 음주, 도박 등 여타의 청소년 범죄와 비행과는 달리 직접적으로 피해자가 발생하기 때문이다. 집과 학교를 오가는 학생들에게 학교생활은 일상의 큰 부분을 차지하게 되는데, 학교폭력은 하루에 8시간 이상 있어야 하는 곳을 지옥으로 만드는 아주 끔찍한 일이다.

학교폭력은 1990년대 말기까지는 주로 동네 불량배들이 선량한 학생들을 갈취하는 형태였다. 그러다가 1986~88년생이 중학교에 진학하는 2000년대 초반부터 연령이 중학생으로 내려갔다. 또한 이 시기를 기점으로 하여 '일진'이나 '짱' 등의 용어가 사용되기 시작하였다. 현재는 청소년기에 접어드는 초등학교 고학년 때부터 심해지기 시작했다. 점점 연령이 내려가고 그 양상이 잔혹해지는 것이 문제다.

최근 사회 문제화된 사건만 간추려보아도 학교폭력은 날로 흉악해지고 있다. 양산 여중생 집단 폭행 사건은 2021년 경남 양산에서 가해자들이 외국 국적의 중학생을 집단폭행하고 범행 장면을 영상으로 촬영해 유포한 사건이다. 가해자 중 2명은 검찰에 송치됐지만 다른 2명은 촉법소년이어서 소년부로 넘겨졌다. 청학동 기숙사 사건은 2020년 경남 하동 청학동 기숙사에서 발생했다. 17세 가해자 2명은 피해자의 신체 부위에 이물질을 삽입하거나 소변을 먹이는 등 가혹행위를 벌였다. 가해자들은 소년부로 송치돼 형사처벌을 면했다.

대구에서도 2011년 같은 반 학우들의 상습적 괴롭힘을 견디지 못한 중학생이 스스로 목숨을 끊은 사건이 있었다. 이 사건은 지역 사회에 큰 반향을 일으켰다. 학교전담경찰관(SPO) 배치, 학교폭력 실태조사, 학생상담 철저 등 학교폭력 근절 대책이 잇따랐다. 이러한 아픈 사건을 계기로 대구시 교육청과 경찰청, 대구시 등 관계기관들이 꾸준하게 노력한 결과, 대구 지역 초·중학생들의 학교폭력 피해 응답률이 전국에서 최저 수준을 유지하는 것으로 나타났다.

심각한 학교폭력을 경험한 학생 중에는 성인이 된 이후에도 큰 후유증과 트라우마를 안게 되는 경우가 많다. 성장기와 사춘기에 이런 일을 겪을수록 트라우마와 콤플렉스가 심해질 수도 있고, 평생 씻을 수 없는 기억으로 남는다. 실제로 소수이기는 하지만 일부 성인 중에서는 과거의 학교폭력에 대한 심한 후유증과 경험 때문에 극도의 대인공포증이나 기피증을 겪는 경우가 있고, 심하면 사회에 나가려 하지도 않으려는 공포증에 시달리는 것으로도 알려졌다.

2021년 7월 1일부터 전국적으로 시행하고 있는 자치경찰도 학교폭력 문제에 많은 관심을 갖고 대응하고 있다. 앞으로도 대구시, 대구경찰청, 대구교육청, 교육기관 등과 함께 꼼꼼하게 이 문제에 대해서 소통과 협력을 통해서 풀어갈 것이다. 학교폭력, 청소년 범죄, 학교 밖 청소년 문제는 우리가 꼭 해결해야 할 정책과제이다. 가정과 학교, 지역 사회 등 우리 사회 모든 구성원의 관심이 중요하다.

대구일보
2023년 04월 14일 금요일 006면 사회

"학폭예방 뮤지컬 '미러톡' 너도나도 관람해요"

초교생들과 함께 공연장 방문
대구자치경찰위·학교전담경찰
현장경험 바탕 각종제안 눈길

대구학생문화센터가 공연 중인 학교폭력 예방 뮤지컬 '미러톡'에 대한 관심이 뜨겁다.

2019년 첫 선을 보인 미러톡은 초등학생의 눈높이에 맞춘 학교 폭력 예방 교육용 뮤지컬이다.

올해에는 지난달 23일부터 지난 11일까지 오전·오후 2차례에 걸쳐 진행됐다.

대구시자치경찰위원회를 시작으로 학교전담경찰관(SPO) 30명이 뮤지컬을 관람했으며, 지난 10일에는 초등학생 100여 명과 SPO 30여 명이 '미러톡'을 함께 관람했다.

관람을 마친 학교전담경찰관들은 학교 폭력 예방 교육의 전문가로서 센터에 '미러톡' 개선의 다양한 의견을 제시한 것으로 알려졌다.

대구경찰청 조진 아동청소년계장은 관람 후 "경찰 입장에서 가해자 조치와 피해자 보호에 대한 의견을 뮤지컬 제작진에게 제시할 수 있어 의미가 깊었다"고 말했다.

설용숙 대구시자치경찰위원장은 "자치경찰의 입장에서 학교폭력 예방 교육용 뮤지컬에 의견을 제시할 수 있어 좋았다. 사회적으로 학교폭력의 이슈가 커지고 있는 시기에 이번 사례처럼 교육청, 경찰청 등의 관련 기관이 협력하면 학교 폭력 예방 효과가 더욱 커질 것"이라라고 말했다.

이동현 기자 leedh@idaegu.com

대구일보

2023년 03월 30일 목요일 019면 오피니언

특별기고

박동균
대구시 자치경찰위원회
상임위원

'더 글로리'에서 나타난 학교폭력의 교훈

'더 글로리'는 잔혹한 학교폭력을 담은 피해자가 성인이 되어 복수를 하는 드라마이다. 연일 인기 흥행몰이를 하고 있고, 국내에서 뿐만 아니라 공개 사흘 만에 전 세계 TV 부문에서도 시청 순위 1위에 오를 만큼 관심이 뜨겁다. 특히 국내에서는 아들의 학교폭력으로 국가수사본부장에서 낙마한 정순신 변호사를 둘러싼 논란이 '더 글로리'에 대한 관심을 더욱 폭발시켰다는 해석도 있다. 이 드라마에 나온 다양한 유형의 학교폭력 피해사례들은 실제로 과거에 발생했던 사례들이나 대부분이고 가해 학생, 교사, 학부형, 경찰 등 다양한 주변 인물들이 현실성있게 묘사돼 있다.

'더 글로리'라는 드라마를 통해서 현재 우리 사회에서 학교폭력을 예방할 수 있는 교훈은 무엇일까? 어떻게 하면 우리나라의 청소년들이 신나게 놀고, 공부하게 할 수 있을까? 이 문제는 오랜 숙제이고, 난제이다. 하지만 분명하게 이야기할 수 있는 것은 학교폭력 나아가서 청소년문제는 어느 한 기관이 잘해서 될 수 있는 문제가 아니라는 점이다. 가정과 학교, 지역사회 등 모든 구성원들의 관심과 열정이 중요하다고 할 수 있다.

'더 글로리'에 나오는 가해자(극중 박연진) 어머니의 그릇된 법 감정을 지닌 채 무조건적인 자식 보호에 전념하고, 피해자(극중 문동은)의 어머니는 알코올 중독자로서 돈과 술에 취해 잔혹하게 학교폭력을 당한 딸을 버리고 심지어는 괴롭히기까지 한다. 물론 드라마 이야기지만 실제로 우리 사회에서도 이런 사례들이 있다. 가정의 역할이 중요함은 두말할 필요가 없다. 문제성 있는 가정환경의 청소년들에 대한 사회안전망을 촘촘하고 튼튼하게 만들어야 한다. 아울러 학교의 역할이 중요하다. 학교 내 교실은 학생들이 가장 많이 생활하는 공간이다. 학교내에서의 폭력은 피해 학생들에게는 지옥이나 다름없다. 특히 학교에서는 학생들과 가장 가까운 곳에 있는 교사의 역할이 중요하다. '더 글로리'에서 피해학생의 담임교사는 학교폭력의 피해를 외면하고, 심지어는 가해학생의 편에서 피해학생을 폭행하기도 했다. 담임교사는 오히려 약자에 가깝다고 할 수 있다. 실제로 학교 현장에서 교사의 역할은 학교폭력의 예방과 학교폭력 피해학생에 대한 위로와 공감, 응원과 지지다. 학교폭력의 예방과 대책의 중심에는 교사가 있다.

학교폭력은 지역사회 및 국가의 역할이 중요하

> "
> 가정·학교의 중요성 두말 필요 없고
> 학교전담 경찰관 중심 지역사회·국가
> 모두 나서 현실의 '문동은' 없게해야
> "

다. 그 중심에는 역시 경찰이 있다. 경찰은 학교폭력 및 청소년 문제를 해결하기 위해 SPO(School Police Officer·학교전담 경찰관)를 운영하고 있다. 학교전담경찰관은 2012년 학교폭력 근절을 위해 도입돼 경찰의 핵심적인 학교폭력 대응 정책으로 정착했다. 학교전담경찰관은 학교폭력 예방활동은 물론 피해학생 보호 및 가해학생 선도, 학교폭력 단체에 대한 정보수집, 학교폭력 단체의 결성 예방 및 해체 등 학교폭력과 관련한 전반적인 대응 업무를 수행한다. 하지만 학교전담경찰관의 과도한 업무 부담으로 실질적 예방 활동이 가능한지에 대한 의문도 여전하다. 또한, 학교폭력 피해 학생이 일상을 회복할 수 있도록 실질적으로 보호하는 방안이 더 시급하다.

대구에서는 2011년 같은 반 학우들의 상습적인 학교폭력을 견디지 못한 중학생이 극단적인 선택을 한 사건이 있었다. 이러한 가슴 아픈 사건을 계기로 학교전담경찰관 배치, 학생상담의 철저 등 학교청과 경찰은, 대구시 등 관계기관들이 꾸준하게 노력한 결과, 대구 지역 초·중학생들의 학교폭력 피해 응답률이 전국에서 최저 수준을 유지하는 것으로 나타났다.

2021년 7월 1일부터 시행되고 있는 자치경찰도 학교폭력과 청소년 비행 문제에 많은 관심과 대응을 하고 있다. 앞으로도 대구시 자치경찰위원회는 실무협의회라는 공식 기구와 함께 다양한 채널을 통해서 이 문제를 세심하게 풀어갈 것이다. 더 이상 '더 글로리'와 같은 잔혹한 학교폭력은 없어야 한다.

경북일보

2023년 04월 14일 금요일 018면 여론광장

특별기고

박동균
대구광역시
자치경찰위원회
상임위원

학교전담경찰관과 대구 자치경찰

교육부가 실시한 '2022년 학교폭력 실태조사' 결과에 따르면, 학교폭력 피해 응답률은 1.7%(5만 4,000명)로 2021년 1차 조사에 대비해서 0.6% 증가했다. 학교폭력 피해율을 연령순으로 보면, 초등학생이 3.8%로 중학생(0.9%), 고등학생(0.3%)보다 많다. 학교폭력을 경험한 연령층이 매년 하향하는 추세라고 할 수 있다. 또한, 피해 유형별로는 언어폭력(41.8%), 신체폭력(14.6%), 집단따돌림(13.3%)의 순이었다. 특히 스마트 폰의 확대 보급에 따라 학교폭력의 수법 또한 진화하면서 다양해지

고 있다. 또 다른 조사인 청소년폭력예방재단 푸른나무재단의 '2022 전국학교폭력·사이버폭력 실태조사'를 보면, 학교폭력 피해 유형별로 볼 때, 사이버폭력이 31.6%로 가장 많았고, 사이버폭력 경험 매체는 카카오톡 27.2%, 페이스북 16.6%, 인스타그램 9.3%의 순이었다. 이러한 통계는 학교폭력 대책을 수립할 때, 중요한 기초자료가 된다.

학교전담경찰관은 학교폭력 예방을 위한 대표적인 정책으로 2012년도에 도입되었다. 학교전담경찰관은 학교폭력과 청소년 선도 관련 업무를 전담하는 경찰관을 말하며, 경찰의 학교폭력 대응에 핵심적인 역할을 하고 있다. 현재 전국적으로 배치되어 있고, 경찰 1인당 10개교 내외를 담당하고 있다. 이들은 학생, 학부모, 교사 등을 대상으로 범죄예방 교육을 실시하고, 학교폭력 전담 신고 117 신고센터나 SNS 등을 통해 접수된 학교폭력 사안을 접수하고 상담하며, 학교폭

력 가해학생은 선도하고, 피해학생을 보호하는 업무를 담당한다. 학교 내 학교 밖 청소년 등 청소년 문제 이슈화에 따라 학교폭력뿐만 아니라 청소년 문제 전반에 대응할 수 있도록 점차 역할이 확대되고 있다. 학교전담경찰관은 제도 시행 초기에는 홍보 이벤트성 활동에 대한 부정적인 시각이 일부 있었지만 차츰 안정적으로 자리를 잡았다. 특히, 학교와 경찰 간의 연결고리 역할을 잘 수행하고 있어 교육 현장이나 청소년 유관기관에서도 상당히 긍정적인 평가를 받고 있다. 하지만 이러한 좋은 평가에도 불구하고, 현장인력의 부족과 업무과다 등의 이유로 학교전담 경찰관의 사기가 많이 저하되었다. 우문현답(우리의 문제는 늘 현장에 답이 있다). 학교 현장에 보다 전문성있는 학교전담경찰관의 인력배치가 필요하다.

2021년 7월 1일 공식적으로 출범한 대구시 자치경찰위원회는 '시민중심, 시민안전'을 비전(Vision)으로 하고, '시민과 소통하고, 사회적 약자를 배려하는 자치경찰'을 정책목표로 하고 있다. 특히, 대구 자치경찰은 아동과 청소년 보호 등을 위한 다양한 정책적 노력을 경주하려고 있다. 자치경찰 출범 초기부터 시행하고 있는 '폴리스 틴, 폴리스 키즈 사업'은 대구시 자치경찰위원회와 대구교육청의 연계 활동으로 청소년들이 생활 안전 문제를 직접 발굴해서 구체적인 대안을 모색하는 프로그램이다.

아울러 대구시 자치경찰위원회는 대구경찰청, 대구교육청, 대구소방안전본부와 대구시 관련 부서 실무자들과 대구시 자치경찰위원회 '실무협의회'를 구성했다. 이 실무협의회에서 대구시민들의 안전을 위한 다양한 기관들의 소통과 협력을 통해 심각한 학교폭력 문제를 만들어진다. 우리 자녀들이 친구들과 행복하게 공부하고 마음껏 뛰어 놀 수 있도록 대구시 자치경찰위원회에서는 최선의 노력을 다할 것이다.

자체 제작한 학교폭력 예방 캠페인 확산

　　최근 학교폭력에 대한 국민적 관심이 높아지고, 학교폭력 양상이 다양화, 지능화됨에 따라 청소년과 일반 시민들을 대상으로 하는 학교폭력 예방 교육의 필요성이 증가하고 있다. 이런 맥락에서 학교폭력 예방 캠페인 영상을 제작하여 학교폭력에 대한 경각심을 고취하고, 학생들을 대상으로 교육 자료로 활용하기 위해 대구시 자치경찰위원회에서는 "학교폭력 예방"을 주제로 동영상을 제작하였다. 우리 자치경찰위원회 여성청소년팀에서 저예산으로 제작한 동영상은 "학교폭력은 피해자뿐만 아니라 가해자 및 그 부모에게도 평생 씻을 수 없는 후회와 상처를 남긴다"라는 주제의 스토리이다. 짧은 동영상이지만 감동이 있는 주제로 김지은 주임이 홍보업체와 공동으로 기획해서 제작하였다. 동영상의 보급 방법은 많은 시민이 시청할 수 있도록 다중 운집 장소인 대구광역시 공식 전광판(계산오거리, 범어네거리 등)과 대구경찰청, 학교, 구·군청 등 유관기관 전광판, 대구 라이온즈 파크, DBG 파크, 동대구역, 지하철 3호선 역사의 전광판 등에 영상을 노출하는 것이다.

　　이와 같이 많은 기관을 섭외한 것은 대구시 자치경찰위원회 여성청소년팀 김종훈 경사의 노력 덕분이다. 김종훈 경사는 수성경찰서 정보관으로서 활동한 인맥과 네트워크를 통해서 관계기관을 찾아가서 설득하고 협의해서 별도의 홍보 예산 지출 없이 시민 홍보 효과를 높였다. 김종훈 경사의 노력으로 시민들에게 학교폭력이 대구시 자치경찰의 주요 업무이고, 학교폭력 예방이 무엇보다 중요하다는 것을 알릴 수 있었다.

1	라이온즈파크(야구장) 송출 기간: 4. 25.(화)~시즌 종료 限	비고
		잔여 홈경기 (51경기)

2	DGB파크(축구장) 송출 기간: 4. 22.(토)~시즌 종료 限	비고
		잔여 홈경기 (12경기)
3	동대구역 대합실 송출 기간: 4. 24.(월)~6월 末	비고
		동대구역 이용객 수 전국 2위(21년 48,279명)
4	동대구역 광장 미디어 아트월 송출 기간: 5월 初~6월 末	비고
		백화점 복합 환승센터 및 동대구역 이용객 대상 홍보
5	지하철 3호선 송출 기간: 4. 24.(월)~6월 末	비고
		30개 역 35개소 홍보 영상송출

청소년 안전확보에 총력!

미래 세대의 주역이고, 지금 세대의 원동력인 우리 지역의 청소년을 보호해야 한다. 청소년의 안전이 이 시대의 화두이다. 학교폭력, 마약, 각종 범죄 등으로부터 우리 청소년을 안전하게 보호해야 한다.

2023년 6월 13일(화) 오후 3시, 대구광역시 자치경찰위원회는 대구경찰청, 대구교육청, 대구소방안전본부 및 대구시 관련 부서 실무자들이 참석한 가운데 청소년들의 안전과 마약 및 학교폭력 등 위험에 노출되지 않도록 예방안을 논의하기 위한 '2023년 제2차 실무협의회 회의'를 개최했다.

이날 실무협의회에서는 청소년들을 대상으로 한 마약 및 학교폭력 예방에 관한 현 실태를 진단하고, 아울러 문제점을 도출해서 개선하기 위한 다양한 방안들을 논의했다.

먼저 대구경찰청에서는 대구광역시 자치경찰위원회와 함께 최근 강남 학원가 마약 음료 협박 사건을 계기로 청소년 마약 범죄 근절을 위한 '마약나뽀(NOT! FOUR)' 프로젝트를 추진하고 있다. 마약 수사관이나 형사 등 전문가를 초빙해 학생들을 대상으로 ①호기심으로 마약 관련 검색하지 않기 ②고수익 미끼로 한 드로퍼(마약 운반책) 하지 않기 ③SNS 등을 통해 모르는 약물 구매 않기 ④친구에게 모르는 약물 권하지 않기를 교육하며, 관계기관과 합동 캠페인을 통해 마약류 검사 시약 스티커 배부 등을 통한 범시민 대상 경각심을 높이는 홍보활동을 강화하고 있다. 실제로 학교, 대구 스타디움, 동성로 등 다양한 장소에서 열정적으로 캠페인을 실시했다. 또한 청소년 도박, 마약 등 범죄 유형 중심의 특별예방 집중 교육을 실시하고, 지역 사회 네트워크를 활용해서 학교와 가정 밖 청소년을 발견하여 지원센터에 연계하는 등 위기 청소년의 선도 및 보호활동도 전개하고 있다.

또한, 대구교육청에서는 증가하고 있는 청소년 마약류 등 유해 약물 예방을 위해 2022년 7월 학생 유해 약물 예방 교육 조례를 제정했으며, 교원과 학생들을 대상으로 학기당 2회 이상 의무 교육을 실시 중이다. 또한 교직원 역량 강화를 위한 온라인 연수도 운영할 예정이다.

한편 대구광역시에서는 청소년 상담 복지센터를 운영해 위기청소년 긴급구조, 청소년 전화 1388 상담 등 통합 지원체계를 구축하며, 청소년 유해환경 감시단을 운영하여 월 1회 민·경·관 합동 단속을 실시한다. 청소년 대상 마약 중독 예방 교육 강화를 위해 찾아가는 마약류 및 약물 중독 예방 교육 및 홍보 캠페인을 실시하며, 대구교육청, 대구경찰청과 협력해 체험·사례 중심의 찾아가는 청소년 범죄 예방 교실을 운영하여 청소년 대상 범죄에 대한 경각심을 고취할 예정이다. 대구시에서는 협조 사항으로 일선 경찰서나 학교전담경찰관(SPO)들에게 청소년상담복지센터(상담)와 학교 밖 청소년 지원센터(검정고시 등 지원) 등 각 기능에 대한 안내를 부탁했다.

대구시 자치경찰위원회에서도 자치경찰정책과(여성청소년팀) 주관으로 학교폭력 예방 동영상을 제작해서 라이온즈 파크, 동대구역, 지하철 3호선 역사 등 다중 운집 장소, 대구시 전광판, 구, 군청에 송출하고 있으며, 특히 폴리스 틴·키즈를 중심으로 강북고, 경북고 등 9개 학교에서 마약 범죄 예방 캠페인을 실시했다.

이날 회의에 참석한 모든 기관은 청소년 안전과 범죄 예방대책에 대한 정보를 공유하고 의견을 나누며, 협의된 사항에 대해서는 각 기관에서 적극적으로 협력하여 추진하기로 했다.

아동과 청소년 등 사회적 약자 보호는 어느 한 기관이 수행하는 것은 불가능하다. 이를 보다 완벽하게 하기 위해서는 아동, 청소년 관련 기관 간에 협력과 소통이 무엇보다 중요하다. 자치경찰제가 시행되고 있는 지금 대구광역시 자치경찰위원회가 중심이 되어 안전하고 튼튼한 사회 안전망이 구축될 수 있도록 최선을 다할 것이다.

학교폭력 전담조사관
대구일보 특별기고 (2024. 3. 18)

2023년 12월, 정부가 '학교폭력 사안 처리제도 개선안' 발표를 통해 도입계획을 밝힌 학교폭력 전담조사관제도는 석 달간의 준비기간을 거쳐 전국 시·도 교육청에서 운영에 들어갔다. 학교폭력 전담조사관제는 국가수사본부장으로 임명됐다가 자녀 학폭 문제로 사퇴한 정순신 변호사 사건, 서울 서초구 초등학교 교사 순직 사건 등으로 학폭 처리 과정의 개선 필요성이 제기되자 도입되었다.

기존에는 학교폭력 사건이 접수되면 교내 전담 기구(교사·학부모·아동 전문가 등 참여)에서 사안을 조사한 뒤 교내에서 자체 해결(피해자 동의 시)하거나 각 지방교육지원청의 학폭심의위원회(학폭위)에 사안을 넘겨 처분을 받았다. 학교폭력 전담조사관제도가 도입된 올 3월 1일 이후부터는 학교폭력 신고가 접수되면, 교육지원청이 위촉한 학교폭력 전담조사관이 해당 사안을 조사한 뒤 교내 자체 해결, 학폭심의위 이관 등의 절차를 밟게 된다. 학교폭력을 처리하는 과정에서 일선 교사들의 과중한 업무부담을 경감하고, 사안 처리의 공정성과 전문성을 강화하기 위한 것이다. 그동안 일선 교사들은 학교폭력 업무를 담당해 오면서 학부모들의 협박이나 악성 민원 등으로 많은 어려움을 겪었다. 또한 교사의 본업이라고 할 수 있는 수업과 생활지도에 집중할 수 없다는 비판이 있어 왔다. 이를 해결하기 위해 학교폭력 전담조사관제도가 도입되었는데, 오히려 학교나 교사가 더 부담을 느끼게 되는 경우가 생겨서는 안 될 것이다.

대구시 교육청은 지난 1월 24일까지 모집한 지원자를 대상으로 보고서 작성 및 면담 등의 역량평가를 거쳐 최종 91명을 선정했다. 학교폭력 전담조사관은 학교폭력 발생 시 해당 학교를 방문해 사안을 조사하고 보고서를 작성하는 업무를 한다. 선정된 학교폭력 전담조사관은 퇴직 교원 및 경찰, 청소년 선도와 보호, 상담 전문가 등으로 이루어져 있다. 대구시교육청은 학교폭력 전담조사관제도가 학교 현장에 안착할 수 있도록 2월 15일부터 22일까지 4회에 걸쳐 학교폭력 전담조사관들을 대상으로 학교폭력 사안 처리 절차, 조사 보고서 작성 등 전문성 강화 연수를 실시하였다. 이번에 위촉된 학교폭력 전담조사관은 오는 3월 1일부터 2025년 2월 28일까지 활동하게 된다. 세심하게 준비한 만큼, 잘 운영되고 있는 편이다.

하지만 제도가 처음 시행되다 보니, 곳곳에 보완해야 할 사항이 나타난다. 예를 들어, 학교폭력 전담조사관들의 성범죄 경력조회는 아동청소년법 제56조에 의거해서 교육부에서 공문으로 의뢰 시 경찰청에서 결과를 회신해 주고 있다. 하지만 학교폭력 전담조사관들의 아동학대 범죄 경력 조회는 아동복지법 제29조에 의거해서 학교장 및 본인만 조회의뢰가 가능한 상황이다. 아동복지법의 개정이 안 될 시, 교육부에서 일괄 범죄 경력 조회의뢰는 어려운 상황이다. 아동학대 범죄 경력 조회는 학교에서 조사관을 보낼 때마다 같은 사람에 대하여 학교에서 개별 의뢰만 가능한 상황이다. 법률 개정이 필요한 사항이다. 아울러 교육부는 학교폭력 전담조사관이 소신 있고, 보람 있게 근무할 수 있도록 수당, 사무실 등 근무 여건을 보장해 주어야 한다.

처음부터 완벽한 정책이나 제도는 없다. 학교폭력 전담조사관제도 시행의 근본 취지를 살리고, 실제 운영하는 과정에서 나타나는 문제점을 잘 분석해서 오류를 수정하는 노력이 필요하다. 가장 중요한 것은 학교 현장이다. 현장의 목소리를 잘 들어야 한다. 학교폭력 문제는 대구시 자치경찰위원회의 중요한 정책과제이다. 대구시 자치경찰위원회도 대구교육청에서 심도 있게 시행하는 이 제도에 대해 적극적으로 소통·협력할 것이다. 학교는 배움의 공동체가 되어야 한다. 통제와 처벌보다는 상호존중과 책임으로 갈등을 해결하고, 협력하는 것을 배우고, 관계를 개선하는 데 중점을 두는 것이 바람직하다. 학교폭력 전담조사관제도가 잘 정착되길 기대한다.

교육청과 경찰청 연계,
폴리스 틴·키즈 교육 수료식

진지하게, 열심히 했던 폴리스 틴·키즈 학생들이 드디어 수료식에 참석했다. 대구시 자치경찰위원회는 청소년의 눈높이로 생활 속 치안 및 학교폭력 위험 요소를 발굴하고, 이를 정책 아이디어로 연결하는 '폴리스 틴(Teen)·키즈(Kids) 그룹'을 지난 4월 20일 발족해 12월까지 다양한 학생 중심 체험활동을 진행했다.

그 여정의 마침표로 12월 21일(수) 여성가족본부 대회의실에서 '폴리스 틴·키즈 발표 및 수료식'을 개최하였다. 학생들이 제안한 안전한 세상을 만드는 아이디어를 평가하고 교육청·경찰청과의 협업을 통해 다양한 현장 적용방안을 공유했다.

이날 발표 및 수료식에는 제2기 폴리스 틴·키즈 초·중·고(10개교 43명) 회원뿐만 아니라 설용숙 대구시자치경찰위원회 위원장, 필자 박동균 상임위원(사무국장), 박성수 정책과장(총경), 대구경찰청 여성청소년과장, 학교전담경찰관(SPO), 이점형 대구시교육청 생활인성교육과장, 장학사, 담당 교사, 학부모 등 80여 명이 참석한 가운데, 1부 '홍보 영상 시청', 2부 '학생활동 발표', 3부 '우수활동 표창'으로 구분하여 체계적인 학교 안팎의 치안활동을 격려했다.

먼저 1부 '홍보 영상 시청'은 지난 9월 학생들이 자체 제작한 안전 체험 및 소셜 리빙랩 활동을 다룬 '폴리스 틴·키즈 홍보 뉴스 영상(8분)'과 촬영 전 과정 및 학생 소감을 편집한 '메이킹 영상(3분)'을 공유하며 학생들의 치안과 교통활동에 대한 공감대를 형성했다.

2부 '학생활동 발표'는 원동기 자전거 안전수칙 포스터 제작과 SNS 홍보(경북고 변유상), 셔틀버스 도입 제안과 불법 주차 단속 현수막 제작(국제고 이유경), 킥보드 주차공간지도 포스터 제작과 스몸비 바이러스 응급키트 캠페인(사대부고 김유정) 등 맞춤형 대안 모색 과정을 파워포인트와 활동 자료집을 통해 소개했다.

3부 '우수활동 표창'은 세상을 바꾸는 다양한 심층 리빙랩 활동을 전개한 ▷ 학교 주변 교통과 환경설계의 신성초(교장 이소정) ▷ SNS 카카오톡 인증 및 사이버폭력 예방의 경신중(교장 조장식) ▷ 원동기장치 자전거 문제와 해법의 경북고(교장 류시태) ▷ 안전한 통학환경 프로젝트의 국제고(교장 백채경) ▷ 방치된 공유형 킥보드와 해결방안의 사대부고(교장 박재선)가 수상했다.

이날 표창은 필자가 심사위원장이고, 이점형 대구교육청 인성교육과장, 김선화 여성청소년계장, 박성수 과장이 참여해서 선정했다.

솔직하게 말해서, 폴리스 틴·키즈 프로그램은 처음에 대구시 자치경찰위원회에서 크게 기대했던 프로그램이 아니었다. 하지만 대구교육청에서 파견 나온 이기헌 장학사의 애정과 헌신으로 큰 성과가 나타난 것이다. 학생들이 주중에 학교를 나가야 해서 토요일에 프로그램을 진행해야 했다. 이기헌 장학사는 자기 생활을 포기하고, 학생들을 위해 봉사했다. 수료식 날, 어느 학생은 이기헌 장학사의 열정과 헌신에 존경하고, 자기도 그런 열정으로 학업에 충실하게 임하겠다고 말해서 참석자들의 웃음과 박수를 받았다. 아무쪼록 청소년들이 교육청·경찰청·학교 등 다양한 협력에 기반한 홍보 영상 및 활동 자료집의 공유를 통해 배움과 실천을 연계하여 사회적 변화를 선도하는 민주적 역량을 가진 치안 리더로 성장하길 기대한다.

폴리스 틴·키즈 수료식

청소년이 직접 체험하는 경찰학교활동

폴리스 틴·키즈는 대구시 자치경찰위원회의 우수한 성과이다. 폭염경보가 한창이던 무더위 속에서도 대원들의 열정은 식지 않았다. 2023년 7월 28일(금) 대구 중부 청소년경찰학교에서 제3기 폴리스 틴(Teen)·키즈(Kids) 대원들을 대상으로 청소년경찰학교 체험활동을 실시했다. 대구 중부경찰서 청소년 경찰학교는 다양한 범죄 예방 체험시설을 완비해서 시설 이용률도 매우 높은 우수기관이다.

대구시 자치경찰위원회 제3기 폴리스 틴·키즈는 여름방학을 맞아 대구중부경찰서와 대구경찰청 과학수사과의 지원을 통해 경찰의 역할 이해, 치안 의식 함양, 범죄 대응력 신장을 목표로 청소년 경찰체험활동을 실시했다.

먼저, 청소년경찰학교에서는 대구중부경찰서 학교전담경찰(SPO)이 전체 대원들의 눈높이에 맞게 불법 촬영 예방, 과학수사 체험, 보이스피싱 예방, 사이버 범죄 예방, 시뮬레이션 사격 등의 교육을 실시했다. 이 교육은 대원들에게 경찰활동에 대한 실질적인 이해를 돕고 치안 의식을 높이는 데 큰 도움이 됐다. 또한, 대구경찰청에서는 과학수사 버스를 지원해 실제 과학수사가 어떻게 이루어지는지 체험할 수 있도록 했다. 이를 통해 폴리스 틴·키즈 대원들은 실제 경찰들이 사용하는 과학수사 기술과 절차에 대해 직접적으로 알아보는 기회를 가지게 됐다.

이러한 대구중부경찰서 청소년 경찰학교의 체험활동들은 학생들이 경찰의 역할과 중요성을 더욱 명확하게 이해하고, 자신들이 치안 유지에 어떤 방식으로 기여할 수 있는지를 깨닫게 했다.

또한, 청소년 경찰학교 체험 이후에는 '선택형' 활동으로 초·중·고 학교 급별 맞춤형 범죄 예방 교실을 운영했다. 초등 대원은 스마트폰 사용 습관 형성과 자기 조절력 강화를 목표로 스마트폰 과의존 예방 교육을 받았다. 이 교육은 한국지능정보사회진흥원(NIA)의 전문 강사를 통해 진행됐으며, 스마트폰 과의존의 위험성과 부정적인 영향을 이해하고 대안활동 및 사회적 연결성을 기르는 방법을 배웠다. 중학교 대원들을 대상으로 한 개인용 이동 수단(PM; Personal Mobility)의 올바른 이용 교육은 시민 참여형 범죄 예방 프로그램 강사를 통해 진행됐다. 이 교육에서는 PM의 개념과 종류에 대한 이해와 주행 시 지켜야 할 안전 수칙 등에 대해 교육해 안전한 운전과 교통 규칙 준수 의식 및 사회적 책임감을 키웠다.

한편, 시민 참여형 범죄 예방 프로그램은 치안정책의 수혜자인 시민들이 지역의 안전 문제에 대해 능동적으로 참여하는 공동체 치안의 일환으로 기획되었다. 이 프로그램은 시민과 정부, 공공기관의 역량을 모아 함께 안전한 지역 사회를 만들기 위한 프로젝트이다. 대구광역시 거주 만 18세 이상 39세 이하 청년으로 구성 총 90명이 전자금융 사기, 부동산 사기, 개인형 이동장치(PM) 안전 운행 관련 3개 과정별 실무 교육을 수료하고 현장에서 시민들과 소통하며 해당 분야의 예방 홍보를 진행 중이다.

끝으로, 고등학교 대원들을 대상으로 한 교육은 예비 대학생으로서 월세 사기 예방 교육이 실시되었는데, 이는 시민 참여형 범죄 예방 프로그램 강사와 함께 진행됐다. 우선 변제권과 관련된 영상 시청과 대항력에 대한 이해를 돕는 입체 퍼즐을 체험했으며, 월세 사기에 대응할 수 있는 법적·제도적 방법을 배웠다.

청소년 시뮬레이션 사격 장면(대구중부경찰서 청소년 경찰학교)

한국과 일본 청소년들이 묻고, 자치경찰이 답하다

2023년 8월 11일(목) 오후 5시, 필자가 한국과 일본의 청소년들을 대상으로 "범죄 예방과 자치경찰"라는 주제로 학교폭력, 청소년 비행 등의 범죄 예방 교육과 대구형 자치경찰제에 관해 설명하는 소통의 장을 가졌다.

이날 행사는 2023년 대구시의 국제 자매도시인 일본 히로시마 청소년들을 초청하여 한·일 청소년들의 국제 교류행사를 통해서 글로벌 도시에 걸맞은 청소년을 양성하고, 청소년들에게 세계로 나가야 할 방향을 제시함으로써 꿈과 희망을 키우고자 하는 기획된 것이다. 이 행사는 청소년 안전과 범죄 예방에 관심이 많은 대구광역시 청소년단체협의회 배성원 회장의 요청으로 이루어졌으며, 평소 범죄 예방과 안전에 관심이 많은 한국과 일본의 청소년들에게 범죄 예방의 중요성을 강조하는 목적으로 진행되었다.

필자는 이날 "최근 청소년들의 마약과 도박성 게임, 인터넷에 살인 협박 글 올리기 등이 심각하다. 청소년기는 호기심이 많고, 모험심이 많은 시기다. 담배와 술, 마약이나 도박 중독 등에 특히 조심해야 하고, 친구들과 선후배들과의 소통과 유대, 공감이 무엇보다 중요하다. 청소년기에는 무엇보다 다양한 독서와 운동, 여행을 추천한다. 또한, 2021년 한국에서 처음 시행하고 있는 자치경찰은 사회적 약자를 배려하는 지역 맞춤형 치안 시스템이다. 자치경찰제 성공을 위해서 미래 세대의 주역인 청소년들의 관심과 능동적인 참여가 중요하다"라고 강조했다. 행사 내내 참석한 청소년들은 밝고 활기에 넘쳤다. 다음 행사를 일본에서 하면, 필자를 꼭 초대해달라는 부탁에 참석한 청소년들이 우레와 같은 박수를 보내 주었다.

이날 행사 이후 한국과 일본의 청소년들은 고령 대가야 체험장, 2·28 기념 공원, 대학교 드론과 항공산업 투어, 앞산 공원, 경주 엑스포, 이월드 등의 다양한 문화 체험과 학술행사에 참석할 예정이다.

청소년 자치경찰
경북일보 특별기고 (2024. 3. 5)

　최근 인기리에 방송을 마친 송혜교 주연의 '더 글로리'와 임시완 주연의 '소년시대'는 학교폭력을 주제로 한 드라마이다. 학교폭력은 초, 중, 고등학생들에게는 끔찍한 범죄이고, 교사와 학부모, 경찰 등 정부가 늘 관심을 가져야 할 중요한 주제이다.

　2021년 7월 출범한 대구시 자치경찰위원회는 이와 같은 학교폭력을 포함해서 등·하굣길 어린이 교통사고 예방, 청소년 마약 범죄 예방 등 우리 사회 청소년들의 안전을 중요한 정책과제로 채택해서 안전정책을 시행하고 있다. 특히, 대구시 자치경찰위원회에서 야심 차게 시행하고 있는 '폴리스 틴·키즈'는 전국적으로도 우수한 사업으로 평가받고 있고, 다른 시·도 자치경찰위원회에서도 벤치마킹하러 오는 차별화된 프로그램이다. 폴리스 틴·키즈 사업은 대구시 내 초·중·고등학생으로 구성된 정책 개발 프로젝트팀의 하나이다. 평소 일상생활 속에서 느끼던 치안 문제점에 대해 청소년 눈높이에 맞게 해결방안을 모색하는 것이다. 1년에 한 번씩 선발을 한다. 작년 제3기 폴리스 틴·키즈는 초·중·고 10개 팀 45명으로 구성했다.

　제3기 폴리스 틴·키즈 그룹 회원들은 팀별로 학교 주변 무단횡단 문제 해결, 횡단보도 안전 및 전동킥보드 안전확보 방안, 초등학생 눈높이에 맞는 학교폭력 예방활동, 학교폭력 피해자에 대한 부정적 인식 개선 등 학교 주변의 치안 문제를 직접 발굴하고, 해결방안을 모색하는 과정에서 학교전담경찰관(대구경찰청), 대구민주시민교육센터(대구교육청), 대구시 행복진흥사회서비스원과 긴밀하게 협업했다.

　또한 연극을 통한 학교폭력의 심각성 알리기, 학교폭력 피해자 보호 대책 찾기, 보행자 안전 실태 파악을 통한 횡단보도 환경 개선, 학생 참여 예산제 연계 학교 주변 안심환경 조성하기, 사이버 괴롭힘의 심각성 홍보 및 예방, 청소년 상담 및 케어 프로그램 기획도 포함되었다. 이와 같은 행사는 대구교육청에서 파견 나온 장학사가 주도하여 더욱 효과성 있고 유익한 프로그램으로 발전되었다.

　지난 여름방학에는 민주시민으로서의 역량 강화를 위해 모의국회 체험을 시행했다. 입법을 통해 문제를 해결할 수 있는 다양한 상황을 모색하고, 이를 바탕으로 법안 제안과 토론활동을 했다. 참가한 학생들은 국회의원 역할을 맡아 상임위원회와 본회의에 참여해 의사소통과 협상 능력을 향상시키고, 민주시민의 역할과 책임을 익혔다. 또한 초·중·고 간 멘토-멘티 활동도 함께 진행해 상호학습과 지원체계를 강화했다. 세상을 바꾸는 소셜 리빙랩 체험활동에서는 생활 공간을 실험실로 삼아 소통과 협업을 통해 문제를 해결하는 경험을 했다. 특히, 모의국회 활동과 소셜 리빙랩 활동은 청소년들의 사회 문제에 대한 참여 의식 및 문제해결 능력 향상에 많은 도움이 됐다.

최종 수료식에서는 학생 대원들이 학교 주변 통행 안전을 위한 가상 충돌 광고판, 무단횡단 시 급정거 브레이크 소리 재생, 전동킥보드 안전한 활용 및 무면허 운전 금지 등에 대한 내용이 담긴 정책방안, 보행자 안전을 위한 동작 센서 횡단보도 설치, LED 조명등 부착, 운전자 주의 문구 제작 등의 정책들을 제시했다. 수준 높은 정책 제안들이다. 대구시 자치경찰위원회는 청소년 대원들이 제시한 참신한 정책 아이디어를 관련 부서와 긴밀하게 협의, 정책화 과정을 거쳐 실효성 있는 정책으로 반영할 것이다. 청소년들은 미래세대의 치안 주역이다. 대구시 자치경찰위원회는 우리 청소년들이 안전하게 성장할 수 있도록 촘촘하고 튼튼한 정책을 시행할 것이다.

시민과 함께하는 자치경찰

시민과 함께, 대구 자치경찰
경북일보 특별기고 (2022. 12. 5)

2021년 7월 1일 공식적으로 출범한 자치경찰이 다양한 성과를 내고 있다. 대구 자치경찰은 '시민중심, 시민안전, 대구 자치경찰'이라는 비전으로 시민들과 다양한 채널로 소통하고 있다. 올해 설용숙 대구시 자치경찰위원장 취임 후 특히 시민들에게 직접 찾아가는 자치경찰 소통 설명회는 그 대표적인 사례이다. 이제 시민은 과거 치안의 객체에서 당당히 치안정책 수립의 주체로서 자리매김하고 있다. 시민이 결정하면 자치경찰은 시행한다.

어느 선행 연구에 따르면, 한 지역에서 발생하는 범죄의 70%가 그 지역 또는 인근 지역의 주민들에 의해 발생한다고 한다. 따라서 지역에 대해서 가장 잘 아는 지역 주민들과 현장경찰관이 같이 해당 지역을 합동 순찰하고, 지역 치안 문제에 대해 정책대안을 제시하는 '공동체 치안', '협력 치안'을 확립하는 것이 무엇보다 중요하다.

이러한 사례는 주요 선진국들에서도 확인할 수 있다.

일본 후쿠이현 경찰의 경우, 범죄 예방과 사건 조기해결을 위해 시민 차량의 블랙박스 영상을 적극적으로 활용할 수 있는 방안을 강구하여 2018년 7월 '블랙박스 지킴이 협력대'라는 시민 협력 단체를 구성했다. 특정 사건이나 사고 발생 시 이들에게 일시와 장소 등을 알려주며 관련 블랙박스 영상이 있는지를 확인 후 제출해 줄 것을 요청하는 것이다. 또한, 이 단체에 가입한 차량은 '녹화 중'이라는 문구의 스티커를 붙이고 거리를 운행하여 다른 차량의 난폭 운전 예방에도 기여하고 있다.

후쿠로이시 경찰은 관내 농촌 지역에서 농산물 도난 사건이 지속적으로 발생하자 주민과 외지인을 쉽게 구별하는 것이 중요하다고 판단해서 주민들이 제작한 수건과 두건을 지급하고 착용하도록 독려하는 캠페인 시행해서 효과를 보고 있다.

2018년 영국 실종자 지원단체 "missing people"은 음식 배달업체와 업무협약을 체결해서 동년 12월 한 달 동안 런던 등 영국의 4개 도시에서 시행한 결과, 배달 가방에 사진을 붙였던 실종자 17명 중 5명을 발견하는 등 실적을 거둔 바 있다.

미국 일리노이주는 미용사들이 여성 고객들과 깊은 대화를 나누면서 가정불화나 폭행 당한 흔적을 쉽게 인지할 수 있다는 점에 착안해서 가정폭력 피해자 식별 방법 및 신고 요령 등의 교육을 필수적으로 수료해야 미용업 자격증을 취득할 수 있도록 미용업 종사자 가정폭력 예방 교육 의무화제도를 실시하고 있다.

물론 앞서 언급한 일본, 미국과 영국의 사례는 우리나라의 현실과는 다를 수 있다. 하지만 여러 가지 참조할 만한 것은 분명히 있다.

대구시에서도 시민명예경찰이 경찰서 교육 이수 후에 스스로 의기투합하여 만든 '동성로 시민경찰대'를 만들었다. 이들은 매주 수요일 동성로 일대를 합동 순찰하고 있다. 또한, 현재 사명감 있게 왕성한 활동하는 대구시 모범운전자회와 자율방범대, 녹색어머니회 같은 단체들도 범죄 예방과 교통질서 유지에 많은 기여를 하고 있다. 대구 경찰의 든든한 파트너이자 지원군이다.

일선 구청과 경찰서, 구의회가 합심하여 만든 대구 서부경찰서의 '스마트 안심 정거장'은 어두운 거리를 학생들이 안전하게 통학할 수 있도록 만든 우수한 협업 프로그램이다. 또한 대구강북경찰서의 여성 안심 '샛별로' 프로젝트, 달성군의 여성이 안전한 골목길 조성 '초롱길' 사업은 협력 치안, 공동체 치안의 우수한 사례라고 할 수 있다. 아울러 대구시 자치경찰위원회에서 직접 주관하는 폴리스 틴, 폴리스 키즈 사업은 미래의 주역인 청소년들에게 지역의 안전 문제 중요성을 교육하고, 아울러 청소년들 스스로 지역의 치안 문제를 진단하고 해결책을 제시하는 문제해결 능력을 키우는 좋은 프로그램으로 인정받고 있다.

지금도 대구시 자치경찰은 시민과 소통하고 사회적 약자를 배려하는 안전한 대구시를 만들기 위해 최선을 다하고 있다. 시민중심, 시민안전, 대구 자치경찰에 많은 응원과 참여를 부탁드린다. 대구 자치경찰의 주인은 '시민'이다.

자율방범대와 자치경찰

대구신문 특별기고 (2023. 1. 10)

2021년 7월, '자치경찰제'가 출범하였다. 자치경찰은 주민과 가장 가까운 곳에서 아동·청소년·여성 등 사회적 약자를 보호하고, 교통지도·단속 및 교통질서 유지, 범죄예방과 생활안전 업무를 수행한다. 하지만 현재의 자치경찰은 국가경찰의 신분으로 자치경찰 업무를 수행하기 때문에 외형적으로는 큰 차이가 없다. 예를 들어서 경찰 복장, 순찰차 등 외형이 자치경찰과 국가경찰의 차이점이 없다. 그래서 일반 시민들은 자치경찰에 대해서 잘 모른다. 심지어는 자치경찰위원회를 자율방범대와 비슷하거나 같은 것으로 생각하기도 한다.

자치경찰위원회는 자치경찰사무를 관장하게 하기 위하여 특별시장·광역시장·특별자치시장·도지사·특별자치도지사 소속으로 두는 합의제 행정기관으로, 그 권한에 속하는 업무를 독립적으로 수행한다. 또한, 자율방범대는 지역 주민들이 지구대 및 파출소, 치안센터의 지역 경찰과 협력하여 범죄 예방을 하고자 결성한 자율봉사조직이다. 자율방범대의 주요 임무는 범죄 취약지역에 대한 순찰 등 범죄 예방활동, 범죄 현장 및 용의자 발견 시 신고, 경찰관과 합동근무 시 신고 출동, 관내 중요 행사 시 질서유지 및 기타 경찰 업무 보조 등으로 규정되어 있다.

우리나라의 자율방범 활동은 1963년경 지역 주민들이 범죄 피해를 스스로 막아보겠다는 의지와 부족한 경찰력의 공백을 메워서 내가 살고 있는 지역을 내 힘으로 지켜보겠다는 자위방범 사상에서 출발하였다.

대구시의 자율방범대 연합회에 대한 지원 업무는 대구시 자치행정과에서 담당하고 있고, 자율방범대에 대한 단체 지원 업무는 각 구·군청이나 읍·면·동에서 담당하고 있다. 또한, 구체적인 관리와 운영은 각 경찰서 지구대와 파출소에서 하고 있다. 경찰에서는 자율방범대의 활동을 지원하기 위해 지방자치단체와 협조하여 민방위 기본 교육 면제, 안전조끼와 플래시봉 등 안전장비과 방한용품 등을 지원하고 있다.

현재 자율방범대는 전국적으로 약 4,200개의 조직, 10만 명의 대원으로 구성되어 있다. 대구시의 자율방범대는 8개 구·군에 161개 대가 운영되고 있으며, 3,831명의 대원이 활동하고 있다. 밤늦은 시간 범죄 예방 순찰, 지역 축제나 수능시험 등 관내 중요 행사 시 경찰과 협력하여 교통 및 질서유지를 도와 지역 치안에 큰 일익을 담당하고 있다. 이들의 자발적인 순찰활동이 지역 범죄 예방과 시민안전에 큰 힘이 되고 있다.

자율방범대는 지방자치단체의 조례 이외에 법적 근거가 없었으나, "자율방범대 설치 및 운영에 관한 법률"이 작년 4월에 제정되어 올 4월 27일부터 시행된다. 현재 경찰청에서 시행령과 시행규칙을 제정하기 위해 의견수렴 중이고, 올 1분기에 국무회의에 상정될 것으로 예상된다. 이 법률이 완료되면, 법령에 따라 자율방범대를 대구시 자치경찰위원회로 이관하는 안건에 대해 논의할 예정이다.

자율방범대원들은 거주지역의 특성과 여건을 가장 잘 알고 있고, 무엇보다 성실함과 봉사 정신이 투철한 시민들이다. 지역 경찰은 그들과 잘 소통하고 협력하면 지역 주민의 안전 확보에 큰 도움이 된다. 이른바 '협력 치안', '공동체 치안'을 만들 수 있다.

대구시 자치경찰의 비전은 '시민중심, 시민안전, 시민과 소통하고 사회적 약자를 배려'하는 것이다. 자치경찰제 실시 이후 하나둘씩 성과가 나타나고 있다. 실제로 대구지역 거주지의 범죄에 대한 불안감이 27% 감소했고, 지역 범죄 안전도는 54% 상승했다. 무엇보다 그 지역의 치안 상태를 말해주는 5대 범죄(살인, 강도, 성폭력, 절도, 폭력)가 2,485건 감소했다. 대구시 자치경찰은 늘 시민과 함께 한다. 자치경찰과 대구시민이 긴밀하게 협력함으로써 범죄 발생과 범죄에 대한 두려움, 사회적·물리적 무질서와 이웃관계의 파괴와 관련이 있는 현실적인 지역 사회의 범죄 문제를 해결하는 데 기여할 수 있다. 그런 의미에서 자율방범대와 같은 치안 협력 봉사단체는 무엇보다도 소중하다.

자치경찰과 시민안전 캠페인
경안일보 특별기고 (2023. 7. 10)

자치경찰은 궁극적으로 시민의 안전이 가장 중요한 목표이다. 이를 위해 시민과 소통하고, 사회적 약자를 배려하는 시민중심의 자치경찰을 대구시 자치경찰위원회의 정책목표로 채택하였다. 현재 대구시민의 안전을 위해서 면밀하게 치안 여건을 분석해서 다양한 치안정책을 펼치고 있다. 예방 순찰 강화, 물리적인 환경설계를 통한 범죄 예방, 과학 치안 도입, 시민 참여형 치안 거버넌스 구축 등 실로 주민자치행정과 경찰행정을 잘 규합해서 자치경찰의 장점을 극대화시키기 위해 노력하고 있다. 이 중에서도 시민들의 협조와 인지, 그리고 참여가 무엇보다 중요한 분야가 있다. 경찰이나 정부의 노력만으로는 효과를 보기 어렵다고 생각되는 것이다. 바로 보이스피싱, 마약, 학교폭력, 교통사고 예방 등의 분야이다. 이러한 유형의 범죄 예방은 시민들이 그 위험성과 예방에 대한 실질적인 인식이 중요하다. 대구시 자치경찰위원회에서는 이 점을 중요하게 생각하고, 다양한 수단을 활용해서 시민들에게 전달하고 있다. 신문이나 방송도 중요하지만 시민들 속으로 직접 들어가는 것이 필요하다. 그래서 시민안전 캠페인이 중요하다.

2023년에 대구시 자치경찰위원회에서는 개 물림 사고 예방 캠페인을 벌였다. 반려동물 1,500만 시대에 반려견은 누군가에게는 사랑스러운 가족이다. 하지만 적절한 관리와 책임이 따르지 않는다면 다른 사람에게는 공포의 대상이자 불쾌함의 원인이 될 수 있다. 반려동물과 반려인, 비반려인 모두가 서로를 배려하고 존중하는 것이 무엇보다 중요하다. 이 캠페인은 대학, 대구경찰청, 대구시, 시민단체 등이 협업하여 언론과 시민으로부터 큰 호응을 얻었다.

대구시 자치경찰위원회는 올해 들어 대구경찰청과 함께 학교폭력과 마약 퇴치, 교통안전 캠페인을 대대적으로 시행했다. 초, 중, 고등학교는 물론이고 동성로, 대구 스타디움, 대형 교차로를 비롯한 시민들이 많이 모이는 장소에서 시행했다. 특히 마약 퇴치 캠페인은 우리의 일상을 위협하고 있는 마약 범죄로부터 청소년들을 보호하고자 마련되었다. 대구경찰청, 대구시, 자치경찰위원회, 시 교육청, 시민단체 등이 참여하였다. 최근 청소년들이 SNS 등을 통해 '마약'이라는 단어에 쉽게 노출되고 있는 실정이고, 특히 지난 4월 초 발생한 '강남 학원가 마약 음료 사건' 이후 마약 범죄에 대한 국민 불안이 최고조인 상황에서, 유사 피해 예방을 위해 청소년 대상 '마약나쁘'(NOT! FOUR) 교육 및 홍보활동도 함께 추진하고 있다. '마약나쁘'(NOT! FOUR)는 ① 호기심으로 마약 관련 인터넷 검색하지 않기 ② 고수익을 미끼로 한 마약 운반책 하지 않기 ③ SNS 등을 통해 모르는 약물 사지 않기 ④ 친구에게 모르는 약물 권하지 않기 등의 내용이다. 현재 수성구를 시작으로 대구 전역으로 확대 시행하고 있다. 또한, 예전보다 훨씬 교묘해지고 지능화된 범죄인 보이스피싱을 예방하기 위해서 대구중부경찰서는 지난 3월 9일 지역 사회와 협업해서 악성 사기와 보이스피싱 등을 예방하기 위해 더현대 대구에서 '보이스피싱 가상 체험, 그놈 목소리 찾기' 캠페인을 열었다. 아울러 대구시 자치경찰위원회와 대구시의회, 대구중부경찰서, 중구청, 중구 자율방범대연합회, 동성로 시민경찰대, 대구시 자치경찰 네트워크 협의체 등 100여 명은 지난 5월 15일 오후 7시 중구 동성로 클럽 골목에서 마약과 불법 촬영 범죄 예방을 위한 캠페인을 실시했다.

이와 같이 시민안전을 위한 캠페인은 적은 예산으로 많은 홍보 효과를 거둘 수 있다. 특히 아동이나 청소년, 어르신 등을 대상으로 하는 교통안전 캠페인과 보이스피싱 예방과 같은 캠페인은 범죄 예방효과가 크다. 앞으로도 대구시 자치경찰위원회에서는 신문이나 방송, SNS는 물론이고, 시민들을 직접 찾아가서 하는 시민안전 캠페인을 지속해서 실시할 것이다. 이른바 시민안전을 위한 전방위적인 범죄 예방홍보이다.

제2기 시민 중심 자치경찰 네트워크 협의체 출범

2023년 3월 28일(화) 오후 2시에 엑스코 3층 회의실에서 시민중심 자치경찰 네트워크 협의체 제2기 '시민그룹'의 발대식 및 정기 회의를 개최했다.

대구시 자치경찰위원회는 2023년 3월 한 달간 홈페이지 등 게시판을 통해 공개모집을 했다. 이번 2기 협의체는 자치경찰사무와 관련된 지식과 경험이 풍부하고 참여 열의가 높은 시민들로서 기능별 전문성을 강화하기 위해 생활안전, 여성청소년, 교통 등 3개 분과로 나누어 회원을 선발했다. 지난 1기 네트워크가 시민단체와 봉사단체 등 시민 대표성이나 봉사 정신에 중점을 두고 모집했다면, 이번 2기 네트워크는 '전문성'에 보다 중점을 두었다고 볼 수 있다.

이번 2기 '시민그룹'은 효율적 치안 리빙랩 운영과 자치경찰사무(생활안전·여성청소년·교통)의 고도화를 위해 각 분야 전문가를 영입한 것이다. 대구시 자치경찰위원회 사무국에 3개 팀에서 추천하고, 아울러 자발적으로 전문가들이 지원한 경우도 있다. 앞으로 자치경찰사무에 실질적으로 도움이 되는 치안정책 제언 역할을 담당할 수 있도록 생활안전, 여성청소년, 교통분과를 중심으로 운영하고, 대안을 제시하는 등 자치경찰 치안정책 수립 과정에 참여하게 된다.

발대식에는 2기 신규로 회원 11명을 위촉했고, 필자(박동균 사무국장)는 "대구시 자치경찰, 우리가 함께 만든다"라는 제목으로 특강을 했다. 특강에는 자치경찰제도 소개와 지난 1년 10개월간 대구시 자치경찰위원회의 성과 등이 포함되었다. 아울러 '시민그룹'을 대표하는 회장 및 부회장과 분과를 대표하고 회의를 주재하는 분과장을 선정해 협의체의 본격적인 활동 준비에 돌입했다. 이날 새로 위촉된 인원 중에는 전직 경찰 공무원들과 함께, 교통과 경비 등 전문가들도 있었다.

시민 중심 자치경찰 네트워크 협의체
제2기 '시민그룹' 발대식
일시 : 2023. 3. 28.(화) 대구광역시자치경찰위원회

제2기 시민그룹 발대식

경북일보

2023년 03월 31일 금요일 018면 여론광장

특별기고

박동균
대구광역시
자치경찰위원회
상임위원

자치경찰제, 주민의 품 속으로

2021년 7월 1일, 우리나라에도 드디어 '자치경찰제'가 출범하였다. 순찰과 범죄예방 등 지역의 안전 업무, 아동 및 청소년범죄, 노인학대, 가정폭력과 데이트폭력 등 사회적 약자 보호, 음주운전과 교통단속 등 각종 교통사고 예방이 자치경찰의 주요 업무이다. 주로 시민들의 일상생활과 밀접한 내용이 자치경찰의 업무라고 할 수 있다. 하지만 아직까지도 많은 시민들이 자치경찰에 대해서 잘 모르고 있다. 왜냐하면 현재의 자치경찰 제도가 기존의 국가경찰 시스템과 확실하게 구분되는 외형이나 시스템을 갖추고 있지 않기 때문이다. 지금 실시되고

있는 자치경찰제는 국가경찰공무원의 신분으로 자치경찰 업무를 수행하고 있고, 지역주민과 가장 가까운 곳에서 일하고 있는 파출소와 지구대 등 외근경찰도 자치경찰 소속이 아닌 112치안종합상황실 소속의 국가경찰이기 때문이다. 그래서 자치경찰에 대한 시민들의 인식도가 낮은 것이다. 어쩌면 보면 당연한 일이다. 하지만 대구시 자치경찰위원회에서는 이러한 점을 잘 알고 있고, 출범 초기부터 자치경찰제도와 정책을 다양한 채널로 홍보하고 있다.

얼마 전, 필자는 달서구 월성2동 주민들을 대상으로 '일상동 동민들과 함께하는 자치경찰' 설명회를 가졌다. 설명회에서 강조한 것은 '범죄예방의 중요성, 경찰과 주민이 함께하는 공동체 치안을 만들자. 자치경찰은 주민과 함께 고민하고 참여하는 자치치안'이었다. 설명회 내내 참석자들의 반응이 진지했다. 역시 마을 안전은 주민에게 중요한 주제임을 실감했다. 그리고

이날 저녁에는 서구 평리동 도심재생센터 초청으로 '자치경찰과 셉테드'라는 주제로 특강을 했다. 이 자리에는 새마을금고 이사장, 주민자치위원장, 동장, 청소년선도위원장, 도심재생센터장 등 평리동 지역유지들이 대거 참석하여 마을안전과 셉테드에 대한 지대한 관심을 보여 주었다.

필자는 자치경찰이 출범한 이후부터 특강이나 칼럼 등 각종 기고를 통해 셉테드(환경설계를 통한 범죄예방)를 강조했다. 셉테드(CPTED)는 'Crime Prevention Through Environmental Design(환경설계를 통한 범죄예방)'으로 도시 환경설계를 통해 범죄를 사전에 예방하는 선진국형 범죄 예방기법을 말한다. 24시간 편의점이나 엘리베이터를 투명유리로 제작하여 외부에서 잘 볼 수 있게 하는 방법, 자연감시가 가능하도록 아파트단지 내에 울타리나 블록담장 대신 울타리를 설치하는 방안, 방치된 건물에 대한 지속적인 관리와 청결상

태 유지, 골목길에 CCTV와 방범 벨 설치 등이 환경설계를 통한 범죄예방의 사례들이다. 사전에 치밀하고 과학적으로 연구된 물리적인 환경설계를 통해서 각종 범죄를 예방하고자 하는 것이다.

대구 자치경찰위원회는 앞으로도 다양한 유형의 지역주민을 대상으로 한 자치경찰 토론회와 설명회를 개최할 예정이다.

자치경찰을 실시하는 중요한 목적은 시민의 안전이다. 앞으로 자치경찰제가 성공적으로 자리를 잡으려면 읍, 면, 동에서 경찰과 지역주민들 간에 보다 긴밀한 소통과 협력이 필요하다. 주민자치위원회, 자율방범대, 의용소방대, 생활안전협의회 등 지역의 다양한 모임들을 자치경찰의 중요한 의사결정에 참여하게 함으로써 주민들에게 효능감과 보람을 주는 것이 필요하다. '풀뿌리 민주주의' 지방자치의 소중한 경험들이 대구형 자치경찰제도를 성공적으로 정착시킬 것이다.

범죄 예방정책, 대구시민에게 묻다

대구경찰청과 대구시 자치경찰위원회는 주민 맞춤형 치안정책 수립을 위해 2023년 3월 13일부터 3월 29일까지 17일간 대구시민 1,686명(남성 954명, 여성 732명)을 대상으로 설문조사를 실시했다. 이 조사는 온라인 조사와 설문지 조사를 병행했다. 대구시 자치경찰위원회에서는 2022년에도 '자치경찰의 역할 및 정책추진을 위한 여론조사'를 실시한 바 있다. 이번 2023년 설문조사는 대구경찰청 생활안전과가 주도적으로 실시한 것으로 범죄 예방정책에 시민들의 의견을 반영함으로써 보다 효과적인 치안정책을 수립할 수 있게 되었다.

설문조사 결과를 요약하면, 먼저 대구시민들은 순찰과 환경 개선 등 경찰활동이 집중적으로 필요한 장소가 어디인가에 대한 질문에 33.9%가 '원룸, 다세대, 빌라 지역'을 꼽았다. 이어 '노후주택 밀집지역'(21.9%), '학생들의 통학로'(14%)의 순으로 나타났다.

범죄 감소에 도움이 되는 치안정책을 묻는 항목에는 전체 1,686명 중 대다수인 1,669명이 '방범 카메라 설치 및 조도 개선'이라고 응답했다. 이어 '길거리와 공공장소에 통일된 디자인의 환경 개선'이 1,609명, '지역 주민의 자율방범 강화'가 1,582명, '치안정책 수립에 지역 주민 참여 확대'가 1,550명의 순으로 나타나 주민들이 체감할 수 있는 정책과 지역 주민 의견이 반영된 정책이 수립되기를 희망하고 있는 것으로 분석됐다.

또한, 경찰의 범죄 예방활동에 있어 중점을 두고 정책을 추진해야 할 범죄가 무엇이냐는 질문에는 '성범죄'(30%)라는 응답이 가장 많았고, 이어 '폭력'(18%), '보이스피싱'(14.9%) 등의 순이었다.

보이스피싱, 스토킹, 마약 등 사회적 이슈 거리가 되는 범죄에 필요한 범죄 예방정책이 무엇인가에 대해서는 '빅 데이터 분석을 통한 순찰'(28%)이라는 응답이 가장 많았다. 이어 '홍보활동'(27%), '검거 시 포상강화'(25.6%)의 순이었다.

이를 종합해 보면, 시민들에게 범죄 예방정책에 대해서는 긍정적인 평가를 받고 있지만, 취약 분야에는 지속적인 관심을 가져야 한다는 점을 알 수 있다. 특히, 여성이나 노인 등 사회적 약자와 어두운 거리 등 범죄 우발 지역에 대한 적절한 범죄 예방정책이 필요하다. 또한, 보이스피싱이나 스토킹, 마약 같은 이슈 범죄의 대응을 위해 첨단 과학을 치안정책에 적극적으로 반영하고, 성범죄와 절도, 폭력 등 전통적인 범죄에도 소홀히 해서는 안 된다는 점을 알 수 있다.

자율방범대, 법정단체로 공식 출범

드디어 자율방범대가 법정단체로 공식 출범했다. 2023년 4월 27일 오후 3시, 경찰청은 서울 서대문구 경찰청 대강당에서 자율방범대 출범 기념식을 열고, 새로 출범한 자율방범중앙회에 경찰청장 신고증을 수여했다.

자율방범대는 전국 4,000개 조직, 9만여 명이 가입돼 범죄 예방을 위해 자발적으로 활동하는 봉사단체이다. 하지만 자율방범대는 의용소방대와는 달리 법적 근거가 없었다. 하지만 이날부터 자율방범대법이 시행에 들어가면서 법률에 근거한 단체로 정비됐다. 자율방범대의 숙원이 해결된 것이다.

자율방범대는 경찰의 치안 파트너로서 범죄의 사각지대를 해소하고, 주민들의 범죄에 대한 두려움을 줄여주는 역할을 톡톡히 해왔다.

새로 시행되는 자율방범대법은 자율방범대의 기본 단위를 읍·면·동으로 정해 단체를 설립할 때 담당 경찰서장에게 신고하도록 규정하고 있다. 자율방범대는 범죄 예방을 위한 순찰, 각종 범죄 신고, 청소년 선도 보호 등 활동 범위, 국가 지방자치단체의 재정적 지원, 단체 유사 명칭 사용 금지 등도 규정돼 있다. 법 시행에 따라 자율방범대는 경찰과 함께 지역 안전을 책임지는 준법 조력자의 역할을 수행하면서 정치적 중립, 영리 행위 금지 등 책임을 부여받게 된다. 법정단체가 된 만큼 그만한 책임과 의무도 생기는 것이다.

이날 행사에는 필자도 공식 초청을 받아서 참석했다. 행사가 끝난 후 대구로 와서 수성경찰서 고산3동 자율방범대 백승민 대장의 초청으로 "자율방범대가 묻고, 자치경찰이 답하다"라는 제목으로 토크(talk) 순찰을 했다. 이날 토크 순찰의 주제는 '자율방범대법의 통과의 의미와 공동체 순찰의 중요성'이다. 토크(talk) 순찰은 순찰을 하면서 대원들의 질문에 답한다는 의미이다. 소통하는 순찰, 공감하는 순찰이다.

이날 순찰에는 대구한의대 경찰행정학과 신성원 학과장과 학생들이 중간고사를 마치고 합류했다. 주로 1학년들이 많이 참석했다. 무척이나 반가웠고, 왜 순찰이 중요한지, 자율방범대와 경찰의 협력 치안, 공동체 치안이 왜 중요한지 등을 외국 사례와 함께 알기 쉽게 설명했다.

이날 참석한 고산3동 자율방범대원 중에는 퇴직한 공무원, 교사, 현직 공무원, 공기업 임원, 공인중개사, 자영업자 등 다양한 직업군이 포함되어 있다. 이들은 새로 시행되는 자율방범대법에 많은 자부심과 긍지를 갖고 있다. 앞으로도 자율방범대가 신나게 주민들을 위해 봉사할 수 있도록 최선의 노력과 지원을 해야 할 것이다.

필자가 진행한 자율방범대 토크 순찰

수성구 자율방범연합회 체육대회 감사장 수여
(2023년 5월 28일 대구 스타디움 보조경기장)

중독성 범죄 예방 캠페인

2022년 11월 2일 저녁, 동성로 시민경찰대는 대구중부경찰서와 공동으로 음주운전, 마약 퇴치 캠페인을 실시했다. 필자도 자치경찰위원회 대구시 자치경찰위원회 직원들과 함께 참여했다.

최근 마약 범죄가 늘고 있고, 특히 젊은 층을 중심으로 확산하고 있는 시점에서 매우 의미 있는 캠페인이다. 필자는 캠페인에 앞서 대원들에게 5분간 마약 및 음주 범죄의 위험성에 대해 특강 아닌 특강을 했다. 길거리에서 특강을 하는 것도 적절하지 않다. 그래서 아주 짧게 핵심만 이야기했다. 순찰을 하면서 대원들과 범죄 및 범죄 예방에 대한 이야기를 한다고 해서 'Talk 순찰'이라고 이름 붙인 것이다. 원래 Talk 순찰은 대구 자치경찰위원회 초창기 멤버인 김태욱 경위가 이름을 붙였는데, 그 후 반응이 좋아 기획팀의 김광년 경위가 'Talk Talk 순찰'이라고 강조해서 이름을 수정한 것이다.

이날, 순찰 캠페인을 하면서 동성로 시민경찰대가 준비한 물수건(기념품)을 배포하였다. 이날은 2022년 핼러윈 축제 기간에 발생한 이태원 참사 이틀 후라서 그런지 거리가 비교적 한산했다. 이 캠페인을 연기할까도 생각했지만 매주 수요일 정기적으로 하는 방범 순찰이기 때문에 굳이 연기할 필요는 없다는 의견이 많아 그대로 진행했다.

동성로 시민경찰대는 작년 대구중부경찰서 시민 명예경찰학교 수료생들이 중심이 되어 만든 자율봉사단체이다. 수료생 동기들이 더욱 의미 있는 일을 해보고자 의기투합해서 만든 조직이다. 대원들의 직업과 연령대도 다양하다. 세무사, 치과의사, 교수, 경비회사, 자영업 등 다양한 직업군을 가진 사람들이 매우 수요일 저녁에 모여 중구 동성로의 클럽 골목을 중심으로 순찰을 실시한다. 현장경찰관들과 함께 합동 순찰을 할 때도 있고, 어떤 때는 독자적으로 순찰하기도 한다. 비 오는 날, 눈 오는 날, 추운 날, 더운 날 상관없이 어느 한 주도 빠지는 경우는 없다.

대구시 중구 동성로는 술집 등 유흥시설이 밀집되어 있고, 백화점, 주얼리 보석 가게 등 유동 인구가 많은 지역이다. 심야 및 새벽에는 음주 폭력사고 등이 많다. 이런 점에서 동성로 시민경찰대가 주목을 받고 있다. 중부경찰서장은 물론이고 생활안전과 전 직원이 동성로 시민경찰대를 적극 지원하고 있다. 협력 치안, 합동 순찰의 우수 사례이다.

어느 연구에 따르면, 지역에서 발생하는 범죄의 70%가 그 지역 또는 인근 지역의 주민들에 의해 발생한다고 한다. 범죄자도 자기가 익숙한 지역에서 범죄를 저지르는 성향이 있다. 범죄의 목표(대상) 선택, 주위의 환경(CCTV 위치 등), 도주로 등 익숙한 환경이 범죄자에게 적용되는 것이다. 따라서 지역 실정을 잘 아는 지역 주민들과 현장경찰관들이 같이 해당 지역을 합동 순찰하고, 지역 치안 문제에 관해 토론도 하는 공동체 치안을 확립하는 것이 중요하다.

우리 지역에는 동성로 시민경찰대와 같이 시민들의 안전을 위해 봉사하는 단체들이 많이 있다. 자율방범대, 녹색어머니회, 생활안전협의회, 주민자치위원회 등이 대표적인 단체이다. 이외에도 모범운전자회, 해병전우회, 패트롤 맘 등 다양한 단체들이 활동하고 있다.

자치경찰제가 안정적으로 정착되어 최고의 치안 안정성을 유지하면서 자치분권의 이념을 실현할 수 있도록 자리매김해야 한다. 이를 위해서는 주민자치행정과 자치경찰이 잘 협력하는 것이 중요하다. 다시 말해서, 구청, 경찰서, 구의회 등 공조직은 지역 주민들과 항상 소통하고 협력하여 안전한 사회 구축을 위한 공동체 치안을 확립해야 한다. 함께 하면 일이 쉽고, 잘할 수 있다.

동성로 시민경찰대 캠페인, 대구시 중구 국채보상운동 공원에서

2023년에도 시민과 함께 범죄 예방 프로그램 운영

시민중심, 시민안전, 대구 자치경찰. 시민과 소통하고 사회적 약자를 배려하는 대구형 자치경찰. 대구시 자치경찰은 늘 시민과 함께 한다. 2023년에도 대구광역시 자치경찰위원회는 시민이 참여하는 범죄 예방 프로그램을 운영한다. 6월 8일(목) 오후 3시, 대구콘텐츠기업지원센터에서 '시민 참여형 범죄 예방 프로그램' 운영 업무협약을 체결했다.

이날 업무협약식에는 금융감독원 대구경북지원, 계명대 대구경북사회혁신지원단, 도로교통공단 대구광역시지부, 대구광역시자치경찰위원회, 대구지역문제해결 플랫폼, 한국교통안전공단 대구경북본부, 한국부동산원, DGB 사회공헌재단, TBN 한국교통방송 대구본부 총 9개 기관이 참여했다. 함께 하면 즐겁고, 오래 할 수 있고, 잘할 수 있다.

'시민 참여형 범죄 예방 프로그램'은 시민이 지역 사회의 안전 문제에 대해 고민하고, 직접적으로 참가하는 협력 치안이다. 또한 시민과 공공기관의 역량을 모아 함께 안전한 지역 사회를 만들기 위한 공동 프로젝트이다. 2023년은 2천만 원의 예산을 확보해 놓았다.

이 프로그램에 참석자들은 우리 사무국 등 관계기관과 함께 심도 있게 만들어진 심층 교육을 이수한 후에 그들의 눈높이에서 해결 아이디어를 제출하고, 아울러 홍보 콘텐츠를 제작해 시민들에게 전파하는 역할을 수행할 예정이다.

이 프로그램에는 대구광역시 거주 만 18세 이상 39세 이하 시민은 누구든지 참여할 수 있다. 총 90명을 선발한 후 보이스피싱 등 전자금융 사기, 부동산 전세 사기, 개인형 이동장치(PM) 안전 운행 관련 3개 과정별 실무 교육을 2개월 진행하고, 7월 말부터는 현장에서 시민들과 소통하며 해당 분야의 예방홍보를 한다.

이 프로그램 운영으로 갈수록 점점 지능화되어 가는 보이스피싱 등 전자금융 사기와 부동산 사기의 피해를 예방하는 데 크게 기여할 것이다. 또한 청소년들의 개인형 이동장치의 바른 이용 문화 조성들을 시민 중심의 지역 사회가 협력하여 만들어 나가는 모범사례가 될 것이다.

　이와 같이 시민과 함께 하면 범죄 예방은 효과가 극대화된다. 경찰 단독으로 시민안전을 확보하기는 사실상 불가능하다. 그래서 협력 치안, 공동체 치안이 중요한 것이다. 필자는 '자치경찰의 키워드는 협력과 소통, 공유'라고 생각한다.

대구일보

2023년 06월 12일 월요일 017면 사람

대구 자치경찰위, 시민참여 범죄예방 앞장

금융감독원·계명대·도로교통공단 등 합심
시민 중심 치안 교육·홍보컨텐츠 제작 등

대구시 자치경찰위원회는 지난 8일 금융감독원 대구경북지원 등과 '시민참여형 범죄예방 프로그램' 운영 업무협약을 체결했다.

이날 업무협약식에는 금융감독원 대구경북지원, 계명대 대구경북사회혁신지원단, 도로교통공단 대구시지부, 대구시 자치경찰위원회, 대구지역문제해결플랫폼, 한국교통안전공단 대구경북본부, 한국부동산원, DGB 사회공헌재단, TBN 한국교통방송 대구본부가 참여했다.

'시민참여형 범죄예방 프로그램'은 치안 정책의 소비자인 시민이 안전에 대해 고민하고 주체로서 직접 동참하는 참여 치안의 일환으로 시민과 정부, 공공기관의 역량을 모아 함께 안전한 지역사회를 만들기 위한 프로젝트다.

이들은 전문적인 교육을 이수한 후 그들의 눈높이에서 해결 아이디어를 제출하고 홍보컨텐츠를 제작해 시민들에게 전파하는 메신저로서의 역할을 수행할 예정이다.

대구에 거주하는 만 18세 이상 39세 이하 청년이라면 누구나 참여할 수 있다.

설용숙 대구시 자치경찰위원장은 "이 프로그램 운영으로 갈수록 고도화되고 다양화 되어 가는 전자금융사기와 서민 삶의 기반을 뒤흔드는 부동산 사기의 피해를 예방하는데 기여하겠다"며 "청소년의 무면허 운행, 보도주행 등 안전을 위협하는 개인형이동장치의 바른 이용문화 조성을 시민을 중심으로 지역사회가 협력해 만들어 나가는 모범사례가 될 것"이라고 말했다.

신헌호 기자 shh24@idaegu.com

시민과 함께 하는 안전한 동네 치안
대구신문 특별기고 (2023. 1. 19)

2021년 7월에 시작한 자치경찰은 아동과 청소년, 여성, 노인 등 사회적 약자 보호, 교통지도와 단속 및 교통질서 유지, 범죄 예방과 생활안전 등 시민들의 가장 가까운 곳에서 시민들의 안전 업무를 수행한다. 처음 시행하다 보니 자치경찰에 대한 기초자료나 정보가 부족하다. 자치경찰이 출범하면서 시민들의 생각이 궁금했다. 다양한 채널로 시민들의 의견을 들었다. 그러한 노력 중의 하나가 여론조사이다.

지난해 12월, 열흘간 대구시 서구지역 만 18세 이상 성인 500여 명을 대상으로 '대구 서구 자치경찰 정책추진 여론조사'를 실시했다. 전화조사와 방문 조사를 병행해서 조사의 신뢰도를 높였다. 이 조사는 2022년 상반기에 실시한 '자치경찰 인식도 및 정책 수요 여론조사' 후속으로 생활안전 분야 전반에서 치안 수요가 높은 대구시 서구지역을 심층 조사한 것이다. 이번에 필자가 느낀 것은 김영환 대구 서부경찰서장의 지역 치안에 대한 열정이 매우 높고, 생활안전과 경찰관들의 업무역량과 태도가 뛰어나다는 것이다. 앞으로 대구시 서구는 서대구역 개통, 각종 재개발 및 도심재생사업 등과 함께 눈부신 발전이 기대된다.

한편 이번 여론조사에서 대구시 서구 주민들은 범죄 예방을 위해 '환경설계를 통한 범죄 예방'의 중요성을 전체 응답자의 73%가 응답했다. 즉 가로등, CCTV, 비상벨, 깨끗하고 안전한 공원 등 물리적인 환경 개선을 중요하게 인식하고 있다. 그중에서도 주민들은 'CCTV 설치'를 범죄 예방에 가장 도움이 되는 것으로 응답했다. 또한, 순찰이 필요한 장소로는 시민들의 휴식 공간인 공원의 응답 비율이 높았으며, 재개발 철거 지역, 공단 순으로 주민들은 답했다. 주민들이 원하는 경찰관의 순찰 방법으로는 도보 순찰을 희망하는 비율이 높았다. 아울러, 보행자와 어린이 교통사고 예방을 위해서는 불법 주정차 집중 단속이 필요하다고 응답했다. 이와 같은 조사 결과는 소중한 주민들의 소망이다. 잘 반영해서 좋은 치안정책을 만들 것이다.

대구시 자치경찰위원회는 이번 여론조사 결과를 유관기관과 공유하고 협업하는 자리를 가졌다. 지역 안전의 공동체 치안정책을 개발하고, 시민의 욕구를 반영한 정책 수행을 위함이다. 대구경찰청과 대구서부경찰서의 자치경찰 업무 담당계장 및 대구서구청 도시안전국 안전총괄과 담당이 참석해서 서구 재개발 지역 교통과 안전 문제, 범죄 발생 우려가 높은 지역과 범죄 예방, 아동학대·가정폭력·스토킹 범죄에 대한 여론조사 결과에 대해 관련 기관들이 머리를 맞대고 협력할 수 있는 방안을 모색했다. 필자가 좌장을 맡았고, 열띤 질문과 토론이 이어졌다. 구체적인 정책은 추후 나올 것이다. 치안 관련 여론조사, 공유와 토론, 정책개발과 집행, 문제점 및 개선방안, 환류의 과정을 거칠 것이다. 주민들의 의견을 잘 청취해서 자치경찰 치안정책에 반영함으로써 시민들이 일상에서 느끼는 두려움과 걱정을 줄일 것이다.

새롭게 출발한 대구형 자치경찰의 성공적인 조건은 대구시민들의 능동적 참여이다. 앞으로도 시민들의 다양한 의견들이 대구시 자치경찰의 정책을 결정할 것이다. 좋은 정책은 삶의 현장에서 발생하는 다양한 목소리를 반영한 정책이다. 시민들의 참신한 치안 관련 의견들을 반영하고, 제도가 시행되면서 나타나는 오류를 수정하면서 대구형 자치경찰제가 자리를 잡을 것이다. 아울러 관련 기관과의 협업이 중요하다. 구청, 구의회, 대학, 기업, 병원 등 지역을 구성하고 있는 기관과의 긴밀한 소통과 협업을 통한 로컬 거버넌스 구축이 필요하다. 혼자 하면 힘들지만, 여럿이 도와서 하면 쉽다. 동네 치안 문제는 더욱 그렇다.

대구신문

2023년 01월 26일 목요일 020면 사람들

대구 자치경찰위, 안전한 서구 조성 팔 걷어

정책추진 여론조사 결과 공유
'거리의 눈' CCTV 확대 설치
재개발 지역 순찰 수요 높아
유관기관과 대응 방안 논의

대구시 자치경찰위원회는 정책추진 여론조사 결과를 유관기관과 공유하는 자리를 가졌다.

대구광역시 자치경찰위원회(위원장 설용숙)는 지역안전의 공동체 치안 정책을 개발하고 시민 니즈를 반영한 정책 수행을 위해 '대구서구 자치경찰 정책추진 여론조사' 결과를 유관기관과 공유하는 자리를 마련했다.

지난 19일 대구광역시 자치경찰위원회 회의실에서 열린 이번 '시민의 경찰, 내게 힘이 되어 주는 자치경찰' 회의에는 대구경찰청과 대구서부경찰서의 자치경찰 업무 담당계장 및 대구서구청 도시안전국 안전총괄과 담당이 참석했다. 자치경찰 정책 추진 여론조사 결과 등을 공유했다.

이들은 △서구 재개발지역 교통과 안전 문제 △범죄발생 우려가 높은 지역과 범죄예방 △아동학대·가정폭력·스토킹 범

좌에 대한 여론조사 결과에 대해 관련 기관들이 머리를 맞대고 협력할 수 있는 방안을 모색했다.

설용숙 대구광역시 자치경찰위원장은 "이번 워크숍은 지역 범죄예방과 생활안전에서 시민들과 가장 가까운 곳에 있는 자치경찰의 역할을 되새기는 자리가 될 것"이라며 시민이 안전한 대구를 위해 관련기관과 지속적으로 협력할 것이라 했다.

이날 회의를 주재한 박동균 사무국장(상임위원)은 "76년만에 실시한 자치경찰 제도는 주민자치행정과 자치경찰이 잘

적으로 협력해야 하는 시스템으로 이번 조사는 서구지역의 안전에 중요한 기초자료로서 실효성 있는 치안정책으로 나타날 것"이라 말했다.

한편 '대구 서구 자치경찰 정책추진 여론조사'는 지난해 12월, 10일 동안 서구지역 만 18세 이상 성인 500여명을 대상으로 실시됐다. 지난해 상반기 실시한 '자치경찰 인식도 및 정책수요 여론조사' 후속으로 생활안전분야 전반에서 치안 수요가 높은 대구시 서구지역을 심층 조사한 결과이다.

이번 조사에서 서구주민들은 공원과 재개발·철거지역을 가장 순찰이 필요한 지역으로 꼽았으며, 순찰 방법으로는 도보 순찰을 희망하는 비율이 높았다. 범죄예방을 위해서는 CCTV 확대 설치가 시급하다고 응답했다. 보행자와 어린이 교통사고 예방을 위해서는 불법주정차 집중단속이 필요요하다고 답했다.

한지연기자 jiyeon6@idaegu.co.kr

통반장과 함께 하는 자치경찰과 사회 안전망

경북일보 특별기고 (2023. 8. 25)

2021년 7월 자치경찰제도가 출범하면서 자치경찰제도에 대한 시민 홍보가 중요한 과제로 대두되었다. 아울러 지역 주민들이 치안의 주체로 나서서 자치경찰과 함께 하는 공동체 치안의 필요성이 무엇보다 필요하다. 그래서 대구시 자치경찰위원회는 틈만 나면 주민 곁으로 다가갔다. 읍면동의 주민자치위원회, 통우회(통장들 모임), 자율방범대 등 여러 모임을 직접 찾아가서 자치경찰 설명회를 가졌다. 이 과정에서 필자는 지역에 있는 통반장들의 중요성을 알게 되었다.

최근에 신림역, 분당 서현역 묻지마 살인 등의 잔혹한 무차별 범죄로 시민들이 극도로 불안해하고 있다. 이 문제는 경찰의 순찰 등 어느 한 기관의 범죄 예방으로는 해결하기 어렵다. 결국 우리 사회에서 소외당하고 있는 사회적 약자들과 소통하는 따스한 손길과 두툼한 사회 안전망이 절실하다.

필자가 만난 어느 통장은 "통반장들이 지역에 거주하는 은둔형 외톨이, 알코올 중독, 정신병 등 잠재적인 위험군들을 대체로 파악하고 있다"라는 말을 해주었다. 또 다른 통장도 이런 이야기를 해주었다. "지역의 통장들은 그 지역에 사는 주민들을 거의 다 잘 알아요. 누가 가난하고, 위험하고, 누가 아프고, 보호받아야 하는 사람인지를요. 그러니까 통장들을 잘 활용하면 복지정책이든 안전정책이든 좋을 것 같아요."

맞는 말이다. 바로 이것이다. 통반장들이 중요하다. 흔히들 통반장이라고 하면 적십자회비 납부 고지서나 민방위 소집 통지서를 전달하는 등 단순히 행정복지센터(옛 동사무소)에 속해서 자치단체의 업무를 보조하는 역할을 떠올리기 쉽다. 하지만 통반장들은 동네 이웃의 사정을 속속들이 알면서 행정의 사각지대를 메우는 든든한 버팀목이자 안전 지킴이다. 취약계층 지원은 물론이고, 독거노인, 고립된 은둔 청년 등을 방문해 복지 서비스를 제공하기도 한다.

통반장제도는 1975년 동의 하부조직으로 설치되었고, 공식적으로는 행정시책 홍보 및 주민 여론 보고, 주민 거주 현황과 이동 상황 파악, 각종 시설 확인과 전시 대응 등의 임무를 수행한다.

2014년 '송파 세 모녀 자살 사건'과 2022년 '수원 세 모녀 사망 사건'과 같은 비극적인 사건은 가난하고 힘들게 사는 이웃을 제대로 살피지 못한 지방행정의 사각지대에서 나왔다. 통반장은 세대별, 지역별로 지역에 꼭 필요한 복지, 안전, 교육 등 다양한 행정수요를 관(官)에 전달한다. 우리 지역에는 이웃의 관심과 도움이 필요한 곳이 많다. 특히 1인 가구와 고령층이 증가하는 가운데 통반장의 업무가 복지와 돌봄 영역까지 확대되고 있다. 통반장은 행정복지센터와 적극적으로 협력·소통하며, 주민들의 민원을 전달하고 해결한다. 정말 중요한 역할을 하는 것이다.

우리 사회가 경쟁이 치열해지고, 소득 격차가 급격하게 벌어지면서 상대적 박탈감이 심화되고, 자신의 어려운 처지에 대한 불만과 비관이 분노로 나타나 묻지마 범죄라는 폭력적인 양상으로 표출된다. 사회 구성원 중 누구도 소외되지 않는 포용 사회를 만들어야 한다. 실패를 해도 다시 일어설 수 있게 사회적 기회구조를 넓히고, 도와주는 건강한 공동체를 만들어야 한다.

이와 같은 노력은 혼자서는 불가능하다. 여럿이서 같이 하면 잘할 수 있다. 관련 기관들이 소통하고 협력해서 튼튼하고 세밀한 사회 안전망을 만들어야 한다. 아울러 지역의 특성과 주민들이 사는 실정을 잘 아는 통반장과 지역 주민들, 그리고 현장경찰관이 같이 동네를 순찰하고, 안전 문제에 대해 정책대안을 제시하는 노력이 중요하다.

대구시 자치경찰위원회의 비전은 '시민중심, 시민안전, 대구 자치경찰'이다. 또한 대구시 자치경찰위원회의 정책목표는 '시민과 소통하고 사회적 약자를 배려하는 대구형 자치경찰'이다.

대구시민의 안전을 위한 '통장'의 역할 강조
찾아가는 범죄 예방 소통 간담회에서

2023년 9월 25일(월) 오후 4시, 대구시 남구 대명11동 통우회(통장연합회) 초청으로 필자는 "대구시민의 안전을 위한 통장의 역할"이라는 주제로 특강을 실시했다.

2021년 출범한 대구시 자치경찰위원회는 생활안전, 사회적 약자 보호, 교통 등 주민 생활과 직접적으로 관계가 있는 안전 업무를 수행하고 있다. 대구시 자치경찰위원회의 비전은 '시민안전, 시민중심 자치경찰'이고, 정책목표는 '시민과 소통하고, 사회적 약자를 배려하는 대구형 자치경찰'이다. 실제로 시민안전이야말로 최고의 복지라고 할 수 있다. 이와 같은 시민안전은 시민이 자치행정에 직접 참여하고, 경찰과 구청 등과 함께 공동체 치안을 만드는 것이 가장 효과적인 방법이다.

특히 필자는 간담회에서 "자치경찰 시대에 있어서 통장의 역할이 중요하다. 그 이유는 통장이 그 동네 치안 사정을 가장 잘 알고 있기 때문이다. 특히 독거노인, 은둔형 외톨이, 정신질환자, 다문화가정 등 사회적 약자들에 대한 맞춤형 복지대책을 수립하는 데 기초적인 정보를 가장 잘 알고 있다. 통장들의 다양한 의견을 수렴해서 안전한 동네 만들기 정책을 수립하는 것이 필요하다"라고 강조했다.

한편 대구시 자치경찰위원회는 그동안 대구시 관내 자율방범대, 주민자치위원회, 구의회, 대학, 시민경찰연합회, 평생교육원 등 시민들을 직접 방문해서 범죄예방과 시민안전, 자치경찰제의 소개 등 다양한 방법으로 시민들과 소통하고 있다. 그러한 결과 대구시 자치경찰은 2021년 7월 1일 공식 출범할 때보다 인지도가 10%나 증가했다. 앞으로는 청년층들을 대상으로한 SNS 홍보를 강화할 예정이다.

필자는 "어느 지역에서 발생하는 범죄의 70%가 그 지역 또는 인근 지역의 주민들에 의해 발생한다. 따라서 지역에 대해서 가장 잘 아는 지역 주민들과 현장경찰관이 같이 해당 지역을 합동 순찰하고, 지역 치안 문제에 대해 정책대안을 제시하는 '공동체 치안', '협력 치안'을 확립하는 것이 무엇보다 중요하다"라고 말했다.

대구시 자치경찰위원회는 앞으로도 중구 동인동, 남구 대명6동, 대구시 평생교육진흥원 시민강좌 등 찾아가는 현장소통 설명회를 예정하고 있다. 2021년 7월에 출범한 대구시 자치경찰은 시민안전이 최우선 정책과제이다. 주민자치행정과 경찰행정을 잘 결합해서 시민안전에 장애가 되는 문제점을 찾아내서 개선한다. 지역 내 어느 곳이 위험하고, 어떻게 하면 개선할 수 있는지는 그 지역 주민이 가장 잘 안다. 대구시민들의 다양한 제언과 참여가 중요하다. 대구 자치경찰의 주인은 대구시민이다.

남구 대명11동 통우회, 찾아가는 현장소통 설명회

개(dog)를 이용해서 범죄를 예방한다고?
대구신문 특별기고 (2024. 5. 3)

어릴 적, 부잣집 대문을 지나갈 때, 대문 앞에 '개 조심'이라고 적힌 글자와 함께 개 짖는 요란한 소리를 들은 기억이 난다. 실제로 도둑들이 개를 의식해서 부잣집 담을 넘는 데 주저한다. 얼마 전 경찰대학 치안정책연구소에서 발간한 정책 보고서에서 아주 흥미로운 연구 결과를 소개하고 있다.

캐나다의 정책 사례연구인데, 가정에서 키우는 개를 이용한 범죄 예방 실증연구이다. 연구의 핵심은 개를 키우는 것만으로는 가정에서 발생하는 강도를 완벽하게 예방할 수는 없지만 개들의 존재가 해당 지역의 강도 발생 건수를 줄이는 범죄 억제 효과가 있다는 것이다. 이 연구진은 2015년부터 2018년까지 캐나다 몬트리올시에서 발생한 강도 사건 36,219건의 지역별 분포와 지역별 애완견 등록신청 통계 사이의 상관관계를 분석하였다. 최종 연구 결과는 개가 강도 범죄의 강력한 억제 효과가 있음을 시사한다. 즉, 개가 많이 있는 지역일수록 강도 사건이 적게 발생한 것으로 조사되었다. 또한 몸집이 큰 개는 절도범에게 신체적인 위협이 되고, 상대적으로 몸집이 작은 개는 시끄럽게 짖음으로써 이웃 사람들의 주의를 끌게 되어 범죄를 억제하는 효과가 있다는 것이다. 또한 개의 존재만으로도 절도나 강도를 저지르는데 소요되는 범죄자의 비용을 증가시켜 범죄 목표물을 덜 매력적으로 만들 수 있다는 것이다. 일반적으로 범죄자가 범죄를 저지를 때, 적발(체포) 가능성이 높거나 범죄를 저지르는 데 비용이나 노력이 많이 소요될 때는 범죄를 단념하거나 다른 범죄 대상물을 찾는다. 이런 점에서 볼 때, 개는 범죄를 예방하는 데 좋은 수단이 되는 것이다.

우리나라에 반려동물 인구가 1,500만 명이 넘어선 것으로 추정되고 있다. 국내 인구 3명 가운데 1명이 반려동물을 키울 정도로, 이들과 관련한 관광산업 규모가 갈수록 커지고 있다. 이런 시대적 변화에 발맞추어 서울시 자치경찰위원회에서 의욕적으로 추진하는 사업이 있다. 바로 '반려견 순찰대'이다. 서울에서 시행하는 반려견 순찰대는 반려견과 함께 산책하며 순찰하는 주민 참여형 방범 순찰대이다.

'반려견 순찰대'는 지난 2021년 7월부터 시행된 서울시 자치경찰위원회 특수시책 1호 주민 참여 프로그램이다. 서울시는 순찰대의 역량 강화를 위해 범죄 예방, 재난 안전 등 교육 프로그램과 함께 순찰 중에 발생할 수 있는 안전사고 예방을 위한 반려견 행동 전문 교육도 제공하고 있다. 반려견 순찰대에게는 순찰 용품과 순찰대 활동 인증서, 우수 활동팀 표창 등이 주어진다.

이 사업은 서울 강동구에서 시범 운영을 시작해 9개 자치구로 확대되었고, 최근에는 서울시 내 25개 자치구, 1,011팀으로 규모가 확대되어 운영하고 있다. 반려견 순찰대의 활약은 대단한데, 폭행이나 마약 투약 의심 현장부터 폐기물 무단 투기 사례까지 신고 건수는 다양하다. 서울시 자치경찰위원회는 순찰대로 활동하는 반려견들을 위해 '동물사랑봉사' 단체와 업무협약을 체결했다. 이에 '서울 반려견 순찰대'의 반려인과 반려견은 수의사 재능기부로 의료 지원을 받을 수 있게 됐다.

반려견 순찰대의 장점은 일상적인 반려견 산책활동과 방범 순찰을 연계해서 하는 활동이기 때문에 일반 시민들의 참여가 쉽고, 활동이 지속적이라는 것이다. 또한, 활동하는 지역이 대원들의 동네이기 때문에 대원들이 어디가 범죄에 취약하고, 무엇이 위험한지를 쉽게 파악할 수 있다. 이와 같은 반려견 순찰대의 긍정적인 성과에 따라 부산, 대구, 안산, 함안 등에서 벤치마킹하여 그 파급효과가 나타나고 있다. 부산시 자치경찰위원회는 반려견 순찰대 활동 중에 발견한 위험 요소나 건의사항 등을 공유할 수 있는 애플리케이션을 만들어 모니터링하고, 지역 안전을 위한 치안정책에 반영할 예정이라고 한다. 대구시 남구 청년센터 반려견 순찰대도 대구 지역 최초로 활동을 시작했다. 시대가 변함에 따라 범죄의 양상도 바뀌고, 범죄 예방의 방법도 다양하게 나타나고 있는 것이다.

'대구로' 택시, 움직이는 자율방범대

대구로 택시가 대구시에서 높은 인기를 얻고 있다. 이와 관련하여 대구시 자치경찰위원회는 대구로 택시를 활용해서 시민안전을 위한 사업을 구상했다. 그중 하나로 전국 최초 택시 신고 협력 시스템, 이른바 '택시 치안망'을 논의하였다. 관련 기관인 대구시 교통국과 대구경찰청 교통과와 협업하여 먼저 시범사업을 해 보기로 했다.

대구시 자치경찰위원회는 2023년 10월 16일부터 11월 말까지 대구지역 친절 택시 기사 85명(법인 택시 38명, 개인 택시 47명)을 상대로 택시 신고 협력 시스템을 시범적으로 운영했다. 먼저 본격적인 운영에 앞서 택시 치안망 시스템의 문제점과 운전기사들의 애로사항을 미리 점검해 보기 위해서다.

택시 신고 협력체계는 이른바 '도로 위에 있는 자율방범대'라고 할 수 있다. 택시가 도로 위를 주행하면서 범죄를 예방하고, 범죄나 위험 상황, 특이 사항 등을 발견하면 신고하는 자율방범대의 역할을 수행하는 것이다.

구체적으로 말하면, 대구시 내 택시 호출 플랫폼인 '대구로 택시' 앱을 활용해서 112 신고 아이콘을 통해서 바로 신고와 제보, 공지 사항을 알리는 것이다. 택시와 경찰이 쌍방향으로 소통하며, 치안망을 구축하는 것이다. 이 시스템은 공동체 치안, 협력 치안의 좋은 사례라고 할 수 있다.

시범운영 기간에 의미있는 성과가 있었다. 한 달여 동안 치안망 시스템에 접수된 신고 건수는 180여 건이다. 이 중 도로 위험 및 체증, 교통사고 등 교통 관련 신고 11건, 무임승차 등 승객 관련 신고 9건, 주취자 등 긴급구호 필요 신고 3건, 기타 2건으로 총 25건의 정상 신고를 접수했다. 대부분이 교통 체증 또는 사고 등을 알리는 교통 관련 신고이고, 가로수 넘어짐 신고도 여러 건 접수됐다.

몇 가지 사례를 소개하면, 화랑교 가로수가 도로에 쓰러져 교통사고의 위험이 있다고 신고가 들어와서 구청에 협조 요청하여 안전을 확보한 사례도 있었고, 특히 위급한 상황에서 생명을 구한 사례도 있었다.

흔들리는 차량을 음주 운전으로 의심해서 택시 기사가 앱으로 신고를 했고, 출동한 경찰이 차량을 정지시킨 후 확인 해 보니, 운전자는 뇌전증 환자로 운전 중에 증세가 발현한 위험한 상황이었다.

길거리에서 갑자기 쓰러진 할머니도 택시 기사의 신속한 신고로 생명을 구했다. 급박한 상황에서 경찰과 원스톱으로 소통하는 택시 신고 협력 시스템의 공이 크다.

시범 운영에서 유의미한 성과를 내면서 본격적인 시스템 운영에도 기대가 크다. 운영자 측에서는 시범 운영 기간 기사의 신고 종류와 불편 여부 등을 점검하고 있다. 실종, 치매, 보이스피싱 운반책 등 알림 사항의 전파 속도도 점검 사항이다. 특히 대구로택시 앱의 신고 버튼이 너무 커서 오신고가 잦았던 것을 확인하고, 적절한 버튼 크기 및 위치 조정도 검토 중이다.

시범 운영을 마친 택시 신고 협력 시스템을 운영하기 전에 실제 택시 기사들에 대한 교육을 실시할 것이다. 이런 과정을 마치면 내년 초에 본격적으로 가동할 예정이다. 대구로 택시 치안망이 완성되면, 최대 1만 여명의 택시 기사(대구로 택시 가입자)가 치안 보조인력으로 활용될 수 있어 대구시민의 안전에 일익을 담당할 것이다.

대구로택시와 112 협력, 도로 위의 자율방범대

대구일보 특별기고 (2024. 2. 7)

대구시 자치경찰위원회는 '시민중심, 시민안전, 대구 자치경찰'을 비전으로 하여 시민안전을 위해 다양한 치안정책을 시행하고 있다. 특히, '생활 속의 촘촘하고 든든한 치안'을 무엇보다 중요하게 생각하여 대구시민들의 다양한 범죄 제보와 신고, 정책제언을 듣고 있다. 이런 맥락에서, 현재 240만 대구시민들이 많이 활용하고 있는 '대구로' 택시를 활용해서 범죄 신고 112와 신고 협력체계를 구축하는 사업을 야심 차게 시행하고 있다. 즉, 대구시민의 생활 서비스 플랫폼인 '대구로' 앱에 공익신고 기능을 추가하여 공공 플랫폼으로서의 역할을 수행함으로써 시민안전에 기여함을 목적으로 한 것이다.

대구경찰청에서 긴급하게 추적 중인 범죄자나 실종 어르신과 아동 등의 공지 내용을 택시 내 알림창에 송출하는 형태이다. 예를 들어, 도로 위의 싱크홀이나 위험한 물건, 지하차도 침수나 교통사고 등 현장에서 발생한 긴급 상황을 택시 기사가 목격했을 때, 이 사실을 대구로 앱을 통해 경찰에 신고하고, 소통하는 쌍방향 시스템이다.

대구시 자치경찰위원회는 2023년 8월, 대구시 교통국 택시물류과와 대구경찰청과의 실무협의를 시작으로 작년 9월부터 본격적인 시스템 개발에 착수하여 10월부터 친절 택시 기사 85명을 대상으로 시범 운영을 실시했다. 도로 위의 다양한 위험 상황, 주취자 긴급구호 등 총 25건의 신고를 접수하여 처리하였다. 이 중에는 교통사고 등 교통 관련 신고 11건, 무임승차 등 승객 관련 신고 9건, 주취자 등 긴급구호 필요 신고 3건이 포함되었다.

이와 같은 시범 운영을 바탕으로 시스템 개선 사항을 반영하여 12월부터 2차 시범 운영 중이다. 이 과정 중에 일부 오작동이나 착오 신고가 나타났다. 특히 오작동은 이 시스템에 대한 신뢰도를 떨어뜨리고, 불필요한 행정력을 낭비하는 요인이 되는데, 화면에 신고 메뉴가 커서 기사들이 잘못 누르는 사례가 발견된 것이다. 이런 문제점을 해결하기 위해 화면에 신고 메뉴의 크기와 위치를 조정하였다. 또한, 12월에는 대구시 교통연수원에서 택시 기사 200명을 대상으로 시스템 설명과 신고 요령에 대한 교육을 실시하였고, 올해 1분기 내에 정식 운용을 목표로 준비 중에 있다. 향후 일정에 약간 변동이 있을 수는 있지만 대체로 잘 진행되고 있다. 특히, 택시 기사들의 지원과 협조, 112 경찰과의 협력 시스템이 잘 되고 있다.

이 시스템이 정착되면, 대구 택시의 70% 수준인 대구로 가입 택시 1만여 대가 24시간 대구시 전 지역의 구석구석을 운행하면서 '안전 지킴이'의 역할을 수행하여 부족한 경찰력을 보완해 줄 것으로 기대한다. 일명 '도로 위의 자율방범대', '이동하는 치안센터'이다. 특히, 치매 어르신, 실종아동의 발견과 보이스피싱 운반책과 같은 택시 이용 가능성이 높은 범죄 유형에 유용할 것이다. 범죄 및 위험 상황을 정확하고 신속하게 신고할 수 있도록 관련 시스템을 계속 보완하고, 신고한 기사들에 대한 포상 등 인센티브 등도 함께 고려되어야 한다.

대구시 자치경찰위원회는 앞으로도 대구시 교통국, 대구경찰청 교통과, 대구교통방송 등과 잘 소통하고 협업하여 대구시민들이 안전하게 생활할 수 있도록 다양한 치안 정책을 시행할 것이다. 대구 자치경찰의 궁극적인 목표는 시민안전이다.

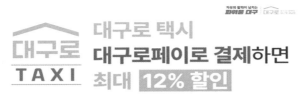

현대오일뱅크와 함께
민·관 협업 교통안전 캠페인

2023년 여름 장마가 시작되었다. 하지만 대구시민 보호를 위한 대구시 자치경찰위원회의 열정은 계속 진행형이다. 2023년 상반기의 주요 사회적 이슈인 마약 예방과 학교폭력 예방 캠페인 등에 이은 교통안전 캠페인이 시작되었다. 2023년 6월 19일(월)부터 6월 30일(금)까지 약 2주간 실시한 이번 캠페인은 HD 현대오일뱅크 대구경북지사와 함께 주유소를 찾는 운전자들을 대상으로 교통사고 예방을 위한 의견 수렴과 음주 운전 예방 캠페인을 펼쳤다.

'당신의 선택이 선진교통 문화를 만듭니다'라는 슬로건 아래 대구광역시 자치경찰위원회는 HD현대오일뱅크와 함께 음주 운전 예방 캠페인과 교통안전 설문조사를 실시했다. 이번 캠페인은 대구시 자치경찰위원회 교통경비팀 권혁주 경사가 주축이 되어 진행한 프로그램이다. 이 캠페인은 교통활동 구성원 모두가 안전한 교통환경을 만들기 위해 대시민 교통안전 관심도 제고 및 지역 사회 참여 확대 프로젝트의 일환으로 추진한 것이다.

캠페인 집중활동 기간인 6월 27일(화)~6월 28일(수)에는 대구시 자치경찰위원회, HD 현대오일뱅크, 대구경찰청, 대구강북경찰서 등과 합동 캠페인을 전개해 설문조사 및 이동식 커피 차량을 활용한 음주 운전 예방 홍보활동과 우회전 일시 정지 등 교통안전 생활 수칙을 집중적으로 홍보했다. 한편 대구광역시의 2022년 교통사고 사망자는 66명으로 해마다 감소 추세에 있으나 보행자 및 고령자 사망사고 비율은 여전히 높아서 이에 대한 지속적인 교통안전 문화 정착 및 환경 개선이 필요한 상황이다.

특히 최근 코로나19 이후 일상 회복에 따른 외부활동 증가와 본격적인 여름 휴가철을 대비해 각종 음주 운전 사고에 대한 경각심 고취와 교통법규 준수 등 교통사고 예방을 위해 민·관 협업으로 전방위 홍보활동에 나서게 됐다. 이번 캠페인 설문조사를 통해 지역 사회 구성원의 다양한 의견을 반영하고 빅 데이터 기반 정보 시스템을 활용한 지역 분석 및 교통 관련 기관과 협의를 거쳐 교통안전 환경 개선을 적극 추진할 계획이다. 더운 날씨에도 대구광역시 자치경찰위원회 설용숙 위원장과 필자가 조를 나누어 참여하였고, 현대 오일뱅크에서 커피 차를 지원해 주어 힘든 날씨이지만 한층 활기찬 분위기에서 캠페인이 진행되었다.

2023년 6월 27일(화) 음주 운전 근절 캠페인

시민 참여형 범죄 예방 프로그램 성과공유회

우리 대구광역시 자치경찰위원회는 2023년 8월 28일(월) 오후 4시 대구콘텐츠 기업비즈니스센터에서 '시민 참여형 범죄 예방 프로그램' 활동 수료식과 성과공유 회를 가졌다. 이 자리는 지난 무더운 여름 3개월간 범죄 예방 프로그램에 적극적 으로 참여한 청년추진단의 노고를 격려하는 행사이다. 청년추진단은 대학생들이 가장 많고, 취업준비생, 직장인 등 다양하게 구성되어 있다.

대구시 자치경찰위원회의 비전은 '시민중심, 시민안전, 대구 자치경찰'이고, 정 책목표는 '시민과 소통하고, 사회적 약자를 배려하는 대구형 자치경찰'이다. 시민 은 자치경찰의 주체이고, 고객이기도 하다.

대구시 자치경찰위원회가 만든 '시민 참여형 범죄 예방 프로그램'은 치안정책 의 소비자인 시민이 안전에 대해 고민하고 주체로서 직접 동참하는 참여 치안의 일환으로 시민과 정부, 공공기관의 역량을 모아 함께 안전한 지역 사회를 만들기 위한 프로젝트다. 말 그대로 시민이 참여하는 범죄 예방 프로그램이다.

이 프로그램에 참여한 기관은 많다. 금융감독원 대구경북지원, 계명대 대구경 북사회혁신지원단, 도로교통공단 대구광역시지부, 도시개발공사, 대구광역시자치 경찰위원회, 대구지역문제해결플랫폼, 한국교통안전공단 대구경북본부, 한국부동 산원, 한국산업기술평가관리원, DGB 사회공헌재단, TBN 한국교통방송이 적극적 으로 참여했다. 고마운 기관들이다.

시민 참여형 범죄 예방 프로그램은 대구광역시에 거주하는 18세 이상 39세 이 하 청년 총 90명을 선발한 후 전자금융 사기, 부동산 사기, 개인형 이동장치(PM) 안전 운행 관련 3개 과정별 실무 교육을 2개월 진행하고, 7월 말부터 두 달여간 현 장에서 시민들과 소통하며 해당 분야의 예방홍보를 실시했다.

이날 행사에서는 시민들과 호흡하며 안전한 대구를 만들기 위한 다양한 노력 과 소회를 공유하며 갈수록 고도화되고 다양화되어 가는 범죄의 예방안과 전자

킥보드 등 개인형 이동장치의 안전 문화 확산에 대해 지역 사회가 협력한 모범사례로 정착시켜 나가기로 뜻을 모았다.

필자는 이날 행사에서 회고사를 통해 청년추진단과 관련 기관의 3개월 간의 노고에 감사를 표시하고, "시민 참여형 범죄 예방 프로그램 운영으로 갈수록 고도화되고 지능화되어 가는 전자금융 사기와 서민 삶의 기반을 뒤흔드는 부동산 전세 사기의 피해를 예방하는 데 기여하겠다. 우리 지역 청소년들의 무면허 운행, 보도 주행 등 안전을 위협하는 개인형 이동장치의 바른 이용 문화 조성을 위해 시민 중심으로 대구시, 경찰청, 지역 사회가 지속해서 협력해 나가겠다"라고 말했다. 이날 수료식에는 다양한 표창장 수여가 있었다. 행사 내내 웃음꽃이 활짝 피었다.

도로 위의 안전

소통을 넘어 안전으로
대구TBN 국민안전 프로젝트 2022년 8월 26일 백분토론

1. "보행자 안전과 성숙한 도로교통문화"를 주제로 세 분의 전문가를 모시고 이야기 나눠보도록 하겠습니다.

강승규: 안녕하세요. 영남일보 강승규 기자입니다.

박동균: 안녕하세요. 대구시 자치경찰위원회 상임위원(사무국장) 박동균 입니다.

박용진: 안녕하세요. 계명대 교통공학과 교수 박용진입니다.

2. 교통안전의 패러다임이 바뀌고 있습니다. 예전에는 운전자와 보행자를 분리해서 생각했다면 이제는 운전자도 차에서 내리면 보행자라는 인식이 확산되고 있습니다. 교통의 패러다임이 차량 소통에서 보행자 안전으로 바뀌고 있는 흐름을 어떻게 보고 계십니까?

박용진: 도로교통법에 "운전자는 보행자 보호의무가 있다"라고 명시되어 있습니다. 이를 포괄적으로 해석하면 운전자 역시 보행자이기도 하다라고 해석할 수도 있습니다. 교통법규는 기본적으로 "사람이 우선이다"라는 철학을 내포하고 있습니다. 그렇기 때문에 차량의 원활한 통행과 소통도 중요하지만 그보다 운전자는 보행자를 생각해야 합니다. 안전한 운전 습관을 가지고 교통체계와 원활하게 소통하는 것을 추구해야 한다고 생각합니다. 그러기 위해서는 운전자, 보행자 모두가 서로를 존중하고 배려하는 인식이 필요하겠습니다.

3. 서로가 존중하고 배려하는 인식이 필요하다는 말씀이 와 닿는 거 같은데요. 대구 전체 교통사고 자료를 보면 횡단보도 보행자 사고 현황이 생각보다 심각하네요.

박동균: 대구지역의 경우 올해 7월 말을 기준으로 보행자 교통사고가 1,320건 발생했습니다. 이 중에 횡단보도 보행자 사고는 191건으로 전체의 14%를 차지하고 있습니

다. 사망사고 같은 경우는 19건이 있는데, 횡단보도 보행자 사고가 2건을 차지하고 있습니다. 하지만 희망을 가져야 할 부분이 통계자료를 통해서도 확인할 수 있는데요. 전체 교통사고가 8.9% 감소한 반면 횡단보도 보행자 사고는 15.1% 감소로 횡단보도 보행자 사고가 큰 폭으로 줄어든 것으로 나타났습니다.

(긍정적인 신호인 거 같은데 그 이유가 뭐라고 보십니까?)

박동균: 가장 큰 이유는 이번 7월 12일 시행된 개정 도로교통법의 영향으로 횡단보도에서 보행자 보호에 대한 운전자 인식이 강화되어 관련 사고가 감소한 것으로 해석할 수 있습니다.

4. 보행자 안전이 보장되어야 하는 횡단보도에서 우회전 교통사고와 보행자 사고가 일어나는 게 참 안타까운 현실입니다. 법 개정의 효과를 어떻게 진단하고 계신가요?

강승규: 경찰청이 우회전 교통사고를 분석한 통계자료에 따르면 우회전 교통사고로 지난 2018년과 2019년에 각각 139명이 사망했습니다. 2020년에는 131명, 지난해에는 136명이 우회전 교통사고로 목숨을 잃었습니다. 이것만 보면 암울한 수치일 수 있습니다. 하지만 개정 도로교통법 시행 1개월간 전국에서 발생한 우회전 교통사고는 722건으로 전년도 같은 기간 대비 51.3% 감소했고 사망자는 7명으로 61.1% 감소한 것으로 나타났습니다. 또한, 올해 시행 전 1개월과 비교해도 교통사고는 45.8%, 사망자는 30% 감소하였습니다.

박용진: 분명히 효과가 있다고 볼 수도 있죠. 하지만 저는 우회전 보행 교통사고를 가해 차종별로 구체적으로 살펴볼 필요가 있다고 생각합니다. 전체 보행 교통사고에 비해 승용차에 의한 사망자 비율은 낮은 편이었습니다. 하지만 승합차와 건설기계에 의한 사망자 비율은 높은 것으로 나타났어요. 이 점이 시사하는 바는 쉽게 말해 운전을 직업으로 하시는 운전자 분들의 안전에 대한 경각심이 둔감하다는 의미거든요. 이 부분은 우리가 짚고 넘어가야 할 부분이라고 생각합니다.

5. 운전하는 시간이 긴 운전자일수록 안전 운전에 각별히 주의를 해야 한다는 말씀이신데 그렇다면 본격적으로 2022년 7월 12일부터 '보행자 보호의무'를 강화한 도로교통법 개정안에 대해서 이야기를 나눠보도록 하겠습니다.

박동균: 우선 개정 도로교통법의 주요 내용은 크게 3가지로 나뉘는데요. 우회전 시 일시 정지, 어린이보호구역 내 무신호 횡단보도, 보행자 우선 도로입니다. 그중에서 가장 헷갈릴 만한 부분을 설명 드리겠습니다. '우회전 시 마주하는 횡단보도에서의 일시 정지 여부'에 대해서 도로교통법 개정 전에는 보행자가 횡단보도를 통행하고 있을 때만 차량이 횡단보도 앞에 정차하도록 했지만, 개정 후에는 '보행자가 통행하려고 할 때'도 일시정지해야 합니다.

(애써 만든 법인 만큼 지키지 않았을 때 처벌 규정도 있나요?)

박동균: 규칙을 어길 경우, 승용차 기준 범칙금 6만 원에 벌점 10점 또는 과태료 7만 원이 부과됩니다.

(토론날짜인 8월 26일을 기준으로 46일째 되는데 횡단보도 앞 우회전 시 일시 정지 의무 준수는 실제로 잘 지켜지고 있습니까?)

박동균: 현장경찰관들 말에 따르면 보행자가 횡단하려는 경우에 대해서 판단하기 어렵다는 호소가 많다고 하는데요. 경찰청에서는 보행자가 횡단보도에 발을 디디려고 하는 경우, 보행자가 손을 드는 등 운전자에게 횡단 의사를 표시한 경우, 보행자가 횡단보도 끝 선에서 횡단하기 위해 대기하거나, 횡단보도 끝 선에서 차도·차량·신호 등 고개를 돌려 주위를 살피는 경우, 보행자가 횡단보도를 향해 빠른 걸음 또는 뛰어오는 경우 등을 횡단하려는 경우로 보고 있습니다. 대구경찰청에서는 횡단보도에서 사람이 보이면 일단 멈춘 뒤 횡단 여부를 살피고 우회하는 방식을 권유하고 있습니다.

6. 실제로 현장에서 꽤 구체적인 기준으로 개정안이 잘 적용되도록 노력 중이네요. 보행자가 횡단보도를 통행하려고 할 때 일시정지 하지 않는 운전자에 대해서는 10월 11일까지 계도 기간인데 현장 시민들은 어떤 반응인가요?

강승규: 저 역시 오랜 기간 운전을 했지만, 바뀐 정책이 아직은 어색하게 느껴집니다. 특히 운전자들 간에 소통에도 문제가 감지되는데요. 예를 들어, 우회전 차로 가장

앞쪽에 있는 차가 일시정지 의무를 철저히 지키기 위해 운행을 정지했는데, 뒤쪽 차들이 개정 도로교통법을 잘 숙지하지 못했을 경우, 일시정지를 이해하지 못하고 경적을 울리거나 눈치를 주는 경우도 여러 차례 목격했습니다.

(실질적으로 운전자, 보행자분들의 반응은 어떻습니까?)

강승규: 보행자가 건널목을 지나고 있거나 건너려 하는 경우 우회전 차량은 잠시 멈춰야 하지만, 운전자들은 그 순간을 알아서 대응하기가 힘들다는 건데요. 대체 언제 우회전을 하면 되는지, 횡단보도 불이 빨간 불이 돼야 우회전할 수 있는 것인지, 그 기준이 헷갈린다는 운전자들이 많았습니다. 저희가 만나 본 일부 보행자의 경우 "일시정지 의무 단속을 강화해야 하지 않나"라는 의견을 내시는 분도 있었고, 또 "아직 시행 초기인 만큼 자연스레 정착될 때까지 기다리자"라는 의견도 있었습니다.

7. 우회전 보행 교통사고에 대해서는 기본적으로 인식의 차이가 있어 보이는데요. '원활한 차량 소통이 중요하냐' 아니면 '횡단보도를 건너는 보행자 안전이 우선이냐'를 두고 의견이 갈립니다.

박동균: 물론 원활한 차량소통이나 횡단보도 보행자 안전 문제 모두 중요한 문제지만 이번 개정 도로교통법이 시행되는 취지가 무엇인지 한번 생각해 봐야 할 거 같습니다. 전국 기준 최근 3년간 우회전 차량으로 인한 사고 중에서 다른 장소에서 횡단하다가 사망한 보행자보다 횡단보도를 건너다가 사망한 보행자가 거의 3배 가까이 많았다는 통계가 있습니다. 이처럼 횡단보도 위 보행자 사고율이 높기도 하고, 사람 대 차량 사고는 사람이 일방적으로 다칠 확률이 높기 때문에 보행자를 우선적으로 보호하기 위해서 개정 도로교통법이 시행되는 것이죠. 운전자분들이 조금 불편하실 수 있겠지만 나와 내 가족도 언제든지 보행자 입장이 될 수 있다는 마음으로 서로 배려하고 이해한다면 좀 더 안전한 교통문화가 자리잡히지 않을까, 저는 그렇게 생각합니다.

8. 지금 굉장히 중요한 지적을 해주신 거 같은데요. 이처럼 법을 개정하면서까지 보행자 안전에 주의하기 위해서 제도적 개선과 운전자 인식변화가 필요한데 알아서 잘 지켜주면 좋지만 법이라는 것은 어느 정도 범칙금이나 벌점과 같은 억제력도 필요하잖아요.

박용진: 벌칙금과 벌점은 그 사안에 따라 결정하는데 사실 비교적 우리나라 범칙금이 외국에 비해 관대한 편입니다. 서양의 범칙금은 우리랑 비교하면 아주 심하다고 볼 수 있죠. 처벌 규정은 시행법이 명확해야 민원을 줄일 수 있습니다. 다시 말해 우회전 통과 방식이 보행자 교통사고를 줄일 수 있다는 확실한 근거에 의해 시행한다면 범칙금을 확실하게 상향해도 된다고 생각합니다. 추가적으로 사전에 확실한 홍보가 필요하고 운전면허 시험에 반드시 출제되어야 한다고 봅니다.

9. 그런데 일각에서는 처벌에만 너무 집중하면 안 된다는 우려의 목소리도 있죠. 교통 인프라를 개선하는 방향으로도 생각해 볼 수 있지 않을까요?

박용진: 대구시는 2018년부터 보행자 교통사고를 줄이기 위해 우회전 고원식 횡단보도를 설치했고 추가로 우회전 전용 신호등 설치에 대한 이야기도 나오고 있죠. 게다가 경기도 고양시는 2020년 8월부터 '보행자 우선 출발신호(LPI)' 시스템을 운행하고 있습니다.

10. 대구지역에서는 고원식 횡단보도는 수성구 만촌네거리, 북구 침산네거리 등에 있고 우회전 전용 신호등 같은 경우에는 현충로 삼각지네거리, 테크노폴리스 수목원 입구 삼거리에 설치되어 있다고 하네요. 그런데 일단 고원식 횡단보도와 우회전 전용 신호등 자체를 조금 낯선 분들도 계실 거 같은데요.

박동균: 고원식 횡단보도는 방지턱처럼 높이를 높여서 만든 횡단보도입니다. 일반적으로 운전자들이 방지턱에서는 자동으로 속도를 줄이게 되는데 이 습관을 활용해서 보행자 사고를 예방하는 방식이죠. 보행자가 없더라도 속도를 줄이게 되기 때문에 사고 예방에 효과적이거든요. '대구광역시 교통사고 30% 줄이기 특별대책'에 따라서 대구에 고원식 횡단보도를 2021년 기준 107개소에서 2024년까지 147개소로 늘릴 계획에 있습니다. 우회전 전용 신호등은 말 그대로 우회전 신호 시에 우회전할 수 있도록 하는 것인데요. 현재 우리 대구지역에는 8개소 정도 운영이 되고 있습니다. 우회전 신호에 따른

차량정체 문제 등으로 당장 확대 시행하는 것은 어렵겠지만 도로 상황을 잘 고려해서 점차 운영 개소를 늘려 나간다면 이 또한 보행자 안전에 큰 도움이 될 것으로 예상됩니다.

11. 그렇군요. 그럼 현장 이야기를 조금 더 해볼까요? 행정안전부와 경찰청 등이 최근 3년간 우회전 보행 교통사고가 4건 이상 발생한 지역을 점검한 결과 대구 5곳이 포함되어 있네요?

강승규: 네, 행정안전부는 지난 2018년부터 2020년까지 3년간 보행 중 우회전 차량과 충돌한 교통사고가 4건 이상 발생한 지역을 대상으로 합동점검을 실시하고 분석 결과를 공개했는데요, 점검은 보행환경과 안전시설, 운전자, 도로 환경 요인을 주제로 진행됐습니다. 대구에서는 동구 파티마삼거리와 남구 계명네거리, 수성구 대봉교 북단 교차로, 수성구 망우당네거리부근, 달서구 학산공원삼거리 부근이 포함됐습니다. 대구 5곳의 지적 사항을 간단히 말씀드리자면, 파티마삼거리에서는 교통안전시설과 도로안전시설 등 단기 개선사항이 5건 확인됐습니다. 또 계명네거리와 대봉교 북단교차로도 단기 개선사항 위주로 확인이 됐고, 망우당 네거리와 학산공원삼거리 부근에서는 중장기 개선사항이 각각 2건씩 확인이 됐습니다. 행정안전부는 이번 점검 결과를 토대로 우회전 보행 교통사고 예방을 위해 관계기관과 협력해 시설 개선을 적극 추진해 나가겠다고 밝혔는데요, 이에 따라 대구 5곳의 도로 상황도 다소 개선이 이뤄질 것으로 예상됩니다.

12. 박동균 사무국장께서 짧게 앞으로 어떤 식으로 개선해 나갈 계획인지 설명을 해주신다면요?

박동균: 현장점검을 통해서 우선은 운전자들이 쉽게 볼 수 있도록 우회전 주의 배너를 설치했고요. 안전지대 연장, 시선 유도봉 설치, 유도선 재정비, 신호 조정 등 교통안전 시설물 개선은 연말까지 완료할 계획입니다. 앞에서 선정된 5곳 외에도 개선이 필요한 현장을 꾸준히 점검해서 운전자와 보행자 모두가 안심할 수 있도록 대구시, 대구경찰청, 그리고 대구시 자치경찰위원회에서 노력하도록 하겠습니다.

13. 이렇게 구체적인 이야기를 들어보니까 궁금증이 해결되면서 마음도 든든해지는데요. 교수님, 다른 나라의 사례도 궁금합니다. 어떤가요?

박용진: 해외사례 몇 가지 알려드릴게요. 미국의 수도 워싱턴 DC는 적신호 시 우회전 금지라는 이른바 '노 턴 레드' 표시를 설치해서 보다 적극적으로 표시를 하고 있습니다. 차량 신호가 녹색일 때 우회전할 수 있으며 길을 건너는 보행자가 없을 때만 통행 가능하게 되어 있습니다. 가까운 나라 일본을 볼까요? 일본은 운전석이 오른쪽에 있으니까 우리나라 우회전이 일본에서는 좌회전이 되겠죠. 주목할 점은 사고가 많이 나는 곳에서는 차량 정차 시간을 정하고 있다는 점인데요. 반드시 2초 이상 일시정지를 해야 합니다. 구체적이죠. 이를 위반하면 9천엔, 우리 돈 8만 5천 원 정도의 벌금을 낸다고 하니 범칙금 6만 원인 우리나라와 비교하면 조금 높은 금액입니다.

14. 우회전 관련 사고에 대해서 우리나라뿐만 아니라 다른 나라에서도 고민하고 개선하기 위해 노력하고 있군요. 끝으로 '우회전 사고 보행사상자 감소'를 위해 운전자와 보행자분들에게 각각 당부의 한 말씀 부탁드리겠습니다.

강승규: 자주 나오는 이야기이긴 하지만, 운전자와 보행자는 경계를 나눌 수 없다는 것을 항상 유념하셔야겠습니다. 즉, 운전자가 곧 보행자가 될 수 있고, 보행자가 곧 운전자가 될 수 있다는 것인데요. 서로를 배려하면서, 함께 도로 위 질서를 지켜나가는 것이 가장 중요한 것 같습니다. 결국 정책을 완성하는 것은 시민들의 의식이라고 생각됩니다. 특히 운전자들은 도로 위에서 약자가 될 수밖에 없는 보행자들의 안전에 항상 신경을 쓰면서 운전하는 습관을 길러야 할 것 같습니다.

박용진: 아마도 제가 자가운전 1세대라고 할 수 있는데요. 보행자가 운전자이고 운전자가 보행자라는 인식 전환이 잘 안되는 것 같습니다. 처음에 말씀드린 것처럼 원활한 교통체계가 운영되기 위해 보행자 안전과 차량 소통이 공존해야 한다는 것을 인정해야 할 것입니다. 횡단보도를 건널 때는 보행 신호를 잘 준수해야 하고 점멸 신호에 교차로를 진입할 경우 빠른 걸음으로 횡단을 마치는 보행자의 배려가 있었으면 좋겠습니다.

박동균: 도로교통법이 7월 12일부터 시행되고 있는데요. 시행 초기이고 아직은 혼란스러운 상황이라 계도 기간이 2개월 연장되기도 했습니다. 시민들이 헷갈리지 않도록 더 적극적인 홍보가 필요하고 대구시나 대구경찰청 등 관계기관에서 노력해야 할 부분

입니다. 물론 저희 대구 자치경찰위원회도 마찬가지고요. 정책과 의식이 합쳐진 안전하고 성숙한 교통 문화, 운전자와 보행자 모두가 웃을 수 있는 대구 만들기에 다 같이 동참해 주시길 부탁드립니다. 감사합니다.

대구교통방송 "백분토론"

도로 위의 판사, 교통경찰관들과 소통의 장

대구시 자치경찰위원회가 다시 현장을 찾아 소통의 장을 마련했다. 이번에는 교통경찰이다. 2023년 1월 30일(월) 오후 3시, 수성경찰서를 방문하여 일선 교통경찰관들을 대상으로 대구시 자치경찰의 성과와 과제를 설명하고, 교통경찰의 애환 및 바람에 대한 다양한 의견을 청취하였다.

자치경찰은 아동, 청소년, 여성 등 사회적 약자 보호, 교통지도·단속 및 질서 유지, 범죄 예방과 생활안전 업무 등 일상생활의 가장 가까운 곳에서 시민들의 안전을 지키는 업무를 수행하고 있다. 그중에서도 교통문제는 자치경찰의 핵심적인 과제이다.

필자는 "우리나라 14만 직업경찰관 중에서 시민과 가장 접촉이 많고, 친숙한 경찰이 바로 교통경찰관이다. 따라서, 교통경찰의 치안 서비스와 이미지가 경찰 전반에 대한 인식으로 확장될 가능성이 높고, 이러한 교통경찰의 혁신 노력이 경찰 개혁 작업의 성공에 있어 중요한 요인이 된다. 교통경찰은 각종 교통사고의 '예방' 위주 활동, 대민 접촉 시 공정하고 합리적인 법집행, 복잡한 거리에서의 소통관리 활성화 등이 중요하다. 아울러 적실성 있고 효과적인 교육훈련을 통하여 교통경찰의 업무 전문성 확보도 무엇보다 중요하다"라고 말했다.

한편 대구 수성경찰서는 법원, 검찰청, 방송국, 대구 스타디움, 정당 당사 등 치안 수요가 높고, 주말에도 각종 행사가 많다, 대구시 수성구는 도로 총연장 길이가 371.6km이고, 차량 대수는 220,692대이다.

대구수성경찰서 교통과는 작년 한 해 동안 전체 교통 사망사고 감소율 공동 1위, 이동식 과속 단속 대구경찰청 1위, 개인형 이동장치 단속 대구청 2위, 교통 과태료 징수율 대구경찰청 1위를 기록했다. 아울러 대구 국제마라톤 대회, 싸이 흠뻑쇼(5만 명 입장), 시온기독교선교센터 수료식(10만 명 참석) 등 다양한 대형 집회 및 국제행사에 있어서 교통관리의 중요한 업무를 수행하는 등 고생을 많이 했다. 이날 소통 간담회에는 필자가 피자를 간식으로 제공하였다. 그리고 현장 부담 및 치안 공백이 생기지 않도록 간소하게 소통행사를 진행했다. 수성경찰서에서는 윤근호 교통과장을 비롯한 교통안전계장, 교통외근팀장 및 직원들이 참석했다. 참석한 경찰관들은 주로 시청, 구청과의 업무협력의 중요성, 교통안전시설 개선 시 예산 지원 등을 요구했고, 자치경찰 출범 이후 복지 포인트 인상에 대해 고마움을 표시했다.

앞으로 대구시 자치경찰위원회는 현장에서 근무하는 경찰관들의 목소리를 잘 청취하고, 그들이 신나게 근무할 수 있도록 복지와 근무 여건 개선에 최선을 다할 것이다.

수성경찰서 교통경찰관과의 소통 간담회

교통정책에 대한 시민의 생각을 묻다

경북일보 특별기고 (2022. 9. 27)

경찰 역사 76년 만에 자치경찰제가 실시되었다. 자치경찰은 아동·청소년·여성 등 사회적 약자 보호, 교통지도·단속 및 교통질서의 유지, 범죄 예방과 생활안전 업무 등 시민들의 가장 가까운 곳에서 시민들의 안전 업무를 수행한다. 처음 시행하다 보니 기초자료도 부족해서, 시민들의 의견을 다각도로 청취하는 것이 무엇보다 중요하다.

이에 대구시 자치경찰위원회에서는 대구시민 1,000명을 대상으로 설문조사를 실시하였다. 240만 대구시민을 성별, 지역별, 연령별, 직업별로 나누어 과학적인 방법으로 표본 추출해서 조사했기 때문에 비교적 정확한 통계라고 할 수 있다. 이 통계는 대구시민의 생각이고, 바람이고, 정책 수요를 의미한다. 매우 유용하고 의미 있는 자료이다.

대구시민들을 대상으로 여러 가지 분야를 질문했는데, 특히 우리 일상생활과 밀접한 분야인 교통 분야에 대해서 집중적으로 질문했다.

먼저 대구시민의 안전에 가장 큰 위협이 된다고 생각하는 교통수단은 무엇인지에 대한 질문에 대하여 오토바이가 전체 응답자의 57%로 가장 많았고, 그다음이 전동 킥보드(21.2%), 화물트럭(12.4%)의 순으로 나타났다. 교통수단이 위협이 되는 이유에 대하여 질문한 결과, 돌발적인 출연으로 인한 교통사고(36.8%), 인도침입 및 운행(19.3%), 보복·난폭 운전(12%), 과속 운전(10.6%), 신호위반(10.3%)의 순으로 나타났다.

실제로 도로에서 운전을 해 보면, 운전자들이 오토바이 때문에 깜짝깜짝 놀란다. 신호위반은 물론이고 지그재그 난폭 운행, 굉음을 내며 질주하는 모습은 위험천만하다. 최근 배달 문화의 확산으로 오토바이 운전자들이 벌이는 촌각을 다투는 시간경쟁이 사고위험에 기름을 부은 격이다. 더욱이 배달 오토바이가 주로 다니는 아파트 단지와 상가 주변은 노인과 어린이 보행자가 사고위험에 그대로 노출되어 있다. 최근 들어 전동킥보드 사고도 점점 늘어나고 있다. 차선, 신호를 무시하고 겁 없이 질주하고, 킥보드 하나에 두 명이 타는 등 잘못된 주행 습관들이 교통안전에 새로운 위협 요소가 되고 있다.

대구시민들을 대상으로 교통수단별로 위협이 되는 이유를 질문한 결과, 승용차는 주로 음주 운전(45%), 노인의 운전 미숙(40%), 불법 주정차 및 방치(13%)의 순으로 나타났다. 음주 운전의 위험성에 대한 경각심 교육과 지속적이고 체계적인 단속이 필요한 대목이다.

아울러 고령화에 따른 노인들의 운전 미숙으로 인한 사고의 위험성을 지적하고 있다. 고령 운전자들의 운전면허 자진 반납에 대한 인센티브 강화가 필요하다. 현재 대구시는 어르신 운전자들이 자진해서 운전면허를 반납하는 경우에 10만 원권 교통카드를 지급하고 있다. 고령 운전자들의 운전면허 자진 반납을 활성화하기 위한 방법을 묻는 항목에서는 고령자 나드리 콜 택시 운영 등 고령자에 대한 특화된 교통정책 시행이 가장 많았고, 이어서 조건부 운전면허제를 통한 고령자 운전면허 반납 법제화, 운전면허 반납 시 지원하는 금액 향상 등 인센티브 확대의 순으로 나타났다.

또한, 고령 택시 운전자에 대해서도 대구시민들은 일부 우려를 나타내고 있으며, 아울러 택시의 불법 주정차도 문제점으로 지적하고 있다. 호출택시 앱 사용이 급증하면서 일반도로에서 불법 주정차를 하는 모습을 종종 목격한다. 심지어는 인도에 주차해 놓고 손님을 기다리는 경우도 있다.

이 글에서 제시한 여러 가지 통계 이외에도 다양한 시민들의 응답 결과가 있는데, 여기서는 중요한 것만 몇 가지 요약하였다. 다른 의견도 꼼꼼히 살펴 정책에 반영할 것이다. 시민들의 다양한 의견들이 대구시 자치경찰위원회의 정책을 결정한다. 좋은 정책은 현장의 목소리를 반영한 정책이다.

운전자 연령대가 높을수록 사고 위험 증가

나이가 들면, 신체기능이 예전에 비해 떨어진다. 운전도 마찬가지다. 앞에서 대구시민들을 대상으로 한 설문조사에서도 노인들의 운전 미숙으로 인한 사고 위험성을 지적한 바 있다.

최근 고령 운전자의 연령대가 높을수록 교통사고 위험도가 증가한다는 공식적인 연구가 발표되었다. 특히 80세 이후로 교통사고 위험도가 급증한다는 연구 결과가 주목을 끈다. 이를 위한 교통안전 대책으로 정부에서 운영 중인 '운전면허 자진반납제'의 활성화가 제기됐다.

2022년 9월 12일, 삼성화재 교통안전문화연구소는 '고령 운전자 연령대별 교통안전 대책 합리화 방안' 보고서를 발표했다. 이번 분석은 2017년부터 2021년까지 5년간 경찰청에서 나온 교통사고 자료를 바탕으로 이뤄졌다. 이 연구에 따르면, 최근 5년간 비고령 운전자(만 65세 미만) 교통사고는 9.7% 감소한 데 반해, 고령 운전자의 교통사고는 19.2%나 증가한 것으로 나타났다.

2017년 2만 6,713건에서 지난해 3만 1,841건으로 증가하였다. 이 연구소는 "교통사고 위험도 수치는 65~69세부터 점진적으로 증가하다가 80~84세부터 위험도가 급격히 증가했다"라고 밝혔다.

연구소는 운전면허 자진반납제도의 타깃 연령대를 설정하고, 이에 따른 혜택도 연령대별로 달라져야 한다고 주장했다. 즉, "타깃 연령대를 80세 이상(1순위), 75~79세(2순위), 70~74세(3순위)로 나누고, 지원 혜택을 맞춤형으로 제공하면 운전면허 자진반납제 활성화를 유도할 수 있다"라고 했다. 예를 들면, 혜택 제공 방식을 공통의 기본혜택과 추가 혜택으로 구성하는 방식이다.

기본 혜택은 10만 원 상당의 교통카드, 지역상품권(지역화폐), 온누리상품권 등을 공통으로 제공하고, 80세 이상은 지역 가맹점 할인(병원·약국 등), 70세 이상은 시내버스 무료 등의 혜택을 제공하는 식이다. 또한 이를 위해 대도시보다는 대중교통이 취약한 농어촌 지역을 중심으로 고령자 이동성과 접근성 확보를 위한 '수요응답형 대중교통 서비스'(Demand Responsive Transit, DRT) 확대가 필요하다고 강조했다. DRT는 기존 버스가 정해진 노선과 시간에 따라 운행하는 것과 달리 이용 수요에 따라 노선과 시간을 변경해 탄력적으로 운행하는 교통 서비스를 말한다.

연구소는 "DRT는 운전면허 반납 운전자의 대중교통 이용 편의를 증진 시킬 수 있는 방안"으로 "만성 적자 노선 등을 활용할 수 있다"라고 밝혔다(뉴시스, 2022. 9. 13).

노인 운전자 교통사고와 자치경찰

경북일보 특별기고 (2023. 2. 20)

2019년 70대 운전자가 부처님 오신 날을 맞아 경남 양산 통도사를 찾은 행인들을 자동차로 들이받아 1명이 숨지고, 12명이 다쳤다. 2021년에는 경북 영덕의 한 휴게소에서 80대 운전자가 몰던 차량이 행인들을 덮쳐 3명이 중경상을 입는 사고가 발생했다. 휴게소 계단을 내려오던 50대 행인은 두 다리가 절단되는 부상을 입기도 했다. 또한, 부산 부산 진구 삼전교차로 버스 전용 차선에서 비틀거리며 달리던 흰색 차량이 중앙분리대를 부수고 반대편 차로로 돌진하더니 마주 오던 승용차,·마을버스와 충돌했다. 이 사고로 9명이 다치고 차량 5대가 부서졌다. 운전자는 86세 고령이었다.

일반적으로 노인 운전자는 운전을 잘하는 분들도 있지만 대체로 집중력과 순발력이 떨어진다. 돌발 상황 대처 능력도 낮은 편이다.

2025년이 되면 노인이 인구의 20%를 넘는 초고령 사회로 진입한다. 한국교통연구원에 따르면, 고령 운전자인 65세 이상 면허 소지자는 2025년 618만 명에서 2040년 1,895만 명까지 증가할 것으로 예측된다. 고령 사회에 접어들면서 운전자도 빠르게 고령화하고 있다. 문제는 고령 운전자 사고는 더 빠른 속도로 늘고 있다는 점이다. 60대 이상 운전자가 한 해 22만여 건의 교통사고를 낸다. 전체 자동차 사고의 25%가량을 노인 운전자가 내는 셈이다.

특히, 70세 이상 노인 운전자부터는 교통사고 위험도가 뚜렷하게 증가하고, 80세 이상부터는 사고 위험도가 더 가파르게 높아진다는 분석 결과도 있다. 삼성화재 교통안전문화연구소에서 발간한 보고서에서 2017~2021년 경찰청 교통사고 자료와 보험사 질병 자료를 바탕으로 이와 같이 분석했다. 이 보고서에 따르면, 2017년부터 2021년 기간 64세 이하 비고령 운전자의 교통사고 발생 건수는 9.7% 감소한 반면에 65세 이상 고령 운전자의 교통사고 발생 건수는 19.2%나 증가했다.

2021년 대구시 자치경찰위원회에서는 대구시민들을 대상으로 설문조사를 했다. 자동차 운전 시에 불안감을 느끼는 이유를 질문한 결과, 주로 음주 운전(45%), 노인의 운전 미숙(40%), 불법 주정차 및 방치(13%)의 순으로 응답했다. 이와 같이 대구시민들은 고령화에 따른 노인들의 운전 미숙으로 인한 사고의 위험성을 지적하고 있다.

이 문제를 해결하기 위해서는 먼저 '노인 조건부 운전면허제도' 도입을 생각해 볼 수 있다. 예를 들어 노인들에게는 야간 운전이나 고속도로 이용 등을 금지하거나 차량에 첨단 안전장치를 달아 최고속도를 제한하는 방식이다. 이미 영국이나 일본 등의 나라에서는 시행 중인 제도지만 우리나라는 주로 장애인 운전자 등에 한정해 적용되고 있다. 또한, 최근에 노인들이 경제적 어려움에 택시나 버스 등 운송업에 진출하는 경우가 많다. 매년 인지기능과 공간 감각 등을 테스트해서 면허를 재발급하는 엄격한 관리가 필요한 상황이다. 아울러 노인 운전자들이 운전면허 자진반납 시 지원 혜택을 보다 확대하고, 연령대별 맞춤형으로 혜택을 제공해 고위험 노인 운전자의 면허 자진반납 활성화를 유도해야 한다. 하지만 무엇보다 중요한 것이 있다. 최대한 노인들을 배려하는 다각적이고 세밀한 대책이 필요하다는 것이다. 대중교통을 활성화해서 노인들이 운전하지 않고도 생활을 하는 데 불편함이 없도록 하는 것이 가장 좋은 방법이다. 이런 점에서는 대구시가 좋은 환경을 갖고 있다. 지하철과 버스 노선 등을 잘 조합해서 대중교통 분담률을 높여야 한다.

2021년 7월 1일부터 전국적으로 시행하고 있는 대구시 자치경찰도 교통사고 예방에 많은 관심과 에너지를 쏟고 있다. 작년 대구지역 교통사고 사망자가 66명으로 대구경찰청이 개청한 1981년 이후 역대 최저를 기록했다. 앞으로도 대구시 자치경찰위원회, 대구시 교통국, 대구경찰청 교통과 등 관련 기관과 함께 대구시민의 교통안전을 기할 것이다.

찾아가는 교통안전 체험 교육

2023년 11월 17일(금) 오후 1시, 대구광역시 자치경찰위원회는 대구시 수성구 노인종합복지관에서 어르신들을 대상으로 '찾아가는 교통안전 체험 교육'을 실시했다.

대구시는 최근 5년간 교통사고 사망자 수는 2018년 대비해서 2022년 사망자는 40.5% 감소했다. 하지만 전체 사망자 중에서 보행 사망자는 평균 46.4%이고, 고령 사망자는 평균 46.2%를 차지하고 있다. 즉 보행자 중심의 교통 문화 확립이 무엇보다 필요하다. 특히 아동, 어린이와 어르신 등 보행약자들은 교통사고 발생 시, 치명적인 부상 및 사망사고의 위험성이 크기 때문에 교통약자 중심의 안전활동과 교통안전 문화 의식개선이 필요하다. 대구시 자치경찰위원회는 이러한 점을 잘 알고 있고, 꾸준하게 교통안전 캠페인과 교육, 홍보활동을 지속적으로 전개하고 있다.

이번 찾아가는 교통안전 교육은 오랫동안 준비했다. 먼저 필자의 '안전의 중요성과 자치경찰'이라는 특강을 실시하였다. 필자는 이 특강에서 '범죄 예방과 자치경찰의 역할, 교통안전의 중요성 및 어르신 교통사고 예방을 위한 방법' 등에 대해 알기쉽고 재미있게 설명했다. 또한, 무단횡단의 위험성을 적극적으로 알리고, 안전한 보행 습관을 위해 실제로 대구시 자치경찰위원회에서 제작한 체험형 3D 영상을 시연함으로써 더욱 현장감 있는 참여 교육을 실시했다.

어르신들 나이에 따른 신체와 사고 변화의 특성을 고려한 맞춤형 교통안전 교육이 필수적이다. 따라서 실제 무단횡단 상황과 유사한 시뮬레이션을 직접 경험함으로써 무단횡단의 위험성을 인지하여 안전한 행동 습관 형성을 유도할 수 있다.

이날 프로그램에는 어르신들이 직접 참여하는 건강 체조, 교통사고 예방 홍보 영상, 노래로 배우는 교통안전, 보행 교통안전 교육 등 어르신들의 눈높이를 고려한 다양한 교육 콘텐츠를 준비해 어르신들의 박수를 받았다. 이 밖에도 어르신들을 대상으로 설문조사를 실시함으로써 횡단보도 등 보행환경 및 교통 문제 개선 정책 수립에 반영할 예정이다.

대구시 수성구 황금동 노인종합복지관에서

이 행사에 앞서 2023년 10월 24일(화) 오전 9시에는 대구광역시 자치경찰위원회, 대구경찰청, 대구교통방송, 도로교통공단 대구지부가 공동으로 어린이 교통안전 교육 캠페인을 시행하였다. 이 행사는 대구 남도초등학교 1학년을 대상으로 어린이 교통안전 교육 및 교통안전 홍보를 병행하였다. 구체적으로는 교통 및 보행안전 수칙, 교통표지판 바로 알기, 아빠·엄마 음주 운전 근절 전달 교육 등 교통안전 교육을 먼저 시행하였다. 이어서 교통안전 OX 퀴즈, 홍보 물품 배부가 이어졌고, 이 행사에서 처음으로 등장한 대구시 자치경찰위원회의 마스코트인 인형 도달수와 기념 촬영을 끝으로 행사를 마쳤다. 이 행사는 대구교통방송 10월 25일(수) 저녁, '달리는 라디오'에 방송이 되는 등 성황리에 종료되었다.

어르신 교통안전대책

2022년 4월 5일(화) 오후 4시 대구시, 대구경찰청, 대구교육청 관계자 등 17명이 참석한 가운데 대구시 자치경찰위원회 실무협의회 회의를 개최하였다.

이번 2차 회의에서는 대구시가 노인인구비율이 17.5%('21년말 기준)로 특·광역시에서 두 번째로 높고 점차 증가하고 있는 지역적 특성을 고려하여 '어르신 교통안전대책'을 중점적으로 다루었다.

이날 필자의 주재로 '어르신 교통안전대책'에 대해서 각 기관의 추진 상황을 공유하고 협력방안에 대하여 토의하였다. 주요 내용으로 대구시에서는 현재 지정되어 있는 59개소 노인보호구역의 확대·개선사업으로 어르신 통행이 잦은 장소 주변 도로의 교통안전 시설물을 설치·정비하고 고령 운전자 운전면허 자진반납이 활성화 될 수 있도록 반납자에게 10만 원의 교통카드를 지급하는 것이다. 대구경찰청은 인구 고령화에 따라 고령 운전자의 교통사고 증가가 예상되고 최근 5년간 고령 보행자의 무단횡단으로 인한 교통사망사고가 고령 보행사망자의 39.3%를 차지하는 등에 따라 노인복지센터, 체육공원 등 어르신 밀집지역을 찾아가 교통안전 교육 및 홍보를 실시한다. 또한 고령 보행자 사고 다발지 순찰 및 거점근무를 강화하고 보행자 위협행위를 집중 단속한다. 대구시와 대구경찰청은 공통적으로 어르신 교통안전 교육과 홍보에 대한 적극적인 협업을 요청하였다. 그리고 자치경찰위원회는 '21년 정책 제안 시민 아이디어로 채택한 노약자를 위한 횡단보도, 교통섬 등의 의자 설치 확대를 안건으로 하여 보행 교통약자를 위한 편의시설 확충방안을 건의하였다.

필자는 실무협의회 위원장으로서 "사회적 약자인 어르신과 아동·청소년의 치안 환경을 꼼꼼히 살펴보고, 그들이 안전하게 생활하기 위한 생활 밀착형 맞춤 치안 서비스를 제공을 할 수 있도록 관련 기관과의 협업을 강화하겠다"라고 했다.

어르신 교통안전대책 캠페인

횡단보도 우회전, 아직도 헷갈리시나요?

경북일보 특별기고 (2022. 9. 13)

행정안전부는 2026년까지 우리나라의 보행 중 교통사고 사망자를 경제협력개발기구(OECD) 평균 수준인 인구 10만 명당 1.1명으로 줄이는 것이 목표라고 발표했다.

2019년 기준 우리나라의 보행 중 교통사고 사망자는 10만 명당 2.5명으로, 30개국 중 29위다. 대구시는 올해 7월 말을 기준으로 전체 보행자 교통사고가 1,320건 발생했다. 이 중에 횡단보도 보행자 사고는 191건으로 전체 사고의 14%를 차지하고 있다. 보행자 안전이 철저하게 보장되어야 하는 횡단보도에서 보행 사상자 교통사고가 일어나는 게 안타까운 현실이다.

이런 점에 착안해서 도로교통법을 개정하였는데, 2022년 7월 12일부터 '보행자 보호 의무'를 강화했다. 이 개정 법률의 핵심은 이렇다. 도로교통법 개정 전에는 보행자가 횡단보도를 통행하고 있을 때만 차량이 횡단보도 앞에 정차하도록 했지만 개정 후에는 '보행자가 통행하려고 할 때'도 일시정지해야 한다. 이를 위반할 경우에는 승용차 기준으로 범칙금 6만 원에 벌점 10점 또는 과태료 7만 원이 부과된다. 하지만 현장에서 근무하는 교통경찰관들은 운전자들 사이에서 보행자가 횡단보도를 건너려는 때에 대해서 헷갈린다는 의견이 많다고 한다. 이 부분에 대해서 경찰청에서는 보행자가 횡단보도에 발을 디디려고 하는 경우, 보행자가 손을 드는 등 운전자에게 횡단 의사를 표시한 경우, 보행자가 횡단보도 끝 선에서 횡단하기 위해 대기하거나, 횡단보도 끝 선에서 차도·차량·신호 등 고개를 돌려 주위를 살피는 경우, 보행자가 횡단보도를 향해 빠른 걸음 또는 뛰어오는 경우 등을 횡단하려는 경우로 보고 있다. 경찰청은 횡단보도에서 사람이 보이면 일단 멈춘 뒤, 횡단 여부를 살피고 우회해야 하는 것으로 홍보하고 있다.

이번 개정 도로교통법이 시행되는 취지가 무엇인지 차분하게 생각해 봐야 할 것 같다.

최근 3년간 전국적으로 우회전 차량으로 인한 사고 중에서 다른 장소에서 횡단하다가 사망한 보행자보다 횡단보도를 건너다가 사망한 보행자가 거의 3배 가까이 많았다는 통계가 있다. 보행자 사고는 주로 우회전할 때 발생한다. 정해진 신호에 따라 움직이는 좌회전과는 달리 우회전은 별도의 신호 없이 운전자의 주의나 판단에 대부분 의존하기 때문이다. 보행자를 우선적으로 보호하기 위해서 개정 도로교통법이 시행되는 것이다. 경찰은 오는 10월 11일까지 계도 기간을 운영할 계획이다. 차체가 커서 우회전 시 보행자를 발견하기 어려운 버스나 화물차 등의 사고 예방을 위해 운수업체 등을 대상으로 찾아가는 교통안전 교육을 실시하고 있다. 계도 기간(7월 12일부터 10월 11일)이 끝나면 단속에 들어갈 예정이다.

운전자들이 처음에는 조금 불편할 수 있겠지만 나와 내 부모, 내 자식들도 보행자이고, 또한 운전자도 운전대에서 내리면 보행자가 된다는 마음으로 배려하고 이해한다면 좀 더 안전한 교통 문화가 정착될 것이다.

지금 대구시에는 횡단보도 우회전 일시 정지에 대해서 운전자들이 쉽게 볼 수 있도록 우회전 주의 배너를 곳곳에 설치했다. 또한, 안전지대 연장, 시선 유도봉 설치, 유도선 재정비, 신호 조정 등 교통안전 시설물 개선은 연말까지 완료할 계획이다.

앞으로 교통사고가 잦은 교차로에는 '우회전 신호등'이 집중 설치된다. 횡단보도 주변에서는 차량의 앞지르기를 금지하는 방향으로 법 개정도 추진된다.

행정안전부는 이 같은 내용의 '제1차 국가보행안전 및 편의증진 기본계획'을 발표했다. 기본계획은 '보행안전 및 편의증진에 관한 법률'에 근거한 최초의 법정계획으로, 행안부·국토교통부·경찰청 등 9개 중앙부처와 지방자치단체가 5년(2022~2026년) 동안 추진한다.

이에 따라 경찰청은 내년 2023년 1월 22일부터 전국에서 우회전 신호등을 확대 운영한다. 경찰청은 시도경찰청과 협의해 우회전 신호등을 시범 설치할 전국 15개소를 선정한 상태다. 경찰은 시범 운영 결과를 분석한 뒤 보행자 사고가 빈번한 곳, 대각선 횡단보도가 있는 교차로 등에 설치 장소를 확정할 방침이다. 우회전 신호등은 적색, 황색, 녹색 화살표 등 3개 신호로 구성된다. 운전자는 우회전 시 이 신호에 따라 주행하면 된다.

일반적으로 교통사고를 줄이기 위해서 일반적으로 3E 전략을 활용한다. 첫째, 규제(Enforcement)는 말 그대로 신호위반, 속도위반 등 법을 위반했을 때, 범칙금과 벌점 등으로 규제, 단속하는 것이다. 최근에는 고속도로 드론 순찰, 교통 단속 암행 순찰차도 운행하고 있다. 둘째, 공학(Engineering)으로 신호등 주기를 변경한다든지, 도로의 선형을 개선한다든지 하는 공학적인 요소이다. 셋째, 교육(Education)으로 초·중·고, 시민안전 교육과 계몽 같은 것을 말한다. 대구시에서도 이 세 가지 방법을 잘 활용해서 안전한 대구시를 만들기 위해 노력하고 있다.

특히, 교통 개선이 필요한 현장을 꾸준하게 점검해서 운전자와 보행자 모두가 안전할 수 있도록 대구시청, 대구경찰청, 교육청 그리고 대구시 자치경찰위원회가 적극적으로 협업해서 문제를 해결할 것이다. 속도를 줄이면 사람이 보인다. 운전자도 차에서 내리면 보행자이다. 아주 쉽고 중요한 사실이다.

통합형 보행 신호등
경안일보 특별기고 (2023. 3. 14)

2022년 대구지역 교통사고 사망자 수가 1981년 대구경찰청이 생긴 이후 가장 적었던 것으로 집계됐다. 대구경찰청에 따르면, 2022년 대구지역 교통사고 사망자 수는 66명으로 대구경찰청이 문을 연 1981년(235명)에 비해 189명(80.4%)이 줄었다. 특히 대구지역 교통사고 사망자 수는 2017년(136명) 이후 계속 줄어들기 시작해서 2021년 78명까지 감소했고, 급기야는 지난해 최저 사망자 수를 기록한 것이다. 실로 반가운 일이다. 대구경찰청은 교통 사망사고를 줄이기 위해서 지난해 보행자 보호를 위해 변경된 도로교통법을 집중적으로 시민들에게 홍보하고, 어린이와 노인 등 교통약자를 찾아가 교통안전활동을 한 것이 주효했다. 필자도 교통방송 출연 및 칼럼 기고, 찾아가는 안전 교육 등 다양한 채널을 통해 교통안전을 홍보했다. 이와 같이 대구지역 전체 교통사고 사망자는 감소 추세이지만 보행자 및 고령자 사망사고 비율은 여전히 높은 편이다. 따라서 보행자 및 고령자에 대한 지속적인 대책이 필요하다고 할 수 있다.

이러한 맥락에서, 올해 대구경찰청은 횡단보도를 건너는 시민들의 무단횡단 심리를 억제하는 '통합형 보행 신호등'을 설치할 계획이다. 대구경찰청에 따르면, 횡단보도 보행신호등 녹색 신호의 횡단 잔여 시간 및 적색 신호의 대기 잔여 시간을 함께 알려주는 '통합형 보행 신호등'을 대구지역 305개 횡단보도에 설치하기로 했다.

특히, 왕복 4차로 이상 도로 중에서 보행자 통행량이 많은 관공서, 전통시장, 학교 주변 등 횡단보도 300여 곳에 우선적으로 설치할 예정이다. 통합형 보행 신호등은 보행자가 도로를 건널 수 있는 녹색 신호등 유지 시간이 얼마나 남았는지와 횡단보도를 건너기 위해 얼마나 기다려야 하는지, 즉 적색 신호가 녹색 신호로 바뀌기까지 남은 시간을 표시해 주는 장치다. 보통 대기 시간이 길게 느껴지는 보행자는 무단횡단을 할 가능성이 있지만, 적색 신호등의 잔여기간을 숫자로 표시해 주면, 보행자는 녹색 신호가 켜질 가능성을 미리 알게 되기 때문에 무단횡단 방지 효과가 큰 것이다.

횡단보도 적색 신호 유지 시간은 최대 99초부터 점차 줄어들며, 보행자의 예측 출발 방지를 위해서 녹색 신호가 켜지기 전 6초까지 알려준다.

지난해 대구 동구청 앞, 송일초등학교 앞 등 3개소 횡단보도에 통합형 보행 신호등을 시범 설치해서 운영한 결과 효과가 크고, 시민 만족도도 높은 것으로 나타났다. 이와 같이 보행자 무단횡단 심리 억제 효과 등이 증명된 만큼 대구시 등 관련 기관과 협조를 통해 설치를 확대할 계획이다.

실제로 각종 교통사고 통계를 보면, 보행자 무단횡단 사고는 노인들에게 많다. 노인들은 걸음이 느리고, 비교적 긴 횡단보도에서는 중간에 교통섬에서 서서 대기하지 않고, 무단으로 건너는 경향이 많다. 힘들기 때문이다. 따라서, 중간에 대기하는 교통섬에 노인들이 잠시 앉아서 쉬는 시설도 필요하다. 대구시에서도 이를 위해 안전의자(일명 장수의자)를 여러 장소에 설치하였다. 아울러 스마트 햇빛 가림막을 확대해서 설치함으로써 대구시 어르신들을 안전하게 보호하는 노력에 최선을 다하고 있다.

교통은 자동차가 원활하게 주행하는 것이 중요하다. 하지만 무엇보다 중요한 것은 운전자와 보행자의 안전이다. 운전자도 차에서 내리면 보행자이다. 보행자의 안전은 곧 대구시민의 안전이다.

통합형 보행 신호등

어린이 등하굣길 안전, 점검 또 점검

"어른은 누구나 처음에는 어린이였다. 그러나 그것을 기억하는 어른은 별로 없다."

생텍쥐페리의 '어린 왕자' 중에서

자치경찰제가 출범하면서 역점을 둔 분야가 바로 '교통'이다. 2021년 대구시에서 발생한 교통사고는 총 11,955건으로 사망자는 77명, 부상자는 16,768명에 이른다.

또한, 해마다 어린이집, 유치원, 초등학교 앞에서 어린이가 자동차에 치어 부상을 당하거나 사망한 사례가 언론에 보도된다. 도로교통공단에서 발표한 자료에 따르면, 한 해 전국적으로 약 12,000건의 어린이 교통사고가 발생했으며, 약 14,000명이 교통사고로 인해 부상을 당한 것으로 나타났다. 어린이 교통사고는 어린이가 보행 중에 자동차에 치여 발생하는 형태가 가장 많았으며, 주로 하교시간대인 오후 4시에서 6시 사이에 많이 발생하였다. 여러 보고서를 종합해서 분석해 보면, 등하굣길 어린이들의 시야를 가려 교통사고 위협을 감지하지 못하게 하는 방해물 1순위는 '불법 주정차'이다. 어린이의 보행 패턴을 분석한 결과, 성인과 차이가 있으며 보행 시 주의력이 부족한 어린이들은 횡단보도가 아닌 차로로 이동하거나 보도를 벗어나는 보행 패턴을 보이는 것으로 나타났다. 다양한 분석자료를 기초로 해서 대구시의 맞춤형 어린이 등하굣길 안전대책을 수립해야 한다.

종합적으로 볼 때, 어린이 교통안전은 매우 중요한 대구시 자치경찰의 중요 정책과제이다. 어린이 교통안전은 대구교육청은 물론이고, 대구시와 대구경찰청, 우리 대구시 자치경찰위원회에서도 역점을 두었다. 특히 필자는 부모의 입장에서 자녀들이 안심하고 학교 다닐 수 있는 환경 조성에 관심이 많았다. "엄마! 학교 다녀오겠습니다"라고 집을 나가서 "엄마! 학교 다녀왔습니다"하고 집에 들어올 때까지 부모가 안심하는 환경이 바로 자치경찰의 과제라고 생각했다. 여기에는 등하굣길 교통안전, 범죄로부터의 안전(유괴, 성추행 등), 학교 내 폭력 및 왕따 문제 등이 포함된다. 이 모든 것들이 자치경찰의 사무이다. 이런 업무는 어느 한 기관의 노력으로 이루어지는 것이 아니다. 경찰청, 교육청, 시, 학교, 시민단체 등 다양한 기관들의 소통과 협력으로 이루어진다.

이런 점에서 볼 때, 대구시 자치경찰위원회 실무협의회의 역할이 중요하다고 생각한다. 필자는 각 기관의 협력과 소통을 강조하고, 업무를 추진했다.

2022년 2월 15일(화) 실무협의회에서 신학기를 맞이하여 등하굣길 안전에 대한 집중토의를 했다. 이런 주제로 여러 차례 했다. 점검 또 점검하는 회의다. 기관에서 발표하고 협력기관에서 질문하고, 토론하는 방식으로 회의를 진행했다.

주요 내용으로 대구시는 총 21개 기관이 참여하는 점검반을 구성해 어린이보호구역 내 불법 주정차 등 위험 요인과 교통안전시설을 점검하고, 대구경찰청에서는 3월 2일부터 하계방학 전까지 어린이보호구역(초등학교 주변 232개소)에 경력을 배치해 어린이 보행안전지도 및 보행자 보호의무 위반 단속 등을 한다. 또한 범죄의 대상이 되기 쉬운 저학년의 등하교 시간에 가시적 순찰활동을 통해 시민들의 안전 체감도를 높이고자 한다. 대구교육청은 신학기 통학로 안전 점검을 실시해 소관기관에 개선 요청을 하고 교통사고 발생률이 높은 신학기에 학생들에게 교통안전 교육을 집중 실시한다. 특히, 이날 회의에 참석한 기관들은 보행자 교통사고 예방을 위해 '우회전 시 일단 멈춤'을 적극 홍보하기로 했다.

이날 필자는 회의주재자로서, 그리고 실무협의회 위원장으로서 "자치경찰의 핵심과제가 시민안전"이라며, "특히, 어린이들의 등하굣길 안전을 위해 1학교 1순찰차 배치, 불법 주정차 단속, 보행안전시설 점검 등 관련 기관과 함께 협업해 촘촘한 안전망을 구축하겠다"라고 강조했다. 결국 안전은 점검, 또 점검이다.

우수사례 : 충남 자치경찰위원회, 교통안전 교육

충남자치경찰위원회는 충남교통연수원·도경찰청·도교육청과 협업해 제작한 '어린이 교통안전 교육 홍보 동영상'을 도내 초등학교 등에 배포했다. 위원회에 따르면 홍보 동영상은 어린이 교통사고 빅 데이터 분석 결과를 바탕으로 어린이들과 운전자들이 이해하기 쉽게 제작했다.

영상 속 신호등을 형상화한 빨간색, 노란색, 녹색 옷을 입은 레인저들은 어린이들이 끝까지 집중해서 시청할 수 있도록 다양한 상황에서 주의해야 할 점을 어린이 눈높이에 맞춰 안내한다.

내용은 ▲어린이보호구역에서 보행 시 주의할 점 ▲무단횡단 금지 ▲차량 우회전 시 횡단보도 앞 일시정지 ▲어린이보호구역에서의 불법 주정차 금지 등이다.

충남 자치경찰위원회는 동영상을 교통연수원과 위원회 누리집, 도 경찰청과 15개 경찰서, 도 교육청 등에도 배포했다. 어린이집이나 학교 등은 영상을 활용해 맞춤형 홍보 및 교육을 실시할 예정이다.

위원회는 어린이뿐만 아니라 계절 및 지역별 교통사고 사례를 분석해 일회성에 그치지 않고 꾸준히 홍보 동영상을 제작할 계획이다. 어린이보호구역 내 차도인도 분리·무인 단속 카메라 설치 등 교통안전시설 확충, 등하굣길 교통안내 등도 확대키로 했다(충남일보, 2022. 8. 11).

회전교차로
대구신문 특별기고 (2024. 4. 5)

요즘 어느 도시를 가든 회전교차로가 많다. 회전교차로는 십자 교차로 대신에 도로가 만나는 중심부에 교통섬을 두어 차량이 똑바로 가지 못하고, 교통섬을 돌아가도록 만든 것이다. 신호등이 없어서 정차하지 않고 저속으로 지나가기 때문에 원활한 교통과 차량과 보행자의 안전을 높이는 장점이 있다.

전통적인 교차로에서는 신호를 무시한 차량이 교통사고를 일으키는 문제점이 있다. 반면에, 회전교차로에서는 이런 위험이 적다. 일단 회전교차로에 진입하려면 속도를 줄일 수밖에 없기 때문에 과속이나 수직 상태에서 교통사고가 날 가능성은 줄어든다. 또한 회전교차로에서는 마주 보는 방향에서 오는 차량의 좌회전이 없다. 따라서 이들 차량의 좌회전으로 인한 교통사고 역시 없다. 비용적인 측면에서도 장점도 있다. 우선 회전교차로는 신호등이 필요 없기 때문에 설치비용과 유지관리 비용이 적게 든다. 모든 차량이 속도를 줄인 뒤 오른쪽으로 진입해 출구로 나가면 되기 때문이다. 회전교차로에서는 자동차가 정지하는 돌발적인 사고가 없는 한 뒤에서 따라오는 차량이 정지할 필요가 없어 지체시간이 감축되고, 불필요한 연료 소모와 배기가스를 줄일 수 있다. 미국 연방교통청 자료에 따르면, 회전교차로를 설치하면 기존 교차로나 신호등을 사용한 네거리에 비해서 사망이나 심각한 부상 등의 교통사고를 80% 정도 줄일 수 있다고 한다.

도로교통공단의 자료에 따르면, 우리나라 회전교차로는 2010년 시범사업 시행 이후 매년 100개 이상 신규 설치가 이루어지고 있다. 빠른 속도로 늘고 있다. 지난 2010년 108개였던 전국의 회전교차로는 작년 기준 2천 525개까지 늘었다. 이에 따라 회전교차로에서 발생하는 교통사고 건수도 꾸준하게 늘고 있는 것으로 나타났다. 최근 10년간 회전교차로 교통사고는 2013년에 593건, 2015년에 783건, 2017년에 920건, 2019년에 1천 367건, 2021년에 1천 521건, 2022년 1천 402건이 발생했다.

회전교차로는 원래 교통사고 감소 효과가 큰 것이 장점인데, 교통사고가 자꾸 발생하는 이유는 운전자들이 회전교차로 통행방법을 정확하게 모르거나 통행방법을 지키지 않았기 때문이다. 이를 증명하는 흥미로운 연구 결과가 있다. 한국교통연구원이 작년에 성인 남녀 운전자 1,500명을 대상으로 조사한 결과, 회전교차로 통행방법에 대해서 "매우 잘 알고 있다"는 답변은 36%에 불과했다. 이는 회전교차로가 본격적으로 도입되었지만 통행방법에 대한 시민 교육과 홍보가 부족했다는 것을 의미한다. 실제로 필자의 지인들을 대상으로 회전교차로의 통행방법에 대해서 물어 보아도 정확하게 아는 사람들이 많지 않았다.

회전교차로는 신호등이 없기 때문에 특히 '통행 규칙'이 중요하다. 교통 당국은 지금부터라도 언론과 SNS, 캠페인 등 다양한 방법을 통해서 시민들에 대한 홍보를 적극적으로 실시해야 한다.

가장 중요한 것은 회전교차로는 먼저 진입해서 '회전 중인 차량'에 통행 우선권이 있다는 것이다. 이것이 핵심적인 내용이다. 운전자는 회전교차로에 진입 전에 서행하거나 정지해서 회전 중인 차량이 있는지 살펴야 한다. 만약에 해당 차량이 있다면 먼저 지나갈 때까지 기다린 뒤에 진입해야 한다. 이를 무시하고 무리하게 진입하다가 회전 중인 차량과 충돌사고가 발생하면, 과실 비율이 80%에 이를 수 있다. 그리고 일단 회전교차로에 진입하면 멈추지 말고 서행하면서 운전자가 목적한 방향대로 빠져나가면 된다. 진입이나 출입할 때는 반드시 방향지시등을 켜야 한다.

회전교차로의 기본 운영 원리는 양보이다. 회전교차로에서는 '진입 시 양보, 주행 시 서행'의 준수사항을 잘 지켜야 한다. 회전교차로의 장점을 최대한 잘 살려서 차량흐름도 원활하게 하고, 시민들의 교통안전도 확보하길 기대한다.

교통안전과 자치경찰
대구교통방송 라디오 2023년 5월 18일 인터뷰

1. 교통사고는 우리 주변에서 가장 가까이, 흔하게 도사리고 있는 위협이라고 할 수 있을 것 같아요. 이러한 교통사고를 예방하기 위해 올해도 대구광역시 자치경찰위원회와 대구경찰청에서는 교통사고를 예방하기 각종 단속을 강화하고 있다고 합니다. 뉴스를 보면 크고 작은 교통사고들이 계속 보도되고 있잖아요. 보도 내용을 보면 '이륜차'나 '음주 운전'이 중요한 키워드인 것 같아요?

맞습니다. '이륜차'는 다양한 종류가 있지만, 흔히들 아시는 '오토바이'를 주로 의미하는데요. 아주 오래전부터 오토바이는 주요한 이동 수단이었지만, 코로나19 발생 이후 음식을 시켜 먹는 '배달 문화'가 대폭 확산되다 보니 오토바이로 음식을 배달하는 일명 '라이더'가 급격히 늘어났어요. 저번에 어느 동네에 가니까 과장을 조금 보태서 자동차 반, 오토바이 반인 경우도 있더라고요. 그만큼 도로에 오토바이가 많아지다 보니 관련 교통사고도 증가할 수밖에 없죠.

(그렇군요. 음주 운전은 그전부터도 중점적으로 단속을 해오던 상황인데요?)

네, 예전에 비해 음주 운전에 대한 처벌이 강화되고 언론에서 음주 운전의 위험성을 부각하면서 예전보다 국민들의 인식이 많이 개선됐다고 볼 수 있습니다. 그럼에도 불구하고 코로나19에서 벗어나 일상 회복을 하게 되면서 음주 운전 적발 건수는 다시금 급증하는 추세입니다. 아직도 음주 운전이라는 악당과 싸워야 할 때임이 분명하죠.

2. 이러한 흐름에 따라, 대구자치경찰위원회와 대구경찰청에서 이륜차와 음주 운전 단속을 강화하고 있다고 들었습니다?

네, 이륜차와 음주 운전으로 인해 발생하는 교통사고는 그 빈도와 위험성에 비춰 볼 때 전 국가적인 동시에, 대구시에서도 매우 중요하게 다뤄야 할 사안입니다. 국가는 국민의 생명과 재산을 보호할 의무가 있으니까요. 그래서 이번 시간에는 대구자치경찰위원회와 대구경찰청에서 중점 추진하고 있는 이륜차와 음주 운전 단속활동에 대해 말씀 드리려고 합니다.

3. 그렇군요. 그럼 먼저 이륜차 단속활동에 대해 말씀 부탁드립니다. 이륜차의 위험성과 단속의 필요성에 대해 시민들도 공감하는 분위기인가요?

네, 작년에 대구자치경찰위원회에서 대구시민 천 명을 대상으로 여론조사를 실시했는데요. 그중에 "시민의 안전에 가장 큰 위협이 된다고 생각하는 교통수단은 무엇인가?"를 묻는 문항이 있었어요. 압도적인 비율로, 57%의 응답자가 '이륜차'라고 답했습니다. 위협이 되는 이유에 대해서는 '이륜차의 돌발적인 출연으로 인한 교통사고'가 37%, '인도 침입 및 운행'이 19%, '보복·난폭 운전'이 12% 등을 차지했습니다. 그만큼 시민들이 생활 속에서 이륜차로 인해 불안감을 느끼고 있는 거죠.

4. 설문조사 결과가 마치 제 마음을 대변하는 것 같아 놀랍군요. 그럼 실제로도 이륜차 교통사고의 위험성이 심각한 편인가요?

맞습니다. 대구경찰청의 통계자료에 따르면요. 지난해 대구시 교통사고 전체 사망자가 66명인데, 그중에 10명이 이륜차 가해 사망사고로 숨졌어요. 교통사고의 원인은 매우 다양한데 그중에 이륜차에 피해를 입어 사망한 사람이 15% 이상이니 아주 높은 수치죠.

(이륜차 운전자 또한 위험에 노출돼 있을 텐데요?)

네, 이륜차는 운전자를 보호해 주는 안전장치가 사실상 헬멧 하나밖에 없는데요. 그러다 보니 자동차나 전봇대 등 다른 물체와 강하게 충돌하면 운전자 또한 중상이나 사망에 이르게 됩니다.

5. 사무국장님 말씀을 들어보니, 타인은 물론이고 이륜차 운전자 자신의 안전을 위해서도 단속이 꼭 필요한 상황 같네요. 올해 여러 차례에 걸쳐 대구자치경찰위원회와 대구경찰청에서 이륜차 단속을 실시했다고 들었는데요?

네, 여러 차례의 크고 작은 이륜차 단속을 지속적으로 실시했습니다. 먼저, 3.1절 폭주족 특별 단속인데요. 모르시는 분들도 있겠지만, 대구가 폭주족의 성지랍니다. 아나운서님도 느끼셨듯이, 대구는 도로가 바둑판처럼 잘 만들어져 있어서 운전하기에 아주 편하고 속도 내기도 좋잖아요. 아이러니하게도, 이런 지리적 이점 때문에 전국 각지의 폭주족들이 태극기로 상징되는 3.1절이나 어린이날, 광복절 등 국경길에 대구에 출현하고 있습니다. 마치 해방감을 표현하려는 듯이요. 대구경찰청에서는 이러한 정보를 미리 입수해서 2월 말에 대책회의를 실시하고 특별 단속계획을 수립했고요. 전날 밤 10시부터 3.1절 당일 새벽 7시경까지 파티마삼거리, 만평네거리 등 폭주족 주요 집결지 8개소에서 순찰차 68대와 단속반 139명을 배치하여 집중 단속을 실시했습니다.

그 결과 30대와 참관 자동차 60대 등 총 90대 정도의 폭주 차량이 무더기로 적발되어 이동로를 차단하고 즉시 해산 조치를 했고요. 폭주족 1명을 현행범으로 체포하는 등 17명을 검거했습니다. 그중에 공동위험행위, 난폭 운전 등 사안이 중대한 10명은 입건 조치했고요. 이들은 무리 지어서 이륜차와 자동차를 타고 시내 곳곳을 떼 지어 다니면서 시민의 안전을 위협한 혐의를 받았습니다. 한편, 3.1절에 이어 어린이날에도 역시 대대적인 폭주족 단속을 실시해서 국경일마다 기승을 부리는 폭주족을 끈질기게 막아내고 적발했습니다.

6. 이륜차 광역 단속도 벌이셨다면요?

네, 세 차례의 이륜차 광역 단속을 실시했습니다. 앞서 말씀드렸던 폭주족 특별 단속과 달리 이륜차 운전자를 전체적으로 단속했어요. 그중에서도 3월 3일 오후에 실시된 1차 광역 단속은 가장 규모가 컸는데요. 반월당네거리와 인근 교차로 5개소에 교통경찰 등 112명의 인원이 투입되어 진행됐습니다. 단속 결과, 인도 주행, 안전모 미착용, 신호위반 등에 대한 통고처분 73건을 포함하여 총 78건을 적발했고요. 이 과정에서 번호판을 부착하지 않은 이륜차 1대가 신호를 위반하고 정지 명령에 불응하며 경찰관을 치고 도주하다가 현행범으로 체포되기도 했어요. 다행히 해당 경찰관의 부상은 경미했습니다.

7. 우리 경찰관님들, 현장에서 정말 고생이 많으시네요. 그럼 이제 화제를 바꿔 음주 운전 단속활동에 대해서도 들어 보겠습니다. 대구자치경찰위원회와 대구경찰청에서 4월 한 달간 음주 운전에 대해 대대적인 합동 단속을 실시하셨다고 들었는데요?

네, 일반적으로 음주 운전 단속은 경찰서별로 관할 지역에서 실시하게 되는데요. 앞에서도 말씀드렸듯이, 코로나19에서 점차 해방되면서 술 드시는 분도 많아지고 하니 음주 운전 적발자가 전년 같은 기간 대비 17%나 증가했어요. 그중에 음주 운전으로 인한 교통사고는 3% 늘어났고요. 그래서 대구자치경찰위원회와 대구경찰청에서는 건강한 일상 회복을 위해서 기존의 개별 경찰서 단위가 아닌, 3개 내지 4개 경찰서 합동으로 음주 운전 단속을 실시했습니다.

이렇게 여러 경찰서가 합동을 하게 되면, 분산된 인력과 장비를 집중할 수 있고요. 단속 장소에 구애받지 않게 되니, 음주 운전자가 자주 다니지만 관할구역이 불분명한 장소에서도 단속을 실시할 수 있어 훨씬 더 효과성이 크다고 볼 수 있습니다.

8. 사실 그동안 적발의 사각지대라 할 수 있는 큰 도로에서 음주 운전 단속을 실시하는 경우는 많이 보기 어려웠거든요. 이번에는 달랐겠군요?

맞습니다. 이번에는 '대로 음주 운전 단속'이라 해서요. 주요 도로나 유흥가 인근 대로를 중심으로 집중 단속을 벌였습니다. 음주 운전 적발자는 혈중알코올농도에 따른 처벌 기준에 따라 조치했고요. 큰 도로라고 해서 술 마시고 운전해도 안 걸릴 거란 생각은 이제 무효가 된 거죠. 그리고, 다들 아시다시피 지난달 8일 대전에서 참으로 안타까운 사고가 있었죠? 대낮에 스쿨존에서 만취 운전을 하던 60대가 9살 배승아 양을 포함, 4명의 어린이를 쳐 사상자를 낸 사고인데요. 이처럼 3월 말 기준으로 전체 음주 운전 적발 건수 중 주간이 무려 8%를 차지할 정도로 주간 음주 운전의 심각성도 만만찮습니다. 이와 관련, 대구자치경찰위원회와 대구경찰청에서는 기존 야간 단속과 더불어 기동대 경찰관, 사이카, 암행 순찰팀 등 가용경력을 최대한 동원하여 주간에도 음주 운전 단속을 추가로 실시했습니다.

9. 이제는 언제, 어디에서든 음주 운전자가 방심할 공간이 없겠군요. 마지막으로 하실 말씀 있으신가요?

대구자치경찰위원회와 대구경찰청에서는 단발성에 머무르지 않고 연중 지속적으로 이륜차와 음주 운전 단속을 실시하여 대구시의 교통안전을 확보하는 데 총력을 기울일 방침입니다. 이와 더불어 운전자분들께도 당부드리고 싶은데요.

먼저 주로 생계를 위해서 이륜차를 운전하시는 분들이 많을 텐데요. '시간이 돈'이라는 점에서 충분히 이해는 됩니다만, 여러분의 안전 운전이 나와 타인의 생명을 지킬 수 있다는 생각으로 도로 위에서 사소한 질서부터 지키려는 노력을 해주셨으면 좋겠어요. 신호나 규정 속도 준수는 물론이고, 보행자나 다른 운전자를 좌우, 앞뒤로 항상 살펴보시고요. '돈보다 생명과 안전'이라는 말을 명심 또 명심해 주시길 바랍니다. 취미나 출퇴근을 위해서 타시는 분들도 당연히 똑같이 마음속에 각인해 주시고요.

그리고 음주 운전은 그냥 4글자로 표현하겠습니다. "말.해.뭐.해?"

절대! 절대! 술 드시고는 운전대 잡지 마시고요. 부득이하게 차를 가지고 술자리에 가셨다면 반드시 대리 운전을 부르세요. 돈 2만 원 때문에 타인의 인생은 물론이요, 내 인생도 망치시겠습니까?

대구시 음주 단속 현장

폭주족과 교통경찰
대구일보 특별기고 (2023. 3. 2)

폭주족은 자동차나 오토바이를 타고 길거리에서 난폭하게 달리는 사람들이다. 교통 법규를 지키지 않고 난폭 운전으로 선량한 운전자들을 조롱하기도 한다. 특히 이륜 오토 바이를 지그재그로 곡예하듯 몰면서 운전하는 것은 실로 위험하기 짝이 없다.

대구지역에서 지난 삼일절을 맞아 난폭 운전 등 폭주 행위를 일삼은 폭주족들이 경 찰에 적발됐다. 대구경찰청 교통과는 폭주 운전을 주도한 난폭 오토바이 운전자 1명을 현행범으로 체포하고, 공동위험행위 3명, 자동차관리법 위반 4명 등 총 10명을 입건했 다. 또한 도로교통법 위반 7명도 적발했다. 경찰은 입건된 10명을 사법처리할 방침이다. 나아가 추가로 확보된 영상자료를 바탕으로 폭주 운전에 가담한 운전자를 전원 사법처 리 할 계획이다.

대구경찰청은 지난 2월 28일 오후 10시부터 3월 1일 새벽 6시 40분까지 폭주족들 이 자주 모이는 지점을 미리 파악해서 월드컵 경기장 등 주요 집결지 8곳에 경찰력을 집중적으로 배치했다. 또한 자정 무렵부터 장소를 수시로 바꿔가면서 집결하는 폭주족 에 대해 적극적으로 대응하고, 신속하게 집결을 제지하고 해산 조치했다. 이 과정에서 다친 경찰이나 폭주족은 없다. 이번 삼일절 폭주족 대책은 대구경찰청의 선제적이고 효과적인 대책이 주효했다. 철저한 준비와 역량 때문이다.

아이러니하게도 우리 역사의 중요한 기념일인 삼일절과 광복절이 어느샌가 폭주족 이 출몰하는 일종의 기념일이 되었다. 정확한 이유는 알 수 없으나 태극기로 상징되는 삼일절과 광복절을 폭주족들의 해방감을 표현하는 것이 아닌가 생각해 본다. 아울러 대구시는 도로가 넓고 시야가 넓은 직선구간이 많아 폭주족들에게는 인기 있는 집결장 소로 알려져 있다. 이번 삼일절에도 다른 지역에서 대구로 많이 집결한 것으로 생각된 다. 앞으로도 특별한 예외가 없는 한 그럴 것이다.

작년에 대구시 자치경찰위원회가 대구시민 천 명을 대상으로 '시민의 안전에 가장 큰 위협이 된다고 생각하는 교통수단'을 묻자 이륜차가 56.8%로 1위로 꼽혔다. 그 뒤는 전동 퀵보드 21.2%, 화물트럭 12.4%, 승용차 5.0% 순이었다. 교통수단이 위협이 되는 이유에 대하여 질문한 결과, 돌발적인 출연으로 인한 교통사고(36.8%), 인도침입 및 운행(19.3%), 보복·난폭 운전(12%), 과속 운전(10.6%), 신호위반(10.3%)의 순으로 나타났다. 실제로 도로에서 운전을 해 보면, 운전자들이 오토바이 때문에 깜짝깜짝 놀란다. 신호위반은 물론이고 지그재그 난폭 운행, 굉음을 내며 질주하는 모습은 위험천만하다.

지난해 전체 교통 사망사고 중 이륜차 가해 사망사고가 15.2%(10명)를 차지했다. 폭주족은 난폭 운전을 하는 본인이 위험한 것은 물론이고, 다른 운전자들의 안전에도 위험하다. 한밤 또는 새벽에 굉음을 내는 폭주족들 때문에 잠 못 자고 불안에 떠는 시민들도 많다. 작은 실수로 교통사고를 내는 것과는 달리 폭주족과 같은 고의적인 난폭 운전은 엄하게 처벌해야 한다. 폭주족의 난폭 운전은 장난이나 오락이 아닌 다른 운전자를 다치거나 심지어는 죽게 할 수 있는 범죄 행위다. 또한 최근 배달 문화의 확산으로 이륜차 오토바이 사고가 많아졌다. 난폭 운전에 대한 철저한 단속과 계몽, 안전 문화의 확산 등 다각적인 노력이 필요한 시점이다.

음주 운전은 범죄다
대구교통방송 2022년 12월 15일 인터뷰

1. 어느새 2022년도 얼마 남지 않았는데요. 12월, 1월은 송년회, 신년회로 모임이 많아지면서 음주 관련 사고도 급증하는 시기이기도 합니다. 특히 올해는 사회적 거리 두기 해제 이후 처음 맞이하는 연말연시라서 더욱 걱정되는 거 같습니다.

그렇습니다. 작년까지 감소했던 심야시간대 음주 운전 교통사고 비율이 사회적 거리 두기 완화와 해제를 거치면서 올해는 다시 증가세를 보이고 있어요. 특히 심야시간대 음주 사망사고는 올해 하반기부터 코로나19 유행 이전인 2019년보다 높아졌는데요. 그래서 경찰청에서는 연말연시 음주 운전 증가에 대한 우려로 예년보다 일찍 음주 운전 집중 단속을 시작했습니다.

통상 연말연시 음주 운전 단속은 12월부터 다음 해 1월까지 시행했는데 올해는 앞당겨 11월 1일부터 집중 단속을 시작했습니다. '음주 단속은 낮, 밤, 새벽까지 단속한다'는 인식 확산을 위해 매일 주간 일제 단속, 야간, 심야 교차 단속을 시행하고 있으며, 특히 1시간 단위로 단속 장소를 이동하는 '스팟 이동식 단속'도 시행하고 있습니다.

2. 음주 운전이 무엇인지 정확한 기준에 관해서 설명해주시죠?

도로교통법에 따르면 차량에 시동을 걸어 이동한 행위는 아무리 얼마 안 되는 거리라도 운전에 해당합니다. 실제로 지난 2월 대리기사의 편의를 위한다는 이유로 음주 상태에서 직접 시동을 걸고 약 5~6미터 정도 전, 후진을 하다 경찰에 적발된 경우에도 면허 취소가 되었는데요. 국민권익위원회 소속 중앙행정심판위원회는 "비록 운전 거리가 짧더라도 음주 상태라면 음주 운전 사실이 인정된다"라고 판결을 내렸어요.

음주 운전의 처벌 기준은 혈중알코올농도 0.03~0.08% 미만은 형사처벌과 함께 100일 면허정지, 0.08% 이상은 면허취소와 형사처벌을 받게 됩니다. 형사처벌은 5년 이상의 징역 또는 2천만 원 이하의 벌금을 받게 됩니다.

음주 운전은 주의력과 판단력, 운동능력 등이 저하된 상태의 운전으로 다양한 유형의 사고를 유발합니다. 그리고 음주로 인해 잘못된 운전 조작이나 운전 조작 생략 등에서 오는 사고가 잦고요. 심지어는 음주사고로 인한 처벌이 두려워 도주하게 됩니다. 실제로 뺑소니 사고 운전자의 절반이 음주 운전자입니다. 음주 운전은 정말 위험합니다.

3. 세월이 지나면서 예전에 비해 요즘은 음주 운전이 심각한 범죄라는 인식이 있잖아요. 실제로 체감하시기에 어떻습니까? 음주 운전 건수가 예전보다 좀 줄었나요?

도로교통공단 교통사고 분석 시스템(TASS)에 따르면 2017년 1만 9천 517건에서 2021년 1만 4천 894건으로 건수 자체는 감소했지만 재범 비율은 44.2%에서 44.8%로 오히려 높아졌다고 해요.

'음주 운전=예비 살인'이라는 사회적 분위기 속에서도 재범률이 높아진 원인 중 하나로 우리나라 음주 운전 처벌 수위가 약하다는 점을 들 수 있을 거 같은데요. 그럴 법도 한 게 해외 사례를 몇 가지 소개해 드리면요. 중국은 혈중알코올농도 0.8% 이상일 경우 형사 재판을 통해서 사형까지 선고한다고 해요. 대만의 경우는 음주 운전 재범자에게 형광 번호판을 부착시키고 개인정보를 공개하기도 하고요. 미국 워싱턴주에서는 음주 운전 사망 사고자에게 1급 살인죄를 적용해 징역 50년에서 종신형까지 선고합니다. 말레이시아는 음주 운전자가 기혼자일 경우 배우자도 수감하고, 태국은 법적 처벌은 물론 시신 닦기, 시신 옮기기 등의 영안실 사회봉사 명령을 내리고요. 영국은 음주측정 거부에도 징역 6월, 핀란드와 덴마크는 한 달 급여를 몰수합니다.

그래서 우리나라도 사회적으로 음주 운전자에 대한 벌금과 기준이 강화되어야 한다는 목소리가 꾸준히 나오면서 정부에서도 도로교통법 개정을 통해 지속적으로 처벌 기준을 강화해오고 있어요. 실제로 지난 7월 음주 운전자의 사고 시 부과되는 사고 부담에 대한 한도를 폐지하면서 음주 사고 시 운전자의 벌금과 부담이 크게 증가하기도 했는데요.

또 음주 운전 1회 위반자의 교육 시간은 12시간, 2회 위반자는 16시간, 3회 위반자는 48시간으로 교육 시간이 2~3배 늘어났어요. 음주 운전으로 정지, 취소된 운전면허를 다시 취득하기 위한 절차가 더욱 어려워졌습니다.

4. 요즘 일상에서 많이 이용하시는 전기 자전거나, 전동 킥보드 같은 '개인형 이동장치'도 음주 운전 하면 처벌받게 된다고 들었어요.

물론입니다. 개인형 이동장치의 수요도 증가했지만 이와 관련한 음주 운전 교통사고도 꾸준히 느는 추세라서 우려의 목소리가 높습니다. 대구에서도 올 한 해 개인형 이동장치 음주 사망사고가 2건이나 발생했는데요, 개인형 이동장치는 안전장치가 부족해서 사고가 발생할 경우 큰 인명사고로 이어질 가능성이 크거든요. 규모가 작고 쉽게 이용할 수 있다고 해서 개인형 이동장치 음주 운전을 결코 가볍게 생각해서는 안 됩니다.

5. 그렇다면, 음주 운전. 방법은 당연할 것 같지만 어떻게 예방하면 될까요?

가장 좋은 예방 방법은 술자리에 자동차를 가지고 가지 않는 것이겠죠. 약속 장소가 가까운 거리라면 택시나 버스, 지하철과 같은 대중교통을 이용해서 이동해주시고요, 하지만 불가피하게 차를 가지고 갔다면, 꼭 대리기사를 통해 이동해야 해요. 음주 운전 기준에 따라 의도와 거리가 어떻든 음주 상태에서 차를 직접 이동시키는 행위는 모두 음주 운전이기 때문입니다.

6. 그런데 이제는 음주 운전 예방을 위해 새로운 논의도 필요하지 않을까 싶은데요. 계속 음주 운전 단속하고 음주 운전 하지 말라는 건 어디까지나 수동적인 조치라 좀 한계가 있어보여요.

맞습니다. 음주 운전 단속만이 능사가 아니지요. 음주 자체에 대한 사회적 인식이 좀 개선되어야 할 것 같아요. 전국 만 19~59세 직장인 1,000명을 대상으로 한 '직장인 회식 문화 관련 인식 조사' 결과를 보면 직장인 여성 75%, 남성 58%가 '회식 술자리를 생각하면 걱정이 앞선다'고 응답했어요. 술 없는 회식 문화가 좀 더 확산되어야 할 것 같고요, 그리고 '음주 시동 잠금장치' 도입의 필요성도 계속 제기되고 있는데요, 이 장치는 운전자의 호흡에서 일정 농도 이상의 알코올이 검출되면 자동차 엔진의 작동을 멈추게 하는 장치로, 미국에서는 1986년 최초로 도입되었고, 캐나다와 유럽 등 여러 나라에서 쓰이고 있습니다. 술을 마시면 통제력이 약해지고, 특히 음주 운전은 중독성이라는 특성이 있기에 시스템적으로 음주 운전을 차단할 수 있는 접근도 필요할 것 같아요.

음주 운전과의 전쟁
경안일보 특별기고 (2023. 4. 19)

참으로 안타까운 사고가 발생했다. 최근 대전시 서구 스쿨존에서 혈중알코올농도 0.123%의 만취상태 운전자가 중앙선을 침범해 인도를 걸어 집에 가는 초등학생 4명을 들이받아 1명이 숨지고, 3명이 크게 다친 사고가 발생한 것이다. 대구에서도 지난해 6월 오전 12시경 달서구 죽전네거리에서 혈중알코올농도 0.156%의 음주 운전자가 승합차를 운전하던 중 교통섬으로 진행해서 60대 보행자를 들이받아 숨지게 한 사고가 있었다. 이런 사고는 단순한 교통사고가 아니다. 살인과 같은 중한 범죄라고 할 수 있다. 엄벌에 처해서 음주 운전에 대한 경각심을 일깨워야 한다. 아울러 경찰에서도 시민안전을 위해 강력하게 음주 운전 단속을 해야 한다.

대구경찰청은 대구시 자치경찰위원회와 함께 올 4월부터 '대로(大路) 음주 운전 단속'을 실시하고 있다. 이번 단속은 평상시에 경찰서 단위로 실시하던 음주 단속을 3~4개 경찰서가 1개 조로 편성하여 경찰력 및 장비를 집중함으로써 장소 선정에 제한받지 않고 시내 주요 도로 또는 유흥가 인근 대로에서 가시적으로 시행하는 것이다. 이번 단속은 코로나 19의 감염이 완화되면서 회식 및 각종 모임 등 술자리 활성화로 음주 운전이 전년 같은 기간 대비 17% 이상 증가했지만 단속인력의 한계로 큰 도로 위의 단속이 쉽지 않아 마련됐다. 특히 경찰은 음주 운전 단속 시 기동대 경찰관 등 가용 경력을 최대한 동원해서 안전사고 및 차량 정체 등 시민 불편을 최소화하면서, 연중 지속적으로 강력하게 실시할 방침이다. 절대로 단발성에 그쳐서는 안된다.

또한, 야간은 물론이고 주간에도 음주 단속에 나선다. 올해 3월 말까지 전체 음주 운전 적발 중 7.9%(110건)가 오전 9시에서 오후 6시 사이에 이루어지는 등 낮에도 음주 운전이 꾸준히 발생하고 있다. 최근에 마라톤, 집회 관련 등 중요 행사의 교통관리 등으로 미루어 왔던 주간 음주 단속을 새롭게 정비해서 추진하는 것이다. 대구경찰청은 지난 4월 13일 오후에 불시 음주 단속을 벌여 음주 운전자 4명을 적발했다고 밝혔다. 이 중에서 한 운전자는 오후 2시쯤 중구 달성공원 앞 도로에서 면허취소 수준에 해당하는 혈중알코올농도 0.243% 상태로 자동차를 몰아 붙잡혔다. 비슷한 시간 다른 운전자는 달성군의 한 도로에서 혈중알코올농도 0.062% 상태로 운전하다 걸렸다. 또 다른 2명 역시 시내 각지에서 음주 운전 단속에 걸려 면허정지 처분을 받았다. 경찰은 이들 모두를 도로교통법 위반(음주 운전) 혐의로 불구속 입건할 방침이다. 앞으로도 골프장이나 등산로, 유원지 등 낮술을 먹고 운전대를 잡을 가능성이 있는 장소에 대한 집중적인 단속이 필요하다.

대구시민들 중에는 비 오는 날, 대로(大路) 주변, 낮 시간 대에는 음주 단속을 하지 않는다고 생각하는 사람들이 적지 않다. 경찰은 운전자들이 이런 생각을 갖지 않도록 수시로 때와 장소를 가리지 않고 음주 단속을 실시함으로써 음주 운전을 척결해야 한다.

경찰 역사 76년 만에 자치경찰제가 실시되었다. 자치경찰은 아동·청소년·여성 등 사회적 약자 보호, 교통지도·단속 및 교통질서 유지, 범죄 예방과 생활안전 업무 등 시민들의 가장 가까운 곳에서 시민들의 안전 업무를 수행한다. 특히 교통은 자치경찰의 주요 업무로 시민들의 안전에 중요한 요소를 차지하고 있다. 대구 자치경찰위원회에서 대구시민들을 대상으로 설문조사한 결과, 승용차는 주로 음주 운전(45%), 노인의 운전 미숙(40%), 불법 주정차 및 방치(13%)의 순으로 위험하다고 인식하는 것으로 나타났다. 음주 운전의 위험성에 대한 경각심 교육과 지속적이고 체계적인 단속이 필요한 대목이다.

음주 운전은 단순한 도로교통법 위반 행위가 아닌 선량한 사람의 목숨을 빼앗을 수 있는 범죄 행위다. 음주 운전과 대대적인 전쟁을 해야 한다. 가혹하다는 소리가 나올 정도로 강하게 단속해서 우리 사회에서 음주 운전을 뿌리 뽑아야 한다.

음주 운전 제로, 과학적 분석으로 도전하다
대구일보 특별기고 (2023. 12. 27)

지난해 대구에서 발생한 교통사고 사망자 66명 가운데 10명이 음주 운전 교통사고로 목숨을 잃었다. 아무리 경찰이 단속을 해도 음주 운전이 줄지 않고 있다. 음주 운전으로 인한 사망률은 일반 교통사고에 비해 7배나 높다. 혈중알코올농도 0.1%에서는 사고 위험이 6배, 0.15% 수준에서는 25배까지 상승한다는 연구 결과도 있다.

작년에 대구시 자치경찰위원회에서 대구시민들을 대상으로 설문조사를 한 결과, 운전할 때 위협이 되는 유형에 대한 질문에 대해서 음주 운전(45%)을 가장 위험하다고 응답했다. 그 다음이 노인의 운전 미숙(40%), 불법 주정차 및 방치(13%)의 순으로 나타났다. 음주 운전의 위험성에 대한 경각심 교육과 지속적이고 체계적인 단속이 필요한 시점이다.

대구시 자치경찰위원회와 대구경찰청은 연말연시에 신년 모임 등 각종 술자리 모임이 늘어날 것으로 예상하고, 그에 따라 음주 운전으로 인한 교통사고가 우려되어 2023년 11월 27일부터 2024년 1월 말까지 10주간 음주 운전 근절 총력 대응에 나섰다. 이번 집중 단속 기간에는 대로(大路) 음주 운전 단속을 확대한다. 대로(大路) 단속은 평소 경찰서 단위로 실시하던 음주 단속을 3~4개 경찰서가 연합해 1개 권역으로 편성, 총 3개 권역에 경찰력 및 장비를 집중해 장소 선정에 제한받지 않고, 시내 주요 도로 또는 유흥가 인근 대로에서 실시한다. 이와 같은 음주 단속과 함께 대구시 자치경찰위원회는 2023년 8월부터 시작해서 국토교통부와 협업해서 교통, 행정 빅 데이터를 융복합 분석하여 음주 운전 예방활동의 최적 장소 분석모델을 구축했다.

대구시 자치경찰위원회는 국토교통부가 추진해 온 공간 빅 데이터 분석 플랫폼을 활용하여 대용량의 행정 데이터, 음주 운전 사고 및 음주 신고, 상가 정보, 일반생활 데이터 등 광범위한 데이터를 수집, 분석해서 위험 등급별로 시각화하게 되었다.

이는 기존에 경찰관들의 경험에 의존하던 단속 방식을 벗어나서 과학적이고 체계적인 방법으로 분석함으로써 음주 운전 취약지역에 대한 대책을 수립하고, 선제적인 대응방안을 마련하기 위해서이다. 따라서 현장경찰관들이 음주 운전 예방활동 지역을 쉽게 확인할 수 있도록 기존의 텍스트 기반 위치 데이터를 좌표 기반의 공간 데이터로 시각화하여 음주 운전 근절과 지역 밀착형 교통안전대책 등에 활용할 예정이다.

대구시 자치경찰위원회는 이번 음주 운전 예방활동 최적 장소 분석모델을 기반으로 경찰서별 음주 운전 사고 예방을 위한 취약지역 선정 및 단속 지점 선정에 높은 활용도를 기대하고 있다. 또한 대구경찰청, 도로교통공단 등과 협업하여 주요 음주 운전 발생 예상 지역에 대한 범시민 음주 운전 사고 예방 캠페인 전개 등 교통안전 문화 확산을 추진한다.

음주는 판단력을 흐리게 한다. 충동 조절이 제대로 안되고, 통제력을 상실하게 되며, 범죄 행위에 대한 인식도 저하된다. 범죄를 연구하는 학자들 사이에 '술집 옆은 교도소'라는 우스갯소리가 있다. 음주는 폭력의 가해자나 피해자가 될 가능성, 교통사고, 낙상, 동사 등의 사고 위험이 높아진다.

음주를 하고 운전대를 잡는 것은 단순한 교통법규 위반 행위가 아니고, 사람을 다치게 하거나 무고한 생명을 빼앗을 수 있는 중대한 범죄라는 점을 인식해야 한다. 대구시 자치경찰위원회와 대구경찰청은 지속적이고 강력한 음주 운전 단속과 함께 처벌의 엄정성 분위기 조성으로 운전자들의 경각심을 높일 것이다.

대구시 교통안전, 시민에게 묻다
경안일보 특별기고 (2024. 1. 19)

시민들이 생활하는 현장의 의견을 듣는 것은 정부의 정책을 결정할 때, 무엇보다 중요하다. 대구시 자치경찰위원회는 '시민과 소통하고, 사회적 약자를 배려하는 대구형 자치경찰'을 정책목표로 하고 있다. 다양한 채널로 시민들의 의견을 듣고 있다.

대구시 자치경찰위원회와 대구경찰청, 손해보험협회 동부지역본부가 공동으로 2023년 12월 11일부터 25일까지 15일간 대구시민들을 대상으로 교통안전 정책 설문조사를 실시했다. 이번 설문조사에는 총 3,422명(남성 2,111명, 여성 1,311명)이 참여했다.

문항별로 설문조사 결과를 살펴 보면, 먼저 전반적인 대구시의 교통안전도에 대해 '안전하다'는 응답이 60.8%로 '위험하다'는 응답 7.4%보다 훨씬 많았다. 대구시 자치경찰위원회가 출범한 이후 실효성있는 교통 단속의 강화, 찾아가는 교통사고 예방 캠페인과 교육 등 다각적인 노력을 기울인 고무적인 결과이다.

지역별로는 달성군이 '안전하다'는 응답률이 65.4%로 가장 높았다. 그다음으로 중구(65%), 서구(56%)의 순으로 나타났다. '위험하다'고 생각되는 지역은 동구(8.9%)로 나타났다. 동구는 폭주족 등 이륜차 불법 행위와 많은 화물트럭 통행을 위험 요인으로 인식하는 것으로 생각된다. 또한 남성(63.6%)이 여성(56.2%)보다, 운전자(62.5%)가 비운전자(46.5%)보다 더 안전하다고 인식하고 있는 것으로 나타났다.

반면에 운전 중 안전에 위협을 느끼는 교통수단으로 이륜차(44.6%)와 개인형 이동장치(25.2%)라는 응답이 많았다. 갑자기 출현하는 이륜차와 개인형 이동장치 교통법규 위반 행위가 많고, 사고 발생 시 부상 위험도가 높아 시민들에게 불안감을 주는 것이다. 이 점은 각종 설문조사에서도 비슷한 응답을 보이고 있어 대구 경찰은 지속적으로 교통 단속을 하고 있다.

또한, 근절해야 할 법규 위반 행위로 남녀노소 모두 '음주 운전'(30.8%)이라는 응답이 가장 많았다. 대낮 음주 운전 단속, 달구벌대로 등 대로변 음주 운전 단속 강화 등 대구 교통경찰이 적극적으로 추진하고 있는 부분이다.

어린이 통행량이 많은 시간대에서 시속 30km, 그 외 시간대는 시속 50km로 제한 속도를 변경해 운영하는 '보호구역 시간제' 운영에 대해서는 '필요하다'는 응답이 78.9%로 대다수였지만 초등학생 자녀를 둔 30대는 76.1%로 조금 낮은 편이다.

대구시 노인보호구역 지정에 대해서는 '적정하다'는 응답이 55.8%로 과반수를 넘었으며, 60대 이상에서도 56.0%로 평균과 비슷하게 나타났다. 고령 운전자 운전면허 반납제도에 대해서는 '필요하다'는 응답이 86.0%였다.

운전면허 반납제도 대상인 60대 이상에서는 71.1%로 다른 연령대에 비해 가장 낮은 것으로 나타났다. 또한, 운전면허 반납제도 활성화 방안으로 대구시민들은 '금전적인 혜택 확대'를 답했다. 응답자들은 자유 의견으로 대구로 페이(상품권 증액), 교통비 지급, 대중교통 무료(할인), 세금 감면, 대중교통 경로석 확대 등을 제시하기도 했다. 앞으로 고령자 대상 사고사례 전파 등 면허 반납을 적극적으로 홍보하고, 관련 예산을 확보하는 것이 필요하다. 아울러 아동과 어린이, 장애인, 어르신 등 교통약자들의 안전을 위한 꾸준한 교통시설 개선에도 예산과 정책적인 지원이 병행되어야 한다.

교통안전은 어느 한 기관의 힘만으로는 불가능하다. 대구시 자치경찰위원회, 대구시, 대구경찰청, 교통방송, 교통안전공단 등과의 긴밀한 협력과 소통이 중요하다. 대구시 자치경찰위원회와 대구경찰청은 관련된 기관들과 설문조사 자료를 공유하고, 이와 같은 결과를 적극적으로 반영해서 실효성 있는 교통안전 정책을 추진할 것이다.

교통사고를 막을 수는 없나?

경북일보 특별기고 (2024. 6. 5)

우리 일상생활 속에서 안전을 위협하는 가장 큰 문제가 교통사고다. 그만큼 교통사고의 예방과 안전은 세계 모든 국가에서 중요한 정책과제로 자리 잡고 있다.

하지만 교통사고는 최근에 발생한 일이 아니다. 역사적으로 볼 때, 19세기부터 마차에 깔리거나 치여 죽는 사고가 자주 발생했다. 실제로 마리 퀴리의 남편이자 노벨물리학상을 공동 수상한 피에르 퀴리도 1906년 빗길에서 음주운전 한 마부의 마차 바퀴에 깔려 현장에서 사망했다는 기록이 있다. 조선 최초의 교통사고는 1899년 5살 어린이가 노면전차에 치여 숨진 사건이라고 한다.

이와 같이, 말을 타고 가든, 말이 끄는 마차든, 자전거나 자동차든 교통사고의 위험성은 상존한다. 일반적으로 교통사고는 신호위반, 음주 운전, 졸음운전 등 운전자의 과실로 인한 사고, 그리고 급발진과 같은 자동차 자체의 문제로 인한 사고 등 다양한 이유로 발생한다. 그러면 시민의 안전을 위협하는 교통사고는 사전에 막을 수는 없을까?

2021년 7월 1일부터 전국적으로 시행하고 있는 대구시 자치경찰도 교통사고 예방에 많은 관심과 에너지를 쏟고 있다. 필자가 대구시 자치경찰위원회 사무국장으로 근무할 때, 대구시민들을 대상으로 설문조사를 한 결과, 운전할 때 위협이 되는 유형에 대한 질문에 대해서 음주 운전(45%)을 가장 위험하다고 응답했다. 그다음이 노인의 운전 미숙(40%), 불법 주정차 및 방치(13%)의 순으로 나타났다.

음주 운전으로 인한 사망률은 일반 교통사고에 비해 7배나 높다. 혈중알코올농도 0.1%에서는 사고 위험이 6배, 0.15% 수준에서는 25배까지 상승한다는 연구결과도 있다. 음주 운전의 위험성에 대한 경각심 교육과 지속적이고 체계적인 단속이 필요하다. 비가 와도, 달구벌대로와 같은 넓은 도로에서도, 아침이나 대낮에도 음주 단속을 지속적으로 실시해야 한다. 특히, 음주 후 도주차량, 운전자 바꿔치기 등은 강하게 형사처벌해야 한다.

일반적으로 대구시와 경찰청에서는 교통사고를 줄이기 위해서 3E 전략을 활용한다. 첫째, 규제(Enforcement)는 신호위반, 과속 등 법을 위반했을 때, 범칙금과 벌점, 면허취소나 정지 등으로 규제, 단속하는 것이다. 최근에는 고속도로에서의 드론 순찰, 교통 단속 암행 순찰차도 병행하고 있다. 둘째, 안전시설(Engineering)로서 횡단보도의 위치, 가드레일 설치, 도로의 선형 개선 등 교통공학적인 요소를 말한다. 셋째, 교육(Education)으로 운전자 교육과 초, 중, 고, 시민안전 교육과 계몽 같은 것을 말한다.

특히, 어린이와 어르신 등 교통약자를 위해 개선이 필요한 도로 현장을 꾸준하게 점검해서 운전자와 보행자 모두가 안전할 수 있도록 대구시청, 대구경찰청, 교육청 그리고 대구시 자치경찰위원회가 적극적으로 협업해야 한다. 도로 위의 안전은 종합적인 책임 문제이다. 사회의 많은 분야를 연결하는 안전 파트너십은 교통사고를 예방하고, 시민안전을 촉진하는 매개체 역할을 할 것이다.

흔히들 운전은 '허용된 위험'이라고 한다. 운전하는 그 자체가 위험성을 동반한다는 의미다. 내가 교통법규를 잘 지키고 운전을 해도 다른 운전자들이 과속이나 중앙선 침범 등 교통법규를 위반해서 운전을 하면 필연적으로 사고가 나기 때문이다. 이런 의미에서, 교통에서는 '신뢰의 원칙'이 중요하다. 내가 교통법규를 준수하는 만큼, 다른 사람도 교통법규를 준수할 것이라고 신뢰하는 것으로, 다른 사람이 상식 밖의 행동이나, 비이성적인 행동으로 법규를 위반하여 행동하는 것까지 미리 예견하여 방어 운전 및 조치할 의무는 없다는 형법상의 법리를 말한다. 음주 운전, 졸음운전, 휴대전화를 보면서 하는 운전은 절대 안 된다. 일상생활 속에서 운전자는 반드시 신호를 지켜야 한다. 운전자도 자동차에서 내리면 보행자이다. 안전한 도로는 결코 우연히 만들어지지 않는다.

졸음운전은 범죄 행위다

대구신문 특별기고 (2024. 6. 28)

올 4월 24일 점심시간, 대구시 북구 읍내동 도로에서 승용차를 운전하던 40대 A 씨가 갑자기 버스 정류장으로 돌진했다. 이 교통사고로 인해 운전자 A 씨는 실신했다. 80대 여성인 B 씨는 중상을 입었고, 60대 C 씨 등 2명은 어깨와 다리를 다쳤다. 경찰 조사 과정에서 A 씨는 "수면제를 복용했는데, 운전 중에 졸음이 왔다."고 진술했다.

또한, 지난 6월 4일 오후 2시쯤 대구 군위군 의흥면의 한 국도에서 30대 남성이 운전하던 1톤 트럭이 갓길 전봇대와 가드레일을 박았다. 트럭에는 6명이 타고 있었는데, 이 중 60대 여성이 숨졌고, 운전자를 포함해서 동승자 4명도 크게 다쳤다. 경찰은 졸음운전을 하다 사고가 났을 가능성이 크다고 보고, 조사 중이다.

최근 초여름 무더위로 졸음운전 사고가 증가할 것으로 예상된다. 졸음운전은 운전자가 눈을 감고, 자면서 운전한다는 것을 의미한다. 운전 중에 2~3초만 졸아도 거의 100m에 가까운 거리를 눈을 감고 운전하는 것과 같기 때문에 매우 위험하다. 운전자 본인은 물론이고, 동승자, 심지어는 다른 운전자나 도로 위의 사람들까지도 위험한 상태로 만든다.

경찰청의 통계에 따르면, 지난 5년(2019~2023년)간 졸음운전으로 인한 교통사고는 1만 765건으로 하루 평균 5.9건이 발생했다. 요일 중에는 토요일(하루 평균 6.8건)이 가장 많았다. 같은 기간 졸음운전으로 인한 사망자는 316명으로 사고 100건당 2.9명이 사망했는데, 이는 음주 운전 교통사고(1.5명)의 2배에 이른다. 실로 심각한 통계다.

특히, 고속도로의 경우, 졸음운전 사고 100건당 사망자가 8.3명이며, 그 외 일반국도, 지방도 등 통행속도가 빠른 곳에서 사고 건수 대비 사망자가 많았다. 고속으로 운전하는 만큼 더 위험한 것은 당연한 결과이다.

또한, 졸음운전을 하는 운전자의 차종별로 살펴보면, 차량 10만 대당 졸음운전 사고는 특수차(13.6건), 승합차(11.2건), 화물차(10.6건), 승용차(7.8건)의 순으로 나타났다. 주로 업무를 목적으로 운행하는 차량이 졸음운전을 더 많이 하는 것으로 나타났다. 정부가 주목할 만한 통계이다. 또한, 야간(오후 6시~다음 날 아침 6시)과 주간(오전 6시~오후 6시) 시간대를 살펴보면, 사고 발생 건수는 야간 5,158건, 주간 5,607건으로 큰 차이가 없었다. 하지만, 사망자 수는 주간(201명)이 야간(115명)보다 1.75배 많아 주간 시간대 졸음 사고가 오히려 야간보다 인명피해가 컸다.

일반적으로, 졸음운전의 원인으로는 수면시간 부족으로 인한 집중력 저하, 장시간 운전의 피로감을 가장 많이 꼽는다. 혈중알코올농도를 측정해서 처벌할 수 있는 음주운전과는 달리 졸음운전은 그 정도를 측정할 수 있는 기준이 없다. 따라서 운전자가 자신의 컨디션을 확인하고, 운전하는 습관이 제일 중요하다.

도로교통공단의 연구에 따르면, 차량 내 이산화탄소(CO_2) 농도가 증가함에 따라 졸음운전 가능성이 커진다고 한다. 따라서 졸음운전을 예방하기 위해서는 졸음이 올 때, 반드시 휴게소나 졸음쉼터에서 조금이라도 쉬어야 한다. 또한 운전 중에도 수시로 창문을 열거나 환기장치 등을 활용해 차량 내 이산화탄소 농도를 낮추어야 한다.

경찰청에서는 졸음운전 사고 예방을 위해 한국도로공사 등과 협조해 고속도로의 장거리 직선 구간과 상습 정체 구간 등 졸음운전 취약 지점에 노면요철 포장, 안전표지 시설, 사이렌을 활용한 사고 예방 알람 순찰 등을 확대해 나갈 예정이다. 또한, 운전자는 앞에 가는 자동차가 졸면서 운전하고 있다고 의심되면 '빵빵빵' 경적 소리로 알려주어야 한다. 무엇보다 교통에서는 '신뢰의 원칙'이 중요하다. 내가 교통법규를 준수하는 만큼, 다른 사람도 교통법규를 준수할 것이라고 신뢰하는 것을 말한다. 졸음운전은 단순한 교통법규 위반이 아니라, 무고한 사람의 생명을 뺏을 수 있는 범죄 행위다.

현장경찰

경찰대혁신, 현장에 답이 있다.

이태원 참사 이후 경찰대혁신 TF가 구성되었다. 이창원 한성대 총장과 조현배 전 해양경찰청장이 공동위원장으로 임명되었고, 필자도 인파관리 개선팀 분과위원 겸 경찰대혁신 TF 위원으로 활동하게 되었다. TF는 인파관리 개선팀, 상황관리 및 보고체계 개선팀, 조직문화혁신 및 업무역량 강화팀으로 구성되었다. 인파관리 개선팀은 주최자 없는 다중 운집 상황을 포함한 경찰 안전관리 매뉴얼을 정비하는 방안을 마련한다. 인공지능(AI) 등을 활용한 위험경보체계를 구축하고, 인파 규모에 따른 단계별 질서유지방안 등도 수립할 계획이다.

상황관리·보고체계 쇄신팀은 지휘 역량 강화와 함께 현장 상황이 지휘관까지 신속하게 보고될 수 있도록 보고 체계를 정비하기로 했다. 이태원 참사의 직접적 원인으로 지목된 112 신고 출동과 대응 전반에 걸친 문제점 분석을 통해 현장 대응력을 강화한다는 계획이다. 이와 함께 반복 신고를 분석하고 위험 징후를 판단하는 조기경보체계도 도입하기로 했다.

조직문화혁신·업무역량 강화팀은 직무·역량 기반 교육, 관리자 자격 심사제 등을 도입하는 방안을 담당한다. 아울러 재난 상황 대응과 관련, 전문인력을 채용·육성하고 경찰관서별 실무 밀착형 교육으로 유형별 상황관리, 지휘 훈련도 일상화하기로 했다.

평소 필자는 경찰의 모든 문제는 현장에 답이 있다고 주장해 왔다. 그렇기 때문에 현장에서 일하는 경찰의 역량과 사기가 무엇보다 중요하다.

경찰은 시민의 가장 가까운 곳에서 치안 서비스를 제공하는 형사사법기관이다. 경찰은 범죄 등 각종 위기 상황이 발생했을 때, 가장 먼저 현장에 도착해서 문제를 해결한다. 최상의 커뮤니케이션과 인력, 장비 시스템을 갖추고, 24시간 대한민국의 전 지역을 포괄하는 행정력이 있다. 각종 범죄와 위기 상황에 있어 경찰의 역할이 중요한 이유이다. 경찰은 시민들과 가장 가까운 곳에 지구대와 파출소를 설치해서 운영하고 있다. 이러한 지구대와 파출소 지역 경찰을 현장경찰이라고 한다. 현장경찰은 해당 지역을 순찰하고, 긴급 상황이 발생했을 때, 신속하게 출동하여 현장조치를 한다. 24시간 365일 출동태세를 갖고 있다. 따라서 파출소와 지구대는 팀별로 조를 짜서 교대근무를 하고 있다. 최상의 치안을 유지하기 위해서는 현장경찰관들의 원활한 임무교대와 휴식 후 근무가 가능해야 한다. 이는 시민의 안전을 위해 현장경찰관들에게 필수적인 조건이다. 하지만 현장에 경찰인력이 많이 부족한 편이다. 민생 치안현장에 직접적으로 투입할 수 있는 경찰력의 증원이 필요하다. 경찰인력을 더 충원해야 한다. 아울러 합리적인 직무분석을 통해서 경찰청, 시·도 경찰청, 경찰서의 내근 인력을 지구대와 파출소 등 치안현장에 보강하는 것이 필요하다.

또한, 시민들은 위험에 처했을 때, 그리고 위험을 목격했을 때, 112에 신고한다. 긴급신고 112는 250만 대구시민을 지키는 생명의 전화다. 대구시민의 안전을 지키는 대구경찰청 112 치안 종합상황실에는 60명의 베테랑 경찰관이 24시간 365일 단 1초의 빈틈도 없이 교대로 근무한다. 이들은 실시간으로 신고자의 전화를 받으면서 통화 과정에 들리는 미세한 소리 하나도 놓치지 않는다. 112 신고 접수 시, 초기대응이 어떻게 이루어지느냐에 따라 사건 결과는 크게 달라진다. 초기대응의 역량이 중요하다. 이러한 사건 처리의 대부분은 각 시·도 경찰청 상황팀장의 판단에 의존하고 있다. 그만큼 상황팀장의 역할은 어느 보직보다 중요하다. 하지만 상황팀장의 중요성에도 불구하고, 승진 등 인사상의 소외, 완벽한 사건 처리 요구와 책임소재에 대한 부담, 지휘관의 상황팀장 역할 중요성에 대한 인식 부재 등의 이유로 유능한 인재의 지원이 적고, 근무 중에도 승진이 가능한 보직으로 이동을 하기 위한 자리로 인식되고 있다. 상황팀장으로 장기간 근무 시 인사상 인센티브를 통해서 유능한 인재가 상황팀장에 지원하고, 장기 근무를 유도하여 다양한 경험을 바탕으로 전문화된 상황팀장에게 형사, 수사, 경비경찰 등의 경력 운용과 사건 처리 전반에 대한 권한을 부여한다면 보다 체계적인 위기관리가 가능할 것이다.

아울러, 이태원 참사 이후 각종 지역행사에 기동대 파견 요청이 많아졌다. 실제로 얼마 전 주요 대학 논술과 면접 시험장에도 기동대가 배치되었다. 전경과 의경 제도가 폐지된 이후 전문 경찰관으로 구성된 기동대는 앞으로 잦은 출동과 긴장감으로 과부하가 걸려 절대적인 한계점에 이를 수도 있다. 지역 축제나 다중 운집 행사 등 혼잡 경비에 전문성 있는 민간 경비산업을 육성하는 정책이 필요하다. 최근의 민간 경비산업은 기계 경비, 특수 경비, 시설 경비, 인력 경비 등 상당한 수준으로 발전되어 있다. 미국이나 일본 등 주요 선진국과 같이 민간 경비가 공경비와의 파트너십을 통해 치안 공동생산 시스템을 만들어야 한다. 민간 부문에서 잘하는 것은 효율적으로 활용하는 지혜가 필요하다.

궁극적으로 경찰이 치안 '현장' 위주로 인력을 배치하고, '현장'을 우대하는 경찰 인사 시스템으로 개혁해야 한다. 현장이 제일 중요하다.

파출소와 지구대

필자는 대학에서 오랫동안 교수로 일했다. 공직을 마치고 다시 대학으로 돌아간다. 대학은 필자에게는 가장 익숙하고, 필자가 좋아하는 교육, 연구, 상담 등 일을 잘할 수 있는 공간이다.

대학은 총장을 중심으로 대학본부에 부총장과 각 부처장, 사무국 직원들이 있다. 또한, 단과대학별로 학장을 중심으로 사무국이 있고, 여러 학과가 있다. 학과는 학과장을 중심으로 학과 교수와 학생들이 있다. 모든 대학의 중심에는 학생들이 있다. 그들을 잘 교육하고, 잘 상담하고, 사회로 내보내기 위해 대학은 본부, 학부, 학과로 짜여 학생들에 대한 교육 서비스를 제공한다. 그중에서도 학생들이 가장 많이 만나고, 상담하며, 여러 가지 행정 서비스를 전달하는 곳이 바로 학과 사무실이다. 거기에는 학과 조교가 있다. 보통은 학과 조교를 대학 직원들이 담당하나 간혹 대학원생들이 맡는 경우도 있다.

필자는 대학조직 중에서 '학과 사무실'이 제일 중요하다고 생각한다. 학생들과 가장 가까운 곳에서 학생들에게 많은 정보와 상담, 서비스를 제공하는 사람이 '학과 조교'이다. 필자가 근무하고 있는 대구한의대학교 경찰행정학과에는 대한민국 최고의 프로, 김성희 조교가 있다. 김성희 조교는 대구한의대를 졸업하고, 지난 10여 년간 조교로 일하고 있다. 김 조교는 학생들에게는 대학선배이고, 큰 언니이고, 큰 누나이고, 선생님이다. 장학, 수강신청, 입대, 휴/복학, 취업과 아르바이트, 기숙사 신청, 교환학생 및 유학 등 거의 모든 업무를 완벽하게 처리한다. 필자는 단 한 번도 김성희 조교가 학생들에게 짜증을 내거나 화를 내는 것을 본 적이 없다. 김성희 조교는 프로다. 오랜 경험과 노하우로 학과 업무를 능숙하게 처리한다. 필자는 그런 김성희 조교가 늘 감사하다. 그런 덕분에 대구한의대학교 경찰행정학과는 영남권은 물론이고 대한민국 최고의 명품 경찰행정학과로 자리매김하고 있다.

이제 경찰로 돌아가 보자. 경찰조직에는 경찰청(본청)이 있고, 시·도 경찰청이 있고, 경찰서가 있고, 파출소와 지구대가 있다. 필자는 모든 조직이 중요하지만 시민의 가장 가까운 곳에서 시민들과 제일 많이 접촉하는 파출소와 지구대가 가장 중요한 역할을 한다고 생각한다. 이른바 지역 경찰, 현장경찰관이다.

무릇 경찰은 시민의 가장 가까운 곳에서 치안 서비스를 제공하는 형사사법기관이다. 경찰은 범죄 등 각종 위기 상황이 발생했을 때, 가장 먼저 현장에 도착해서 문제를 해결한다. 최상의 커뮤니케이션과 인력, 장비 시스템을 갖추고, 24시간 대한민국의 전 지역을 포괄하는 행정력이 있다. 각종 범죄와 위기 상황에 있어 경찰의 역할이 중요한 이유이다.

그중에서도 시민들과 가장 가까운 곳에 지구대와 파출소를 설치해서 운영하고 있다. 지구대는 예전의 파출소 2~3개를 묶어 통합한 형식으로 정원이 40~60명, 순찰차도 2~4개 정도로 기동성과 집단 대응성을 갖춘 일선 경찰조직이다. 주로 대도시 내 치안 수요가 많은 곳에 설치한다. 반면에 파출소는 20~30명 정도의 작은 규모로 치안 수요가 적거나 농어촌 지역에 설치한다. 보통 지구대와 파출소에 근무하는 경찰관을 지역 경찰이라고 부른다. 이러한 지역 경찰이 지역을 순찰하고, 긴급 상황이 발생했을 때, 신속하게 출동하여 현장조치를 한다. 24시간 365일 단 1초도 방심하지 않고 출동태세를 갖추고 있다. 따라서 파출소와 지구대는 팀별로 조를 짜서 교대근무를 하고 있다.

최상의 치안을 유지하기 위해서는 현장경찰관들의 원활한 임무 교대와 휴식 후 근무가 가능해야 한다. 하지만 아직도 현장에 경찰인력이 많이 부족한 편이다. 민생 치안현장에 직접적으로 투입할 수 있는 경찰력의 증원이 필요한 실정이다. 같은 맥락에서 볼 때, 경찰청, 시·도 경찰청, 경찰서의 내근 부서에 근무하는 인력들을 최소한으로 줄이고, 이 인력을 지구대와 파출소 등 치안현장에 보강하는 것이 필요하다. 경찰은 기획 부서가 아니다. 치안현장 위주로 인력을 배치하는 경찰 인사시스템으로 대폭 개혁해야 한다. 현장이 제일 중요하다.

경찰 역사 76년 만에 자치경찰제가 실시되었다. 자치경찰은 아동·청소년·여성 등 사회적 약자 보호, 교통지도·단속 및 교통질서 유지, 범죄 예방과 생활안전 업무 등 시민들의 가장 가까운 곳에서 시민들의 안전 업무를 수행한다. 쉽게 말해서, 자치경찰의 업무는 시민의 일상생활과 가장 밀접한 분야이다.

자치경찰관이 없는 자치경찰제, 국가경찰의 신분으로 자치경찰 업무를 수행하는 자치경찰제라는 이른바 '일원형 자치경찰제'로 출발했다. 일단 시행했다. 하나씩 불완전한 제도를 개선하면서 나가야 한다. 그중에서 꼭 필요한 것이 바로 파출소와 지구대의 소속 변경이다. 파출소와 지구대는 대표적인 현장경찰이다. 지역 주민과 가장 가까운 곳에서 제일 많이 접촉한다. 현재는 파출소와 지구대의 업무 관할이 국가경찰인 112 치안 종합상황실로 되어 있다. 시민 친화적인 치안행정 서비스를 제공하기 위한 자치경찰제 시행의 취지에 맞게 파출소와 지구대를 자치경찰 소속으로 해야 한다.

아울러 파출소와 지구대의 지역 경찰은 그들의 혼자만의 역량으로 그 지역의 치안을 유지하기는 거의 불가능하다. 지역 주민들과 지역의 유관기관과의 소통과 협조가 필수적이다. 공동체 치안이 필요하다. 우수한 파출소장과 지구대장은 지역 내의 주민들, 단체들과 소통과 협력을 잘하는 사람이다. 이런 소통능력의 달인에는 동부경찰서 안심지구대장을 역임한 장병욱 교수(경운대학교 경찰행정학과, 경정 퇴직)가 대표적이다.

미국, 독일, 영국, 프랑스, 일본 등 주요 선진국의 경찰활동을 보면, 지역 사회의 거의 모든 분야와 협력하여 범죄를 예방하고, 범죄 피해를 최소화하는 것을 목표로 한다. 따라서, 현대 경찰의 가장 바람직한 활동은 지역 사회의 다양한 요구나 바람을 경청하는 것이며, 여기에는 경찰관의 합동 도보 순찰, 지역 사회 조직화, 시민 친화적 접촉 강화 등이 포함된다.

현재 시행되고 있는 자치경찰제도는 주민자치행정과 경찰행정을 효과적으로 연계할 수 있는 장점이 있다. 자율방범대, 녹색어머니회, 생활안전협의회, 주민자치위원회, 해병전우회 등 다양한 시민단체와의 협력은 물론이고, 지역의 대학, 병원, 기업체 등과도 소통, 협력이 중요하다.

필자는 수성구 고산3동 자율방범대와 함께 종종 순찰을 한다. 현재는 자문위원으로 활동하고 있다. 그곳에 가면 고산을 사랑하는 많은 어른들, 친구들, 후배들이 있다. 그들이 있어 고산3동은 안전하다.

범죄 예방과 순찰
경안일보 특별기고 (2022. 8. 29)

지난 8월 26일, 경북경찰청과 경상북도 자치경찰위원회 초청으로 경상북도 생활안전 경찰관들을 대상으로 '범죄 예방과 순찰'이라는 주제로 특강을 했다. '범죄 예방을 위한 순찰 실효성 강화 현장토론회' 워크숍 중 프로그램이다. 참석한 경찰관들의 열기가 매우 높았고, 사뭇 진지했다.

현대 경찰은 주민안전을 위해 다양한 임무를 수행하고 있다. 경찰관직무집행법 제2조에는 경찰의 직무를 국민의 생명과 신체 및 재산의 보호, 범죄의 예방, 진압 및 수사, 경비, 주요 인사의 경호 및 대간첩 작전의 수행, 치안정보의 수집, 작성 및 배포, 교통단속과 교통위해의 방지, 외국 정부기관 및 국제기구와의 협력 등으로 규정하고 있다. 이처럼 경찰의 역할은 국가와 국민의 안전을 위해 다양하다. 과거의 경찰활동은 범죄자를 체포하고, 수사를 잘해서 발생한 범죄를 신속하게 해결하는 것에 중점을 두었다. 하지만 최근의 경찰은 지역 사회의 거의 모든 분야와 협력하여 범죄 발생을 예방하고, 범죄로부터의 피해를 최소화하는 것이 중요하다. 따라서, 현대 경찰활동의 가장 좋은 전략은 지역 사회로부터 여러 의견을 경청하는 것이다. 여기에는 경찰관의 도보 순찰, 시민 친화적 접촉 강화 등이 포함된다.

필자는 경찰의 가장 중요한 임무는 '범죄의 예방'이라고 주장한다. 혹자는 수사는 '실패한' 범죄 예방이라고 말한다. 범죄 예방에 실패했기 때문에 수사에 착수한다는 의미이다. 범죄 예방이 그만큼 중요하다는 말을 강조한 표현이다. 그러면 경찰관이 어떻게 범죄를 예방할 것인가? 이를 위해서는 제복을 입은 경찰관들의 순찰이 중요하다.

순찰을 사전적으로 정의하면 '외근 경찰관이 경찰임무의 수행과 관내 정황을 파악하기 위하여 관내의 일정한 지역을 순회하는 외근활동'이다. 순찰은 외근경찰관의 가장 기본적이며, 대표적인 중요 업무이다. 이러한 순찰은 범죄 예방, 범인 검거, 법집행, 질서 유지, 대민 서비스 제공 등 다양한 효과가 있다. 특히, 제복을 입은 경찰관들의 순찰은 범죄자로 하여금 "여기에는 도처에 경찰관이 있구나"라는 생각을 갖게 하여 범죄를 단념하게 하는 범죄 억제 효과가 있다. 그래서 순찰이 중요한 것이다.

외근 경찰관들이 순찰하는 방법에는 도보 순찰, 자동차 순찰, 자전거 및 오토바이 순찰, 드론 순찰, 기마 순찰 등 다양한 방법이 있다. 최근에 서울시와 부산시에 '반려견 순찰대'를 조직해서 운영하는 등 사회 변화에 따라 다양한 순찰방법이 있고, 각각의 순찰방법은 장단점이 있다. 지역 특성에 따라 그 지역에 적합한 방법을 활용하면 된다. 하지만 가장 기본적이면서 중요한 순찰방법은 '도보 순찰'이다. 도보 순찰은 말 그대로 제복을 입은 외근 경찰관들이 걸어 다니면서 순찰하는 방법이다. 도보 순찰은 골목길 등 지역의 세세한 부분까지 확인해서 점검할 수 있고, 무엇보다 지역 주민들과 직접적으로 소통할 수 있는 장점이 있다. 우리 지역에 있는 지구대와 파출소에 근무하는 경찰관들이 주로 담당하고 있다. 그래서 지역 주민과 가장 가까운 곳에서 근무하는 현장경찰관들의 역량과 태도가 무엇보다 중요하다.

범죄 예방을 위해 순찰력을 강화한다 하더라도 넓은 지역을 한정된 경찰인력으로 제대로 순찰하기란 불가능에 가깝다. 따라서, 우리 지역의 범죄 다발 지역과 범죄 위험 지역에 경찰력을 집중적으로 투입해서 순찰을 하되, 평상시에는 CCTV, LED 조명등과 같이 깨끗하고 안전한 환경설계를 통한 범죄 예방에도 많은 관심을 가져야 할 것이다.

어느 연구에 따르면, 지역에서 발생하는 범죄의 70%가 그 지역 또는 인근 지역의 주민들에 의해 발생한다고 한다. 따라서 지역 실정을 잘 아는 지역 주민들과 현장경찰관들이 같이 해당 지역을 합동 순찰하고, 지역 치안 문제에 대해 토론도 하는 공동체 치안을 확립해야 한다.

순찰 실효성 강화 현장토론회(경북 자치경찰위원회)

112 신고와 시민안전
대구일보 특별기고 (2023. 2. 21)

시민들은 위험에 처했을 때, 그리고 범죄를 목격했을 때, 112에 신고한다. 긴급 범죄 신고 112는 250만 대구시민을 지키는 안심 전화이다. 우리나라 112 치안 종합상황실은 각 시도청에 1개씩 총 18개의 112 치안 종합상황실이 설치되어 있으며, 경찰서별로도 경찰서 112 치안 종합상황실이 설치되어 있다. 대구경찰청 112 치안 종합상황실에는 50명의 베테랑 경찰관이 24시간 365일 단 1초의 빈틈도 없이 교대로 근무한다. 대구경찰청 112 치안 종합상황실은 112 신고의 접수 및 광역, 대형 사건의 지령을 담당하며, 나머지 일반 사건의 지령 및 상황관리는 경찰서 112 치안 종합상황실에서 처리한다. 물론 일반 사건의 경우라도 필요시 대구경찰청에서 개입하여 지령이나 지휘는 가능하다.

얼마 전 발생한 이태원 참사를 계기로 112의 중요성을 확인할 수 있다. 신고와 신속한 출동, 현장 대응이 얼마나 중요한지를 알 수 있는 중요한 사건이다.

일반적으로 범죄 발생 건수와 112 신고 건수는 치안 수요를 직접적으로 반영하는 지표이다. 현재 112 신고 유형에는 범죄 사건뿐만 아니라 주취자, 교통 불편, 분실습득 등과 같이 일상생활에서의 불편사항 해결에 관한 민원들이 있으며, 긴급을 필요하지 않는 상담 문의가 큰 비중을 차지하기도 한다.

112 신고는 크게 다섯 가지로 나누어 볼 수 있다. 먼저 코드 1은 생명과 신체에 대한 위험이 임박, 진행 중, 직후인 경우 또는 현행범인 경우이다. 코드 0는 코드 1 중에서 이동 범죄, 강력 범죄 현행범 중 실시간 전파가 필요한 경우로, 선지령 및 제반 출동요소 공조 출동이 가능한 경우이다. 이와 같은 코드 0과 코드 1은 신고자가 매우 위급한 상황으로서 출동하는 경찰관은 최단 시간에 현장에 도착해야 한다. 또한 코드 2는 생명과 신체에 대한 잠재적인 위험이 있는 경우 또는 범죄 예방 등을 위해 필요한 경우로, 긴급신고 지장이 없는 범위 내에서 출동하는 유형이다. 코드 3는 즉각적인 현장조치는 필요하지 않지만 수사나 전문상담이 필요한 경우로, 즉시 출동은 필요하지 않고, 먼저 신고자와 통화하여 약속 등을 통해 출동 또는 다른 부서 통보가 필요한 경우이다. 아울러

코드 4는 긴급성이 없는 민원, 상담신고이다.

현재 112 시스템은 신고 접수단계부터 현장조치까지 모든 과정을 총괄하는 중추적인 역할을 담당하는 시스템이다. 최근에 도입한 '보이는 112 시스템'은 112 신고자가 말을 할 수 없거나 정확한 위치를 알지 못할 경우, 신고 접수 경찰관이 보내는 문자의 인터넷 주소(URL)를 클릭하는 것만으로도 신고자의 위치를 정확하게 파악할 수 있는 시스템이다. 또한 신고자의 휴대폰 카메라를 통해 현장 상황을 실시간으로도 확인할 수 있고, 채팅 기능으로도 신고를 가능하게 하여 사회적 약자 보호에도 도움이 될 수 있도록 최신 정보통신 기술을 도입하였다.

112는 전화뿐만 아니라 문자로도 신고가 가능하다. 무서운 범죄자가 옆에 있어서 전화를 하기 어렵지만 문자는 가능한 경우, 문자로 신고하는 것도 좋은 방법이다. 아울러 시민들에게 당부할 것은 시급하지 않은 민원성 신고는 긴급전화 112에 신고하지 않는 것이 좋다. 아울러 허위신고나 장난신고는 경찰의 도움이 꼭 필요한 사람이 제때 도움을 받지 못하고 더 큰 범죄를 막지 못할 수도 있다. 112는 대구시민의 생명을 살리는 긴급전화이다.

대구경찰청 112 치안 종합상황실

자치경찰위원회 출범 1주년, 현장방문 표창수여

2022년 7월 11일(월) 자치경찰 출범 1주년 기념 포상 실시와 관련하여 직접 치안현장을 방문해 경찰관 표창장 및 민간인 감사장을 수여하였다. 동시에 일선 현장 직원들을 격려하고, 여러 가지 애로사항 등을 청취함과 동시에 시민들의 다양한 의견도 함께 듣는 소통의 시간을 가졌다.

표창 수여 대상자는 중부경찰서 동덕지구대(경위 이호성) 1명이며, 수상자는 자치경찰제 출범과 함께 시민안전을 위한 맞춤형 치안활동에 있어 범죄 예방 및 사회적 약자 보호에 중점을 두고 업무를 추진했다.

민간인 감사장 수여 대상자는 대구중부경찰서 생활안전계 소관 동성로 시민경찰대 대장 장문기와 사무국장 홍성춘이며, 수상자들은 동성로 시민경찰대를 발족하여 경찰과 협력 치안활동을 강화하고 특히 야간 청소년들이 많이 붐비는 동성로 일대에 대원들을 집중 배치해 음주로 인한 각종 사건 사고 예방 등 방범활동에 기여한 유공으로 수상하게 됐다.

늘 강조하는 것이지만 우리 대구시 자치경찰위원회는 일선 현장에서 묵묵히 일하는 경찰관 및 협력 치안활동 우수 민간인에 대한 포상을 강화, 격려하고 자치경찰사무 수행 현장경찰관들의 애로사항 등을 청취하며 시민들의 의견을 귀담아듣고 자치경찰 시책에 적극 반영하고 있다.

이날 감사장을 받는 장문기 동성로 시민경찰대장은 "자치경찰위원회로부터 감사장을 받게 되어 더욱 힘이 나며, 자치경찰제의 성공적인 정착을 위해서 자치경찰과 긴밀하게 협력하여 시민을 보호하는 데 역점을 두고 활동하겠다"라고 말했다.

필자는 "오늘 수상자 모두 그동안의 노고에 감사드리고 대구 시민을 위한 맞춤형 치안활동에 함께 뜻을 모아 펼쳐 나가야 한다"라며, "자치경찰위원회는 현장의 목소리를 경청하고 문제점을 지속적으로 발굴·개선하는 등 현장경찰관들의 어려움을 덜어드리는 데 최선의 노력을 다하겠다"라고 말했다.

현장경찰과의 소통 간담회

추석맞이 특별 치안대책과
개학기간 교통안전 개선 논의

우리나라 최고의 명절인 추석이 다가온다. 2022년 9월 1일(목) 오후 3시 대구시, 대구경찰청, 대구교육청 관계자 등 15명이 참석한 가운데 '2022년 제4차 실무협의회 회의'를 개최했다.

이날 4차 회의에서는 코로나19의 단계적 일상 회복이 시작된 후 처음 맞는 명절인 추석을 맞아 시민들이 안전하고 평온한 명절을 보낼 수 있도록 관계기관과 함께 '2022년 추석맞이 특별 치안대책'을 중점적으로 점검했다.

또한 사회보장 빅 데이터를 활용해 위기 아동을 선제적 예측·발굴하고 필요 서비스를 제공하는 'e아동행복지원시스템'에 대한 관계기관의 관심과 협조 및 초·중·고 개학을 맞아 교통안전에 대한 집중점검을 안건으로 기관별 협력·지원 방안도 함께 논의했다.

대구경찰청의 추석 종합 치안대책은 8월 29일(월)부터 9월 12일(월)까지 15일간 추진되며, 명절 기간 집중되는 치안 수요에 대비해 △범죄 위험도 예측·분석 시스템을 통한 선제적 예방활동 강화 △가정폭력·아동학대 재발관리와 연휴 중 발생하는 사건 초동대응 및 보호·지원 강화 △연휴 전후 교통소통 및 안전 위주 교통관리를 강화할 방침이다.

대구경찰청은 지역별 중점 순찰 대상지 23개소 선정, 3개 기동대를 동원 주야간 순찰을 강화하고 현금다액 취급업소의 취약 요인을 진단해 방범 시설을 보강한다. 또한 명절 기간 가정폭력·아동학대 등 신고가 증가하는 점을 고려해 학대예방경찰관이 재발 우려 가정을 대상으로 사전 모니터링을 실시하고 연휴 중 발생하는 범죄에 대해 사건 처리 및 피해자 보호에 최선을 다할 예정이다.

교통 분야에서는 연휴 전후 귀성·귀경·성묘객 이동 차량 혼잡 시 진·출입로, 공원묘지 이동로, 전통시장 주변 도로 등의 교통경찰 배치로 혼잡을 줄이고, 연휴 기간 주야간 불문, 대구 전역에서 지속적인 음주 단속도 실시한다.

아울러 대구시 관계부서는 추석 연휴 전후로 △시민 다중 이용 시설 등 재난·재해 시설물 안전대책 △참배·성묘객 편의 제공 및 안전사고 예방대책 △취약계층 보호 △위기 청소년 긴급구조 지원체계 운영 △특별교통대책 △소방안전관리 강화 등에 대해 보고했으며, 이후 관계부서 간 서로 보완할 사항 등에 대해 의견을 나누었다.

그 외 안건으로, 대구시 교육청은 사회보장 빅 데이터를 활용해 위기 아동을 선제적으로 예측·발굴하는 e아동행복지원시스템의 교육 활용과 위기 학생의 학대 예방에 지속적인 관심과 참여를 당부했으며, 초·중·고 개학을 맞아 공사장 주변 학교 등하굣길 안전과 어린이보호구역 내 불법 주·정차 및 과속차량 단속 강화, 노후 교통안전 시설물 개선을 관련 부서에 요청했다.

필자는 실무협의회 위원장으로서 "코로나19 단계적 일상 회복 후 처음 맞이하는 명절인 만큼 치안 사각지대가 없도록 철저히 대비하고, 초·중·고 개학기 스쿨존 안전에 관계기관이 함께 힘을 모아 안전한 학교 환경을 만들기 위해 노력하겠다"라고 말했다.

실무협의회는 대구시청, 대구경찰청, 교육청, 소방본부 등 실무책임자들로 구성된 협의체로 자치경찰위원회에서 가장 중요한 조직이다. 웬만한 주제는 이 자리에서 소통하고, 협업하고, 문제 해결이 가능하다. 앞으로도 각 부처에서 협의할 내용이 있으면 언제든지 회의 안건으로 제안해 달라는 말로 이 회의를 마쳤다.

추석, 치안현장 방문 격려

2022년 9월 8일(목) 추석 명절을 앞두고 시민안전을 위해 치안 업무를 든든히 수행하는 산격지구대와 사회적 약자 보호에 앞장서는 대구 해바라기센터를 방문해 현장 근무자의 노고를 격려했다. 해바라기센터는 필자에게는 두 번째 방문이다.

이날 현장방문에는 설용숙 위원장과 필자, 박성수 정책과장, 서정숙 기획팀장이 함께 했다. 지구대는 범죄 예방의 최일선이고 해바라기센터는 여성과 아동 보호 업무를 수행하는 곳으로 근무자들의 노고가 무척 크다. 우리 위원회가 현장방문을 할 때, 늘 그랬지만 현장에서 일을 하는 분들이 업무에 불편함이 없도록 의전은 최소화했다.

든든한 종합 치안활동으로 추석 연휴 평온상태 유지

올해 추석 연휴 기간에 대구시는 대형 사건과 큰 사고 없이 평온한 치안 상태를 유지했다. 코로나19 사회적 거리 두기가 해제 이후 맞이하는 첫 명절로, 가족 및 지인 모임 증가 등으로 인해 치안 수요가 대폭 늘어날 것으로 예상하고, 대구경찰은 2022년 8월 29일부터 15일간 추석 명절 종합 치안활동을 추진했다.

9월 13일 대구경찰청에 따르면, 올해 추석 명절 기간 대구시 살인과 강도 신고는 0건이며, 절도도 9.1% 감소했다. 지난해 추석 연휴 기간과 대비해서, 일평균 112 신고는 10.4% 증가했다.

종합 치안활동 기간 중 하루 평균 1천 221명(연 1만 8,311명)의 경력(지역 경찰, 경찰관 기동대) 및 민·경 합동 순찰을 통해 예방 중심 치안활동을 펼쳤다.

특히 코로나19로 악화한 경제여건으로 강도와 절도의 표적이 될 수 있는 현금다액 취급업소(편의점, 귀금속점 등) 및 무인점포를 대상으로 3천 469회 범죄 예방 진단을 실시해 방범시설 점검과 함께, 취약한 부분은 개선을 권고하는 등 범죄 발생을 사전 차단했다.

또한 빅 데이터 분석을 통해 선정된 범죄 취약지역 및 야간 시간대(오후 8시~오후 11시)에 인력을 집중적으로 배치했으며, 가시적인 범죄 예방활동에 주력했다.

아울러 강력 사건으로 확산할 가능성이 높은 가정폭력 재발 우려 가정과 학대 우려 아동·노인 대상 모니터링(재발 우려 727가정, 아동 129명, 노인 76명)을 통해 사회적 약자 보호활동을 강화하는 등 전체적으로 안정적인 치안을 유지했다.

대구경찰청에 따르면, 보통 연휴 기간 가정폭력 신고가 평소보다 30~50% 증가한다. 2021년 접수된 가정폭력 112 신고는 1만 841건으로 하루 평균 30건 수준이었다. 같은 해 추석 연휴 기간에는 평소보다 50% 많은 하루 평균 45건의 가정폭력 신고가 접수됐다. 지난 2020년과 2019년에도 평상시 대비 가정폭력 신고가 각각 33%, 31% 늘었다. 설이나 추석 명절마다 반복 신고하는 가정도 최근 3년간 모두 11가구로 집계됐다. 해당 가정에 대해서는 '학대예방경찰관'(APO)이 전화나 방문을 통해 집중 모니터링을 실시하였다. 학대예방 경찰관은 가정폭력, 아동 및 노인학대 피해자 보호를 전담하는 경찰관으로 대구경찰청을 비롯해 10개 경찰서에 모두 35명이 근무하고 있다.

'가정폭력 재발 우려 가정'으로 분류된 775가구에 대해서는 예방활동을 실시하였다. 재발 우려 가정은 가정폭력이나 아동학대 신고 이력이 있는 가정 중에서 ▷위험도 평가 ▷가해자 구속 및 입건 ▷흉기 사용 등을 종합적으로 평가한 결과, 사건 재발 위험성이 A, B등급으로 분류된 가정을 말한다.

또한, 대구경찰청은 교통안전 확보와 교통불편 최소화 등을 위한 체계적 교통관리도 성과를 냈다. 추석 연휴 특별교통관리 기간(9.8~9.12) 동안 하루 평균 경찰관 166명과 순찰차, 사이카 107대를 동원해 교통 혼잡 구간 91개소 특별 교통관리 등을 실시했다.

그 결과 연휴 기간 교통사고 발생은 전년도 추석 연휴 일평균 대비 3.9건(13.1%) 감소했고, 사망사고는 없었으며, 부상은 10.2명(22.8%) 감소했다.

달성군 화원읍 초롱길, 현장안전 점검

2022년 11월 4일(금) 오후 2시, 달성군 화원읍에 초롱길을 방문했다. 대구광역시, 대구행복진흥원(여성가족본부), 대구경찰청 등 유관기관들과 협업해서 만든 여성이 안전한 골목길 사업이다. 스토킹과 성범죄 등 여성을 위협하는 범죄들이 많은 시점에서 의미 있는 성과이다. 전형적인 셉테드 사업으로 대구시 자치경찰위원회가 중점을 두는 이른바 대구형 셉테드이다.

여성이 안전한 골목길 사업은 원룸과 다세대주택 등 여성 1인 가구가 밀집되어 있고, 여성들을 대상으로 한 범죄가 많이 발생하는 지역을 주로 선정한다.

2021년에는 대구시 북구 태전동 대학가 주변에 여성이 안전한 골목길 1호인 '샛별로'를 조성했다. 이어서 달성군 화원읍 천내 2동 어린이공원 인근에 여성이 안전한 골목길 2호인 '초롱길'을 조성한 것이다. 조성된 지역은 어두운 골목을 밝히기 위해 바닥에 솔라표시등을 설치하고, 골목 내 벽면에는 벽부등을 설치해 전체적으로 조도를 높였다. 아울러 교차로에는 사각지대를 줄이기 위해 안심 거울을 설치했고, 고유 캐릭터로 제작된 시트지를 전봇대에 랩핑해 주민들의 범죄에 대한 불안감을 덜어주고자 노력했다. 아울러 전봇대 지점별로 일련번호를 배정해 112 신고와 연계하는 등 위치 확인이 간편하게 이루어져 경찰출동이 용이하도록 했다. 2022년에 조성된 초롱길은 달성군 화원의 특산물인 수박을 모티브로 한 초롱이를 캐릭터로 만들어 손에 초롱을 들고 어두운 골목길을 밝히고 안내한다는 의미를 담았다.

이날 초롱길 현장방문은 대구행복진흥원 여성가족본부 박영주 팀장의 설명으로 초롱길의 의미, 취지, 경과 과정, 기대효과를 직접 청취하면서 둘러보았다. 여기에는 달성경찰서 생활안전과장과 계장, CPO 경찰이 동행했다. 앞으로도 대구달성경찰서는 예산을 확보해서 여성이 안전한 골목길 사업을 확대할 포부를 갖고 있다. 이날 필자는 달성군청에 잘 아는 국장에게 예산 및 행정 지원을 부탁했다. 행복한 현장방문을 마치면서 사무실로 오는 여정 내내 행복했다.

달성군 초롱길 현장방문

대구 서부경찰서, 인동촌 백년마을 행정안전부 장관상 쾌거

100년 더 안전하고 지속 가능한 삶터, 인동촌 백년마을 만들기 사업인 인동촌 백년마을 사업이 2022년 범죄 예방 대상에서 행정안전부 장관상을 수상하였다. 대한민국 범죄 예방 대상은 범죄 예방에 대한 국민적 요구가 높아지며 경찰뿐만 아니라 지방자치단체는 물론 민간단체 기업 등 각계의 자원이 치안 서비스의 공동 생산자로 참여하는 움직임이 증가하는 가운데, 민간의 치안활동 참여를 확산하고 자발적 참여의지를 견인하기 위한 취지로 개최되는 전국단위의 공모사업이다.

선정 부문은 지역 사회 예방활동인 치안 거버넌스 부문, 아동·청소년·장애인 등 사회적 약자 보호 부문, 환경 개선을 통한 안전한 생활공간 조성사업인 CPTED 등 3개 부문으로 진행되었으며, 인동촌 백년마을 마을 관리 사회적협동조합은 서부경찰서와 서구청의 협력 거버넌스 활동과 과정 중심의 성과를 인정받아 치안 거버넌스 부문에서 행정안전부 장관상을 수상하였다.

한편, 인동촌 백년마을은 서구 비산 2,3동 경부선 철로변 남쪽 17만여㎡를 대상지로 하여 서대구 산단 등 산업 단지 배후 주거지의 기능 상실과 다른 지역 대비 인구감소와 고령화로 도심 쇠퇴도가 높아 2019년부터 도시재생사업이 추진된 지역이다. 20년 이상 노후주택과 과소필지로 인한 도난 범죄 및 주민 간 갈등 증폭, 야간 보행안전 및 화재 등 쇠퇴한 원도심의 대표적인 취약지역으로 이를 개선하기 위해 안전 마을길 조성, 안심 길 정비사업, 범죄 취약지역 노후주택 집수리 지원사업, 골목공원 향기로 지원사업을 시행하였다.

또한, 부처연계 사업으로 행정안전부 국민 생활 안전앱 시범 서비스 운영, 국토부의 쇠퇴지역 도심활력 R&D 실증사업 등을 2019년부터 현재까지 단계적으로 추진하였다. 주민이 주도적으로 참여하여 마을의 현안과 의제를 발굴하여 주민 체감 행정 거버넌스의 협력체계를 강화하고 있다.

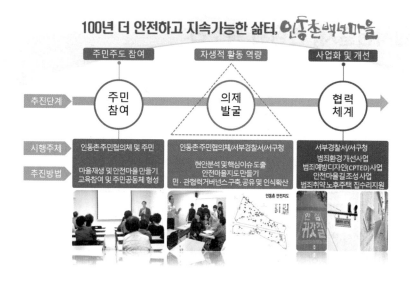

성서경찰서, 현장의 목소리

양태언 성서경찰서장(경무관)이 취임한 이후 얼마 지나지 않아 서울경찰청 안보수사부장으로 영전했다. 후임으로 정성학 경무관이 부산에서 부임했다. 정성학 서장은 마산 출신으로 주로 부산에서 근무를 했다. 주위의 권유와 조언도 있고 해서 부임한 정성학 서장을 축하할 겸 점심 식사 자리를 마련했다.

식사 전에 서장실에서 티타임을 하자고 해서 경찰서를 방문했다. 필자가 방문한다는 사실을 미리 알고 여성청소년과, 교통과, 생활안전과에서 준비해준 '깜짝' 티타임 시간을 가졌다. 솔직히 필자는 가급적이면 기관 방문을 삼가려고 한다. 왜냐하면 방문 자체가 그 기관에는 부담이 될 수 있기 때문이다. 그래서 격려방문을 할 때도 가급적이면 방문 시간을 최소화하려고 노력하고, 별도의 의전은 필요 없다고 미리 강조한다. 그러나 이 3개 부서는 명실상부하게 자치경찰부 소속이다.

이날 만남에서는 성서경찰서 여성청소년과의 SPO 활약상, 데이트(교제) 폭력 대책부터 시작해서 생활안전과의 셉테드 사업, 공동체 치안까지 정말 짧은 시간 내에 부서의 중요한 이야기를 들었다. 비록 짧은 시간이지만 소통의 자리는 소중하다. 현장에 답이 있기 때문이다.

지산지구대, 현장 간담회

얼마 전부터 자치경찰 폐지론 내지는 회의론이 나왔다. 이번에는 충남에서 김태흠 도지사의 발언이 주목을 받았다. 자치경찰이 인사권과 감사권 등 자치경찰을 실질적으로 지휘할 수 있는 법적 권한을 갖추지 못한 데 대한 지적이 이어지면서 자치경찰제를 폐지해야 한다는 주장을 내세웠다.

언론보도에 따르면, 2023년 4월 6일, 김태흠 충남도지사는 충청남도 간부회의에서 자치경찰의 한계를 지적했다. 김태흠 지사는 "자치경찰위원회가 과연 조금이라도 자치 기능을 하고 있느냐? 형식만 자치경찰이고, 책임과 권한, 역할이 하나도 없다. 현재 자치경찰의 권한 하나도 정리된 것이 없는 상태이지 않나. 솔직히 말하면 왜 자치경찰이 있어야 하는지 모르겠다. 이럴 거면 차라리 자치경찰제를 없앴으면 좋겠다"라고 목소리를 높였다. 어쩌면 명백한 사실이고, 도지사로서 당연한 불만이라고 생각된다.

하지만, 법과 제도만을 탓할 수는 없다. 새로운 하루를 시작한다.

2023년 6월 8일 금요일은 초여름 날씨다. 며칠 전부터 계획된 대구수성경찰서 지산지구대 방문 점심 식사가 있는 날이다. 우리 사무국 이근조 인사팀장과 김동벽 인사반장과 함께 지산지구대를 방문하였다. 이날 방문은 이승원 지구대장의 요청이 있었다.

이날 오찬은 이승원 지산지구대장, 순찰2팀장, 관리요원들과 함께 근처 한정식집에서 점심 특선으로 메뉴를 정했다. 오찬에서는 3주 후에 퇴직을 앞둔 순찰팀장의 은퇴 후 계획, 자녀를 넷을 낳은 여경의 경찰 생활 등으로 이야기꽃이 피었다. 필자는 자치경찰 출범 이후 복지 포인트, 경찰 사기 제고방안 등에 대해서 이야기를 나누었다. 모든 지구대원을 대접하지 못해 미안한 마음에 지구대로 들어가는 길에 아이스크림 20개를 사서 나누어 드렸다. 아이스크림 하나에 여러 지구대원이 고맙다고 인사를 한다.

수성경찰서 지산지구대 대원들과 소통 간담회를 마치고

경찰 만능주의는 시민을 안전하게 보호할 수 없다

경안일보 특별기고 (2023. 8. 22)

　최근에 우리 사회에는 개인 간의 사소한 분쟁도 경찰을 불러 해결하려고 한다. 24시간 365일 가동되고 있는 경찰청 112 치안 종합상황실에는 이웃 간 층간소음 문제와 반려견 개 짖는 소리에 대한 민원 등 생활 민원성 신고 전화가 많이 걸려 온다. 물론 이런 경우 전화로 대응을 하지만, 필요한 경우에는 출동을 한다. 그만큼 경찰이 국민과 가까운 존재로 일명 '거리의 판사'로 자리매김하고 있다는 방증이기도 하다. 하지만 가벼운 생활 민원성 신고에 경찰이 출동하게 되면, 그 시간에 발생한 다른 중요 강력 사건의 출동 지체 요인으로 작용하게 된다. 결국 위험에 처한 시민에게는 독(毒)이 된다.

　2021년 7월 1일, 자치경찰을 시행하면서 현장경찰관들에게는 걱정거리가 있었다. 76년 만에 우리나라에서 처음으로 자치경찰이 시행되기 때문에 자치경찰의 역할과 임무, 책임과 권한에 대해 정확한 설정이 덜 된 상태였다. 자치경찰이 지방자치단체 소속으로 되면서 혹시나 길거리 노점상이나 주정차 위반 단속, 도로에 로드 킬(road kill)된 고양이 사체 치우기 등 기존의 지방자치단체에서 하던 일이 자치경찰로 넘어오는 것이 아닌가 하는 걱정이었다. 실제로 지난 2년간 시행해 보니, 그것은 기우(杞憂)에 불과했다.

　최근 잇따라 발생한 무차별 흉기 난동 사건으로 경찰특공대와 장갑차까지 동원되는 등 치안 수요가 급증했다. 여기에 태풍 '카눈'과 '새만금 잼버리' 대원 안전 관리에도 대규모로 경찰인력이 투입됐다. 경찰 내부에서는 모든 안전관리 업무에 경찰이 동원되는 '경찰 만능주의'가 재현되고 있다는 걱정이 나오고 있다. 경찰 만능주의는 말 그대로 모든 일에 경찰이 동원되고, 관여한다는 말이다. 사실 현대 경찰은 범죄와의 투사(fighter)가 아니라 사회 문제 해결자(social problem-solver)로서의 역할이 증대되고 있다. 일상생활 속에서 일어나는 많은 문제가 경찰과 관련된 일이다. 하지만 이 시점에서 간과해서는 안 될 것이 있다. 바로 경찰의 존재 목적과 '정체성' 부분이다.

　한마디로 말해서 경찰은 24시간, 365일 제복을 입고, 무기를 사용할 수 있는 조직화된 공권력이다. 시민안전을 위해서 범죄를 예방, 진압, 수사하는 업무를 하는 경찰은 위험성, 돌발성, 강제성의 업무 특성이 있다. 경찰은 위험하거나 실제로 사건이 발생한 위험한 현장에 출동해서 사건을 수습한다. 경찰 만능주의는 시민안전을 위해서도 경계해야 한다. 지역에서 발생하는 모든 일에 경찰이 관여할 수도 없고, 그래서도 안 된다. 제복 입은 경찰은 범죄에 집중해서 범죄를 예방하고, 진압하고, 수사하는 일에 집중해야 한다. 그래서 국가는 시민을 안전하게 보호하라고 총이나 테이저건 같은 무기를 지급하는 것이다.

강조하건대, 경찰은 본연의 업무에 집중해야 한다. 물론 필요할 때, 예를 들어 눈이 많이 올 때는 경찰이 눈도 치우고, 난처해하는 시민들을 위해 자동차 타이어에 바람도 넣어줄 수 있다. 하지만 필자가 말하고 싶은 것은 경찰은 꼭 해야 할 일에 집중하자는 것이다. 지금은 시민들이 많이 모이는 장소에 예방 순찰을 강화해야 한다. 시민들은 많이 불안해하고 있다. 잇따라 발생하고 있는 흉악 범죄에 대해 시민들은 외출을 자제하고, 스스로를 보호하기 위해 개인 호신용품 구입이 크게 늘었다. 경찰은 경찰 업무에 최선을 다하고, 재난 및 안전관리 등을 업무를 주로 하는 유관기관들과 적극적으로 협업해서 협력 치안, 공동체 치안을 확립해야 한다.

경찰조직 개편, 기대와 아쉬움
경안일보 특별기고 (2023. 10. 12)

최근 경찰청은 이상동기 범죄(묻지마 범죄)를 계기로 일선 현장의 치안 역량을 강화하기 위한 경찰조직 개편안을 발표했다. 주요 핵심은 이미 발생한 범죄에 사후적으로 대응하는 것보다 범죄의 예방에 초점을 맞춰 경찰인력을 재배치한다는 것이다.

먼저 경찰청은 업무상 유사하거나 중복되는 기능을 통합해서 슬림화하고, 범죄 예방 및 대응중심으로 조직을 재편한다. 그 일환으로 경찰청 본청에 2개 과, 시·도 경찰청에 28개 과, 경찰서에 346개 과를 감축하고, 범죄예방대응국과 기동순찰대, 형사기동대를 신설한다. 또한, 전국의 경찰관서에 범죄 예방 대응조직을 신설한다. 아울러 행정관리 업무를 담당하던 부서를 통폐합하고, 행정관리 인력을 줄여 총 2,900여 명을 현장에 재배치하기로 했다. 이들은 시·도 경찰청의 기동 순찰대 인력으로 활용할 예정이고, 백화점이나 영화관 등 다중 밀집 장소나 공원, 둘레길 등 범죄 취약지역에서 예방 순찰활동을 할 계획이다.

형사활동의 패러다임도 바뀐다. 형사활동도 검거 위주에서 범죄 예방 중심으로 전환된다. 경찰청은 전국의 시·도 경찰청과 경찰서의 강력팀 인력 일부를 '형사 기동대'로 전환해서 범죄 다발 지역과 우범 지역에 투입한다고 밝혔다. 유흥업소 주변에 경찰력을 집중적으로 투입해서 범죄 분위기를 제압하고, 특히 조직폭력 등 강력 범죄에 신속하고 강력히 대응한다는 계획이다. 경찰은 이와 같은 조직개편으로 순찰인력을 총 9,000명 정도 추가로 확보하게 된다고 발표했다.

대구경찰청의 경우, 기존에는 공공안전부, 수사부, 자치경찰부의 3개 부로 구성되어 있었다. 하지만 개편안의 경우에는 자치경찰부에서 명칭을 변경한 '생활안전부' 소속으로 범죄예방대응과와 112 치안 종합상황실을 편제하고, 생활안전과는 범죄예방대응과로 명칭 변경하고, 기동 순찰대를 신설한다. 아울러 수사부는 반부패경제범죄수사대와 형사기동대를 신설하고, 수사심사관은 수사과, 과학수사과는 형사과로 통합한다는 계획이다.

그동안의 많은 경험, 학계와 현장경찰관들의 다양한 의견, 외국 사례 등을 종합적으로 검토해서 나온 긍정적인 결과이다. 경찰행정 학계에서도 이번 개편안에 대해서 일선 현장의 치안 역량을 강화할 수 있는 바람직한 경찰조직 개편안이라고 평가하는 것 같다. 하지만 이번 개편안을 보면서 아쉬운 점이 있다. 그중에 대표적인 것이 파출소와 지구대를 자치경찰부로 이동해서 예방 순찰과 공동체 치안을 강화하자는 전국 시·도 자치경찰위원장협 의회의 의견이 반영되지 않은 점이다.

　　2021년 7월, 우리나라에 처음으로 자치경찰제가 시행되었다. 범죄 예방과 생활안전, 사회적 약자 보호, 교통사고 예방 및 안전 등 지역 주민의 일상생활과 가장 밀접한 치안 업무가 자치경찰의 업무영역이다. 특히, 지역 주민과 가장 가까운 곳에서 시민 보호와 안전 업무를 수행하고 있는 파출소와 지구대의 현장경찰관들은 자치경찰 소속이 바람직하다. 자치경찰은 주민자치행정과 경찰행정을 잘 아우르면서 주민과 소통하는 지역사회 경찰활동(community policing)으로 나가야 한다. 지역에 있는 독거노인, 아동, 은둔형 외톨이, 장애인 등 사회적 약자를 보호하는 사회 안전망을 만드는 데 파출소와 지구대의 역할이 중요하다. 앞으로 사회에 불만을 품은 외로운 늑대의 묻지마 범죄, 아동 및 노인학대, 스토킹과 가정폭력 등 범죄 예방에 꼭 필요하다. 파출소와 지구대가 자치경찰로 전환되면 지역의 행정복지센터와의 긴밀한 협력은 물론이고, 관련된 예산과 인력 지원이 훨씬 용이해진다. 이것은 결국 지역 주민들에게 좋은 것이다.

嶺日新聞　　　　　　　　　　　　2023년 10월 17일 화요일 008면 사회

"일선 나이 든 경찰만" 조직개편 두고 술렁

지구대·파출소 인원은 그대로
정보과 축소 기동순찰대 신설
"실효성 없는 성급한 대책" 지적

경찰청이 치안역량을 높이기 위해 조직개편을 추진 중인 가운데 일선 경찰들 사이에서는 실효성이 떨어진다는 목소리가 커지고 있다. 고령화 문제가 심각한 지구대·파출소 인원은 그대로 유지한 채 신설 부서만 늘리는 '돌려막기'식 개편이라는 지적이 나온다.

◆주요 부서 축소 및 인력 재배치 예정
16일 경찰에 따르면 경찰청이 추진하는 조직개편에 따라 대구경찰청 생활안전부가 생활안전교통부로 재편되고 범죄예방대응과가 신설된다. 경찰청은 지난달 18일 조직개편안을 마련하고 부서 통폐합으로 인력을 효율적으로 재배치하

겠다고 밝혔다.

이에 따라 대구경찰청에 있는 수사심사담당관과 과학수사과 등 2개 과가 폐지된 후 유사 부서가 업무를 대체하고 광역수사대는 반부패경제범죄수사대와 형사기동대로 바뀔 예정이다. 기존의 공공안녕정보외사과는 치안정보과로 재편되며 별도의 기동순찰대가 신설된다.

대구 10개 경찰서 역시 변동의 폭이 크다. 생활안전과와 112차안종합상황실이 범죄예방대응과로 통합되고, 10개 경찰서 중 2개 서 외에는 정보과가 폐지될 가능성이 크다. 경찰청은 경찰서의 정보기능을 지방청으로 통합해 광역단위 정보 활동 체제로 운영할 방침이다.

내년 초 정기인사를 앞두고 갑작스레 조직개편안이 발표되자 현장 경찰들 사이에서는 실망섞인가 오가고 있다. 지역의 한 경정급 간부는 "단순히 지방청

에 기동순찰대를 편성하는 것으로 얼마나 치안 서비스가 나아질지 의문"이라며 "지금도 지구대·파출소 고령화 문제가 심각한데 기동순찰대까지 생기면 젊은 사람들은 다 그곳으로 가고 일선에는 나이 든 경찰들만 남아 기동력이 크게 떨어질 것"이라고 우려했다.

또 다른 간부는 "수사 인력 자체가 부족한 상황에서 형사기동대를 신설하는 것도 의문"이라며 "일선 경찰서 정보과를 폐지하면서 정보 활동이 겹활기식으로라도 이뤄져 경찰서의 기능과 역할이 축소될까 봐 걱정스럽다"고 말했다.

◆전문가들 "성급한 결정"이라 우려
전문가들은 여론을 의식한 경찰청이 조급하게 조직개편을 추진하고 있다고 우려했다. 의무경찰 부활을 선언했다가 곧바로 철회하는 등 경찰 지휘부가 성급한 대책이 쏟아진다는 지적이다.

윤우식 계명대 경찰행정학과 교수는 "처음에는 지구대·파출소 인력 증원을 목표로 조직개편에 나섰겠지만 막상 인원이 많이 늘지 않아 과거 폐지했던 기동순찰대 형사기동대를 신설하게 된 것으로 보인다"며 "땜질식 대책보다는 인력 증원 또는 행정 간소화가 필요하다. 시간이 더 걸리더라도 효과적인 대책을 고민해야 한다"고 말했다.

지난 2021년에 출범한 자치경찰의 활용도를 높여야 한다는 목소리도 있었다. 박동균 대구시 자치경찰위원회 사무국장은 "지구대·파출소가 자치단체와 협력해 위험인물을 미리 파악하고 관리하는 것만으로도 묻지마 범죄를 예방할 수 있다"며 "자치경찰의 역할이 더 커져야 하는 시점이지만 오히려 퇴행하는 것 같아 안타깝다"고 진단했다.

박성현 기자 shine@imaeil.com

뜨거운 이슈, 파견 경찰관 문제

현재 전국의 자치경찰위원회 사무국에는 지방직 공무원과 경찰관이 같이 근무하고 있다. 하지만 모든 시·도 자치경찰위원회 사무국에는 업무량과 관계없이 경찰 정원 3명을 일률적으로 배정하고 있다. 따라서 모든 자치경찰위원회는 추가로 정원 외 경찰관들을 파견하여 운영하고 있다. 이른바 비별도 파견 정원이다. 전국 시·도 자치경찰위원장 협의회와 전국 시·도 자치경찰위원회 사무국장 원탁회의에서도 이 문제에 대해 수차례의 회의와 건의를 통해 입장을 전달했다.

전국 시·도 자치경찰위원장 협의회에서는 파견 경찰관들의 현원 유지 및 정원화를 적극적으로 요구하였다. 하지만 인사혁신처와 행정안전부에서는 이에 대해 난색을 표하고 있다. 파견 경찰관 파견 연장과 관련하여 인사혁신처는 파견 연장이 안 된다는 입장이고, 행안부는 정원 확대가 안 된다는 입장이다. 경찰청은 인사혁신처의 입장을 감안하여 전국 위원회 입장을 정리해달라는 의견이다.

2022년 12월 15(목) 14:00에도 전국 시·도 자치경찰위원장 협의회에서 Zoom 영상회의를 개최하였다. 주요 안건은 자치경찰위원회 파견 경찰관 근무 기간 연장 건이다. 서울 김학배 위원장의 주관으로 시작된 회의에서 그동안의 경과 과정을 정리하면, 올 하반기 정기인사 시 복귀한 18명을 감축, 현재 정원 외 116명이 근무 중이다. 위원장협의회는 올해 7월에 현원 유지를 1안, 19명 감축을 2안으로 제시했으나, 관계기관 간 입장 차이로 결론을 도출하지 못했다. 자치경찰분과위원회에서는 이원화 제도 개선 논의 기간만이라도 현행 유지를 행안부와 인사혁신처에 권고했으나, 행안부는 정원 증원 불가 입장이고, 인사혁신처는 대폭 감축방안 입장을 되풀이하고 있다.

경찰청은 협의를 마무리해야 하는 시기여서 내일까지 대대적인 감축안을 제출해 달라는 입장이다. 경찰청의 실무안은 116명 전원 1년 연장 후 '24년 1월 일괄 복귀를 1안으로 하고, 인사혁신처도 동의했다. 2안은 '23년 1월부터 '26년 1월까지 단계적으로 감축하는 안인데, 인사혁신처는 더 감축하라는 입장이다. 경찰청과 인사혁신처가 제시한 3가지 안 중에서 경찰청 2안을 선택한 위원회가 11곳으로 대다수이다. 대부분의 위원회는 현원 유지를 희망하고 있다.

열띤 토론이 있었다. 현재 자치경찰사무가 시·도에 이관되었으므로 경찰청장은 광역적 상황 외에는 자치경찰사무에 관여할 수 없다. 경찰청 본청에 자치경찰협력정책관, 생활안전국, 교통국 3개 국에 146명이 근무 중이다. 업무권한이 없는 조직이며, 인력을 유지할 명분이 없다. 우리가 필요한 인원이 116명인데, 권한이 없는 조직에서 갖고 있는 인원이 더 많다. 경찰청은 위원회에 정원을 한 명도 늘리지 않겠다는 입장이므로, 행안부나 인사혁신처에 이 문제를 건의하는 게 좋겠다. 자치경찰사무는 시·도사무이므로, 본청에 조직이 있어서는 안 된다고 강력하게 주장해야 할 것이다. 이런 의견으로 우리의 입장을 전달하기로 했다. 갈 길이 멀다. 하지만 모든 위원장의 생각이 동일하다.

명실공히 자치경찰위원회는 법률상 생활안전, 여성청소년, 교통 등 자치경찰 업무에 있어서는 시도경찰청장을 지휘 감독하는 중요한 기관이다. 경찰 업무를 잘 알고 경찰청과의 유기적인 업무협조를 위해서는 현직 경찰관들을 적정하게 배치하여 정책의 원만한 수립과 집행이 필요한 실정이다. 현재 전국의 자치경찰위원회 사무국에 파견된 경찰관들은 언제 복귀해야 할지 모르니 업무 몰입도가 떨어질 수 있다. 파견 경찰관들의 현원 유지 및 정원화는 반드시 필요하다.

경찰 '보디 캠'을 말하다
경안일보 특별기고 (2024. 2. 2)

경찰 업무는 위험성, 돌발성, 긴급성의 특징을 갖고 있다. 경찰관은 위험하다고 생각되는 지역을 집중적으로 순찰하고, 실제로 위험한 범죄 발생 현장에 긴급하게 출동해서, 범죄를 저지른 위험한 인물을 체포한다. 이 과정에서 흉악한 범죄자들을 상대해야 하는 경찰관들은 위험에 노출되고, 실제로 범인을 제압하다가 본인이 다치거나 범인이 다치는 경우도 있다. 특히 범인이 다치는 경우에는 민·형사상 소송이 제기되기도 하고, 악성 민원에 시달리는 경우도 많다. 경찰관은 위급한 범죄 상황에서 경찰장구를 정당하게 사용하고, 합법적으로 대처했다는 증거를 확보하기 위해 지난 2015년부터 2021년까지 '웨어러블 폴리스 캠 시스템 운영 규칙(경찰청 훈령)'에 근거해 경찰 보디 캠(신체에 부착해 현장을 촬영하는 이동형 카메라)을 시범적으로 운영하였다.

하지만, 경찰 보디 캠은 개인정보 침해 논란 때문에 전량 폐기되었다. 그 대신 경찰관 개개인이 필요한 경우에 사비로 보디 캠을 구매해서 사용했다. 그마저도 작년 9월, 개인 정보 보호 강화 정책으로 경찰 개인 차원에서의 사용은 더욱 힘들어졌다.

경찰청은 개정 법률에 근거해서 기존의 보디 캠을 지역 경찰관서별로 등록해 사용하도록 내부 지침을 만들었다. 이제 경찰 보디 캠이 경찰 장비에 정식으로 포함되고, 구체적인 사용 기준도 마련되었다. 대한민국 경찰도 미국과 같이 공무 수행 중에는 가슴에 보디 캠을 달 수 있게 되었다. 자동차로 말하자면 블랙박스와 같은 존재이다. 필자가 아는 MZ 세대의 젊은 경찰관들은 경찰 보디 캠을 매우 선호한다. 보디 캠이 자신들의 정당함을 증명해 줄 수 있기 때문이다.

경찰 보디 캠은 경찰관이 폭력 시위대나 취객들에게 폭행당하는 것을 막고, 경찰의 과잉 진압도 막아보자는 취지에서 유용하다. 경찰청은 보디 캠의 공식적인 도입으로 우수한 성능을 갖춘 장비를 충분하게 보급해서 일선 치안현장의 업무부담과 압박감이 경감될 것으로 기대하고 있다. 올해 하반기부터 본격적으로 도입하는데, 5천 800여 대를 시작으로 2028년까지 총 5만 5천여 대의 보디 캠을 지급하는 방안을 검토했지만, 예산

사정으로 그 규모는 조금 축소될 가능성도 있다.

개정안은 경찰 보디 캠 사용 요건을 신설했다. 경찰관이 피의자를 체포 또는 구속하는 경우, 범죄 수사를 위해 필요한 경우, 사람의 생명·신체에 위해를 끼치거나 재산에 중대한 손해를 끼칠 우려가 있는 범죄 행위를 긴급하게 예방·제지하는 경우 등에 한해서 최소한의 범위 내에서 사용할 수 있게 했다. 아울러 보디 캠 사용 고지 의무와 기록 정보 관리체계 운영 기준도 명시했다. 또한 경찰관은 보디 캠으로 사람 또는 그 사람과 관련된 사물의 영상을 촬영할 때 불빛, 소리, 안내판 등 대통령령으로 정하는 바에 따라 촬영 사실을 표시하고 알려야 한다. 아울러 촬영한 영상 음성 기록은 지체 없이 데이터 베이스에 전송·저장해야 하고, 경찰관 마음대로 편집·복사·삭제하는 행위는 철저하게 금지된다. 따라서 경찰관이 임의로 영상을 조작할 수 없다. 경찰이 보디 캠을 실제로 사용하는 과정에서 여러 문제점이 나타날 수 있다. 이것은 계속 수정하고 보완하면 된다.

위험한 현장에서 경찰관이 소신 있고 정정당당하게 흉악한 범죄자를 제압하여 올바로 시민을 보호할 수 있도록 경찰 보디 캠이 잘 활용되길 기대한다.

상피제(相避制)와 경찰
대구신문 특별기고 (2024. 1. 30)

고려와 조선에는 상피제(相避制)라는 제도가 있었다. 상피제라는 용어는 근친상간을 규제하는 상피(相避)에서 유래된 말로, 친인척처럼 아주 가까운 관계에 있는 사람끼리는 같은 관청이나 같은 지역에서 함께 근무하지 못하게 하는 제도였다. 친밀한 관계로 인한 비리와 부정부패 카르텔을 사전에 방지하고자 한 것이다. 이런 사실은 조선 퇴계 이황 선생의 사례를 통해서 확인할 수 있다. 퇴계 선생이 단양군수로 재직할 때, 친형인 이해가 충청감사로 임명되었다. 충청감사는 단양군수의 직속상관이다. 이황 선생은 상피제에 따라 영남의 풍기군수로 보직을 옮기게 된다. 이황 선생이 상피제 때문에 풍기군수로 옮긴 것은 만약에 있을 수도 있는 부조리와 비행을 사전에 차단하기 위해서다.

공직을 수행함에 있어 공정과 정의는 무엇보다 중요하다. 특히, 승진이나 전보 등 인사행정에 있어 공정은 가장 중요한 기준이다. 지역의 학연, 지연, 혈연 등이 개입하거나 개입할 소지가 있어 공정성이 의심되면 설사 공정하게 업무를 처리했다 하더라도 신뢰를 받기 어렵다. 그런 점에서 상피제는 나름 유용한 제도라고 할 수 있다.

최근 경찰청이 시·도 경찰청에서 승진한 경무관은 소속 경찰청에서 근무하지 못하도록 하는 이른바 경찰관 '상피제'를 올해부터 적용한다. 최근 총경과 경무관 등 고위직 경찰관이 늘어난 만큼 지역 유착 등 부작용을 최소화하기 위한 인사혁신 방안이라고 할 수 있다. 경찰 총경급 직위를 경무관이 맡을 수 있는 '복수직급제' 도입으로 경무관과 총경 등 고위급 인력이 증가하면서 조직의 역동성이 저하되는 문제를 해결하기 위한 방안으로 해석된다. 그동안 경무관과 총경 전보 인사는 승진한 시·도 경찰청에서 연속적으로 근무할 수 있었다. 하지만 오래 근무한 지역에서 익숙함에 따른 타성과 지역 토착 인사들과의 유착관계 등 문제점이 일부 있었다.

경찰청은 이와 같은 문제점들을 해결하기 위해 경무관의 경우 승진 당시 소속 시·도 경찰청에서 근무하던 관행을 없애고, 승진한 시·도 경찰청 인사권역 이외의 시·도 경찰청에서 근무하도록 하고, 3년간 승진한 시·도 경찰청에서는 근무할 수 없게

정하였다. 예를 들면, 대구경찰청에서 승진한 A 경무관은 동일 권역 내인 경북청이나 대구청 등에서 근무할 수 없는 것이다.

보통 경찰관을 포함한 공직자들의 대다수는 그들이 성장하고, 오랫동안 근무한 지역에서 경찰서장이나 기관장 등으로 근무하고 싶어 한다. 왜냐하면 그 지역에 대해서 잘 알고 있고, 나름 그들이 성장한 지역에 대한 봉사라고 생각하기 때문이다. 상피제는 그런 점에서 공직자들에게는 가혹한 측면이 있다. 상피제의 장점을 최대한 살리면서 공직자들의 이런 희망도 충족시켜 줄 수 있는 묘안은 없을까? 새로운 경찰 인사개혁안의 성공적인 안착을 기대한다.

회복적 경찰활동
대구신문 특별기고 (2024. 3. 22)

경찰은 범죄를 예방하고, 범죄자를 진압·체포하고, 수사하는 것으로만 알고 있는 사람들이 많다. 하지만 경찰은 지역 사회에서 갈등과 분쟁 또는 범죄가 발생했을 때, 범죄자와 피해자가 함께 하는 회복적 대화모임을 통해서 피해 회복과 재발 방지 등 근본적인 해결방안을 지원함으로써 지역 사회를 안전하게 지켜나가는 경찰활동을 수행한다. 이러한 활동을 '회복적 경찰활동'이라고 한다. 실제로 형사처벌에만 집중하면 피해자가 사법절차에서 소외되거나 가해자로부터 진정한 사과를 받을 기회를 상실하고, 가해자가 오히려 피해자로 인식되는 현상이 나타난다는 비판에서 나온 개념이다.

영국이나 미국, 캐나다 등 선진국에서는 회복적 경찰활동을 오래전부터 운영하였다. 지역 사회의 안전을 위해 경찰의 범죄자 검거 중심의 경찰활동은 한계가 있음을 인식하고, 이해 당사자 간 대화를 통해 관계 개선을 도모하는 회복적 실천방식을 구현한 것이다.

회복적 경찰활동은 보통 가해자와 피해자, 이해관계자가 참여하는 '회복적 대화 모임'의 형태로 이루어진다. 경찰청에서는 2019년 '회복적 경찰활동'을 시범적으로 운영하고, 이를 토대로 2021년부터 전국적으로 시행하고 있다.

보통 경찰에 신고 되는 학교폭력 사건 중에는 가해자와 피해자 간에 화해를 통해 형사 재판 절차를 밟지 않고, 해결될 수 있는 경미한 사건들이 많다. 이런 경우에도 학교폭력 발생 초기에는 분노가 폭발해서 피해자가 가해자의 처벌을 원하는 경우가 많다.

하지만 사안이 경미하고 피해가 중하지 않은 경우에 '회복적 대화모임'을 통해 서로의 갈등과 오해를 해소함으로써 용서와 화해에 도달할 수 있다. 이러한 방식은 형사재판 절차를 진행하여 처벌하는 것보다 사건 이후에 악감정을 해소하고, 상호 관계를 회복하는 데 유리하게 작용한다. 아울러 처벌에 따른 낙인효과도 예방할 수 있는 장점이 있다.

보통 자녀가 학교폭력의 가해자로 경찰에 입건된 경우, 학부모는 학교전담경찰관에게 '회복적 대화모임'을 개최해 줄 것을 요청할 수 있다. 학교전담경찰관은 학교폭력 양측 당사자의 참여 의사를 확인한 후 모두 동의하는 경우에 회복적 대화모임 절차를 진행할 수 있다. 이 절차는 강제적이지 않다. 가해자와 피해자 양측의 동의와 참여 의사에 따라 실시하는 것이다.

'회복적 대화모임'에 참여하는 학교폭력 당사자들은 화해와 합의를 통해 고소를 철회하는 경우가 많다. 그동안 학교폭력이 발생한 경우에 사전에 가해자와 피해자 간 화해나 오해를 해소할 기회도 없이 사법 처리(형사처벌)를 했던 것에 비하면 한층 발전된 제도라고 할 수 있다. 가해자의 처벌 위주의 응보적 관점에서 벗어나 범죄 피해자에 대한 피해 복구와 재발 방지 등에 집중하는 '회복적 경찰활동'인 것이다.

편의점에서 5천 원 상당의 물품을 훔친 중학생이 업주의 용서를 받아 처벌을 피했고, 여러 친구에게 금품을 빼앗긴 학생이 6명 가해자의 진실한 사과를 듣고 트라우마를 극복하기도 했다. 또한 7년째 층간 소음으로 다투다 급기야 폭력 사태까지 벌인 이웃들도 서로 화해했다. 회복적 경찰활동제도는 층간소음뿐만 아니라 가정폭력, 협박, 절도, 학교폭력 등에서 다양하게 활용되고 있다. 차츰 그 영역이 확대될 것이다. 하지만 모든 사건에 회복적 경찰활동을 적용할 수는 없다. 흉악한 강력 범죄나 가해자와의 대화가 오히려 2차 가해가 될 수 있는 성폭력 사건에 적용하면 역효과가 날 수 있다.

검찰 단계에도 형사조정제도 등 여러 제도가 있지만 갈등의 골이 깊어지기 전인 경찰 단계에서 대화를 매개로 해결책을 마련한다는 측면에서 '회복적 경찰활동'이 갖는 의미는 크다. 경찰은 재범률을 낮추는 것은 물론 사법기관을 통한 분쟁 해결과 비교해 사회적 비용도 줄어들 것으로 기대하고 있다. 학교와 이웃, 가정과 직장 등 지역 공동체에서 갈등이나 범죄가 발생한 경우에 회복적 경찰활동은 효과적이다.

기동 순찰대
대구신문 특별기고 (2024. 2. 8)

최근 길거리와 백화점, 등산로와 공원 등에서 발생했던 이른바 '묻지마 범죄(이상동기 범죄)' 등으로 시민들의 불안감이 크다. 시민 누구나 이런 흉악한 범죄의 피해자가 될 수 있다는 불안감은 시민 안전의 최일선 기관인 경찰에 대한 사회적 요구가 높아진 상황이다.

이에 경찰청에서는 경찰조직 개편을 포함한 다양한 치안 대책들을 발표했는데, 그중 하나가 '기동 순찰대' 신설이다. 전국 경찰서의 내근직의 일부를 외근 등 현장인력으로 전환하고, 정보과를 축소하는 등 순찰외근 인력 2,900여명을 확보해서, 이를 현장에 배치하여 범죄 예방활동에 집중하는 '기동 순찰대'로 활용할 계획이다.

이번에 신설된 기동 순찰대는 과거의 기동 순찰대와는 달리 운영단위를 시·도 경찰청으로 격상하였다. 또한 파출소와 지구대의 지역 경찰이 수행하기 힘들었던 풍속사범, 암표 매매 등 무질서 행위 단속, 피의자 도주, 흉기 사용 범죄, 마약사범 등 경찰인력이 필요할 때, 집중적으로 투입하여 지역 경찰과 상호 보완하는 역할을 수행한다.

기동 순찰대는 심야 기간 등 범죄 취약시간, 유흥가 등 취약지점에 승합 순찰차를 배치해서 주요 거점을 설정하고, 거점 근무자를 배치한 후 나머지 인원은 주변 지역을 도보 순찰하는 시스템을 갖춘다. 기동 순찰대는 승합 순찰차를 중심으로 이동형 거점 형태의 도보 순찰을 통한 가시적인 경찰 예방활동에 초점을 맞추었다. 실제로 제복을 입고 경찰관이 시행하는 도보 순찰은 지역의 취약지점을 세밀하게 살필 수 있고, 도보 순찰 중에 지역 주민과의 대화가 가능하기 때문에 시민들의 범죄에 대한 두려움을 감소시킬 수 있는 효과가 있다.

기동 순찰대는 차량 순찰과 도보 순찰의 복합적인 형태로 차량 순찰의 한계를 극복하고, 도보 순찰의 효과를 극대화하고자 한다. 이번에 신설된 기동 순찰대는 현재 운영하고 있는 기동대와는 다르다. 기동대는 집회와 시위 관리를 담당하는 진압경찰이다. 반면에 기동 순찰대는 범죄 예방활동이 주 임무로, 기동대와는 업무의 성격이 다르다.

하지만 비상시에는 주 업무와 관계없이 동원된다는 점에서는 공통점이 있다.

기동 순찰대는 이동형 거점으로 '움직이는 파출소'의 역할을 수행할 것이다. 하지만 여기서 생각해 볼 점이 있다. 경찰청에서는 기동 순찰대를 범죄 예방에 중점을 두고 운영한다고 하면서도 국가경찰로 분류하고, 각 시·도 경찰청에 임용권이 있다고 한다. 하지만 기동 순찰대의 신설 목적이 가시적인 예방 순찰 강화와 범죄 분위기를 제압하고, 시민들의 치안 체감도를 높이는 것으로 명시하였고, 향후 주 업무 또한 자치경찰사무를 수행하는 것으로 확인된다. 따라서, 시·도 경찰청 범죄예방대응과 소속의 기동순찰대는 자치경찰사무 담당 경찰 공무원으로 분류되는 것이 당연하다.

대구 기동 순찰대

지역 사회와 경찰
경북일보 특별기고 (2024. 4. 9)

필자가 대학을 다니던 1980년대는 '경찰'이 인기있는 직업이 아니었다. 그 당시에도 경찰을 '민중의 지팡이'라고는 했지만 실제로 상당수의 국민들은 경찰에 대해 좋은 인상을 갖고 있지는 않았다. 하지만 이제는 경찰을 '거리의 판사', '지역 사회 문제 해결자'라는 호칭으로 부르고 있고, 청소년들에게 미래 희망 직업 중에서 최고 순위에 꼽힐 정도이다. 실제로 전국적으로 100여 개 대학에 경찰행정학과가 개설되어 있고, 경찰 공무원 채용 시험 경쟁률도 치열하다.

이와 같이, 경찰의 이미지가 바뀐 데는 여러 이유가 있다. 먼저 1991년 경찰법이 개정되면서 경찰청이 내무부 치안 본부에서 독립되어 어느 정도 정치적 중립을 이루었고, 과거 각종 부패와 부조리를 척결하여 청렴한 경찰로의 이미지 전환을 했다. 하지만, 무엇보다 지역 주민과의 협력과 소통으로 주민과 친근한 경찰로 다가갔기 때문이다.

경찰은 법을 집행하는 공무원이다. 지역 주민의 신뢰가 무엇보다 중요하다. 지역 사회에서 발생하는 무질서와 범죄 등의 문제를 확인하고, 이를 해결하기 위한 경찰과 지역 사회의 협력적 활동을 '지역 사회 경찰활동'이라고 한다.

일본은 최근에 지역 사회 경찰활동의 하나로 '치안 박스(security box)'를 운영했다. 깔끔한 컨테이너 박스를 만들어서 퇴직한 경찰이 상주하고, 지역 사회의 범죄 예방에 관련된 활동을 지원하는 역할을 한다. 범죄 예방 자원봉사자들과 합동 순찰도 하고, 응급 상황에 대한 초기 대응, 범죄와 안전에 대한 뉴스 전파 등의 역할을 수행한다. 이런 치안 박스에 대해 주민들의 반응도 긍정적이다. 또한, 일본에서는 현직 경찰이 시행하는 호신술 교실과 같은 프로그램도 경찰에 대한 시민들의 신뢰도를 높이고 있다.

미국에서는 최근에 경찰서 건물을 밝고 개방적이며, 포용적인 디자인 형태로 주민에게 다가가고 있다. 기존에 폐쇄적이고 권위주의적인 이미지와는 달리 모든 주민을 공정하게 대우하고 있다는 인상을 준다. 또한 이런 경찰서의 이미지는 지역 사회에 신뢰감을 주고, 경찰의 합법성을 강화하는 데도 기여한다.

2021년 7월 우리나라에서 출범한 자치경찰제도 지역 주민에게 친숙하게 다가가고 있다. 대구시 자치경찰위원회의 비전은 '시민중심, 시민안전, 대구형 자치경찰'이고, 정책 목표는 '시민과 소통하고, 사회적 약자를 배려하는 대구형 자치경찰'이다.

시민중심 자치경찰 네트워크 협의체는 대구광역시 자치경찰위원회가 출범하면서 시민이 직접 지역 치안에 대한 문제점과 개선 사항을 건의하고, 이를 자치경찰 치안정책에 반영하는 등 시민중심의 자치경찰이 되기 위해 만들어졌다. 지금까지 대구 자치경찰의 든든한 파트너이자 치안활동의 참여자로서 많은 역할을 하고 있다.

아울러 대구시 초, 중, 고교생을 대상으로 한 폴리스 틴과 키즈 사업은 청소년이 학교폭력, 통학로 안전 등 생활 속 치안 문제를 발굴하고 자신들의 눈높이에서 구체적인 해법을 모색하는 프로그램이다. 이 사업을 통해 대구시 청소년들의 자치경찰에 대한 이해도를 많이 높인 것으로 나타났다. 앞으로 관계기관과 협력을 강화해 학교폭력 예방 및 학교 주변 치안 문제 해결을 통해 지역 청소년들이 더욱 안전하게 성장할 수 있도록 할 것이다.

앞으로도 대구 자치경찰은 주민들과 더욱 긴밀하게 소통할 것이다. 녹색어머니회, 주민자치위원회, 자율방범대, 생활안전협의회 등 지역의 다양한 모임들이 지역의 안전정책 결정과정에 참여함으로써 주민들에게 보람과 효능감을 주고, 지역의 안전에도 기여하는 노력이 필요하다. 지역 주민이 참여하는 경찰활동은 궁극적으로 범죄에 대한 두려움을 감소시키고, 경찰에 대한 신뢰도 증진시킨다. 경찰은 제복을 입은 시민이다.

자치경찰 다시 보기

자치경찰의 이미지
매일신문 특별기고 (2023. 1. 17)

　시민의 가장 가까운 곳에서 시민의 생명과 재산을 보호하는 형사사법기관이 바로 경찰이다. 특히 자치경찰은 사회적 약자 보호와 교통경찰 등 시민 생활과 밀접한 업무를 수행하고 있다. 그럼 이런 경찰에 대해서 일반 시민들은 어떻게 바라보고 있을까?

　사실 경찰의 이미지는 하루 이틀에 형성된 것이 아니다. 오랜 기간에 걸쳐 생성된 것이다. 영국의 여론조사기관이 경찰에 대한 시민의 여론조사 결과를 발표한 적이 있다. 이 조사에 따르면, 영국 경찰은 정직성과 윤리성의 측면에서 사회 각계의 다른 직업인과 비교해서 가장 높은 평가를 받고 있다. 영국 국민의 97%가 경찰을 '존경'하고 있으며, 또한 부모의 64%가 자기 자녀가 경찰을 지망한다면 이를 찬성하겠다고 한다. 또한 '영국 경찰이 지금도 세계 제일'이라고 보느냐는 질문에 93%가 동의하고 있는 것을 볼 때, 경찰이 영국 국민에게 얼마나 높은 평가를 받고 있는지를 설명해 주고 있다.

　그럼 우리나라 경찰은 어떨까? 과거 우리나라 경찰은 일제 강점기 국민들을 억압했던 '순사'의 이미지를 거쳐 군사 정부 시절 일명 '짭새'라고 불렸던 부정적인 이미지가 있었다. 실제로 그랬다. 1970년대, 80년대에는 뇌물을 받고, 부정에 눈을 감는 불량경찰의 이미지가 있었다. 당연히 이때는 경찰이 존경을 받거나 선망하는 직업이 아니었다. 세월이 흘러 지금 대한민국의 경찰 이미지는 어떨까? 예전의 부정적인 이미지를 타파하고, '민중의 지팡이', '거리의 판사', '사회 문제 해결자'의 긍정적인 이미지로 발전하였다. 실제로 그렇다. 이 방증으로 초등학생, 중학생, 고등학생들을 대상으로 한 직업 선호도 조사에서 경찰이라는 직업이 전체 직업군 중에서 10위 안에 든다. 실제로 중학생들을 대상으로 한 자유학기제 직업체험 프로그램에서 경찰 프로그램이 인문사회계 쪽에서 가장 인기가 있는 프로그램이다. 또한 경찰행정학과도 많은 대학에서 경쟁률이 높은 학과로 자리매김하고 있다. 대구·경북에는 거의 모든 대학에 경찰행정학과가 개설되어 있을 정도로 청소년들에게 인기가 높다.

　아울러 경찰청에서 개발한 포돌이, 포순이는 국민들에게 다정한 캐릭터로 인기가 높다. 초등학교 등하굣길에서 만난 포돌이, 포순이는 매우 반갑고 정겹다.

2021년 7월에 출범한 대구시 자치경찰위원회에서는 시민에게 친숙한 자치경찰의 이미지를 위해서 최근 캐릭터와 이모티콘을 개발하였다. 대구시의 심볼인 도달수(도시 달구벌 수달)의 이미지에 경찰복을 입힌 캐릭터이다. 하트를 뿅뿅 날리는 자치경찰, 씩씩하게 거수경례하는 자치경찰, 반갑다고 통통 튀는 자치경찰 등 다양하게 제작하였다. 너무 가볍지도 않으면서 친근한 이미지로 제작하여 보급 중이다. 아울러 웹툰으로도 제작해서 시민들이 알기 쉽게 자치경찰의 활동 내용을 이해할 수 있게 만들었다. 시내버스 광고, 도시철도 3호선 래핑 광고, 동대구역 등 주요 교차로 영상광고는 물론이고, 시민에게 직접 찾아가서 설명하는 특강, 교통방송 등 신문방송, SNS 등 다양한 방법으로 제도 및 정책을 홍보하고 있다. 이렇게 형성된 자치경찰에 대한 이미지는 분명 시민에게 다가가는 친숙한 경찰로 정착될 것이다. 물론 경찰의 이미지는 경찰이 형식적으로 제복이나 장비, 마스코트 등 외형만을 바꾸고, 홍보를 하는 것으로 될 일은 아니다. 권위주의, 냉소주의, 보신주의 등 부정적인 행태를 타파하고, 진정으로 시민에 대한 친근하고 긍정적인 태도로 변모해야 가능한 일이다. 끊임없는 교육과 자기성찰이 전제되어야 한다. 시민은 법의 통제 대상이 아니다. 시민은 단속의 대상이 아니다. 시민은 치안 서비스의 대상이고, 치안행정의 주체이다.

경찰 혼자서 지역 사회의 범죄 문제를 해결할 수 없다. 시민과 소통하고 협력하는 자치경찰, 시민이 참여하는 동네 치안, 어르신이나 아동 등 사회적 약자를 보호하는 든든한 사회 안전망을 만드는 자치경찰이 '대구형' 자치경찰이다.

자치경찰 이모티콘, 웹툰 개발

대구시 자치경찰위원회는 다양한 방법으로 자치경찰제도와 시책을 홍보해 왔다. 아마도 전국 자치경찰위원회 중에서 홍보만큼은 우리 대구시 자경위가 1등이라고 생각한다. 필자를 포함한 모든 직원이 노력하고 있다. 다양한 홍보방법의 하나로 오랫동안 준비해 온 이모티콘과 웹툰이 완성되었다. 최근에는 MZ세대를 중심으로 SNS와 웹툰이 대세이다. 수십차례의 아이디어 회의와 수정을 통해서 만들어졌다.

대구시의 상징인 도달수(도시 달구벌 수달)를 기본형으로 하여 자치경찰의 이미지를 포함했다. 대구시 자치경찰은 시민중심, 시민안전, 시민과 소통하고 사회적 약자를 배려하는 친근한 경찰이다. 이번에 제작한 이모티콘은 너무 가볍지도 않으면서도 시민에게 친근한 이미지에 중점을 두었다.

아울러 웹툰은 자치경찰의 업무를 중심으로 자치경찰 소개, 생활안전 분야, 여성청소년 분야, 교통 분야로 총 네 가지를 제작하였다. 시민들이 쉽게 이해할 수 있으면서 재미있게 표현하려고 애를 썼다. 이 어려운 업무는 대외협력팀의 홍보를 담당하는 김형욱 주임이 맡았다. 김형욱 주임은 올가을에 결혼한 새신랑이다. 하지만 밤을 새우면서, 주말에도 출근해서 이 업무에 매진했다. 김형욱 주임은 자타공인 대구시 자치경찰위원회의 에이스다. 그는 프로이다. 그런 김 주임이 대구시의 회로 발령이 났다. 새로운 분야에 대한 도전과 경험을 하고 싶어서이다. 몇 번을 잡았지만 보낼 수밖에 없다. 김형욱 주임은 어느 부서에 가든지 그 부서에서 우뚝 설 것이다. 김 주임은 프로이기 때문이다.

대구자치경찰 소개 웹툰

기본   기본 (교통)

1_사랑해요   2_금지입니다   3_최고   4_파이팅

5_경례   6_신고   7_안내   8_호루라기

9_지켜주세요   10_음주단속   11_오토바이   12_횡단보도

대구자치경찰 홍보 이모티콘

자치경찰위원회
경북일보 특별기고 (2023. 1. 20)

2021년 7월, 경찰 역사 76년 만에 가장 획기적인 변화라고 할 수 있는 '자치경찰제'가 출범하였다. 경찰청장을 정점으로 하는 중앙집권적인 국가경찰 구조가 경찰청장(국가경찰), 자치경찰위원회(자치경찰), 국가수사본부장(수사경찰)의 '3원체제'로 바뀐 것이다. 자치경찰은 아동·청소년·여성 등 사회적 약자 보호, 교통지도·단속 및 교통질서 유지, 범죄 예방과 생활안전 업무 등 시민들의 가장 가까운 곳에서 시민들의 안전 업무를 수행한다. 자치경찰은 주민자치행정과 경찰행정을 연계할 수 있는 장점이 있고, 지방분권의 이념을 바탕으로 시민들의 목소리를 더욱 신속하고 상세하게 경찰 업무에 반영하는 데 그 의의가 크다.

현행 우리나라의 자치경찰제는 국가경찰과 자치경찰의 조직을 분리하지 않고 사무만 구분하여 국가경찰사무는 중앙의 경찰청이, 자치경찰사무는 시·도 단위의 자치경찰위원회가 지휘·감독하며, 자치경찰사무 담당 경찰관의 신분도 국가경찰로서 유지하는 일원화 모형이다. 자치경찰제를 시행하는 데 있어서, 자치경찰이 시도지사 소속으로 너무 시장과 도지사에 의해 좌지우지되는 것 아니냐는 우려가 있었다. 하지만 이 문제는 '자치경찰위원회'가 있어서 어느 정도 해결된다고 할 수 있다. 자치경찰위원회는 시도지사 소속이지만 직무상 독립성을 유지할 수 있도록 합의제 행정기관으로 법률에서 보장하고 있다. 그런 측면에서 오히려 시도지사의 정치적 영향력에서 자치경찰위원회가 방어벽의 역할을 한다고 할 수 있다. 다시 말해서 자치경찰위원회는 시도지사 소속이지만 합의제 행정기관이며, 자치경찰사무에 대하여 독립적으로 직무를 수행한다. 자치경찰위원회는 자치경찰사무에 관하여 시도경찰청장을 지휘·감독하게 되어 있다.

자치경찰위원은 7명의 위원으로 구성된다. 시도의회(2명), 국가경찰위(1명), 교육감(1명), 위원추천위(2명) 추천, 시도지사(1명) 지정한 자를 시도지사가 임명하게 되어 있다. 위원장은 시도지사가 임명하고, 상임위원 겸 사무국장은 위원 중에서 호선하게 되어 있다. 이것은 정치인인 시도지사가 임명한 위원장을 견제하는 의미도 있는 것이다. 필자는 대학교수를 휴직하고 임기 3년의 대구시 자치경찰위원회의 상임위 원겸 사무국장으로 일을 하고 있다. 이제 1년 6개월이 지나 임기의 반환점을 지났다. 아직 한 번도 가보지 않은 새로운 길을 가고 있다. 하지만 대구시 자치경찰위원회의 7명의 자치경찰위원의 꼼꼼하고 심도 있는 토론을 통해 나온 정책들이 대구시민의 안전을 위해 성과로 나타나고 있다. 많은 보람을 느낀다. 매월 1회 정기 회의와 특별한 사안이 있을 때 시행하는 임시 회의는 대구시 자치경찰의 살아있는 역사가 될 것이다. 대구시민들의 많은 관심과 제언, 응원을 부탁드린다.

현재의 자치경찰제는 자치경찰관이 없는 자치경찰제라고 할 수 있다. 실제로 자치경찰 업무를 수행하고는 있지만 정작 채용이나 승진 같은 중요한 인사는 전적으로 국가경찰의 신분으로 국가경찰에 의해 영향을 받는다. 기형적인 시스템이다. 국가경찰과 자치경찰은 이원화되어야 한다. 자치경찰의 정치적 중립성과 민주성, 공정성을 위해서 '자치경찰위원회'의 역할이 중요하다. 합리적이고 이상적인 자치경찰위원회 구성 방법에 대한 논의도 활발하다. 자치경찰위원회가 다루는 치안 문제는 지역 사회의 다양한 구성원과 관계있다는 점에서 성별, 연령, 경력 등이 다양한 사람들로 구성할 필요가 있다. 이러한 노력들도 분명 '한국형' 자치경찰제를 정착하기 위한 과정이다.

대구시 자치경찰의 비전은 '시민중심, 시민안전, 시민과 소통하고 사회적 약자를 배려'하는 것이다. 대구시 자치경찰제가 안정적으로 정착되어 최고의 치안 안정성을 유지하면서 자치분권의 이념을 실현할 수 있도록 자리매김해야 한다.

제안 활성화, '자치경찰정책과' 최우수상

대구시 자치경찰위원회 '자치경찰정책과'가 2022년 대구시 제안 활성화 최우수 부서에 선정되었다. 2022년 시민, 공무원 정책제안 공모에 따른 제안 제도 운영 실적 평가에 대한 포상 결과이다. 이 상은 2022년 1월 1일부터 10월 31일까지 대구시청 89개 부서를 대상으로 정책제안이 좋은 부서에 대하여 엄격한 심사를 통해서 포상하는 것이다.

자치경찰정책과는 최우수상으로 100만 원의 상금을 받았고, 김지은 주무관은 우수 공무원으로 선정되어 개별상금 20만 원을 받았다.

대구시 자치경찰위원회는 시민중심, 시민안전, 시민과 소통하고 사회적 약자를 배려하는 것을 비전과 정책목표로 하고 있다. 늘 시민과 함께하고, 시민이 부르면 달려간다는 자세로 일을 하고 있다. 이런 점에서 볼 때, 이 상은 큰 의미가 있다. 설용숙 대구시 자치경찰위원장은 상을 받은 김강민 정책TF팀장과 팀원들, 그리고 김지은 주무관과 함께 기념 촬영을 하고, 노고를 격려하였다.

아울러 필자도 한국청소년신문사가 주최하고 교육부, 통일부, 여성가족부가 후원한 제20회 대한민국 청소년지도자 사회 부분 치안 대상을 받았다.

우리 자치경찰위원회 사무국에서도 연말에 표창장 수여를 하였다. 기획팀 김광년 경위, 총무팀 이인수 경위, 협력팀 성용철 경위가 수상하였다. 각자의 위치에서 묵묵히 자기 일에 최선을 다한 직원들이다.

시민들을 상대로 한 자치경찰 홍보에 박차

이제 봄이다. 대구시민들을 대상으로 한 자치경찰 및 범죄 예방홍보를 본격화한다. 먼저 수성문화재단 범어도서관에서 시행하는 시니어를 위한 '브라보 마이 라이프 아카데미'에 초대받았다. 이 자리는 여러 차례 필자가 수성문화재단에 부탁한 것이다. 여성이나 청소년, 노인들을 대상으로 자치경찰 홍보를 하고 싶어서이다. 특히 여성이나 노인들을 통한 구전홍보가 중요하다고 생각했다. 수성구 범어도서관에서 시행하는 브라보 마이 라이프 아카데미는 인생 100세 시대를 맞이하여 은퇴 후 행복한 노후 생활을 위한 유용하고 실질적인 정보를 제공하기 위해 기획했다. 1년에 상·하반기로 나눠 운영하며, 상반기인 3월 3일부터 4월 28일까지 범죄 예방, 부동산, 노후 건강 등 다양한 분야의 강의를 준비했다. 매주 금요일 오후 2시 수성구 범어도서관 지하 1층 김만용·박수년홀에서 진행되는 강연은 3월 3일 필자인 박동균 대구자치경찰위원회 사무국장의 '시민안전과 범죄 예방'을 시작한다.

필자는 자치경찰에 중점을 두고 강의를 하면, 자칫 어르신들이 지루해할 수 있기 때문에 각종 범죄의 사례와 예방 등에 사례 위주로 흥미롭게 강의를 했다. 보이스피싱, 보험이나 전세 사기 등 각종 사기 범죄, 마약이나 도박, 사이버 폭력 등을 중점적으로 강의하고, 예방안 및 자치경찰이 하는 업무 등을 최대한 재미있게 강의했다. 필자는 대구한의대학교 평생교육원에서 실시하는 '어르신' 대상 강좌에서 강의한 경험이 많아서 어느 정도 자신이 있다. 70여 명이 참석했다. 처음에는 노인들이 많을 줄 알았는데, 실제로는 대학생부터 주부, 전직 경찰서장 등 다양한 분들이 참석하였다.

수성구 범어도서관 초청 특강 포스터

계속 이어지는 자치경찰 설명회

이어서 3월 6월(월) 오후 2시에는 대구 달서구 월성2동 통장들을 대상으로 한 필자의 '월성동 동민들과 함께하는 자치경찰' 특강이 이어졌다. 특히 월성 2동은 여성 통장들이 대부분으로 분위기가 아주 좋았다. 참석한 우리 직원이 꼭 KBS 가족오락관과 같았다고 할 정도로 특강 내내 화기애애한 분위기였다. 필자가 특강에서 강조한 것은 "범죄 예방의 중요성, 공동체 치안을 만들자. 주민과 함께 고민하고 참여하는 자치치안"이었다.

그리고 이날 저녁에는 6시 30분부터 서구 평리동 도심재생센터 초청으로 '주민 치안과 셉테드' 주제로 특강을 하였다. 이 자리에는 MG 새마을금고 이사장, 주민 자치위원장, 동장, 청소년선도위원장, 도심재생센터장 등 평리동 지역 유지들이 대거 참석하여 마을 안전에 대한 지대한 관심을 보여 주었다. 마치고는 저녁도 성대하게 만들어 주었다.

필자는 대학교수 출신으로 '환경설계를 통한 범죄 예방'에 대해 지난 20여 년간 강조한 학자이다. 자치경찰이 출범한 이후부터 특강이나 칼럼 등 각종 기고를 통해 이 부분을 매우 강조했다. 이날 주제는 셉테드(환경설계를 통한 범죄 예방)이다. 특히 범죄 예방을 위해서 주민이 참여하는 셉테드를 강조했다.

대구시 자치경찰의 미래는 밝다. 앞으로도 남구, 중구, 수성구의회, 경북과학대 등 많은 지역 주민 설명회가 개최될 예정이다. 이러한 주민과의 접촉 기회를 만들기 위해 관련 공문을 보내고, 담당자와 전화 통화하고, 협의하는 일을 마다하지 않는 김형욱 주임, 송현일 주임이 자랑스럽고 고맙다. 사실 주민 자치 설명회 공문을 보내고, 이에 긍정적인 화답을 하는 기관만 소통하면 된다. 하지만 이 두 명의 주임은 일일이 설득하고 소통을 해서 한 기관이라도 더 설명회를 갖기 위해 노력하는 것이다. 김형욱 주임은 더 큰 경험을 하기 위해서 대구시의회로 진출했다.

하지만 아이러니하게도 우리 홍보담당 직원들은 필자에게 미안함을 갖고 있다.

필자 혼자 이 많은 초청 강의를 담당하고 있기 때문에 그런 것이다. 당연히 이런 강의의 대부분은 재능기부이다. 또한 직접 방문하여야 하고, 강의실 시설이 그리 좋지 못한 곳이 많다. 하지만 필자는 전혀 피곤하거나 싫지 않다. 오히려 신이 난다. 자치경찰의 성공 요인은 주민 참여와 관심이다. 그러기 위해서는 주민들을 대상으로 하는 설명회가 중요하다. 짧은 20분 강연도 소중하다. 이런 설명회 하나하나가 모여 대구형 자치경찰제를 정착시키는 밑알이 될 것임을 확신한다.

자치경찰 현장소통 설명회, 큰 호응

2022년 11월 15일 오후 4시, 대구북구청 주민 자치 아카데미가 열리는 대구은행 제2본점을 방문해 제2회 '찾아가는 대구자치경찰 현장소통 설명회'를 개최했다.

'찾아가는 대구자치경찰 현장소통 설명회'는 지역 주민을 대상으로 대구형 자치경찰제를 소개하는 프로그램이다. 자치경찰사무에 해당하는 생활안전, 사회적 약자 보호, 교통 분야와 관련된 생생한 현장의 목소리를 주민 맞춤형 치안 시책으로 반영한다는 취지에서 앞선 지난 10월 11일 고산3동 행정복지센터에서 처음 개최됐다.

이번 설명회는 대구 북구 주민 자치위원 230여 명이 참여한 가운데 '안전한 대구 자치경찰, 주민과 함께'라는 제목으로 자치경찰제 소개, 자치경찰사무 주요 내용, 자치경찰제를 시행 후 달라진 점, 자치경찰위원회 구성, 대구시 치안 현황, 대구시 자치경찰위원회 주요성과 등을 설명했다. 필자가 직접 특강형태로 강의를 했고, 주민들의 의견을 수렴하는 등 주민들과 소통 시간을 가졌다.

대구시 자치경찰위원회는 2023년까지 ▷구·군 주민자치위원회, 통우회 등 지역단체를 대상으로 하는 시민과 함께하는 자치경찰 설명회 ▷평생교육원, 유관기관 등의 교육 프로그램으로 편성하는 현장소통 자치경찰 아카데미 ▷자치경찰사무 관련 경찰청 협업 자치경찰 캠페인 등을 포함하는 '찾아가는 대구자치경찰 공감 프로젝트'로 확대해 추진해 나갈 계획이다.

이 프로그램은 단순한 자치경찰제도 홍보가 아닌 현장을 직접 찾아 대구형 자치경찰제의 주인공인 주민들과 소통하며 대구자치경찰을 알리는 것이다. 앞으로도 주민들이 있는 곳이면 어디든지 달려가 현장에서 소통하고 대구형 자치경찰제를 소개해 성공적인 제도 정착에 더욱 노력하겠다. 곧이어 11월 21일에는 청도군청에서 실시하는 '경북도민행복대학'에서 어르신들을 대상으로 자치경찰 설명회를 개최할 예정이다. 대구 자치경찰, 시민이 부르면 달려간다.

2022년 대구시 북구 주민자치 아카데미

SNS 홍보 이벤트, 주민 참여 강화

자치경찰 홍보는 대구시 자치경찰위원회가 단연 1등이다. 경찰청이나 전국 자치경찰위원회 회의에서도 칭찬을 많이 받는다. 그렇다. 대구광역시 자치경찰위원회는 출범 초부터 각종 언론매체, 찾아가는 주민 자치 설명회, 각종 전광판 광고, 시내버스와 도시철도 등을 통한 광고 등 많은 홍보를 하고 있다. 자치경찰제도에 대한 홍보뿐만 아니라 대구시 자치경찰 성과에 대한 홍보도 진행하는데, 2023년 5월에는 자치경찰 출범 2주년과 자체 SNS 개설을 기념해 다양한 이벤트를 실시하였다.

이번 이벤트는 출범 2주년을 맞아 개설된 '대구자치경찰위원회 SNS(인스타그램, 페이스북, 유튜브)'에 대한 대구시민들의 관심을 유도하고, 대구자치경찰을 홍보하기 위해 기획됐다.

이벤트는 오는 9월 9일(화)부터 21일(일)까지 13일간 대구자치경찰위원회 인스타그램, 페이스북 2개 채널에서 동시에 진행되며, 참여자들은 채널을 팔로우하고 '초성 퀴즈'를 풀어 정답을 네이버폼으로 제출한 후 해당 게시물에 참여 완료를 인증하는 댓글을 남기면 된다. SNS 계정을 가지고 있으면 누구나 참여할 수 있으며, 참여자 중 100명을 추첨해 스타벅스 기프티콘을 경품으로 증정할 예정이다. 이 행사는 MZ 세대를 중심으로 젊은 층의 자치경찰에 대한 관심을 유도하기 위한 측면이 강하다. 따라서 젊은 층이 자주 이용하는 SNS 매체를 활용하는 것이다.

대구시 자치경찰위원회는 이번 이벤트를 시작으로 해서 SNS를 통해 카드 뉴스, 숏폼 영상, 홍보영상 등 다양하고 유익한 콘텐츠를 게시·확산해 지역 내 SNS 이용자들의 채널 유입을 견인하고 대구광역시 자치경찰의 인지도를 높이기 위해 박차를 가할 것이다. 재밌고, 감동적이고, 유익한 정보를 통한 홍보를 다양하게 선보일 계획이다. 이 중요한 이벤트는 대구시 자치경찰위원회 사무국 송현일 주임이 맡았다. 송현일 주임의 열정과 역량은 매우 뛰어나다.

공부하는 수성구의회, 두번째 초청 특강

2023년 5월 9일 오후 2시, 대구시 수성구의회에서 두 번째 초청 특강을 요청 받았다. 그만큼 수성구의회는 자치경찰에 관심이 많다는 것을 보여 준다. 특강 제목은 "시민안전과 자치경찰, 시민이 주인이다"로 했다. 자치경찰제도의 이해, 대구 자치경찰의 그동안의 성과와 과제, 셉테드(CPTED, 환경설계를 통한 범죄 예방)와 공동체 치안, 그리고 새로 시행되는 자율방범대법의 내용 및 특징 등을 가급적 알기 쉽게 설명했다. 특강 내내 의원들은 진지했고, 노트에 메모를 하면서 경청했다.

수성구의회는 수성구민의 대표로서 임기는 4년이며, 총 22명(6개 선거구 19명, 비례대표 3명)으로 구성되어 있다. 수성구는 특히 교육의 중심지로 경북고, 대륜고, 경신고, 정화여고, 혜화여고 등 전통 명문고가 많으며, 방송국, 법원, 검찰청이 있는 대구의 중심지라고 할 수 있다. 이런 지역적 특성이 있어서 그런지 수성구 의원들은 교육과 안전에 특히 관심이 많고, 새로 시행되는 자치경찰제도에 대해서도 관심이 많았다. 1시간의 특강을 마친 후 여러 의원에게 빠른 시일 내에 한 번 더 강의를 해 달라는 요청을 받았다. 특히 범죄 예방에 관련된 내용을 부탁하였다. 필자는 초청만 해주면 기꺼이 오겠다고 했다.

수성구의회 의원들 중 김중군 수성구의회 운영위원장은 수성구 생활안전협의회 활동을 오랫동안 했고, 배광호 의원은 고산3동 자율방범대장을 역임했다. 전영태 의장을 비롯한 수성구 의원들의 건투를 빈다.

대구신문 **2023-05-11 (목) 020면**

대구 수성구의회 자치경찰제 이해 특강

대구 수성구의회가 자치경찰제 시행 관련 특강을 열었다. 지난 9일 수성구의회 제2회의실에서 의원과 직원을 대상으로 '시민안전과 자치경찰'을 주제로 강연했다. 이날 행사는 박동균 대구자치경찰위원회 사무국장이 강연을 맡아 자치경찰제 시행에 따른 변화와 업무 범위 등에 대한 이해도를 높였다. 주민생활 적용 사례 등 실생활과 밀접한 내용 위주의 강연으로 참여한 구의원들의 호응을 얻었다.

이지연기자 ljy@idaegu.co.kr

백현주TV 방송 녹화

　대구CMB 방송이 주관하는 Youtube 백현주TV 방송에서 필자를 초대했다. 백현주 원장은 대한민국 최고의 한복 디자이너이다. 아울러 차 문화를 널리 보급하고, 교육을 연구하는 CEO이자 학자이다. 방송의 성격이 주로 국내 유명 인사들을 초대하는 것으로 알고 있었다. 필자는 여러 차례 고사했지만 자치경찰제와 범죄 예방 등을 홍보해달라는 부탁에 수락했다.

　어차피 하는 거면 잘해야 한다. 백현주 TV에 나온 방송들을 모니터링했다. 이철우 경북도지사 등 다양한 인물들이 출연했다. 자연스럽게 토크 하는 방식으로 진행되었다. 필자도 교수 생활 25년 하면서 다양한 방송 프로그램에 출연한 경험이 있다.

　혼자 출연하는 것보다는 둘 또는 셋이 출연해서 다양한 이야깃거리를 나누는 형식이 좋다고 생각했다. 그래서 대구에서 미술 전시 등 다양한 문화사업을 하고 있고, 무역 등 다양한 비즈니스를 하고 있는 김동국 ㈜ DK 글로벌 코리아 대표와 동반 출연하기로 백현주 원장과 협의를 했다.

　2022년 7월 19일, 오전 10시에 인터불고 호텔에서 녹화했다. 주요 내용은 자치경찰제에 대한 설명, 지난 1년간의 성과, 아쉬운 점, 앞으로의 계획 등이다. 김동국 대표에게는 주로 와인에 대한 질문과 응답이 이어졌다. 색다른 경험이었고, 자치경찰제 홍보를 할 수 있어 의미 있는 시간이었다.

백현주TV, 자치경찰 토크쇼

대구교통방송, 감사패 수여

2023년 2월 16일(목) 오후 4시, 대구교통방송 생방송이 있는 날이다. 대구시 자치경찰위원회 사무국장으로서 매달 한 번씩 생방송으로 자치경찰을 홍보하였다. 우리 자치경찰위원회가 하는 사업과 정책, 그리고 제도 홍보이다. 이제 1년이 훌쩍 넘었다. 택시를 타고 다니면 기사님들 중에는 아는 분들도 있다. 방송을 자주 들었다고 한다. 필자는 대학교수로서 2019년에 1년간 매주 한 번씩 대구교통방송 라디오 프로그램 '오늘도 안전제일'이라는 프로그램을 방송했다. 매주 1회 10여 분씩 각종 범죄 및 안전 예방활동으로 출연했다. 보이스피싱, 데이트 폭력, 보험 사기, 음주 운전, 농산물 절도, 사이버 폭력, 성폭력, 학교폭력 등의 사례와 특징, 그리고 예방 전략 등을 다루었다. 이러한 다양한 활동들이 축적되어 감사패(장)를 받게 된 것이다. 참으로 감사한 일이다. 필자는 어느 날부터인가 자동차를 운전할 때, 대구교통방송이 나오는 103.9MHz를 고정했다. 다른 지인들에게도 103.9MHz 대구교통방송을 청취하라고 홍보한다. 스스로 대구교통방송 홍보대사라고 칭한다. 실제로 대구교통방송은 실시간으로 교통안내는 물론이고, 대구 경북 지역의 필요한 유익한 정보를 정확하고 신속하게 전해 준다. 앞으로 기회가 생긴다면, 초대석이 아니라 메인 MC 좌석에서 라디오 프로그램을 진행해 보고 싶다는 희망이 있다. 음악이 있는 시사 프로그램이나 시사 '토론' 프로그램 같은 것을 해보고 싶다. 꿈을 가지고 노력하면 언젠가 내게도 기회는 오겠지. 아니면 지금처럼 패널로 참석해도 괜찮다. 대구시 운전자들의 친구이자 동반자. 대구교통방송의 영원한 발전을 기원한다.

'시민안전' 자치경찰의 역할은?

KBS 뉴스7 대구경북 '뉴스 초대석' 2023년 10월 25일 인터뷰

KBS 뉴스에 초대받았다. 대구·경북 전 지역에 방송되는 시청률이 가장 높은 시간대의 방송이다. 자치경찰제의 성과와 과제를 홍보할 수 있는 절호의 기회이다.

1. 지난 2021년 자치경찰제가 전국적으로 시행되며, 대구시 자치경찰위원회가 출범했는데요. 먼저, 자치경찰제의 개요와 자치경찰위원회는 어떤 역할을 하는지 말씀해 주시죠.

자치경찰을 한마디로 말하면 주민자치행정과 경찰행정이 잘 결합한 것이다. 우리 생활과 가장 밀접한 영역인 음주 운전 단속이라든지 교통사고 예방과 같은 교통 문제, 그리고 학교폭력이나 가정폭력 같은 여성청소년 문제, 각종 범죄 예방과 지역안전 문제가 자치경찰의 업무이다. 이와 같은 자치경찰 업무를 하는 데 있어 가장 중요한 조직이 자치경찰위원회이다. 자치경찰위원회는 대구시장, 대구시의회, 대구시 교육감, 국가경찰위원회 등에서 추천한 7명의 위원으로 구성된 합의제 행정기관이다. 이 자치경찰위원회의 심의 의결을 통해서 자치경찰 업무에 대해서 해당 시도 경찰청장을 지휘, 감독한다. 중요한 조직이다.

2. 자치경찰제가 시행된 지 2년이 흘렀지만, 여전히 자치경찰제에 대해 체감하지 못하는 시민들도 많습니다. 그동안 어떤 활동을 하셨는지, 그리고 어떤 성과가 있었는지 궁금합니다.

제일 많이 받는 질문이 자치경찰이 실시되고 나서 어떤 성과가 있는지에 대한 질문이다. 사무국장으로서 자랑하고 싶은 것이 많지만 시간 관계상 한 가지만 이야기하겠다. 바로 대구형 스마트 셉테드이다. 셉테드(CPTED, Crime Prevention Through Environmental Design)는 환경을 잘 설계해서 범죄를 예방하는 것이다. 예를 들어 CCTV,

가로등, 비상벨, 주차장이나 경비실의 위치 등을 잘 설계해서 범죄를 예방하자는 것이다. 자치경찰이 출범하니 대구시와 각 구청이 예산이나 인력 등 경찰서와 협조가 잘 된다. 즉 협력 치안이 잘 되는 것이다. 서구 스마트 안심 정거장이나 북구의 샛별로 프로젝트, 중구의 햇빛사이로(路) 같은 사업이 시민들이 안전하게 생활하는 데 도움을 주고 있다.

3. 최근 대구시 자치경찰위원회는 찾아가는 현장 소통 설명회를 지역마다 개최하고 있는데요. 어떤 활동인지 설명해 주시죠.

대구시 자치경찰위원회는 '공동체 치안과 자치경찰'이라는 주제로 찾아가는 자치경찰 현장소통 설명회를 실시하고 있고, 지역 주민들의 반응이 좋다. 최근에 신림동 묻지마 살인 등 이상동기 범죄에 대한 시민들의 불안감이 큰 가운데, 대구시 자치경찰위원회에서는 주민들을 직접 찾아가 범죄 예방 방법, 환경설계를 통한 범죄 예방, CCTV와 과학 치안, 자치경찰과 시민안전 등을 설명하고 있다. 시민안전은 시민이 직접 참여하는 공동체 치안을 만들 때, 가장 효과적이라고 할 수 있다. 시민이 결정하면 자치경찰은 시행한다. 지역에 대해서 가장 잘 아는 지역 주민들과 현장경찰관이 같이 해당 지역을 합동 순찰하고, 지역 치안 문제에 대해 정책대안을 제시하는 '공동체 치안', '협력 치안'을 확립하는 것이 무엇보다 중요하다.

4. 시민들의 일상과 밀접한 생활안전, 치안에 힘쓰고 있다고 말씀하셨는데, 최근 흉악 범죄와 묻지마 범죄가 늘어나며 자치경찰의 역할이 더욱 중요할 것으로 보입니다. 어떻게 생각하십니까?

최근 묻지마 범죄에 대해 시민들의 불안감이 큰데 묻지마 범죄는 다양한 기관의 노력과 협업이 필수적이다. 먼저 경찰의 역할이 무엇보다 중요하다. 경찰은 제복을 입고, 예방 순찰을 강화해야 한다. 또한, 지방자치단체와 긴밀한 소통, 협력으로 지역 내 공원이나 산책로, 통학로 등에 CCTV를 설치하고, 환경설계를 통한 범죄 예방을 확대해야 한다. 그리고 조현병 등 정신질환자들에 대한 국가의 관심과 보호도 중요하다. 정신질환자 중에서 치료를 하지 않거나 중단한 경우, 국가가 이 환자들에 대한 지원을 아끼지 않아야 한다. 묻지마 범죄자들은 사회 부적응과 은둔형 외톨이 등 다른 사람들과 소통이 단절된 상태에서 범죄를 저지르는 경우가 많다. 지역에 소외되고 힘들게 살고 있는 주민들에 대한 맞춤형 복지정책이 필수적이다.

5. 국가경찰과 별개로 지역 주민의 치안 문제를 담당하기 위해 자치경찰제가 출범했지만 제도적 한계가 존재한다는 목소리도 나옵니다. 지난 2년간의 활동을 바탕으로 앞으로 대구시 자치경찰위원회가 보완해야 할 점에 대해 말씀해 주시죠.

2021년 7월 자치경찰이 출범했다. 완벽하게 준비해서 출발한 것은 아니다. 시행 과정에서 한계점이 나타났다. 내년에 4개 지역에서 시범 실시 예정이다. 이 과정에서 나타나는 구체적인 문제점을 수정하면 더 좋은 제도로 발전할 것이다. 자치경찰은 계속 발전할 것이다. 처음부터 완전한 제도는 없다. 끝으로 한 가지 제안할 점이 있다. 지역 주민과 가장 가까운 곳에서 근무하고 있는 파출소와 지구대를 자치경찰 업무와 연계해서 예방 순찰, 협력 순찰을 강화했으면 하는 바람이다.

한 질문당 1분씩 답변 해달라는 요청이 있었지만, 실제로는 6분이 넘게 방송을 했다. 특히 자치경찰제 성과 부분에서 시간을 더 할애했다. 많은 분들이 전화와 문자로 응원해 주었다. 우리 사무국에서는 카드 뉴스를 제작해서 인스타그램 등 SNS를 중심으로 홍보했다.

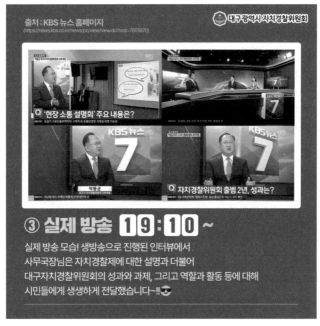

자치경찰 카드 뉴스 제작 홍보

자치경찰위원회에 대한 오해와 진실

경안일보 특별기고 (2023. 1. 5)

2021년 7월 1일, 우리나라에도 경찰 역사상 처음으로 자치경찰제가 시행하였다. 자치경찰은 아동·청소년·여성·노인 등 사회적 약자 보호, 교통지도·단속 및 질서의 유지, 범죄 예방과 생활안전 업무 등 시민들의 가장 가까운 곳에서 시민들을 안전하게 보호하는 업무를 수행한다. 이와 같은 자치경찰을 운영하는 데 있어서 핵심적인 역할을 수행하는 기관이 바로 '자치경찰위원회'라고 할 수 있다. 현행법률상 자치경찰 업무에 대해서 시·도 자치경찰위원회의 심의, 의결을 통해서 해당 시도경찰청장을 지휘, 감독하기 때문이다.

국가경찰과 자치경찰의 조직 및 운용에 관한 법률(이하 경찰법) 제18조에는 "자치경찰사무를 관장하게 하기 위하여 특별시장·광역시장·특별자치시장·도지사·특별자치도지사 소속으로 시·도 자치경찰위원회를 둔다. 다만, 시·도에 2개의 시·도 경찰청을 두는 경우 시도지사 소속으로 2개의 시·도 자치경찰위원회를 둘 수 있다"라고 규정하고 있다. 일부 시민 중에는 자치경찰위원회를 치안행정협의회, 생활안전협의회와 혼동하는 경우가 있다. 심지어는 자율방범대, 시민경찰연합회와도 유사한 것으로 생각하는 사람들도 있다. 국가기관 명칭에 '위원회'라는 단어가 들어가서 더욱 그런 것 같다.

시·도 자치경찰위원회는 합의제 행정기관으로 그 권한에 속하는 업무를 독립적으로 수행한다. "시·도 자치경찰위원회는 위원장 1명을 포함한 7명의 위원으로 구성하고, 위원장과 1명의 위원은 상임으로 하고, 5명의 위원은 비상임으로 한다. 또한 위원은 특정 성(性)이 10분의 6을 초과하지 아니하도록 노력하여야 하고, 위원 중 1명은 인권문제에 관하여 전문적인 지식과 경험이 있는 사람이 임명될 수 있도록 노력해야 한다"라고 경찰법에 규정되어 있다.

시·도 자치경찰위원회 위원은 시도의회가 추천하는 2명, 국가경찰위원회가 추천하는 1명, 해당 시도 교육감이 추천하는 1명, 시·도 자치경찰위원회가 추천하는 2명, 시도지사가 지명하는 1명이 임명하도록 되어 있다. 지역의 다양한 의견이 반영될 수 있도록 하기 위함이다.

또한, 시·도 자치경찰위원회 위원은 판사·검사·변호사 또는 경찰의 직에 5년 이상 있었던 사람, 변호사 자격이 있는 사람으로서 국가기관 등에서 법률에 관한 사무에 5년 이상 종사한 경력이 있는 사람, 대학이나 공인된 연구기관에서 법률학·행정학 또는 경찰학 분야의 조교수 이상의 직이나 이에 상당하는 직에 5년 이상 있었던 사람, 그 밖에 관할 지역 주민 중에서 지방자치행정 또는 경찰행정 등의 분야에 경험이 풍부하고 학식과 덕망을 갖춘 사람 중 어느 하나에 해당하는 자격을 갖추어야 한다. 또한, 시도자치경찰위원회위원장은 위원 중에서 시도지사가 임명하고, 상임위원은 시·도 자치경찰위원회의 의결을 거쳐 위원 중에서 위원장의 제청으로 시도지사가 임명한다.

아울러 정당의 당원이거나 당적을 이탈한 날부터 3년이 지나지 아니한 사람, 선거에 의하여 취임하는 공직에 있거나 그 공직에서 퇴직한 날부터 3년이 지나지 아니한 사람, 경찰, 검찰, 국가정보원 직원 또는 군인의 직에 있거나 그 직에서 퇴직한 날부터 3년이 지나지 아니한 사람, 국가 및 지방자치단체의 공무원이거나 공무원이었던 사람으로서 퇴직한 날부터 3년이 지나지 아니한 사람 중에서 어느 하나에 해당하는 사람은 위원이 될 수 없고, 위원이 어느 하나에 해당한 경우에는 당연퇴직한다. 또한 시·도자치경찰위원회 위원장과 위원의 임기는 3년으로 하며, 연임할 수 없다.

2021년 5월 20일 임기 3년으로 출범한 1기 자치경찰위원회는 2024년 5월 19일로 임기가 종료된다.

자치경찰제는 '대국민 사기극'인가?
대구신문 특별기고 (2023. 11. 27)

지금 시행하고 있는 자치경찰제는 대국민 사기극인가? 결론부터 이야기하면, 필자의 대답은 '대국민 사기극이 아니다'이다. 얼마 전 이러한 내용의 신문기사를 보았는데, 그만큼 현재의 자치경찰제가 본래의 의도와는 다르게 운영되고 있다는 비판이다.

2021년 7월, 우리나라에도 자치경찰제도가 시행되었다. 자치경찰제가 출범한 지 이제 꼭 2년 4개월이 지났다. 국가경찰과 자치경찰이 분리된 이원형 모델이 아닌 국가경찰의 신분으로 자치경찰 업무를 수행하는 일원형 모델로 출발한 탓에 일부에서는 '무늬만 자치경찰제', '페이퍼 컴퍼니', '짝퉁 자치경찰제', '대국민 사기극'이라는 비아냥 소리가 나온다. 자치경찰제와 자율방범대를 같은 것으로 생각하는 사람도 있고, 자치경찰위원회와 경찰서 생활안전협의회를 비슷하게 생각하는 사람도 있다.

하지만 필자는 불완전하게 출발한 자치경찰제가 일단은 시행했다는 데 의미를 두고 싶다. 과거 수많은 논의 속에 자치경찰제 도입이 물거품이 된 적이 많았기 때문이다.

역대 여러 대통령도 자치경찰제 도입을 추진했지만, 번번이 실패했다. 여야 정치권의 합의 실패, 광역지방자치단체와 기초지방자치단체의 미묘한 입장 차이, 거기에다 보수적인 국가경찰의 소극적인 태도 등으로 결실을 보지 못하였다. 아무리 좋은 제도나 정책을 만들더라도 실제로 시행되지 않으면 아무 소용이 없다. 먼저 시행해 본 다음, 나타나는 문제점을 차근차근 보완해 나가는 지혜가 필요하다.

자치경찰은 주민자치행정과 경찰행정을 잘 연계할 수 있는 장점이 있다. 이 장점을 활용해서 지역 주민들의 다양한 의견을 반영해서 주민이 안전한 자치경찰제 모델을 만들어야 한다.

우리나라의 자치경찰제를 더욱 '제대로' 하기 위해서 내년부터 세종, 제주, 강원, 전북 등 특별법이 제정된 4개 특별자치시·도에서 이원형 자치경찰을 시범 시행할 예정이다. 윤석열 대통령은 취임 후에 '자치경찰권 강화'를 국정과제로 채택했다. 2022년 9월 국무총리실 소속 경찰제도발전위원회에 자치경찰 분과위원회를 구성해서, 기관 및 현장 방문, 각종 의견 수렴 등을 통해 시범 실시 안(案)을 논의해 왔다. 하지만 현재 시범 실시 안(案)조차 나오지 않았다. 과연 내년에 자치경찰제 시범 실시를 할 수 있을지 의문이다.

과거 우리나라에서 지방자치제도가 처음 출범할 때, "이 작은 나라에서 지방자치가 왜 필요하냐? 미국 같은 큰 나라에서나 지방자치제도가 필요한 것이다. 지방자치는 예산 낭비다. 우리나라에는 지방자치가 필요 없다"라는 말이 많았다. 하지만 여러 논란 끝에 시작된 지방자치제도는 현재 긍정적으로, 발전적으로 정착하고 있다.

자치경찰제도 마찬가지다. 이제 2살이 조금 넘었다. 내년에 시범 실시를 제대로 해 보고, 여기서 나타나는 문제점과 오류를 보완해서 진정으로 시민을 위한 대한민국형 자치경찰제를 시행하면 된다. 자치경찰제는 결국 시민의 안전을 위해 시행하는 것이다.

자치경찰, 다른 국가에서는?
대구일보 특별기고 (2024. 4. 3)

2021년 7월 1일, 우리나라 역사상 처음으로 자치경찰제도가 시행되었다. 지역 주민과 가장 가까운 곳에서 범죄 예방과 생활안전, 교통안전, 여성청소년 등 사회적 약자를 보호하는 업무가 자치경찰의 업무 영역이다. 하지만 국가경찰과 자치경찰이 분리되지 않고, 국가경찰관의 신분으로 자치경찰 업무를 수행하니 아직은 진정한 자치경찰이라고 할 수 없다. 예를 들어 대구시 범어동 행정복지센터에 근무하는 공무원이 대구시 소속의 지방 공무원이 아니라 행정안전부 소속의 국가 공무원이라고 하는 것과 다를 게 없다. 파출소와 지구대, 순찰차, 경찰 제복 등 외형 또한 자치경찰 실시 이전과 비교해도 그대로다. 바뀐 것이 없다. 그래서 아직까지 시민들에게 친숙하지 않고, 인지도도 약한 자치경찰제도를 홍보하기 위해서 지난 3년간 참 많이 뛰어다녔다. 수십 차례의 찾아가는 지역 주민 설명회, 방송 출연, 대학 및 공공기관 자치경찰 특강, 신문보도 및 기고 등으로 분주히 다녔다. 아울러 지하철과 버스, 전광판 광고, SNS 홍보 등 다양한 방법으로 시민들에게 다가갔다. 이 과정에서 시민들이 많이 하는 질문 중 하나가 '외국에서도 자치경찰제를 하나요?'이다. 그렇다. 시민들은 자치경찰에 대해서 잘 모른다. 미국이나 영국 등 주요 선진국에서도 자치경찰제도를 운용하는지가 궁금한 것이다.

어느 한 국가의 경찰 제도를 알기 위해서는 그 국가의 정치·경제·사회·문화에 대해서 알아야 한다. 경찰 제도는 한 국가의 역사적, 정치적, 사회 문화적 소산이기 때문이다. 본론으로 들어가서, 미국이나 영국, 프랑스, 일본 등 주요 선진국들은 자치경찰제를 시행하고 있을까? 먼저 답부터 이야기하면, 국가의 특성에 따라 자치경찰제를 아주 잘 운용하고 있다고 할 수 있다.

먼저 미국은 연방국답게 자치경찰제를 다양하게 운용하고 있다. 미국의 경찰은 자치경찰 일원적체제이다. 다시 말해서, 국가경찰이라는 개념이 없고 자치경찰만이 존재한다고 할 수 있다. 미국 자치경찰은 기초자치단체를 중심으로 국가의 관여가 최소화된 형태로 자율적으로 운영된다. 따라서 미국의 자치경찰은 '기초단위의 주체적 자치경찰'로 평가할 수 있다.

일본은 내각제를 운용하는 국가이다. 일본의 자치경찰은 국가경찰과 자치경찰로 이원화되어 있기는 하지만, 자치경찰이 광역 단위로 설치되어 있고, 국가경찰의 자치경찰에 대한 관여를 광범위하게 인정하여 사실상 통합적인 구조를 나타낸다는 점이 특징이다. 따라서 일본에서는 '광역 단위의 통합형 자치경찰'이라고 할 수 있다.

영국의 자치경찰은 지방자치단체 소속이 아닌 별도의 독립된 기관이다. 하지만 지방자치단체로부터 강한 통제를 받으면서도 정당정치와 분리되어 정치적 중립을 제도화하고 있다는 점에서 다른 국가의 자치경찰과는 다르다.

프랑스는 국립경찰과 헌병경찰로 구성된 국가경찰이 원칙적으로 치안을 담당한다. 또한 이와는 별도로, 프랑스 자치단체의 가장 기초단위인 꼬뮌에서는 선출직 자치단체장 직속으로 자치경찰을 두어 치안 업무를 보조하게 하고 있다. 따라서 프랑스 자치경찰은 '기초단위의 보조적인 자치경찰'이라고 할 수 있다.

자치경찰제는 경찰이 지방자치단체의 권한과 책임하에서 지역 주민을 대상으로 치안 업무를 국가경찰로부터 독립적으로 수행하는 제도이다. 자치경찰제는 각국의 경찰 역사에 따라 조직구조와 인력 편제, 예산 등의 운영 형태는 다르지만 시민들의 요구를 보다 적극적으로 수용한다는 점에서는 동일하다. 권위주의 정부의 국가들, 사회주의 국가들이나 북한 등의 국가에서는 자치경찰보다는 중앙집권적인 국가경찰을 고수하고 있다.

이제 자치경찰제를 시행한 지 3년이 되어 간다. 운영 과정에서 나타난 문제점을 보완하고, 업그레이드시켜야 한다. 한 가지 확실한 것은 자치경찰은 오로지 주민안전을 위한 주민 행복 시스템이어야 한다는 것이다.

자치경찰 상임위원 3년의 기록

아침에 하는 중요한 일, 신문 스크랩

필자는 아침 일찍 출근한다. 아침에 출근하면, 대구시청 대변인실에서 제공하는 신문 스크랩을 빠짐없이 본다. 중앙지 및 지방지 등 거의 모든 신문에 보도된 내용을 빠짐없이 본다. 출장을 가거나 쉬는 날에도 소급해서 본다. 시청의 모든 부서에서의 활동, 전문가들의 칼럼, 기자들의 비판 기사 등이 수록되어 있다. 아울러 사무실에 배달되는 종이신문도 빠짐없이 본다. 필자는 아직 인터넷 신문보다는 종이신문이 좋다. 읽기 편하고 집중도도 높다. 무엇보다 신문을 넘기면서 보는 손맛이 좋다. 중요한 기사와 칼럼은 밑줄도 치고, 독서 노트에 필사도 한다. 간혹 특강을 하거나 칼럼을 쓸 때 인용도 한다. 때로는 주제넘게 지인들에게 SNS로 전달도 한다. 필자도 간혹 지인들이 좋은 기사나 읽을거리를 보내주면 기분이 좋다.

오늘은 조선일보에서 좋은 기사를 보았다. 지인들에게도 보내 주었다. 홍익희 교수의 新유대인 이야기가 연재되는데, 그중 일부이다.

> 유대인 부모들은 자녀가 유치원에 들어갈 때 해주는 말이 있다.
>
> 네가 유치원에 가면 친구들을 만나게 될 텐데, 두 가지를 명심해라.
>
> 첫째, 네가 말하는 시간의 두 배만큼 친구가 하는 말을 잘 들어라. 사람은 누구나 단점과 허물이 있단다. 그러니 친구의 단점과 허물에 개의치 말고 친구 속에 숨어 있는 장점과 강점을 찾아보거라. 그러기 위해서는 친구보다 말을 많이 하지 말고 친구 말을 많이 들어야 한다. 인간은 입이 하나 귀가 둘 있다. 이는 말하기보다 듣기를 두 배로 하라는 뜻이다.
>
> 둘째, 어떤 경우에도 친구 험담을 하지 말아라. 유대 경전 미드라시에는 이런 말이 있다. '남을 헐뜯는 험담은 살인보다도 위험하다. 살인은 한 사람밖에 죽이지 않으나, 험담은 반드시 세 사람을 죽인다.' 곧 험담을 퍼

뜨리는 사람 자신, 그것을 말리지 않고 듣고 있는 사람, 그 험담의 대상이
된 사람.

조선일보, 2022. 8. 9(화) 홍익희의 新유대인 이야기 중

저명 국제학술지에 위기관리 논문 게재

　기쁜 소식이 날아들었다. 필자가 공을 들였던 논문 '코로나19 이후의 위기관리 정책과제: 한국을 중심으로'가 국제학술지 JCEA(SCOPUS)에 게재된 것이다. 영어 논문의 원제목은 "Emergency Management Policy Issues during and after COVID19 : Focusing on South Korea"이다. 필자의 이 논문은 전북대학교 행정학과 조기웅 교수와 공동으로 작성한 논문이다. 조기웅 교수는 미국 Florida State University에서 행정학박사 학위를 취득한 최고의 학자다. 우리 둘 다 위기관리에 관심이 많아 평상시에도 많은 토론을 했다. 공동으로 작성한 이 논문은 외국학자와 공무원들에게 우리 사회의 코로나 대응을 공유하자는 의도가 있었다. 그러기 위해서는 영어로 작성해서 국제학술지에 게재하는 것이 필요했다. 여러 차례의 도전 끝에 게재된 것이다. 무척이나 영어를 잘하는 조기웅 교수의 노력이 빛을 발했다. 이 논문에는 "위기관리는 정치가 아니라 과학의 논리로 접근해야 한다. 위기관리는 비상 상황이기 때문에 아마추어는 문제를 해결할 수 없다. 따라서 최고의 전문가를 중용해야 하고, 위기 상황 시에는 초기대응이 무엇보다 중요하다. 또한 정보를 공유하는 것이 중요하고, 국제 글로벌 거버넌스 구축이 필요하다"라는 핵심적인 내용이 담겼다.

대구일보　　　**2023-05-22 (월) 016면**

대구 자치경찰위 상임위원 논문, 국제학술지 게재

　대구시 자치경찰위원회 박동균 상임위원(대구한의대 경찰행정학과 교수)의 논문 '코로나19 이후의 비상경영정책과제: 한국을 중심으로'가 국제학술지 JCEA(SCOPUS)에 게재됐다.

박동균 상임위원

　박 상임위원의 논문에는 위기관리는 정치가 아니라 과학의 논리로 접근해야 하며 전문가를 중용해 위기 상황 시 초기대응 및 정보 공유하는 것이 중요하고 국제 글로벌 거버넌스 구축이 필요하다는 등의 내용이 담겼다.

　신헌호 기자 shh24@idaegu.com

'서울시' 자치경찰위원회는 우수하다

2023년 서울시 자치경찰위원회 2주년 기념식에 초대받아 참석했다. 이 행사는 서울 자치경찰 출범 2주년을 맞이하여 시민과 자치경찰 소통의 장을 마련하고, 자치경찰과 위원회의 나가야 할 방향을 논의하기 위한 것이다. 특히 시민들이 참여하는 '토크 콘서트'는 이날 행사의 꽃이었다.

오세훈 서울시장과 김현기 서울시의회 의장, 김학배 자치경찰위원장을 비롯한 서울시 자율방범대, 녹색어머니회, 모범운전자회 등 시민들도 많이 참석해서 대성황을 이루었다. 자치경찰 유공자에 대한 시상식, 감동이 있는 서울 자치경찰 2년의 발자취 영상 상영, 전문가 자치경찰 특강, 시민과 경찰 그리고 전문가가 함께하는 어울림 토크쇼, 퍼포먼스가 순서대로 진행되었다.

필자는 어울림 토크쇼에 초대되었고, 유채린 아나운서의 사회로 기자, 현직 경찰, 시민대표 등이 같이 참여했다. 토크쇼의 논의 주제는 '자치경찰을 아시나요?, 자치경찰 시행 후 무엇이 변했나요?, 자치경찰의 성과와 문제점, 앞으로 나가야 할 방향은 무엇인가요?'였다.

필자에게는 자치경찰 출범 후 성과와 문제점, 개선방향에 대한 질문이 있었다. 이날 주인공은 내가 아니다. 주인공은 서울시 자치경찰과 자치경찰위원회다. 그래서 필자는 가급적 서울시 자치경찰의 성과를 칭찬하고, 현재 자치경찰제가 갖고 있는 제도적 문제점을 간략하게 언급하자고 생각했다. 하고 싶은 말을 많았지만 짧게 이야기했다. 발언 요지는 이렇다. "시민의 가장 가까운 곳에서 시민의 생명과 재산을 보호하는 기관이 파출소와 지구대이다. 현재 파출소와 지구대는 112 치안 종합상황실 소속의 국가경찰이다. 자치경찰로 이동해서 예방순찰, 공동체 치안을 확립하는 데 힘써야 한다. 읍, 면, 동 단위에서 지역 사회 경찰활동(community policing)이 활발하게 이루어져서 보다 튼튼한 사회 안전망을 만들어야 한다. 이는 법률 개정사항이 아니다. 경찰청장의 의지로 가능한 일이다. 하나씩 하나씩 고쳐야 한다."

2023년 6월 28일(수) 필자도 참여한 서울 자치경찰위 출범 2주년 어울림 토크쇼

공정하고 정의롭게
2023년 1월 26일(목) 일기장에서

　가난한 집의 아버지가 마지막 남은 유일한 재산인 당나귀를 팔기로 결심했다. 아버지는 아들과 함께 당나귀를 몰고 시장으로 간다. 아버지와 아들이 당나귀를 팔러 가는데 처음에는 모두 걷고 있었다. 우물가에 있던 아가씨들이 당나귀는 편하게 걷도록 두고, 터벅터벅 걷고 있는 부자(父子)를 어리석다고 손가락질했다. 아버지는 그 말을 듣고 곧바로 아들을 당나귀 등에 태웠다. 아들을 당나귀 등에 태우고 길을 걷는데 이런 목소리가 들려온다. "저 버릇없는 아들 녀석 좀 봐라. 늙은 아버지가 걸어가고 있는데 혼자만 당나귀를 타고 가다니! 버르장머리 없네." 이 말을 들은 아버지는 얼른 아들을 당나귀에서 내리게 하고는 자신이 당나귀에 올라탔다. 아들이 욕먹는 것을 피하기 위함이었다. 그렇게 또 얼마를 가는데, 지나가던 사람들이 이야기한다. "저 늙은이 좀 보게나. 어린 아들은 걷고, 뻔뻔스럽게 혼자만 타고 가네." 아버지는 당황한다. 그러고는 자신도 당나귀에서 내려 아들과 함께 걷기로 한다. 이 장면을 본 한 여인이 혀를 차며 놀린다. "바보들이네. 둘이 같이 당나귀를 타고 가면 될 것을 바보 아버지와 아들이네. 바보" 아버지는 또 당황했다. 그 여인의 말대로 아들과 함께 당나귀에 올라탔다. 아버지는 '이제 더 이상 욕할 사람이 없겠지?'라고 생각하고, 시장으로 향한다. 잠시 후, 길을 지나던 마을 사람들의 흉보는 소리가 또 들려온다. "저 사람들! 정말 나쁜 사람들이네. 말 못 하는 짐승이라고 저렇게 학대를 하다니!" 얼마 후 젊은이들을 만났는데, 그들은 당나귀가 불쌍하니 부자가 당나귀를 들고 가는 것이 더 낫겠다고 놀렸다. 그리하여 부자가 당나귀 다리를 장대에 묶어 메고 가는데 만나는 사람마다 큰소리로 웃었다. 결국은 냇물을 건너다가 당나귀를 물에 빠뜨려 죽게 했다. 많이 알려진 이솝 우화의 아버지와 아들과 당나귀 이야기이다.

　필자가 대학에서 경찰행정학과 교수 생활을 하다가 자치경찰제도가 출범하면서 공직에 잠시 몸을 담았다. 평생 '적(敵)을 만들지 마라'는 돌아가신 아버님의 유언을 소중하게 여기며 살아왔다. 가급적이면 남에게 양보하고, 배려하고, 손해 보고 살라는 유언이었다. 교수 생활을 할 때는 학생들 잘 가르치면 되고, 동료 선후배 교수들과 소통하면서 잘 지내면 최고의 교수 생활이었다. 하지만 공직에 들어오니 만나는 사람도 많아지고, 판단할 일, 선택해야 할 일들이 많아졌다. 내 본심은 어딜 갔는지 없고, 남들이 오해하는 일도 생기게 되었다. 솔직하게 설명할 기회조차 주어지지 않는 경우도 있다.

내가 적극적으로 활동을 하면, 사람들은 '건방지다'라는 말을 한다. 반면에 조용하게 활동을 하면, 사람들은 '소극적이다'라고 말을 한다. 이솝우화에 나오는 '아버지와 아들과 당나귀' 이야기와 유사하다.

사람들의 말을 지나치게 의식하지 말자. 모든 사람에게 인정받으려 하지 말자. 사실 그렇게 할 수도 없다. 우리 직원들 잘 챙기고, 소통하면서 신나게 일할 수 있는 여건을 만들자. 소신 있게, 처음처럼. 공정하고 정의롭게. 배에다가 힘주고 파이팅!

휴가는 다녀오셨습니까?
2023년 8월 12일(일) 일기장에서

"국장님!! 휴가는 다녀오셨습니까?" 2023년 8월에 가장 많이 듣는 인사말이다. 이 시기에는 가장 적합한 인사말이기도 하다. 하지만 필자는 공식적으로 활용할 수 있는 휴가(연가)가 1년에 14일이다. 공무원 경력이 짧기 때문에 휴가도 짧은 것이다. 보통 연가는 재직연수에 따라 늘어난다. 필자는 사립대학 교수로서 25년간 활동 했지만 공직 경력이 3년 차이기 때문에 휴가가 14일(한 달에 한 번 꼴) 밖에 되지 않는다. 다른 자치경찰위원회 상임위원(사무국장)은 전원 총경(경찰 공무원 경력 30년) 출신이거나 공무원 출신이라서 전국 자치경찰위원회 사무국장 중에서 필자가 유일하게 휴가가 적은 것이다. 힘들지만 이것도 내 선택이다. 대학교수일 때는 여름방학과 겨울방학도 있고, 시간에 있어서는 큰 불편함 없이 연구 및 교육, 봉사활동을 했다. 그나마 필자는 대외협력처장, 산학협력단장 등 대학에서 보직을 오랫동안 했기 때문에 그렇게 힘든 것은 아니지만 그래도 교수직보다 공직은 훨씬 엄격하고 규율이 있는 조직이다.

2023년 8월 12일 현재 14일 중에서 8일을 이미 썼다. 자세히 생각해 보니, 8일을 쓴 것도 대부분이 개인 여행이나 레크리에이션, 문화생활 등 개인 여가생활과는 거리가 멀다. 대구한의대 경찰행정학과 학생들 MT 격려, 학회 세미나 참석, 지인들 경조사 참석 등이 대부분이었다. 올해 휴가는 이제 6일 남았다. 바닷가나 계곡, 해외여행 등 여름휴가를 떠날 형편이 아니다. 아껴 놓았다가 꼭 필요할 때, 휴가를 쓸 계획이다. 올 2023년에도 여름휴가는 없다. 더 열심히 일하자.

어차피 대학교수직을 3년간 휴직하고 이 자리에서 일을 하는 것은 대한민국 역사상 처음으로 실시하는 제도이기 때문에 어느 정도의 사명감으로 일을 하는 것이다. 공직자로서 더 엄격한 규율과 정신자세를 갖자고 다짐한다.

자경위, 대구경찰청 친선 족구

2023년 10월 14일(토) 오전 11시, 맑은 가을 하늘, 신선한 공기, 그리고 낙엽. 대구경찰청 족구장에서 대구경찰청 자치경찰부와 대구시 자치경찰위원회 사무국 직원 간 친선 족구시합을 했다. 이것은 김수영 대구경찰청과 필자가 저녁 모임을 하는 과정에서 김수영 청장의 제의로 성사된 것이다. 업무와는 관계없는 주말인 토요일 오전에 친선 족구시합을 하고, 김밥 도시락을 먹고 마치는 아주 작은 이벤트다.

소문으로만 들었던 김수영 청장의 족구 실력은 가히 대단하다고 할 수 있었다. 주공격주로서 공을 내리꽂는 실력은 프로급이었다. 몇 개의 실수는 있었지만 공격 타점도 높고 50대 후반의 나이를 믿기 힘들 정도였다. 또한 여환수 교통안전계장, 우리 팀인 대구시 자치경찰위원회의 이근조 인사팀장, 신종철 장학사(대구교육청)의 실력도 수준급이었다. 경기는 대구경찰청의 승리로 끝났지만 막상막하였다. 사실 승부는 큰 의미 없는 것이다. 경기를 응원하러 온 설용숙 대구시 자치경찰위원장을 비롯한 여러분들의 응원으로 재미있고 행복한 모임이었다.

2023년 10월 26일(목) 오후 3시에는 소통과 화합을 위한 대구경찰청 경찰관 기동대 족구대회가 있어 응원과 격려차 참석하였다. 축구는 과열이 되면 부상자가 생길 수 있는데, 족구는 경찰관들의 부상 위험성도 적고, 화합을 다지는 좋은 운동이다. 이날 격려 방문에는 경북 자치경찰위원을 하고 있는 장철영 대경대학 경찰탐정학과 교수도 함께하였다.

대구경찰청 내 족구장에서, 필자와 김수영 청장, 자치경찰부 계장들과 함께

악성 민원인과 공무원
경안일보 특별기고 (2023. 12. 19)

시민들은 억울한 일을 당하거나 공공 서비스에 불만족스러울 때, 공공기관에 민원을 제기한다. 문서를 제출하거나 인터넷, 또는 직접 방문하기도 한다. 하지만 민원을 제기하는 과정에서 도를 넘는 악성 민원인이 있다. 구청이나 행정복지센터 공무원은 물론이고, 경찰과 소방, 세무서, 학교 등에서 욕설과 협박, 과도한 정보공개 청구 등 악성 민원이 자주 발생하고 있다.

대구시에 따르면, 지난 2020년부터 작년까지 3년 동안 대구시와 8개 구·군에서 벌어진 폭언, 폭행 등 민원인의 위법행위는 모두 6천 848건으로 한 해 평균 2천 건에 이른다. 구·군별로는 북구청이 1천 302건으로 가장 많았고, 남구청과 대구시가 각각 1천 274건, 1천 133건으로 그 뒤를 이었다. 피해 유형별로는 폭언 및 욕설이 5천 125건(74.8%)으로 가장 많았고, 신분 위협 및 협박이 1천 64건으로 15.5%를 기록했다. 이 외에도 성희롱 112건(1.6%), 기물파손 35건(0.5%), 폭행 및 폭력 32건(0.4%) 등 이었다.

악성 민원이나 진상을 부리는 사람들은 경찰서에도 있다. 술을 마시고 경찰관에게 욕을 하고 멱살을 잡고, 폭행하고, 파출소 집기를 걷어차기도 한다. 조금이라도 강경하게 제압을 하면 경찰관을 상대로 형사 고소와 고발을 하는 경우도 많다. 경찰관들은 좋은 게 좋은 거라고 그냥 넘어가는 경우도 적지 않다.

소방관들도 마찬가지다. 119 구급차를 마치 자신들의 자가용이나 택시처럼 여기는 악성 민원 때문에 정상적인 업무를 하기 어렵다. 꾀병을 부리면서 집 근처의 병원으로 데려다 달라는 것이다. 이러한 요구를 들어주지 않으면 119 출동 요원을 폭행하고 심하게 욕을 하는 경우가 비일비재하다. 심야 시간에는 더욱 심하다.

이와 같이 최근 공직사회에서 악성 민원 등으로 정신과 치료를 받거나 조기 퇴직하는 공무원들이 늘어나고 있다. 민원인의 폭언이나 협박에 불면증이나 우울증 등으로 정신적 트라우마를 얻기도 한다. 극단적으로 '담당 공무원이 죽어야 끝나는 악성 민원'이라는 말까지 나오는 실정이다. 악성 민원 때문에 극단적인 선택을 하는 공무원들도 있다. 최근 경기도 구리시에서는 수습 기간이 끝난 지 사흘밖에 안 된 공무원이 극단적인 선택을 한 사건도 있었다. 이 공무원은 악성 민원인 때문에 스트레스를 받아 우울증 약을 먹었던 것으로 알려졌다. 최근 여러 신문과 방송에서 이러한 악성 민원의 심각성을 인식하고, 기획보도를 하는 등 사회적 여론이 형성되고 있다.

이러한 문제를 해결하기 위해 지방자치단체를 비롯한 여러 기관에서 악성 민원인을 대하는 모의훈련을 시행하기도 한다. 예를 들어, 대구의 서구청은 민원실의 안전한 근무 환경을 조성하기 위해 업무 중 발생할 수 있는 폭언과 폭행 등 특이한 민원 비상 상황을 대비한 모의훈련을 실시했다. 이 훈련은 특이 민원인으로부터 방문 민원인과 민원 담당 공무원을 보호하고, 비상 상황 시 현장 대응 능력을 향상하기 위함이다. 또한 비상벨이 울렸을 때, 경찰의 신속한 출동 협조 시스템을 구축해서 2차 피해를 예방하는 데 중점을 두었다. 이런 훈련은 여러 기관에서 시행되고 있다. 경기도는 민원인과의 마찰이 예상되는 경우, 휴대용 영상음성 기록장치를 지원해 법적 대응을 위한 증거자료 확보를 돕고, 폭언이나 욕설 등 전화 응대 시 반드시 녹음할 수 있도록 녹음 방법을 교육하는 등 적극적인 대응을 추진 중이다. 민원인의 정당한 권리는 당연히 보호되어야 한다. 하지만 민원인의 위법한 행위에 대해서는 적절한 조치가 필요하고, 당연히 범죄의 구성요건에 해당하면 강력하게 처벌해야 한다.

공무원도 시민이다. 공무원들이 안정감과 자신감, 그리고 자존감을 갖고 일을 해야 업무의 효율성도 높아지고, 시민들에 대한 민원 서비스 향상으로 이어질 수 있다. 일선 공무원을 보호할 수 있는 실질적인 제도 보완이 필요하다.

공무원의 성과 평가
대구신문 특별기고 (2024. 4. 19)

우수한 조직은 성과가 높다. 성과가 높은 조직은 일을 열심히 하는 직원에 대한 공정한 평가가 있고, 또한 그에 따른 합당한 보상이 있다. 사전에 평가 기준이 직원들에게 공개가 되고, 이 기준에 대한 직원들의 합의가 있는 조직이 건강한 조직이다. 이런 점에서 성과 평가가 중요하다. 공무원의 성과 평가는 공무원을 체계적이고 정기적으로 평가하여 각종 인사관리의 기초자료로 활용하고, 조직 전체의 능률을 향상시킨다.

보통 기업체와 같은 민간조직에서는 성과 평가가 공공조직에 비해 쉽다. 민간 기업은 판매량, 생산량, 이윤 등과 같은 계량적인 평가기준이 공공조직에 비해 비교적 명확하기 때문이다. 그래서 공익을 추구하는 공공조직에서는 성과 평가 기준과 방법이 더욱 중요하다.

임진왜란 때는 중국 진나라의 상수공법(上首功法)을 도입해서 수급(首級)의 숫자로 장수들의 성과를 평가했다. 즉, 전쟁에서 베어 얻은 적군의 머리 숫자로 평가하는 것이다. 선조 임금도 이 방법을 선호했는데, 이 방법은 문제가 있었다. 당장 적과의 전투에 집중하기보다 수급을 베어 자신의 실적을 높이려 했기 때문이다. 이런 상황에서는 우리 편끼리 다툼이 생기기도 하고, 각자의 임무에 충실하기보다는 적의 목을 베는 데 신경을 쓰게 된다. 그러니 전투에 충실하지 못하고, 심지어는 무리하게 머리를 베다 부상을 당하는 경우도 많았다. 이순신 장군은 수전의 특성 때문에 수급이 전공의 기준이 되어서는 안 된다고 판단했다. 전투 중에 적군이 바다에 떨어지면 건져서 머리를 베고, 이를 보관하려 하면 전투에 지장이 있었기 때문이다. 심지어는 전투를 마친 후에 적군에게 포로로 잡혀 있던 무고한 조선 사람의 머리를 베어서 거짓 보고하는 사례도 있었다. 이순신 장군의 난중일기에는 우리 조선 백성인 고기잡이의 목을 몰래 베었다는 기록도 있다. 이런 상황에서 이순신 장군은 새로운 성과 평가 방법을 도입한다. 적의 목을 베기보다는 최선을 다해 열심히 싸운 자의 공을 높여주는 방법이다. 이 모든 것을 세밀하게 관찰해서 평가하겠다고 사전에 공지하고, 실제로 이 방법을 시행했다. 기존의 방식과는 전혀 다른 이 성과 평가 방법은 적의 목을 베는 것에 집중하는 것이 아니고, 본연의 전투에 집중할 수 있게 해 주었다. 이로 인해 더욱 효과적으로 전쟁에 승리하게 된다. 열심히 싸우면 싸운 만큼 공을 인정해 주었기 때문에 이순신 장군의 부하들은 용감하고 소신 있게 전투에 임했다. 여기서 중요한 대목이 있다. 적의 수급 숫자로 성과를 평가하는 것을 '정량 평가'라고 하고, 열심히 전투에서 싸우는 것을 지휘관이 평가하는 것을 '정성 평가'라고 한다. 정량 평가는 숫자로 하기 때문에 비교적 객관적이고 공정하다. 하지만 앞서 말한 문제점이 있는 것이다. 또한 정성 평가는 지휘관의 주관적인 평가가 중요하기 때문에 공정하지 못하면 부하들의 불만이 많을 수 있다. 정성 평가에 대한 직원들의 이의제기가 많고, 불신이 많으면 그 조직에서는 좋은 성과를 기대할 수 없다. 따라서 사심 없는 공정한 성과 평가가 무엇보다 중요하다.

대구광역시 자치경찰위원회에서도 대구경찰청 관내 11개 경찰서 자치경찰 부서의 성과를 평가한다. 각 경찰서의 범죄예방대응과, 여성청소년과, 교통과의 자치경찰사무가 그 대상이다. 성과 평가 결과는 치안 종합 성과 평가에 반영되고, 열심히 근무해서 우수한 성과를 낸 경찰서에 성과급이 차등 지급되고, 승진 등 인사에도 반영이 된다. 단속 실적과 같은 정량 평가와 함께 사회적 약자 보호활동과 같은 정성 지표를 잘 혼합해서 공정하게 평가하고 있다. 올해 성과 평가 지표를 미리 각 경찰서에 통지하고, 경찰서에서는 이 기준을 참조해서 시민안전을 위해 열심히 근무한다. 대구시민을 위한 문제해결적 경찰활동, 생활질서 위반 단속·수사활동, 소년범 선도·보호 지수, 사회적 약자 보호 주요활동, 국민 편익 위주의 교통경찰활동이 주요 성과 평가 지표이다. 대구경찰청 11개 경찰서 중 올해는 어느 경찰서가 탁월한 성과를 낼지 궁금하고 기대된다.

공직자와 세평(世評)

경안일보 특별기고 (2024. 1. 17)

요즘은 인사 시즌이다. 인사 검증이니 세평이니 하는 말이 오고 간다. 요즘 장관직을 제의받은 사람들이 정밀한 인사 검증 때문에 고사하는 경우가 많다고 한다. 괜히 장관직을 하려다가 국회청문회 인사 검증에서 망신만 당하고 도중 하차하는 사람들도 있다.

보통 한 사람에 대한 평가는 그 사람이 살아온 과거의 행동들이 모여서 이루어진다. 세평도 마찬가지다. 세평(世評)은 세상 사람들 사이에 오가는 평판이나 비평을 말한다. 공직자나 공직을 희망하는 사람들은 세평에 신경을 많이 쓴다. 어찌 보면 당연한 일이다. 비난받을 일, 불법적인 일을 해서는 안 된다. 요즘은 음주 운전과 학교폭력이 예전보다 더 강하게 비난받는 것 같다. 부동산 투기, 허위 주소 이전, 탈세, 병역기피, 성희롱과 성추행, 논문표절 등은 예전부터 그랬다.

우리나라는 공직에서 승진이나 어느 고위직 공직에 취임할 때, 세평 조사를 한다. 경찰청이나 국정원 등에서 한다. 이러한 세평은 민간 기업에서도 한다. 특히 직장을 옮길 때, 전(前) 직장에서 어떤 평가를 받았는지는 중요한 평가 요소이다. 이는 미국이나 유럽 등 선진국에서도 마찬가지다. 미국은 이전 직장에서의 평판 조사를 공인탐정에게 의뢰해서 조사하기도 한다. 적절한 비용을 지불하고, 보다 객관적이고 신뢰성 있게 하기 위해서이다.

한 사람의 세평은 보통 같이 근무했던 직원들이나 그 사람을 잘 알만한 지인들을 통해서 한다. 좋은 세평을 받는 사람들은 업무는 물론이고 상관, 동료, 부하직원들과 잘 소통하고 협업한다. 갑질 행위, 이기적인 행위, 사적인 심부름, 성희롱 행위 등은 좋은 세평을 받을 수 없다. 소통과 공감, 배려, 청렴과 정직한 사람이 조직에서 후한 점수를 받는다.

다산 정약용은 그의 저서 '목민심서'에서 공직자가 가져야 할 가장 중요한 첫째가 청렴이라고 강조했다. "청렴은 수령의 본래 직무로 모든 선(善)의 원천이며, 모든 덕(德)의 근본이다. 청렴하지 않고서는 수령 직책을 잘할 수 없다"라며 공직자의 청렴을 강조했다. 두 번째가 공정(公正), 세 번째는 직무 성실(誠實), 네 번째가 백성에 대한 사랑인 애민(愛民)이라고 강조했다. 영원한 스테디셀러인 목민심서는 지금에도 대한민국 공직자의 필독서이다. 독자들에게도 일독(一讀)을 권한다.

또한, 우리나라의 대표적인 명문가로 조선 최고의 부자로 통했던 경주 최 부잣집의 가훈은 현대에도 의미하는 바가 크다. 과거를 보되 진사 이상의 벼슬은 하지 말라. 1년에 1만 섬 이상의 재산은 모으지 말라. 흉년기에는 남의 논밭을 사지 말라. 집에 온 손님을 융숭하게 대접하라. 사방 100리 안에 굶어 죽는 사람이 없게 하라. 우리 집안에 시집온 며느리들은 3년간 무명옷을 입도록 하라. 이것이 최부잣집 가훈의 핵심이다. 절약과 이웃 사랑을 평소 실천하라는 것이다.

아울러, 조선시대의 관료 사회를 실질적으로 지배했던 4불(不)이라는 사회 규범이 있었다. 조선시대 공직자가 절대로 해서는 안 될 네 가지를 말한다. 첫째, 공직자는 부업을 하지 마라. 둘째, 재임 중에는 땅을 사지 마라. 셋째, 재임 중에는 집의 평수를 늘리지 마라. 넷째, 재임지 마을에서 나는 명산물을 먹지 않는다. 지금에 이르기까지 소중한 원칙들이다.

2024년 1월 새해에 세평(世評)을 걱정하는 공직자가 유념해야 할 소중한 교훈들이다.

대구 자치경찰 출범 2년, 성과와 과제

경북일보 특별기고 (2023. 6. 30)

　우리나라에 자치경찰제도가 공식적으로 실시된 지 꼭 2년이 되었다. 국가경찰과 자치경찰이 분리된 이원형 모델이 아닌 국가경찰의 신분으로 자치경찰 업무를 수행하는 일원형 모델로 출발한 탓에 일부에서는 '무늬만 자치경찰제'라는 비아냥 소리도 들린다. 하지만 자치경찰제가 일단 출발했다는 데 의미를 두고 싶다. 과거 수많은 논의 속에 자치경찰제 도입이 물거품이 된 적이 많았기 때문이다. 아무리 좋은 제도나 정책을 만들더라도 시행되지 않으면 아무 소용이 없다. 먼저 시행해 보고, 차츰 문제점을 보완해 나가는 지혜가 필요하다. 경찰 제도의 개혁은 속도나 내용 면에 있어서 좀 늦더라도 차근차근 발전시켜 나가는 것도 괜찮다.

　2020년 12월 경찰법 전부 개정으로 자치경찰제 도입이 확정됨에 따라 대구시와 대구경찰청에서는 자치경찰제 준비단이 조직되어 자치경찰제를 꼼꼼하게 준비했다. 드디어 2021년 5월 20일 대구광역시 자치경찰위원회가 출범해서, 시범 운영 후에 2021년 7월 1일부터 공식적인 활동에 들어갔다. 대구시민의 안전과 가장 밀접한 부분인 아동, 청소년, 여성 등 사회적 약자 보호, 교통안전, 범죄 예방과 생활안전 업무가 자치경찰의 업무다. 서서히 대구시 자치경찰의 성과가 나타나기 시작하였다.

　현재 가정폭력, 데이트 폭력 등 여성들을 대상으로 한 범죄가 증가하고 있다. 이에 대구시 여성가족과 협업으로 '세이프-홈(Safe-Home) 지원사업'을 추진하고 있다. 이 사업은 스마트폰을 통해 영상을 확인할 수 있는 스마트 초인종을 비롯해 문열림 센서, 창문 잠금장치, 현관 보조키 등 안심 여성 4종 세트로 구성해 범죄에 취약한 여성 1인 가구를 대상으로 지원하는 것이다. 주민들의 신청을 받아 8개 구·군에 예산을 배정한 후 주거안전 환경이 열악한 가구를 우선적으로 지원하였다. 여성안전 환경 개선사업을 자치경찰위원회가 직접 추진하는 것은 전국적으로 최초이다. 이 사업은 주민들의 호응이 좋아 법정 한 부모 가구, 범죄 피해자 가구 등으로 선정 대상을 확대하였다.

　또한, 일선 경찰서와 구청 단위에서도 다양한 성과가 나타나고 있다. 대구달서경찰서는 2021년 7월 3주간 달서구민 1,029명을 대상으로 설문조사를 실시해서 '주민 참여, 가장 안전한 우리 동네 만들기' 사업 221개를 선정해 지자체, 교육청, 기관, 단체 등 지역 사회와 함께 자치경찰제 1호 사업으로 추진하고 있다. 대구서부경찰서는 서구청과 협업하여 학생들의 등하굣길에 발생할 수 있는 성범죄 상황을 손쉽게 신고하고 위치를 확인할 수 있는 '스마트 안심 버스 승강장'을 설치했다. 이외에도 대구강북경찰서의 샛별로 프로젝트는 지역의 환경설계를 통한 범죄 예방 사업으로서 행정안전부 주관 지역 맞춤형 지방행정과 치안행정의 연계사업으로 선정되어 특별교부세 1억 원을 지원받았다.

아울러 대구광역시 자치경찰위원회(연구기관: 대구테크노파크)는 제주특별자치도 자치경찰위원회(연구기관: 제주테크노파크)와 컨소시엄을 구성해서 지난 4월 경찰청이 처음 시행한 '2023 자치경찰 수요 기반 지역 문제 해결 R&D 사업'에 최종 선정되었다. 이번 R&D 사업은 각 지역의 치안 문제를 스스로 고민하고 해결해야 하는 자치경찰 시대에 부응해 인공지능(AI), 빅 데이터, 블록체인 등 첨단 과학 기술을 치안 분야에 도입하여 획기적인 치안 역량의 발전을 도모하기 위한 사업이다. 대구광역시 자치경찰위원회는 이번 R&D 사업 선정으로 2027년까지 4년 9개월간 국비 23억 7천 5백만 원을 포함 최대 32억 5천만 원을 지원받아 지역 특성 및 치안 수요를 반영한 지역 맞춤형 R&D 사업 추진으로 자치경찰과 과학 치안 역량 강화 기반을 마련하는 첫 발걸음을 내딛게 됐다.

이와 같이, 자치경찰은 주민자치행정과 경찰행정을 잘 연계할 수 있는 장점이 있다. 지역 주민들의 의견을 반영하고, 그들이 능동적으로 참여해서 대구형 자치경찰제 모델을 만들어 나가야 한다.

앞으로 한국형 자치경찰제는 초기 시행 과정에서 오류를 수정하고, 법률적, 제도적으로 개선해야 할 과제를 안고 있다. 첫째, 국가경찰과 자치경찰을 이원화하여야 한다. 국가경찰의 신분으로 자치경찰 업무를 수행하는 지금의 일원화 모형은 한계가 있다. 또한 자치경찰위원회가 자치경찰사무에 대한 집행기능이 없고, 심의·의결만 가능하기 때문에 사무처리에 대한 직접적인 감독권 행사에 많은 제약이 있다. 무엇보다도 '자치경찰관'이 따로 존재하지 않아 자치경찰제도의 시행에도 불구하고 시민들이 변화를 체감하기가 어렵다. 따라서 자치경찰은 지방자치단체 소속으로 해야 한다. 이 문제는 속도의 문제이지, 장기적으로 볼 때는 이원화 방향으로 갈 것이다.

둘째, 파출소와 지구대 소속을 자치경찰부로 조정해야 한다. 파출소와 지구대는 대표적인 현장경찰이다. 시민들의 가장 가까운 곳에서 시민의 생명과 재산을 보호한다.

위기 상황 시 가장 먼저 출동한다. 그리고 지역 주민과 가장 많이 접촉한다. 이처럼 치안현장 최일선에서 자치경찰사무를 수행하는 파출소와 지구대의 업무 관할이 112 치안종합상황실로 되어 있어 자치경찰위원회의 지휘·감독권이 미치지 않는 것은 분명한 제도적 모순이다. 주민 친화적인 치안행정 서비스를 제공하기 위한 자치경찰제 시행의 취지에 맞게 파출소와 지구대를 자치경찰부 소속으로 하는 것이 바람직하다.

셋째, 자치경찰제의 지속가능한 발전을 위해서는 시민과 현장경찰관들의 목소리를 들어야 한다. 자치경찰의 성공은 시민과 현장경찰관에게 달려 있다. 시민들의 지지와 협조, 참여를 이끌어 시민이 치안의 주체가 되는 공동체 치안이 자치경찰제의 핵심이다. 또한 실제 현장에서 일하는 현장경찰관들의 목소리를 경청해야 한다. 그들이 신나게 일할 수 있도록 여건을 조성해야 한다.

자치경찰에 정답은 없다. 우리가 개척하는 것이다. 자치경찰제 출범 2년을 지나 전국의 모든 시·도 자치경찰위원회와 현장경찰관들을 응원한다.

대구 자치경찰 2년의 성적표는?

경북일보 특별기고 (2023. 10. 13)

2021년 7월, 우리나라 역사상 처음으로 자치경찰제가 시행되었다. 생활안전, 여성청소년, 교통 등 지역 주민의 일상생활과 가장 밀접한 치안 업무가 자치경찰의 영역이다. 자치경찰 시행 후 2년이 지났다. 무엇이 달라졌을까? 자치경찰이 진정으로 시민안전과 행복에 기여했을까? 여러 가지가 궁금하다.

대구시 자치경찰위원회의 정책목표는 '시민과 소통하고, 사회적 약자를 배려하는 대구형 자치경찰'이다. 늘 시민과 함께 공동체 치안을 만들고, 촘촘한 사회 안전망을 만들려고 노력한다.

얼마 전 대구시민의 목소리를 자세히 듣기 위해, '자치경찰사무 시민 편익 측정'을 실시했다. 대구시 자치경찰위원회의 주요 사업에 대해서 시민의 의견을 반영하고, 주민 친화적인 맞춤형 치안 서비스를 제공하기 위해서이다. 지난 6월과 7월 두 달간 대구시 자치경찰위원회 주요 사업 참여자와 일반 시민 등 1,600여 명을 대상으로 전화 및 방문 면접 조사 방식으로 조사했다. 여기서 몇 가지 중요하고 의미 있는 응답 결과를 얻었다.

먼저 대구시에서 가장 시급하게 근절해야 할 사회적 약자 대상 범죄를 묻는 항목에 대해서, 대구시민들은 '성범죄(60%)', '데이트 폭력, 스토킹(10%)'으로 응답했고, 아동학대, 청소년 범죄, 가정폭력이 그 뒤를 이었다. 또한, 범죄 예방에 가장 효과적인 대구시 자치경찰활동에 대한 질문에 대해서 피해자 보호 및 지원(26%), 가해자 재발 방지(24%), 순찰강화(12%), 범죄 취약지 환경 개선(11%)의 순으로 응답했다.

현재 대구시 자치경찰위원회에서는 주거안전 취약 가구를 대상으로 세이프-홈 지원사업을 시행하고 있다. 2억 원의 예산으로 여성 1인 가구, 범죄 피해 가구 등에 안심 물품을 지원해서 범죄에 대한 물리적, 심리적 불안감을 해소하려는 사업이다. 대구시민들의 반응이 아주 좋다. 작년에 8개 구, 군 700여 가구에 스마트 초인종, 문 열림 센서, 가정용 CCTV, 창문잠금장치 등을 지원했다. 이 사업에 대해 시민 만족도를 조사한 결과, 사업 만족도 5점 척도 기준 4.11점, 범죄 예방 도움 정도 4.05점으로 매우 긍정적인 평가가 나왔다.

이 외에도 대구시 자치경찰위원회에서 시민안전을 위해 추진하고 있는 주요 사업의 만족도와 범죄 예방 도움 점수도 대체 높게 나왔다. 중·고등학교 안전한 통학로 조성사업, 가장 안전한 우리 동네 만들기 사업, 샛별로 프로젝트 등은 지역의 환경설계를 통한 범죄 예방사업(CPTED, Crime Prevention Through Environmental Design)이다. CCTV와 가로등, 비상벨 설치 등 물리적인 환경 개선을 통해 범죄를 예방하고, 시민들의 불안감을 해소하는 정책이다. 대구시민들은 현재 설치되어 있는 CCTV에 대한 만족도가 높고, 아울러 범죄 예방을 위해 CCTV를 확대 설치하기를 희망하고 있다. 특히 어두운 골목길(81%), 유흥가(24%), 어린이보호구역(19%), 학교 주변(12%)의 순으로 CCTV의 추가 설치를 희망하고 있다.

이번 조사에서 얻은 중요한 사실이 있다. 장소에 따른 시설물 설치에 대한 고려이다. 범죄 예방 시설물에 대한 분석 결과를 종합해 보면, 모든 장소에서 CCTV 확대가 1순위로 나타났다. 또한, 공원과 유흥가는 스마트 비상벨, 어두운 골목길과 학교 주변은 LED 보안등이 2순위로 나타났다. 시·군·구청, 경찰 등 관련 기관들이 반드시 알아야 할 점이다. 이번 조사 결과는 관련된 모든 기관과 공유할 것이고, 대구시민의 안전을 위해 적극적으로 활용할 예정이다.

최근에 발생한 이상동기 범죄(묻지마 범죄) 예방을 위해 대구시 자치경찰위원회에서는 CCTV의 확대, 경찰관의 예방 순찰 강화, 자율방범대 등과의 공동체 치안 강화 등 다양한 정책을 추진하고 있다. 대구시민들의 의견은 대구시 자치경찰위원회에 주요 정책에 반드시 반영된다. 그래야 정책에 대한 시민 호응도도 높아지고, 정책의 성공 가능성도 높다. 대구시민의 안전이 자치경찰의 목적이다.

대구광역시 자치경찰사무 시민 편익 측정 조사 내용 요약

자치경찰사무 시민편익 측정 조사개요 및 분석결과

☑ **조사개요**

- 조사기간/참여인원 : '23. 5. 30.~'7. 21. / 1,611명
- 조사내용

- 주거안전 취약가구 세이프-홈(Safe-Home) 지원사업 만족도
- 중·고등학교 안전한 통학로 조성사업 만족도
- 대구시 자치경찰제 주요시책 홍보 관련 만족도
- 가장 안전한 우리동네 만들기 사업 만족도
- 샛별로 프로젝트 II 사업 만족도

◖ 조사방법 : 온라인 패널조사, 전화 및 방문 면접조사 병행
- 여론조사 전문기관(리서치 코리아) 위탁 시행

※ 신뢰수준 및 표본오차 : 95% 신뢰수준에 표본오차 ±2.38%p

▨ 분석 결과

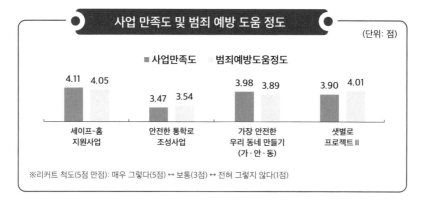

사업 만족도 및 범죄 예방 도움 정도

(단위: 점)

■ 사업만족도 ■ 범죄예방도움정도

세이프-홈 지원사업	안전한 통학로 조성사업	가장 안전한 우리 동네 만들기 (가·안·동)	샛별로 프로젝트 II
4.11 / 4.05	3.47 / 3.54	3.98 / 3.89	3.90 / 4.01

※리커트 척도(5점 만점): 매우 그렇다(5점) ↔ 보통(3점) ↔ 전혀 그렇지 않다(1점)

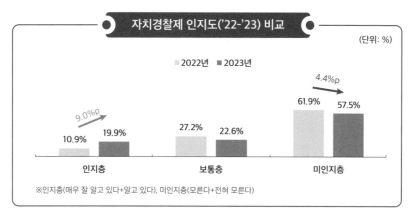

자치경찰제 인지도('22-'23) 비교

(단위: %)

■2022년 ■2023년

	인지층	보통층	미인지층
2022년	10.9%	27.2%	61.9%
2023년	19.9%	22.6%	57.5%
변화	9.0%p		4.4%p

※인지층(매우 잘 알고 있다+알고 있다), 미인지층(모른다+전혀 모른다)

자치경찰제 '정상화' 방안 토론회 인천에서 개최

인천시 자치경찰위원회는 2023년 10월 20일(금) 오후 2시, 인천광역시 연수구 송도컨벤시아에서 18개 전국 시·도 자치경찰위원회 위원장과 사무국장, 관계자, 교수 및 자치경찰 관련 전문가 등이 참석한 가운데 자치경찰제 정상화 방안을 모색하기 위한 '자치경찰 정책 토론회'를 개최했다.

이날 토론회는 대한민국시도지사협의회(회장 이철우 경북도지사), 전국 시·도 자치경찰위원장 협의회(회장 이순동 경북자치경찰위원장)와 공동으로 개최했고, 국제치안산업대전이 같은 장소에서 개최되어 많은 시민이 관심을 갖고 참석하였다.

이 정책 토론회는 윤석열 정부의 국정과제인 '자치경찰권 강화' 실현을 위해 대한민국 시도지사협의회와 전국 시·도 자치경찰위원회가 공동으로 자치경찰제 정상화 방안의 지혜를 모아야 한다는 취지로 마련된 것이다. 정책 세미나의 제목에서도 알 수 있듯이, 자치경찰제 '정상화'라는 의미는 현재의 자치경찰제도가 '정상적이지 않다'라는 말을 의미한다. 현재의 국가경찰과 자치경찰의 일원화 모형은 진정한 의미의 자치경찰제가 아니다. 다시 말해서 자치경찰의 업무를 국가경찰이 수행하고 있어서 실제로 자치경찰제도가 아니라는 것이다. 이번 정책 토론회는 이걸 바로 잡고자 전문가들의 다양한 의견을 모으는 귀한 자리이다.

개회식에서 대한민국 시도지사협의회 박유진 사무국장이 대신 읽은 이철우 16대 대한민국시도지사협의회장(경상북도지사)의 인사말은 "자치경찰제 정상화를 위해 시·도는 대한민국시도지사협의회를 중심으로 '이원화 자치경찰제 도입', '시도지사의 권한과 책임 일치', '자치경찰사무에 대한 자율권 확대', '안정적인 국비 지원' 등의 방안을 지속 요구하고 있다", "관계기관과 적극적인 협의로 대한민국의 자치경찰제 완성을 위해 노력하겠다"라는 내용이었다.

또한, 이순동 전국시도자치경찰위원장협의회장은 "최근 이상동기 범죄가 끊이지 않고 예상치 못한 재난이 발생하는 등 자치경찰의 수요가 늘어나고 그 역할이 중요시되고 있다"라며 "해외 선진국들과 같이 한국의 국민들도 자치경찰이 책임지는 안전한 지역 치안 서비스를 충분히 누릴 수 있어야 한다"라고 강조했다.

'자치경찰제 정상화 방안'이라는 주제로 토론회에 발제를 맡은 황문규 중부대학교 경찰행정학과 교수는 "'자치경찰권 강화'를 국정과제로 선정한 것은 지방자치권의 일환으로 자치경찰권을 인식한다는 의미"라며 "자치경찰권을 지방정부의 고유한 권한으로 인식한다는 것은 자치경찰제의 이원화를 전제로 하지 않고서는 인정될 수 없다"라고 주장했다. 또한 "자치경찰 이원화 모델을 위한 필요조건으로 '국가경찰사무와 구분되는 독자적인 자치경찰사무 명시', '형사법상 초동조치권 부여', '독자적 자치경찰 조직의 설치', '자치경찰법(가칭) 제정', '자치경찰특별회계 신설' 등이 필요하다"라고 덧붙였다.

토론자로 참여한 이병록 인천자치경찰위원장은 "현행 자치경찰제도에서 시민생활과 밀접한 자치경찰사무는 자치사무로 구분해 시도에 이관했으나 업무는 기존 경찰조직과 인력이 그대로 수행하고 있어 운영상 한계가 있다"라며, "자치경찰사무를 국가경찰이 수행하는 지금의 비정상적인 자치경찰제를 하루빨리 정상화해야 한다"라고 했다. 또한, "자치경찰 정상화를 위해 법률의 이원화, 경찰조직의 이원화, 자치경찰사무 개념의 명확화 등이 필요하다"라고 말했다.

필자(박동균 대구자치경찰위원회 사무국장)는 "궁극적으로 국가경찰과 자치경찰을 이원화하여야 한다. 국가경찰의 신분으로 자치경찰 업무를 수행하는 지금의 일원화 모형은 한계가 있다. 사무에 따라 각각 경찰청장, 국가수사본부장, 자치경찰위원회의 지휘를 받아 업무혼선이 불가피하다. 또한 자치경찰위원회가 자치경찰사무에 대한 집행기능이 없고 심의 의결만 가능하기 때문에 사무처리에 대한 직접적인 감독권 행사에 많은 제약이 있다. 무엇보다도 '자치경찰관'이 따로 존재하지 않아 자치경찰제도의 시행에도 불구하고 시민들이 변화를 체감하기가 어렵다. 따라서 자치경찰은 지방자치단체 소속으로 해야 한다. 이 문제는 시간의 문제이지, 향후 이원화 방향으로 갈 것으로 기대한다. 이원화하면 자치경찰의 모집과 선발, 승진과 전보, 재정 문제는 자동으로 해결될 것이다. 또한, 파출소와 지구대를 자치경찰 소속으로 해서 지역 주민들과 함께하는 공동체 치안을 만들고, 예방 순찰을 강화해야 한다. 아울러 자치경찰위원회에 승진심사위원회와 징계위원회를 설치해서 어느 정도 제대로 된 인사권을 부여해야 한다. 책임과 권한이 같이 가야 한다. 제대로 된 자치경찰을 운영하기 위해서는 꼭 필요하다"라고 주장했다.

박준휘 한국형사·법무정책연구원 부원장은 "정부는 자치경찰제의 최종목표를 '자치경찰 중심의 일원화 모델'에 두고, 현행체제를 개선해 나가야 한다"라고 했다.

강소영 건국대학교 경찰행정학과 교수는 "현행 자치경찰제가 지역 맞춤형 치안 서비스 제공을 위해 많은 노력을 기울이고 있는 것이 사실이나, 보다 나은 주민 서비스를 위해서는 제도 자체의 개선이 요구되는 바, 관계기관의 상호 적극적인 협력과 지원을 강화해야 한다"라고 전했다.

시민단체 대표 이광호 인천평화복지연대 사무처장은 "자치경찰 정상화를 위한 총선 네트워크 구성, 시민 캠페인, 정책 협약 등 지역 주민이 주체적으로 참여 가능한 제도적 보완이 필요하다"라며, "자치경찰위원회는 그 역할을 맡아 자치경찰위원회가 무용(無用)이 아닌 무용(武勇)이 돼야 한다"라고 주장했다.

윤태웅 대한민국시도지사협의회 선임연구위원은 "현행 자치경찰제는 지역·주민의 대표이자 지방행정의 총괄 책임자인 시도지사가 자치경찰 관련 제반 권한과 책임을 지는 '진정한 자치경찰제'가 돼야 한다"라고 강조했다.

한편, 대한민국시도지사협의회는 앞으로도 전국 시·도 자치경찰위원회, 전국 시·도 자치경찰위원장 협의회와 협력해서 시·도, 일선 현장의 의견을 반영한 '자치경찰제 개선 모형'을 마련해 정부와 국회 등에 건의할 계획이다.

자치경찰 정책토론회

2023년 연말에 학회 기조강연(발표)을 하는 이유

2023년 11월 24일(금) 부산 동의대학교에서 (사)국가위기관리학회 동계학술대회 기조강연(발표) - 자치경찰 성과와 과제

2023년 12월 1일(금) 경북대학교에서 한국치안행정학회 동계학술대회 기조발표 - 과학 치안과 자치경찰

2023년 12월 7일(목) 제주도 시도지사협의회 주최 기조발표 - 자치경찰제의 평가와 개선과제

필자가 학회에서 교수들을 대상으로 기조 강연을 하는 열심히 하는 이유는?

대학교수들은 자치경찰 주제로 논문을 쓰고, 학생들을 대상으로 강의를 하기 때문에, 교수들과 전문가, 실무자들을 대상으로 하는 특강이나 발표는 일반 시민들을 대상으로 하는 특강의 홍보 효과보다 훨씬 크다. 또한, 특강에 대한 보답으로 주는 특강비는 10만 원에서 20만 원, 많게는 30만 원 정도 된다. 이는 사무국에서 지출되는 출장비와 이중으로 수령을 할 수 없기 때문에 우리 자치경찰위원회 사무국의 경비가 소요되지 않는다. 따라서 사무국 예산을 사용하지 않고, 대구시 자치경찰의 성과와 업적, 그리고 숙원사업 및 개선방안을 홍보할 좋은 기회가 된다. 사실 학회에서 교수들을 상대로 기조강연을 하는 것은 대단한 영광이다. 감사한 마음으로 원고를 쓰고, PPT를 만들고 정성을 다해 준비했다.

대구신문

2023년 12월 04일 월요일 020면 사람들

박동균 대구자경위 사무국장

한국치안행정학회 초청 발표

박동균 대구광역시 자치경찰위원회 사무국장(상임위원)은 지난 1일 오후 경북대학교 글로벌플라자 세미나실에서 '과학치안과 자치경찰'을 주제로 기조 발표를 했다. 이날 한국치안행정학회 초청 강연에서 박동균 사무국장은 자치경찰제 성과 중 하나인 첨단 AI를 활용한 과학치안 시스템 도입을 강조했다.

박동균 사무국장은 "시민 안전을 위한 치안에 AI 등 첨단 과학기술과의 접목이 중요하다. 빅데이터 기술을 활용해 요일과 시간대별로 음주운전 발생 예상 지역을 과학적으로 분석한 후 교통 단속 현장에도 활용할 계획이다"고 말했다.

대구자치경찰위원회는 지난 4월 경찰청 주관 '과학치안 R&D 공모 사업'에 최종 선정돼 2027년까지 총 4년 9개월간 최대 32억 5천만원을 확보했다.

이지연기자 liy@idaegu.co.kr

자치경찰 복지 포인트

대구시 자치경찰위원회는 2022년부터 자치경찰제에 대한 수용성 제고와 현장 경찰관들의 복지 및 사기 진작을 위해 자치경찰 관련 업무를 수행하는 현장경찰관에게 맞춤형 복지비로 1년에 35만 원, 2년마다 한 번 정밀 건강 검진비 25만 원을 지원하고 있다. 이 예산은 현장경찰관들에게 매우 반응이 좋다.

하지만 2024년 예산편성 과정에서 지구대와 파출소 현장경찰관에게 지급하는 복지 예산이 전액 삭감됐다. 대구시가 세수 부족에 따른 긴축 재정 때문에 불필요하거나 급하지 않은 사업 예산을 대폭 줄였기 때문이다. 이 가운데에는 자치경찰 업무를 수행하는 지구대와 파출소 현장경찰관 복지비와 정밀 건강 검진비가 포함되었다.

대구시 자치경찰위원회에서는 대구시에 17억 2천여만 원을 요구했지만 12억여원이 삭감되면서 4억 7천여만 원으로 조정되었다. 파출소와 지구대에 근무하는 현장경찰관 2천 5백여 명이 지원대상에서 빠진 것이다. 2023년도 16억 8천만 원의 예산에서 2024년도 4억 7천만 원으로 약 72% 대폭 축소되었다. 일반적으로 긴축 재정이라 하더라도 20% 미만인데, 이번 복지 포인트 예산은 매우 아쉬운 결정이다. 전국적으로 현장경찰관 등 복지 지원을 확대하는 분위기에서 복지를 지원하다가 지원하지 못하는 지역은 대구시밖에 없다.

대구경찰청 경찰직장협의회는 즉각 반발했고, 예산을 심의, 의결하는 대구시의회를 대상으로 예산안 심사 과정에서 관련 예산의 필요성과 당위성을 설명하고, 원상태로 관철하겠다고 나섰다. 대구시 관내 각종 행사와 24시간 불철주야 112 신고처리 등 대구시민의 안전을 지키는 현장경찰이 제외되는 현재 상황에 대해서 현장경찰관들은 아쉬움을 토로하였다.

이런 내용이 TBC의 2023년 11월 23일(목) 뉴스로도 방송이 되었다.

이 방송 이후 11월 27일(월) 대구경찰청 직장협의회와 대구시 자치경찰위원회와의 오찬 간담회가 있었다. 이 자리에서 대구경찰청 직장협의회는 자치경찰사무를 수행하는 지구대, 파출소 경찰관을 복지 지원에서 제외하면 사기 저하 및 현장 치안의 동력을 상실할 수 있다는 점을 토로했다. 아울러 국가공무원노조는 자치경찰부서 같은 사무실에서 근무하고 있는 행정관, 주무관을 제외하면 경찰관과의 형평성 문제도 발생한다는 점을 피력했다.

2023년 11월 29일(수), 대구시의회 기획행정위원회의 2024년도 대구시 자치경찰위원회의 예산심사에서 류종우 의원은 파출소, 지구대의 복지 포인트 삭감의 부당성을 지적하였다.

12월 1일(금) 10시, 기획행정위원회 정례회에서 격년제로 1인당 20만 원(만 40세 미만), 25만 원(만 40세 이상)의 정밀 건강 검진비를 복원시켜 3억 3천만 원을 증액 결정하였다.

12월 4일(월)에는 대구경찰청 공공안전부장, 생활안전과장 등 간부들이 대구시의회를 방문하여 예산심사 시 지역 경찰 및 행정관, 주무관에게도 맞춤형 복지 포인트가 지급될 수 있도록 관심을 가져 달라고 부탁하였다.

12월 6일(수) 예산결산위원회 심사 과정에서 2년마다 25만 원의 정밀 건강 검진비를 복원시켜 3억 3천만 원을 증액 결정하였다. 실제로 대구시의회 기획행정위원회의 임인환 위원장을 비롯한 이성오 의원, 김대현 의원, 전태선 의원, 박우근 의원, 김대현 의원 모두 현장경찰관들의 복지 포인트에 대해 긍정적이다. 대구시의회 예산결산심사위원회에서도 이 증액안은 통과되어 최종 계수조정위원회에서 일부 복원되었다. 실제로 인근의 경상북도를 비롯한 대부분의 시도에서 자치경찰사무를 수행하는 현장경찰관에게 복지 혜택을 주고 있다.

2기 대구시 자치경찰위원회 구성

대구시 자치경찰위원회 1기 위원들의 임기가 2024년 5월 19일로 종료된다. 현행 법률상 자치경찰위원들은 연임을 할 수 없다. 새로운 위원을 선임해서 2기 자치경찰위원회를 구성해야 한다. 이것은 우리 사무국의 마지막 주요 과제 중의 하나이다. 넉넉한 일정으로 세밀하게 계획하는 것이 필요하다. 대구시 자치경찰위원회 7명의 위원은 대구시장이 1명, 대구시의회에서 2명, 대구시 교육감이 1명, 국가경찰위원회에서 1명, 위원추천위원회에서 2명이 추천한 인사이다.

여기서 위원추천위원회는 5명으로 구성되는데, 대구시 기회조정실장이 당연직으로 참여하고, 구·군의회 의장협의회, 대구경찰청장, 구청장·군수협의회, 지방법원장이 각각 1명씩을 추천한다. 2월 중에 5명으로 구성되는 위원추천위원회를 소집해서 최종 추천자를 선정하는 계획을 잡았다. 보통 2~3번 정도 회의가 개최될 것으로 예상한다.

또한, 3월 중에 시의회, 경찰청장, 시 교육감의 추천을 받아서, 이후 추천된 위원에 대한 자격요건과 결격사유 등을 검증해서 올 4월 안으로 위원회 구성을 마무리하는 것으로 계획을 잡았다. 2기 임명장 수여식은 5월 20일이다.

자치경찰위원회 정책과장(총경)은 자경위에서 추천해야

2021년 5월 20일, 대구시 자치경찰위원회에 사무국장(상임위원)으로 근무를 시작했다. 대구시 공무원, 파견 나온 경찰관과 교육청 장학사들과 함께했다. 그중에서 자치경찰정책과장은 총경으로 보임한다. 기획감사팀, 생활안전팀, 여성청소년팀, 교통경비팀의 4개 팀을 이끌며, 실제로 대구경찰청의 자치경찰 업무를 지휘 감독하는 중요한 부서이다. 초대 김순태 총경, 박종하 총경, 박성수 총경, 박만우 총경, 김현수 총경과 함께했다. 필자의 임기 동안 자치경찰행정과장(서기관)은 초대 권두성 과장, 그다음 이승상 과장이 근무했다. 지차경찰정책과장은 행정과장보다 훨씬 자주 바뀌는 셈이다.

사실 자치경찰정책과장 직위는 총경들에게 인기가 있는 자리가 아니다. 선호직위가 아니라는 의미다. 보통 총경은 경찰서장이나 시·도 경찰청의 과장을 맡는다. 혼자 쓰는 사무실(직무 공간)도 있다. 하지만 자치경찰위원회 정책과장은 사무실에 파티션으로 막은 작은 공간을 직원들과 같이 사용하고, 대구시의회 행정사무감사와 예산, 결산 등에 참석해야 하는 등 경찰청에서 근무하는 것보다는 힘든 측면이 많이 있다.

그렇다고 힘든 근무 환경을 인정받아 경무관으로 승진하기 유리한 자리도 아니다. 2023년까지는 자치경찰 정책과장을 맡으면, 다른 청에서 근무한 것으로 인정을 받았다. 그래서 대구시 북구 산격동에 근무하면서 타 청 근무를 인정받는 장점이 있었다. 하지만 2024년부터는 그런 장점까지 없어졌다.

현재는 총경들이 자신이 근무하고 싶은 부서를 신청해서 시·도 경찰청에서 추천을 하면 경찰청에서 발령을 내는 인사 시스템이다. 계속 그렇게 해왔다. 하지만 자치경찰위원회 정책과장은 자경위에서 추천한 총경을 경찰청에서 발령내는 것이 필요하다. 하나씩 하나씩 자치경찰의 인사 틀을 만들어 나가자.

대구시 자치경찰위원회의 위기

답답하다. 대학을 휴직하고 2021년 5월 20일, 대구시 자치경찰위원회 사무국장(상임위원)으로 근무를 시작하고, 나름 많은 성과를 거두었다. 힘들고 지친 시간도 있었고, 행복하고 보람 있는 일도 참 많았다. 물론 좋은 날이 훨씬 많았다. 필자가 평생 근무했던 대학과는 많이 다른 공직 문화에 적응하며, 열정적으로 일을 했다. 하지만 대구시 자치경찰위원회에 연이은 위기가 찾아 왔다.

사실 이런 위기는 작년 하반기부터 감지되었다. 대구시 자치경찰위원회는 위원장과 필자(상임위원 겸 사무국장)가 대구시장이 주재하는 간부회의(한 달에 두 번 개최)에 참석한다. 하지만 2023년 하반기부터 간부회의에 참석하지 말라는 행정국의 통보가 있었다. 아마도 2023년 6월 17일 대구시 중구 동성로 일대에서 개최된 대구 퀴어문화축제에 대해서 대구시 자치경찰위원회가 제대로 역할을 하지 못했고, 평소 홍준표 대구시장이 가지고 있던 현재의 자치경찰제도에 대한 불만이 표출된 것으로 생각된다. 사실 대구시장이 주재하는 간부회의는 각 부서장이 부서의 현안을 발표하고, 상호 토론하며, 대구시장의 지침이나 의견을 청취하는 매우 중요한 회의다. 이 간부회의에 참석하지 못한다는 것은 실로 난감한 일이다. 우리 사무국 직원들 보기에도 민망하다. 필자는 여러 채널로 간부회의 참석을 요구, 부탁하였지만 성사되지는 못했다.

게다가 2024년 대구시 자치경찰위원회 예산편성에서 자치경찰 현장 경찰관의 복지 포인트 예산이 대폭 삭감되었다. 그동안 지급되었던 외근경찰(파출소와 지구대)의 복지 포인트를 전액 삭감한 것이다. 이후에 대구시의회 예산심사 과정에서 외근 경찰관의 정밀 건강 검진비가 일부 복원이 되었지만 이 또한 실망스러운 결과이다.

더욱 심각한 것은 2024년 1월 1일 자로 대구시 자치경찰위원회 사무국에 근무하는 대구시 공무원 5명을 감축시키는 인사조치가 내려왔다. 아울러 2024년 2월에는 대구경찰청에서 파견 나온 경찰관을 3명 복귀시키라는 경찰청의 공문까지 내려왔다. 그러면 전체 8명이 줄어들게 된다. 원래 사무국에 1명만 감축되어도 혼란이 오는데, 한꺼번에 8명 감축은 가혹한 결과이다. 결국 31명이 근무하던 사무국이 23명이 근무하게 되는 것이다.

게다가 그동안 대구시 자치경찰위원회 사무국에서 단독으로 사용하던 대구시 자치경찰위원회 건물을 비우고, 산격동 청사 내의 다른 건물로 이사 가라는 지시까지 내려 왔다. 추운 겨울에 말이다. 참으로 난감하고, 답답한 현실이다. 직원들의 사기가 최악이다.

2023년 하반기부터 시작된 간부회의 참석불가, 예산 대폭 삭감, 사무국 인력 축소, 사무실 이전. 연이은 위기 상황이다. 임기가 약 100일 남았다. 잘 헤쳐 나가자. 위기는 기회라는 말도 있지 않은가?

2024년 2월 4일, 필자의 서재에서

자치경찰위원회, 다양한 직업군으로 구성해야
경안일보 특별기고 (2024. 3. 11)

2021년 7월 1일, 자치경찰제가 전국적으로 시행되었다. 국가경찰과 자치경찰의 조직 및 운영에 관한 법률(경찰법)의 시행으로 국가경찰사무와 자치경찰사무가 분리되었고, 자치경찰 업무를 지휘·감독하는 자치경찰위원회가 신설되었다. 쉽게 말해서, 자치경찰제는 주민자치행정과 치안행정을 잘 연계하고, 지역의 특성에 맞게 시민안전 치안서비스를 제공하기 위한 제도이다.

자치경찰위원회는 자치경찰제도를 운영하는 데 핵심적인 역할을 하는데, 시도지사 소속으로 지역 맞춤형 치안 서비스를 지휘·감독하는 역할을 담당한다. 경찰법에는 자치경찰사무를 "관할 지역의 생활안전, 교통, 경비, 수사 등에 관한 사무"라고 정의하고 있고, 구체적으로는 지역 내 주민의 생활안전활동, 지역 내 교통활동에 관한 사무, 지역 내 다중 운집 행사 관련 혼잡교통 및 안전 관리, 소년 범죄, 아동학대, 교통 관련 범죄 등과 관련한 수사사무로 규정하고 있다. 자치경찰은 지역 주민의 가장 가까운 곳에서 주민을 보호하는 안전 지킴이다.

시·도 자치경찰위원회는 합의제 행정기관으로서 그 권한에 속하는 업무를 다른 기관의 간섭을 받지 않고 독립적으로 수행하고, 자치경찰 업무에 대해서 시·도 자치경찰위원회의 심의, 의결을 통해서 해당 시도경찰청장을 지휘·감독한다.

시·도 자치경찰위원회는 시·도의회가 추천하는 2명, 국가경찰위원회가 추천하는 1명, 해당 시도교육감이 추천하는 1명, 시·도 자치경찰위원회 위원추천위원회가 추천하는 2명, 시도지사가 지명하는 1명이 추천하도록 되어 있다. 총 7명의 위원으로 구성된다. 또한, 시도자치경찰위원회위원장은 위원 중에서 시도지사가 임명하고, 상임위원은 시·도 자치경찰위원회의 의결을 거쳐 위원 중에서 위원장의 제청으로 시도지사가 임명한다. 시도자치경찰위원회위원장을 포함한 모든 위원의 임기는 3년으로 하며, 연임할 수 없다. 따라서, 2021년 5월 20일 출범한 1기 대구시 자치경찰위원회와 경상북도 자치경찰위원회는 3년의 임기를 마치고, 올해 5월 19일로 임무가 종료된다.

전국의 자치경찰위원회 전체 위원들의 출신을 분석해 보면, 경찰 출신이 32명 (25.4%), 교수 출신이 45명(35.7%)이다. 이어서, 변호사 출신 25명(19.8%), 인권 및 시민단체 출신 16명(12.7%)의 순이다. 특히, 전국 자치경찰위원회의 상임위원(사무국장) 18명 중에 16명이 경찰관 출신이고, 자치경찰위원장 중에는 5명이 경찰관 출신이다. 아마도 자치경찰 출범 초기이기 때문에 경찰 업무에 정통한 인사들이 대거 추천되었기 때문일 것이다. 76년 만에 시행되는 자치경찰제도이기 때문에 한국형 자치경찰의 초석을 놓는 데 상당한 역할을 한 것으로 생각된다.

2024년 5월 20일부터는 제2기 대구시 자치경찰위원회와 경상북도 자치경찰위원회가 출범한다. 지역의 범죄 예방과 생활안전, 아동이나 노인, 여성 등 사회적 약자 보호, 교통사고 예방과 안전 등의 중요한 역할을 수행할 역량있는 자치경찰위원들이 참여해 주길 기대한다. 지난 1기처럼 교수, 전직 경찰 등 특정한 직업에 편중되는 것은 바람직하지 않다. 시·도 자치경찰위원회의 지역 대표성을 위해 여성과 언론, 시민단체 등 지역 사회의 의견을 다양하게 반영할 수 있도록 여러 직업군의 위원들이 임명되는 것이 바람직하다.

 전국 자치경찰위원회 위원구성 현황

(기준 : 2024년 1월 현재, 인원)

구분	성별		계	주요 경력				
	남	여		법률	경찰	교수·교사	일반 공무원	인권·시민 단체 등
합계 (%)	97 (77)	29 (23)	126	25 (19.8)	32 (25.4)	45 (35.7)	8 (6.4)	16 (12.7)
대구	5	2	7	1	3	3		
서울	6	1	7	3	2	2		
부산	7	-	7	2	2	2		1
인천	6	1	7		1	3	1	2
광주	4	3	7	1	1	1		4
대전	6	1	7	1		4	2	

울산	5	2	**7**	2	2	1		2
세종	5	2	**7**	3	1	1		2
경기남부	4	3	**7**	1	4	2		
경기북부	5	2	**7**	1	2	3		1
강원	7	-	**7**	1	1	4	1	
충북	5	2	**7**	1		5	1	
충남	5	2	**7**	1	3	3		
전북	6	1	**7**	1	2	2	2	
전남	5	2	**7**		2	5		
경북	4	3	**7**	3	1	1		2
경남	7	-	**7**	2	3	2		
제주	5	2	**7**	1	2	1	1	2

※ 붉은색 표기 : 위원장 포함된 데이터임.

마지막 사무국장 원탁회의, 아쉬움

2024년 3월 4일(월)과 5일(화), 양일 간 서울시청에서 전국 시·도 자치경찰위원회 사무국장 원탁회의가 열렸다. '자치경찰 출범 3년 성과와 회고'라는 주제이다. 18개 시·도 자경위 사무국장들의 단톡방에서 시간과 장소를 투표한 결과, 3월 7일 ~8일 제주에서 하는 것으로 결정이 났었는데, 그날 동시에 전국 시·도 자치경찰위원장 협의회가 전주에서 개최된다고 하여 우리 사무국장들이 양보하고, 날짜와 장소를 다시 정한 것이다.

18명의 사무국장 중에서 해외에 일정이 있는 한 명의 사무국장(과장 대리 참석)을 제외한 17명의 사무국장이 전부 참석하였다.

이날 행사는 각 시·도 자치경찰위원회의 3년간 성과와 아쉬었던 점, 차기(2기) 자경위에 바라는 점을 위주로 10분 내로 발표하고, 토론하는 형식으로 진행되었다. 서울시 자경위 김성섭 국장은 반려견 순찰대를 주요 성과로 강조하였다. 반려견과 견주가 산책과 함께 지역 순찰을 병행하면서 범죄를 예방함으로써 지역 치안의 보조 효과가 나타난다는 것이다. 아울러 지방자치단체가 '자치경찰관'을 보유하는 등 충분한 권한하에 지역 치안을 책임질 수 있도록 '이원화 자치경찰제' 국정과제의 조속한 시행이 필요하다 주장하였다.

부산시 자치경찰위원회 박노면 국장은 부산시민이 직접 참여하여 치안 문제를 발굴, 실험과 연구를 통해 해법을 모색하는 '치안 리빙랩'을 전국 최초로 도입했다고 하고, 2022년부터 연간 1억 원을 투입하여 당해 연도에 8건을 실험해서 2건을 치안 시책화했다고 하였다. 또한 주취자와 정신질환자 대응체계 개선을 위해 주취해소센터, 정신응급 합동대응센터 개소로 일선 현장의 치안 부담을 완화시키고, 업무의 효율성을 향상시켰다.

인천자치경찰위원회 반병욱 사무국장은 자치경찰 출범 직후 학교 앞 횡단보도에서 초등학생이 숨지는 안타까운 교통사고가 인천에서 발생하자 인천 자치경찰위원회 제1호 사업으로 '어린이 안전'을 선정해서 추진하였다. 또한 인천지역의 가정폭력을 비롯한 여성 대상 범죄에 대한 신고 건수가 꾸준히 증가하고 있어, 이에 대한 경찰의 적극적인 대응방안을 담은 '여성 안심 치안정책'을 제2호 안건으로 선정해서 추진했다.

대전시 자치경찰위원회 김익중 국장은 '자치경찰 마음 충전 교육 프로그램'을 주요 성과로 제시하였다. 경찰의 직무는 불규칙한 교대근무와 스트레스로 극심한 신체적 피로에 노출, 임무 수행중 외상 후 스트레스 장애 등 정신적 피로가 누적되는 경향이 있다. 따라서 마음 충전 교육 프로젝트를 통해 자치경찰의 신체, 정신적 피로회복을 지원하는 것이다.

울산시 자치경찰위원회 유윤근 국장은 전국 최초로 치안에 환경을 더하는 '해울이 순찰대'를 주요 성과로 제시하였다. 이것은 기존의 정형화된 순찰방식에서 벗어나 시민에게 익숙한 환경활동인 플로깅(plogging, 조깅을 하면서 환경보호)을 치안 활동에 접목시켜 울산시민 모두가 참여 가능한 방안을 마련하는 것이다.

경기남부 자치경찰위원회 김병화 국장은 위민경관 네트워크를 주요 성과로 제시하였다. 위민경관은 자치경찰'위'원회, 도'민', '경'찰, 도청 등 행정기'관' 간 업무협의체를 말한다. 이와 같은 위민경관 네트워크는 도민들의 참여를 위해 경찰서와 시·군의 추천을 받아 네트워크 회원을 위촉하고, 네이버 카페, 밴드 등을 활용해서 자치경찰제를 홍보하고, 의견을 수렴하고, 치안 수요를 파악하는 효과를 나타낸다.

충청남도 자치경찰위원회 이시준 사무국장은 전국 최초로 자치경찰위원회가 출범하며, 3명의 위원장과 9명의 과장과 근무한 과정과 전국 최대의 충남형 안전한 우리 동네 만들기 사업을 발굴하고, 추진한 것을 설명했다. 특히, 충남은 지역 치안 문제를 주민 스스로 고민하고 사업화하여 정책입안부터 실시 및 사후관리까지 실행하는 주민 치안 연계사업을 마을 단위로 시행하였다. 범죄 예방 디자인 사업, 안심 공중화장실 만들기, 안전한 귀갓길 조성, 교통약자 교통환경 개선 등 2023년에 24억 원, 2024년에 12억 원의 예산이 투입될 예정이다.

모든 발표를 마치고, 만찬 자리에서는 서울시 자치경찰위원회 직원들이 기획한 '도전 골든벨' 시간이 있었다. 이날 행사에는 자치경찰, 연예, 스포츠, 역사 문제 등 관련된 분야의 상품타기 퀴즈가 있었다. 물론 상품도 있었다. 이날 필자는 많은 문제에 대해 정답을 말했고, 결국 우리 팀이 승리하였다. 다음 날에는 서울 역사박물관과 경복궁 고궁박물관 문화 투어가 진행되었다. 이제 1기 자치경찰위원회의 임기가 다 되어간다.

전국 자경위 사무국장 원탁회의

한국지방자치학회, 대구자치경찰 3년의 성과 공유

　2024년 2월 23일(금) 오후 3시, 서울 숭실대학교 미래관에서 필자가 (사)한국지방자치학회 자치경찰 동계학술대회 특별세션에서 대구시 자치경찰위원회의 3년의 성과를 홍보하는 발표와 토론을 했다. 이날 세미나는 황문규 중부대 경찰행정학과 교수의 사회로 윤태웅 전국 시도지사 협의회 전문위원, 강소영 건국대 교수, 김홍환 한국지방세연구원 박사 등이 지정토론자로 참석했다.

　필자는 "대구광역시 자치경찰위원회는 2021년 7월 자치경찰제 공식 출범 이후 시민안전을 위한 다양한 성과를 내고 있다"라고 말하고, 주요한 성과를 실제 정책 사례를 들어 발표했다. 먼저, 대구시 여성가족과와 협업으로 주거안전을 위한 세이프-홈(Safe-Home) 지원사업과 대구서부경찰서에서 학생들의 등하굣길에 발생할 수 있는 성범죄 상황을 손쉽게 신고하고 위치를 확인할 수 있는 스마트 안심 버스승강장 설치, 대구강북경찰서의 샛별로 프로젝트는 지역의 환경설계를 통한 범죄 예방사업으로서 행정안전부 주관 지역 맞춤형 지방행정과 치안행정의 연계사업으로 선정되어 특별교부세 1억 원을 지원받았다. 아울러 지난해 4월 경찰청이 처음 시행한 2023 자치경찰 수요 기반 지역 문제 해결 R&D 사업에 최종 선정되어 2027년까지 4년 9개월간 국비 23억 7천 5백만 원을 포함 최대 32억 5천만 원을 지원받아 지역 특성 및 치안 수요를 반영한 지역 맞춤형 R&D 사업 추진으로 자치경찰과 과학 치안 역량 강화 기반을 마련하는 첫 발걸음을 내디뎠다.

　필자는 "대구시 자치경찰위원회가 가장 중점을 둔 분야가 셉테드(CPTED, Crime Prevention Through Environmental Design, 환경설계를 통한 범죄 예방)이다. 셉테드는 물리적인 환경 개선을 통해서 범죄를 예방하는 기법을 말한다. 심야 시간대의 어두운 골목길은 주민들에게 위험하다. 실제로도 위험하고, 시민들의 범죄에 대한 두려움도 크다. 여기에 제복을 입은 경찰의 예방 순찰과 함께 CCTV, 비상벨, 가로등의 조명 밝기 등을 결합하면 범죄 예방에 훨씬 긍정적으로 작용한다. 대구시는 자치경찰이 출범하면서부터 이와 같은 셉테드에 공을 들였다. 대구시 자치경찰위원회는 셉테드에 이어서 과학 치안을 중요한 정책과제로 채택하여 주민이 실질적으로 체감할 수 있도록 지역의 치안 수요를 발굴하여 첨단 과학 기술을 활용해서 자치경찰 치안 서비스를 제공하려고 한다"라고 말했다.

발표내용 요약

자치경찰제 시행 3년, 시민과 함께!!!!
대구시 자치경찰운영 주요 성과

> 2021년 7월 1일, 전국적으로 자치경찰제가 시행되었음. 대구광역시 **자치경찰은 지역 주민의 가장 가까운 곳에서 주민안전을 위한** 생활안전·여성청소년·교통분야에서 다양한 성과를 냄.
>
> 특히, 시민안전을 위한 셉테드 사업, 과학 치안 R&D 사업, 주거안전 취약 가구에 대한 세이프-홈 지원사업, 폴리스 틴·키즈 사업은 우수한 사업으로 평가

1. 자치경찰위원회 운영 및 협력, 지휘, 감독 내실

▨ 자치경찰위원회 회의의 내실화

◉ 원활한 업무 운영을 위한 **자치경찰조직 및 운영 등에 관한 조례 일부 개정**
- 「자치경찰사무와 시·도 자치경찰위원회의 조직 및 운영 등에 관한 규정」 제정('21.4)
  개정('23.5.9)에 따라 자치경찰위원회 회의 운영에 관한 조례 정비
  ※ 서면 심의·의결 대상 및 원격영상회의 운영 등에 관한 사항 신설('23.11.10 시행)

▨ 일 잘하는 자치경찰, 성과 평가 및 감사 실시

◉ 성과 지표 풀을 활용, 시경찰청과 협의하여 **지역 실정에 맞게 변경** 후 **경찰서**(10개소)
  자치경찰사무 수행에 대한 성과 평가 실시
- 자치경찰위와 시경찰청 **합동 평가단**(내·외부 7명) 구성하여 평가

◉ 경찰서의 자치경찰사무 전반에 대한 **정기 종합사무감사 실시**

- 중복감사 방지 및 효율적 감사를 위해 **시경찰청과 합동감사** 시행

  ※ '21년 5개 '22년 5개 '23년 3개 경찰서 합동감사 실시

- '23년 최초로 특정감사 및 일상감사 실시, 사무국 복무점검 실시

2. 대구형 자치경찰, 과학 치안 기반 조성

▨ 자치경찰 수요 기반 지역 문제 해결사업(R&D) 선정

ⓒ 경찰청 공모, 자치경찰위 - 지역연구기관 협업 R&D 사업으로 과학 기술을 활용한 지역 특성에 맞는 **스마트 치안 기반 조성**

- 드론 및 데이터 확보 기술을 결합한 상시 모니터링 체계 구축을 통해 **여성·어린이 안심 귀가 지원** 및 긴급 상황 조기 대응 서비스 개발

ⓒ 위원회(사업 총괄), 대구TP(연구주관), ㈜IGIS(공동연구, 드론기업) 협력 추진

  ※ 사업 기간/사업비: '23.4.~'27.12 / 32.5억 원(국비 23.75, 시비 4.5, 민자 4.25)

▨ 첨단AI 영상분석 시스템 구축

ⓒ 서구 지역 **생활안전 CCTV**(950여대)에 **첨단AI 기술**을 도입하여 **스쿨존 교통사고, 치매 실종 사건 대응** 및 다중 인파 관리 효율성 제고

  * 대구광역시 서구가 '2023 사회안전지수' 최하위로 사회 안전망 구축 필요성 절실

ⓒ 위원회(사업 총괄), 서구(사업 시행), 첨단정보통신융합산업기술원(기술자문), 서부경찰서 (상황관리·대응) 등 시민안전 관련 기관 협업 추진

  ※ 행안부 '2023 지자체 협업 특교세 지원사업' 선정('23.6월, 특교세 2억 원)

▨ 인공지능 아동심리분석 프로그램 운영

ⓒ 아동학대 범죄 증가에 따라 **인공지능(AI)**을 활용한 **위기아동 조기 발견 시스템** 구축 추진

❖ 그림 업로드(스마트폰) ⇨ AI 심리분석(특허보유 전문기관 용역) ⇨ 위험군 발견 ⇨ 전문가 상담 ⇨ 전문기관 집중 상담 및 심리치료 연계

ⓒ 시교육청과 협업, 유치원생 희망자 모집(500명) 후 심리분석·상담 실시

  ※ '23.11월말 검사완료(500명), 전문가 상담(39명) 및 정신건강복지센터 연계(2명)

▨ 빅 데이터 활용 음주 운전 예방활동 최적 장소 선정

ⓒ '교통안전 문제 개선' 시민 설문조사 결과, '음주 운전 단속'이 최우선 과제로 나타나 (40%) 선제적 예방대책 모색

  ※ 위원회-현대오일뱅크 공동, 시민(836명) 대상 설문조사 및 교통안전 캠페인('23.6월)

◖ 교통 관련 빅 데이터 분석을 통해 **음주 운전 단속 지점 개선 추진**

  - 112 신고 위치, 음주 사고 발생장소, 택시 호출 지역 및 상가정보 수집
  - **국토교통부 공간 빅 데이터 분석 플랫폼 활용** 최적 장소 시각화

3. 시민 참여 치안 거버넌스 및 홍보 강화

▨ **시민 중심 자치경찰 네트워크 협의체 운영**

◖ **생활안전·여성청소년·교통** 분야 전문가로 '**시민그룹**'을 구성(31명), 범죄 예방, 교통안전 등 **생활 속 치안 문제 제시 및 해결방안 모색**

  ※ ('22년) 회의(4회), 정책제언(36건), 정책세미나 참여, 캠핑장 안전사고 예방 캠페인 등
  ('23년) 회의(4회), 정책제언(10건), 마약 예방 캠페인, 여성안전정책 정책세미나 참여 등

◖ 아동·청소년 그룹으로 '**폴리스 틴(Teen)·키즈(Kids)**' 구성·운영

  - 안전 체험 및 리빙랩 활동을 통해 치안 문제 개선을 위한 **참신한 아이디어**를 발굴하여 새로운 치안정책 마련 시도

  ※ 시교육청 장학사(1명) 파견 지속('22.3월~, 전국 유일) / ('22년) 10팀 43명 ('23년) 10팀 45명

▨ **자율방범대 협력 치안 활성화 기반 마련**

◖ **자율방범대법 시행**('23.4월) 후 업무 이관('23.6월, 행정국→위원회) 및 '**자율방범활동 지원 조례**' 전부개정('23.10월)으로 체계적 지원 기반 마련

◖ 이상동기 범죄 빈발 등 치안 수요 증가에 따라 **자율방범대 합동 순찰 강화** 및 교육훈련 등 **방범활동 역량강화** 추진

  - 마약 및 불법 촬영 등 범죄 예방 합동 캠페인('23.5.15, 동성로 클럽골목)
  - 등산로 이상동기 범죄 예방을 위한 합동 캠페인('23.9.19, 앞산 고산골)

▨ **다양한 홍보활동을 통한 대구자치경찰 인지도 제고**

◖ 홍보 콘텐츠 제작 및 자체 SNS 등을 활용한 온오프라인 홍보 추진

  - 카드뉴스·숏폼영상, '자치경찰 도달수' 인형탈 제작 및 SNS 이벤트 시행(3회)
  - 자체 SNS 채널 개설 및 홍보 콘텐츠 게시(팔로워 수 4천명, 전국 자경위 1위)

◖ 방송·신문 등 언론매체 적극 활용 및 '찾아가는 자치경찰 설명회' 개최

  - 대구교통방송(월 1회), 인터뷰·기고·언론보도(270여 회), 설명회(49회)

▨ **치안현장 간담회를 통해 자치경찰 홍보 및 현장의견 청취**

◖ 일선서 **치안현장 간담회**를 통해 자치경찰을 홍보 및 애로사항 청취

  - ('21년) 6.16.~6.24. 10개 경찰서 / 20개 건의 사항, 대구시·시경찰청에 통보

- ('23년) 4.26.~5.12. 11개 경찰서(군위서 11.9.) / 표창 및 감사장 수여(59명), 16개 건의

 사항, 시경찰청에 통보

4. 생활 밀착형 치안 서비스 시행

◪ 주거안전 및 범죄 예방 환경 개선(CPTED) 사업 추진

◖ 범죄 피해자, 여성 1인 가구 등 주거안전 서비스 지원

- 구·군과 협업하여 주거환경 취약 가구 '세이프-홈 지원사업' 추진

 ※ 가정용 CCTV, 스마트 초인종, 문열림 센서 등 안심 물품 지원('22년 699가구, '23년 700가구)

- 민·관 협력을 통해 범죄 피해자 가구 '홈-보안 서비스' 지원

 ※ DB손해보험 ESG기금(1.7억원) 활용 CCTV 및 민간 경비 긴급출동 지원('23년 90명)

◖ 주민 체감형 범죄 예방 환경 개선 및 안전한 통학로 조성

- 제일고·대성초, 성광고 통학로 및 지산동 일대 환경 개선(3억 원)

- 계성중 및 영송여고·강북고 일대 안전한 통학로 조성(2억 원)

◪ 시민 참여형 범죄 예방 프로그램 운영

◖ 대구시와 공공기관의 역량을 모아 시민과 함께하는 안전한 지역 사회를 만들기 위

 한 프로젝트 추진

 ※ (협력기관) 금융감독원, 한국부동산원, 도로교통공단, 교통안전공단, 계명대 사회 혁신지원단,
  DGB사회공헌재단, TBN 대구교통방송, 대구지역문제해결플랫폼

◖ 청년추진단(84명) 구성, 사회 문제인 보이스피싱 및 부동산 사기 예방, 개인형 이동장

 치(PM) 안전 관련 전문 교육 및 홍보활동 진행

 ※ 청년추진단이 교육이수 후 청소년수련원, 노인복지회관, 사회복지관 등 49개 기관과 지역 축
  제 현장을 방문하여 2,800여 명을 대상으로 예방 및 안전 홍보활동 진행

◪ 청소년 범죄 예방 교육 프로그램 개발 보급

◖ 마약, 도박, 절도 및 개인정보보호 등 청소년들에게 확산되고 있는 범죄를 예방하기

 위한 현장 교육 프로그램 개발('23.9월)

 ※ 위원회 파견 장학사 및 교육 전문가들과 협력하여 기존의 처벌 중심이 아닌 자기 통제력 강화,
  도덕성 강조 및 긍정적 환경조성에 중점을 둔 교육자료로 개발

◖ 경찰서(학교전담경찰관) 및 학교(교사)에 보급하여 범죄 상황에 대한 인식과 대처 능력

 향상 및 학생들의 범죄 예방 의식 확산 추진

특별기고

여성 1인 가구 안전과 자치경찰

박동균
대구광역시
자치경찰위원회
상임위원

지난해 5월 대구에서는 귀가 중인 20대 여성을 스토킹한 후 원룸에 따라 들어가 흉기로 위협한 후 성폭행을 하려는 사건이 발생했다. 가해자는 수년간 배달원으로 일하면서 원룸에 들어가는데 별다른 제지가 없다는 것을 알고 혼자 사는 여성을 대상으로 범죄를 저질렀다. 이어서 경기도 의왕시에는 20대 남성이 엘리베이터에서 20대 여성을 수차례 폭행한 뒤, 성폭행을 시도하는 사건이 발생했다. 또한 작년 7월에도 50대 남성이 20대 여성

1인 가구의 집에 찾아가 초인종을 누르고 닭꼬치와 메모를 남기고 갔는데, 그 메모지에는 친구가 되고 싶고, 매주 한잔 하자는 내용이었다. 두려움에 떤 여성은 경찰에 신고했고, 50대 남성은 체포되었다. 이와 같이 남성보다 신체적으로 힘이 약한 여성들을 대상으로 한 범죄는 계속 증가하고 있고, 심각한 수준이다. 최근에는 혼자 사는 여성이 많아지면서 여성 1인 가구의 안전이 우리 사회의 중요한 국가의 정책과제로 대두되고 있다.

한국여성정책연구원이 발간한 보고서에 따르면, 여성 1인가구 밀집지역은 연령대와 생활 패턴 등에 따라 다른 특성을 갖고 있다고 분석한다. 20대 여성 1인가구는 대학 근처에 비교적 저렴한 기타 주택에, 30~50대 여성은 임대료가 비싼 아파트나 주택에 많이 거주하고 있고, 60세 이상은 지하철과 대학과는 거리가 멀고 상업시설이 적은 지역에 주로 거주하는 것으로 조사됐다. 다만 여성 1인가구 밀

집 지역은 이와 같은 유형을 구분하지 않고, 다른 지역에 비해 교제(데이트)폭력, 성폭행, 스토킹, 주거침입범죄 등 여성대상 폭력범죄가 더 많이 발생하는 것으로 나타났다.

대구시 자치경찰위원회는 2021년부터 여성 1인 가구 등 범죄 취약 가구에 대해 세이프 홈 지원 사업을 시행하고 있다. 대구시 자치경찰위원회가 전국 최초로 시작한 세이프 홈 지원사업은 대구시 각 구·군, 대구경찰청과 공동으로 직접 추진하는 물리적 환경개선 사업이다. 주거 취약 가구에 문 열림 센서, 가정용 CCTV, 스마트 초인종 등 안심 홈 세트 등을 주거 상황에 따라 맞춤형으로 제공한다. 최근에는 여성 1인 가구에만 지원하던 것을 법정 한부모가구, 범죄피해자 가구 등 주거 안전 취약 가구까지 지원 대상을 확대했다. 예산 규모는 2억원으로 700여 가구에 지원이 가능하다. 대구시 자치경찰이 시행한 주요 사업 가운데 '세이프 홈 지원사업'에 대한 만족도가 가장

높은 것으로 자체 조사됐다.

대구시는 2020년부터 '여성 1인가구 안전환경조성 사업'을 추진해 왔다. 그 일환으로 매년 여성 거주비율이 높고 범죄 발생 건수가 많은 지역을 선정해 범죄 예방을 위한 환경개선을 실시했다. 2021년에 북구 태전동 대학가 주변에 여성이 안전한 골목길 1호인 '샛별로'를 조성했으며, 달성군 화원읍 어린이공원 인근에 여성이 안전한 골목길 2호인 '초롱길'을 조성했다. 또한 대구달서경찰서는 여성 1인 가구 비율이 27%가 넘는 월성2동 주택가를 이른바 '은하수길'이라는 안심 귀갓길로 조성했다. 특히 밤늦은 시간 여고생들이 많이 다니는 구간에는 태양광 LED 안내판 17개를 집중적으로 부착했다.

대구시 자치경찰위원회는 앞으로도 대구경찰청, 교육청, 구·군, 병원 등과 협업해 스토킹, 데이트 폭력, 성폭력 등 범죄피해자 가구도 선정해 맞춤형 범죄예방 교육 등으로 추가 범죄 예방에도 앞장설 계획이다.

시행 3년, 자치경찰위원회를 말하다
매일신문 특별기고 (2024. 3. 15)

　미국이나 영국 등 주요 선진국에서 실시하고 있는 자치경찰제가 이제 곧 출범 3년을 맞는다. 국내 자치경찰제는 2021년 7월 1일, 처음으로 시행됐다. 자치경찰은 아동과 청소년, 여성과 노인 등 사회적 약자 보호, 교통안전, 범죄 예방과 생활안전 등 시민을 안전하게 보호하는 업무를 수행한다.

　자치경찰제 도입에 따라 경찰사무 중에서 국가경찰사무는 경찰청장의 지휘, 감독에 따라 이루어지고, 자치경찰 업무는 시·도 소속의 합의제 행정기관인 시·도 자치경찰위원회의 지휘, 감독에 따라서 수행된다. 다만 경찰행정은 돌발성, 예측 불가능성, 위험성 등 치안 상황에 신속하게 대응해야 하는 경우가 많다. 때문에 자치경찰사무에 대한 실시간으로 지휘, 감독이 이루어지기 위한 규정도 있다. 시·도 자치경찰위원회가 심의, 의결할 시간적인 여유가 없을 경우에는 시·도 자치경찰위원회의 자치경찰사무에 대한 지휘, 감독권을 시도경찰청장에게 위임하도록 하는 보완 규정을 둔 것이다.

　아울러 시·도 자치경찰위원회는 시도의회 2명, 국가경찰위원회가 1명, 시도 교육감이 1명, 시·도 자치경찰위원회 위원추천위원회가 추천하는 2명, 시도지사가 지명하는 1명 등 위원장 1명을 포함한 7명의 위원으로 구성한다. 위원 구성에 있어 여러 기관으로부터 추천을 받아 지역의 다양한 의견이 반영될 수 있도록 했다. 자치경찰제가 본격적으로 시행되면서 혹시라도 있을 수 있는 지방자치단체장의 전횡과 지역 유지들과의 유착 등을 방지하기 위한 측면도 있다.

　이렇듯 현재 시행되고 있는 자치경찰위원회는 시도지사와 시도경찰청장의 중간에 있다. 시·도 자치경찰위원회가 중립에 있는 이유는 자치경찰의 정치적 중립 유지와 경찰력의 혼선 방지, 시도지사와의 연결 고리 차단을 위해서다. 중립 지역에 있는 자치경찰위원회는 어느 기관의 눈치를 보지 않고, 중립적이고 공정하게 소관 업무를 수행할 수 있는 장점이 있다.

　문제는 시도지사가 시·도 경찰위원회에 대한 권한이 없기 때문에 책임도 없다고 방치하거나 무관심할 경우다. 또는 시도경찰청장이 지나치게 자치경찰 업무에 관여하여 자치경찰위원회를 무력화하려는 경우도 있을 수 있다. 이런 경우에는 큰 갈등이 발생할 수 있고, 이때 자치경찰관은 그들의 인사권을 갖고 있는 시도경찰청장 편에 설 것임은 자명하다.

이런 상황은 자치경찰과 국가경찰을 이원화하지 않고, 국가경찰관의 신분으로 자치경찰 업무를 수행하기 때문에 발생하는 것이다. 이른바 '자치경찰관이 없는 자치경찰제도' 때문이다. 이것은 진정한 자치경찰제가 아니다. 우리나라에서 처음 시행하는 자치경찰이기 때문에 수정할 것도 많다. 첫술에 배부를 수는 없다. 하나씩 하나씩 오류나 실수를 수정해 나가고, 진정으로 '시민안전'을 위한 진정한 자치경찰제로 업그레이드해 나가야 한다.

2021년 5월 20일 임기 3년(연임 불가)으로 출범한 1기 자치경찰위원회가 올해 5월 19일로 임기가 종료된다. 임기를 3년으로 하고 연임을 할 수 없도록 한 이유는 위원장과 위원들이 연임을 위한 지방자치단체장과 추천기관과의 결탁 가능성을 사전에 차단하고, 임기 동안 소신 있게 일할 수 있도록 하기 위해서다.

경찰은 주민의 가장 가까운 곳에서 주민의 생명과 재산을 보호하기 위해 제복을 입고, 무기를 휴대하고, 수사를 하는 조직이다. 따라서 경찰은 시민의 인권을 존중하고, 민주적인 경찰로 운영되어야 한다.

대구시 자치경찰위원회 정기회의 장면

자치경찰제 시행 3년, 뭐가 바뀌었나
영남일보 특별기고 (2024. 3. 19)

우리나라에 자치경찰제가 시행된 지 이제 3년이 되어 간다. 필자에게 기자들이 가장 많이 질문하는 것이 "자치경찰을 실시하면 어떤 장점이 있나?"이다. 이어지는 추가 질문은 "대구시에 자치경찰을 시행한 후에 어떤 점이 달라졌는가?"이다. 사실 이 두 가지 질문은 연속선상에 있는 질문이다. 2021년 5월 20일 시범 실시 후, 7월 1일 본격 시행된 대구형 자치경찰을 한 마디로 정의하면 "시민안전을 위해 주민자치행정과 경찰행정을 잘 결합한 것"이라고 할 수 있다.

살인이나 강도, 조직폭력 등 강력 범죄를 수사하거나 경호경비, 외사와 간첩 등 보안업무는 국가경찰 업무영역이고, 아동이나 노인 등 사회적 약자 보호, 교통사고 예방과 안전, 생활안전이 자치경찰의 주요 업무영역이다. 필자는 자치경찰제 주민 설명회에 가서 암, 백혈병, 중한 병에 대한 수술은 대학병원에 가고, 감기, 몸살, 배탈, 설사는 동네병원에 가는 것처럼 대학병원은 국가경찰이고, 동네병원은 자치경찰이라고 비유해서 설명하기도 한다. 물론 정확한 표현은 아니지만 학자들이 참여하는 전문학술토론회가 아닌 찾아가는 주민자치 설명회여서 나름 쉽게 설명해 본 것이다. 그렇다. 음주 운전, 과속, 폭주족 단속 등 교통안전활동, 성폭력이나 아동학대 예방 같은 사회적 약자 보호, 순찰 등 범죄 예방업무가 자치경찰의 영역이다. 이러한 업무는 자치경찰이 국가경찰보다 더 잘할 수 있다. 주민자치행정을 책임지고 있는 지방자치단체는 예산과 인력, 시설 측면에서 기초적인 인프라가 튼튼하고, 여기에 경찰행정이 결합하니까 시너지 효과가 나는 것이다.

대구광역시 자치경찰위원회가 출범하면서 가장 중점을 둔 분야가 셉테드(CPTED, Crime Prevention Through Environmental Design, 환경설계를 통한 범죄 예방)이다. 셉테드는 물리적인 환경 개선을 통해서 범죄를 예방하는 기법을 말한다. 심야의 어두운 골목길은 주민들에게 위험하고, 범죄에 대한 두려움도 커진다. 여기에 제복을 입은 늠름한 경찰의 예방 순찰과 CCTV, 비상벨, 가로등의 조명 밝기 등을 결합하면 범죄 예방에 훨씬 더 긍정적으로 작용한다. 대구시는 자치경찰을 시행하면서 이와 같은 셉테드에 공을 많이 들였다. 대구시 서구 학교 밀집지역에 스마트 안심 정거장 건립, 북구에 샛별로 프로젝트, 대구도시공사와 함께 매입임대주택의 컨설팅 사업을 통한 범죄 예방 프로그램은 좋은 사례라고 할 수 있다. 대구시 자치경찰위원회는 셉테드에 이어서 과학 치안을 중요한 정책과제로 채택하여 주민이 실질적으로 체감할 수 있도록 지역의 치안 수요를 발굴하고 첨단 과학 기술을 활용해서 자치경찰 치안 서비스를 제공하고 있다. 또한 상대적으로 주거환경이 취약한 가구를 대상으로 스마트 초인종, 문 열림 센서, 가정용 CCTV, 창문잠금장치 등 안심 물품을 지원하여 범죄에 대한 물리적, 심리적 불안감을 완화하는 주거안전 취약 가구 세이프-홈 지원사업을 시행하고 있다. 이 모든 것이 자치경찰이 출범하면서 활성화된 시민안전 프로젝트이다.

아울러 자치경찰에서 중요한 개념이 협력과 소통이다. 지방자치단체와 경찰, 교육청, 시민단체, 대학, 병원 등 지역 사회를 구성하고 있는 기관 간의 협력과 소통이 무엇보다 중요하다. 쉬운 사례로 학교폭력을 예로 들면, 이 문제는 단순히 학교만의 노력으로 해결할 수 있는 것이 아니다. 학교는 물론 교육청, 경찰, 지역 사회 모두가 능동적으로 참여해야 해결할 수 있는 것이다. 작년에 우리 사회를 경악시켰던 묻지마 범죄(이상동기 범죄)도 마찬가지다. 이 문제는 경찰의 순찰이나 수사만으로 해결할 수 있는 것이 아니다. 경찰의 예방 순찰은 물론이거니와, 조현병 환자에 대한 철저한 치료, 은둔형 외톨이에 대한 맞춤형 복지 등 촘촘한 사회 안전망 구축이 중요하다. 자치경찰제도는 이런 점에서 주민안전을 위해 활성화할 필요가 있다.

다시 현장 속으로

대구시 중구 남산4동 자율방범대 요청으로 합동 순찰을 부탁받았다. 필자의 특강도 함께 요청하였다. 밤늦게 하는 순찰이라서 피곤하지만 바로 승낙했다. 필자는 자치경찰과 범죄 예방, 공동체 치안 등을 한꺼번에 묶어서 설명하고, 실제로 순찰을 하면서 특강(토크 및 질의응답)을 하는 형식을 제안했다. 이런 형태의 토크 순찰은 과거에도 여러 차례 한 경험이 있다. 익숙한 일이다.

특히 공원이나 좁은 골목길을 순찰할 때, CCTV와 비상벨, 가로등의 위치 등을 설명할 때는 자율방범대원들의 표정이 진지했다. 이날 홍은표 남산지구대장이 외근경찰과 함께 합동 순찰을 해서 행복했다. 이 순찰은 여러 신문에 보도되었다.

대구일보　　　　　　　2024년 3월 7일 목요일 006면 사회

"순찰&토크…자치경찰 궁금증 풀어요"

대구자치경찰위, 우리동네 순찰 토크 간담회 열어
남산지구대·자율방범대 1시간 가량 합동순찰도
안전환경 설계 '셉테드'·협력방범 등 중요성 다뤄

대구시 자치경찰위원회는 지난 5일 중구 남산4동 일대 합동 순찰 및 토크 간담회를 실시했다. 이번 '우리동네 순찰 토크&토크'는 평소 자치경찰에 대해 관심이 많은 자율방범대원들의 자치경찰에 대한 궁금증을 해소하고 동시에 범죄예방 방범순찰도 실시하는 두 가지 효과를 위해 기획됐다.

이날 간담회에서는 중부경찰서에서 만든 셉테드(환경설계를 통한 범죄예방) 사업, 순찰과 협력방범의 중요성, 자치경찰의 공점, 자치경찰 공모사업 시민들의 참여방법 등에 대한 질의와 응답이 이어졌다.

특히 최근에는 피해자가 특정되지 않

은 이상 동기 범죄 등이 지속 발생함에 따라 범죄예방을 위한 안전 인프라 강화 정책이 중요하게 대두되고 있어, 지역의 지리와 사정에 밝은 자율방범대원들의 순찰을 통한 안전문화 확산과 중요성이 더 커지고 있다.

간담회 참가자들은 중부경찰서 남산지구대 경찰관 및 남산4동 자율방범대 20여 명과 함께 약 1시간 동안 중구 남산4동 일대를 돌며 합동 순찰을 실시했다.

대구시 자치경찰위원회 박동균 상임위원(사무국장)은 "자치경찰제도는 주민자치행정과 경찰행정의 조화로운 결합으로 가장 중요한 목적은 범죄예방과 시민안전"이라며 "이를 위해선 셉테드, 합동순찰 등 다양한 협력치안 활동도 중요하다. 무엇보다 시민들의 적극적인 참여와 관심이 절실하다"고 강조했다.

신헌호 기자 shh24@idaegu.com

지난 5일 대구 중구 남산4동 일대에서 자율방범대와 함께 하는 순찰 토크 행사가 열렸다. 이날 대구시 자치경찰위원회 박동균 상임위원과 자율방범대원 등이 기념사진을 찍고 있다.

대구시 자치경찰, 3년을 말하다
대구 불교방송 라디오 2024년 4월 15일 인터뷰

1. 2021년 5월 20일 출범한 대구시 자치경찰. 정확하게 말해서, 2021년 5월 20일 대구시 자치경찰제도를 시범 실시하고, 그해 7월 1일 공식적으로 출범한 것인데요. 오늘은 그 역사 속의 주인공이신 박동균 대구시 자치경찰위원회 상임위원(사무국장)과 함께 대구시 자치경찰 3년을 회고해 보는 시간을 가져 보겠습니다. 전국 18개 시·도 자치경찰위원회 상임위원들(사무국장) 대부분이 경찰관 출신인데, 유일하게 박동균 상임위원은 교수(학계) 출신이시죠. 어떻게 공직에 들어가서 자치경찰 업무를 맡게 되었습니까?

전국 시·도 자치경찰위원회 상임위원(사무국장) 90%가 전직 경찰간부 출신입니다. 유일하게 제가 학계 출신입니다. 저는 대구한의대학교 경찰행정학과 교수입니다. 대학에서 20여 년간 경찰학개론, 경찰조직론, 경찰인사행정, 자치경찰론, 범죄예방론을 강의했습니다. 그리고 한국치안행정학회장, 한국경찰연구학회장, 대한지방자치학회장을 역임하는 등 자치경찰과 치안행정, 범죄 예방에 관한 학술연구를 주로 해 왔습니다. 그러던 중 경찰법이 전면 개정되어 우리나라에 자치경찰제도가 시행되었습니다. 그래서 실제로 우리나라에서 최초로 시행되는 자치경찰제의 기초를 다지고, 대구형 자치경찰의 초기 모델을 만들어 보고 싶은 마음에 대학을 휴직하고 공직을 맡게 되었습니다. 대구시 자치경찰위원회 사무국장(상임위원)은 대학교수직과는 겸직이 불가하고, 신분은 대구시 지방정무직 3급 공무원입니다.

2. 대학교수로서 교육과 연구 등 비교적 안정적인 길을 가시다가, 공직에 들어가서 여러모로 힘드신 점도 많았을 것입니다. 하지만 보람된 일도 많았지요. 보람되고 행복한 기억은 어떤 것인지요?

우리나라 역사상 처음으로 시행하는 자치경찰제도니까 모든 것을 새로 만들어야 했습니다. 예를 들어, 대구시 자치경찰위원회의 비전과 미션, 정책목표, 중기발전계획을 비롯해서 홈페이지, CI, 캐릭터 등은 물론이고 각종 규정과 제도, 정책들을 새로 만들었습니다. 과거에 선례나 매뉴얼이 없는 것을 새로 만들다 보니, 힘은 들었지만 우리 직원들과 함께 주말도 없이 일하면서 보람되고 행복했습니다.

많은 행복한 일이 있었지만 지난 3년 중 가장 행복하고 기쁜 일을 뽑으라면, 대구광역시 자치경찰위원회가 경찰청과 (재)과학치안진흥센터가 주관하는 '2023 자치경찰 수요 기반 지역 문제 해결 R&D 사업'에 최종 선정된 것입니다. 우리 대구시 자치경찰위원회는 자치경찰제도가 출범하면서 이와 같은 큰 규모의 공모사업이 있을 것을 예상하고, 자치경찰 출범과 동시에 미리 준비했습니다. 특히 자치경찰의 주요한 목적은 '시민안전'이고, 시민안전을 위해서는 CCTV, AI, 드론 등 첨단 과학 치안이 중요하다고 생각하여 대구형 스마트 셉테드(CPTED, 환경설계를 통한 범죄 예방) 사업 등과 함께 꾸준하게 진행해 왔습니다. 이러한 성과들은 시민들이 능동적으로 자치경찰에 참여할 수 있는 자치경찰 주민 설명회를 기반으로 대구 테크노파크와 대구도시공사 등과 함께 다양한 시민안전 프로그램들을 수행한 결과입니다. 이 자리에서 꼭 말씀드리고 싶은데, 우리와 같이 협업하고 있는 대구 테크노파크(대구TP)는 역량과 성과 등 정말 우수한 연구기관입니다.

3. 아주 중요한 성과라고 생각되네요. 청취자들을 위해서 조금 더 설명해 주시죠

이 사업은 대구시민의 안전을 위해 치안에 과학 기술을 적극적으로 활용하는 것입니다. 정확한 사업 명칭은 '자치경찰 수요 기반 지역 문제 해결 R&D 사업'입니다. 이 사업은 2021년 7월 자치경찰제가 새롭게 도입됨에 따라 각 지역의 치안 문제를 스스로 고민하고 해결해야 하는 시대적 변화에 부응해 인공지능(AI), 빅 데이터, 블록체인 등 첨단 과학 기술을 치안 분야에 도입하여 획기적인 치안 역량의 발전을 도모하기 위한 사업입니다. 2023년 3월, 18개 자치경찰위원회를 대상으로 경찰청과 과학치안진흥센터에서 첫 정부 지원사업으로 시행한 공모에 대구시와 제주특별자치도가 공동으로 연구기관과 컨소시엄을 구성, 제출해 선정된 것인데요. 쉽게 말해서, 야간에 여성과 청소년의 귀갓길 최단 거리 안심 루트를 알려주고, 위험한 구간에는 드론이 떠서 안내해 주는 디지털 순찰 서비스를 만드는 것이 이 사업의 핵심이라고 할 수 있습니다.

4. 지원금의 규모도 상당하겠네요. 예산이나 지원금은 얼마나 되는지요?

사실 경찰 분야의 R&D 예산은 많지 않습니다. 하지만 이번 예산은 아주 큰 규모입니다. 대구광역시 자치경찰위원회는 R&D 사업 선정으로 2027년까지 4년 9개월간 최대 32억 5천만 원(국비 23억 7천 5백만 원, 시비 4억 5천만 원, 민자 4억 2천 5백만 원)을 지원받습니다. 이 사업은 단순한 연구사업이 아니고, 시민안전을 위한 정책사업이기 때문입니다.

5. 국장님은 여러 차례 방송이나 신문 칼럼, 강연 등에서 대구시 자치경찰제 시행 이후 3년의 성과에 대해서 말씀을 해주셔서 청취자분들도 잘 아실 겁니다. 그럼 지난 3년간, 자치경찰제를 운영하면서 가장 아쉬웠던 점은 무엇일까요?

자치경찰제의 주요 임무 중의 하나는 사회적 약자 보호입니다. 특히 성폭력이나 가정폭력, 아동학대, 스토킹 등으로부터 피해자를 안전하게 보호하는 것이 중요합니다. 그래서 성폭력·가정폭력·성매매 피해자 등에 대하여 365일 24시간 상담, 의료, 법률, 수사 지원 등을 원스톱으로 제공함으로써, 피해자가 위기 상황에 대처할 수 있도록 지원하고, 2차 피해를 방지하기 위해 해바라기 센터가 만들어졌는데요. 현재 대구 해바라기 센터 방문객 수는 전국 최고 수준이고, 그 수요는 계속 증가할 것으로 예상됩니다. 아동학대와 성폭력 등 피해자들에게 상담에서부터 치료, 법률, 수사까지 한 장소에서 원스톱 지원이 장기적으로 가능한 '통합형' 해바라기 센터의 설립이 필요할 겁니다. 그래서 대구시 여성가족과, 대구경찰청 여성청소년과, 그리고 대구시 자치경찰위원회가 힘을 모아 위기 여성과 아동을 돕기 위한 해바라기 센터 추가유치에 모든 역량을 집중했습니다. 국립대학병원을 타겟으로 다방면으로 노력했지만 실패했습니다. 병원이 의사 등 인력 부족, 공간 부족, 수익성의 문제 등으로 난색을 표하기 때문입니다. 앞으로 해바라기 센터와 같은 사회적 약자를 위해 헌신하고 공익적인 사업을 수행하는 의료기관에 대한 인력 및 재정 지원 확대는 물론이고, 전국 병원평가에서도 사회적 기여와 같은 평가항목에 대한 가점을 확대하여 사회적 약자들을 배려하는 의료기관에 대한 인센티브를 강화해야 할 것입니다. 그래야 해바라기 센터와 같은 시설을 대학병원에 유치할 수 있습니다.

6. 이제 5월 19일이면, 제1기 대구시 자치경찰위원회의 임기를 마칩니다. 국장님은 5월 20일부터는 대학으로 복귀하시죠? 새로 시작되는 차기 2기 위원회에 바라는 점이 있다면 어떤 것이 있을지요?

먼저 앞서 말씀드린 '통합형' 해바라기 센터를 반드시 유치해야 합니다. 또한, 대구는 우리나라 3대 도시입니다. 도시의 품격에 맞게 과학 치안 R&D 사업을 잘 진행해서 성공적으로 정착시켜야 합니다. 이 사업을 잘 완성하면 진정으로 '시민이 안전한 대구', '과학 치안 대구'로 거듭나게 됩니다. 다른 도시들이 벤치마킹하고, 전국적으로도 파급효과가 있을 것입니다.

아울러 현장에서 근무하는 경찰의 해외연수 프로그램을 만들었으면 합니다. 예를 들어, 미국이나 유럽, 일본 등에 우리 현장경찰관들의 배낭여행 프로그램을 만들어서 우수한 경찰에 대한 포상이나 현장 연수 프로그램으로 진행했으면 합니다. 미국의 NYPD(뉴욕경찰)도 보고, 영국이나 독일의 경찰 시스템도 보고 왔으면 좋겠습니다. 일부 시·도 자치경찰위원회는 이미 하고 있습니다.

또한, 국내외 대학에 개설된 대학원 석·박사 과정에 장학 혜택을 주어 '공부하는 자치경찰'을 만들어야 합니다. 그리고 대구시 공무원들이 파견 나가 있는 외국공관에도 대구시 자치경찰관들이 파견 나가는 방안을 만들어 보는 것도 필요합니다. 이른바 '글로벌 대구 자치경찰'을 만들어야 합니다.

7. 좋은 말씀입니다. 국장님은 아마도 우리나라 자치경찰 분야에서는 이론은 물론이고 실무 경험자로서 최고의 전문가로 평가될 것 같습니다. 앞으로도 필요할 때 꼭 출연해서 좋은 말씀 부탁드립니다. 끝으로 우리나라 자치경찰의 바람직한 방향에 대해서 말씀 부탁드립니다.

지난 3년간 꾸준하게 제가 주장한 내용입니다. 아동학대, 가정폭력, 노인학대 등 사회적 약자 보호, 교통안전, 순찰 등 생활안전 같은 자치경찰 업무는 국가경찰보다 자치경찰이 더 잘할 수 있습니다. 주민자치행정을 책임지고 있는 지방자치단체는 예산과 인력, 시설 측면에서 기초적인 인프라가 튼튼하고, 여기에 경찰행정이 합쳐지니까 상승효과가 배가 되는 것입니다. 앞으로 국가경찰과 자치경찰을 이원화해서 자치경찰을 보다 활성화해야 합니다. 그 첫 번째 단계로 국가경찰 소속인 파출소와 지구대를 자치경찰 소속으로 해야 하겠습니다. 지구대와 파출소는 지역 주민의 가장 가까운 곳에서 지역 순찰을 통한 범죄 예방 등 자치경찰사무를 주로 수행합니다. 하지만, 파출소와 지구대가 국가경찰 부서인 112 치안 종합상황실 소속이어서 자치경찰위원회와의 원활한 협조가 어렵습니다. 지역에 있는 독거노인, 아동, 장애인 등 사회적 약자를 보호하는 사회 안전망을 만드는 데 파출소와 지구대가 적극적인 역할을 할 필요가 있습니다. 사회에 불만을 품은 외로운 늑대의 묻지마 범죄, 아동 및 노인학대 등 범죄 예방과 사회안전에 꼭 필요합니다.

우리나라의 자치경찰제는 이제 3살입니다. 성장 과정에는 성장통이 따르기 마련이고요. 시행착오를 거쳐 오류나 문제점이 발생하면 수정하고, 개선해 나가야 합니다. 자치경찰제는 계속 성장하고 발전할 것입니다. 주민과 친밀하게 소통하고, 사회적 약자를 배려하는 한국형 자치경찰제로 정착시켜야 합니다. 자치경찰의 궁극적인 목표는 시민 안전입니다.

대구일보   2024년 4월 24일 수요일 005면 사회

대구 지치경찰위원회가 23일 오후 대구 지역대학협력센터 강당에서 '대구시 자치경찰 3년, 성과와 과제'라는 주제의 토론회를 개최하고 있다.

"자치경찰 조기도입 성과···정책·제도보완 과제"

대구자치경찰위 토론회
3년간 성과와 과제 주제
시민·전문가 머리 맞대

대구시 자치경찰위원회는 23일 대구시 역대학협력센터 강당에서 '대구시 자치경찰 3년, 성과와 과제'라는 주제로 토론회를 열었다.

이번 토론회는 대구자치경찰위원회가 2021년 5월 공식 출범한 후 3년 동안의 성과를 전문가 및 시민과 함께 공유하고 앞으로 자치경찰제의 제도개선 방향을 찾기 위해 마련됐다. 토론회는 자치경찰 위원, 학계 전문가, 언론, 경찰, 시민 등 80여 명이 참석했으며 설용숙 대구시 자치경찰위원장의 개회사와 임인환 대구시의회 기획행정위원장의 인사를 시작으로 주제 발표, 종합토론, 질의응답 순으로 진행됐다.

김효진 경운대 교수, 조광현 대구경찰청 사무처장, 윤우석 계명대 교수, 여창환 서구도시재생지원센터장 등이 토론회로 참여한 가운데 이날 토론회에서는 자치경찰이 하루빨리 실효성 있는 제도로 자리잡기 위해서는 정책과 제도의 보완이 필요하다는 목소리가 나왔다.

설용숙 대구시 자치경찰위원장은 "자치경찰이 정착하기 위해서는 무엇보다 제도적 보완이 필요하다"며 "앞으로 새롭게 시작하는 2기 자치경찰은 주민이 필요로 하는 실질적인 치안 서비스에 중점을 두고 정책을 추진해 나갈 수 있기를 기대한다"고 말했다.

박동균 대구시 자치경찰위 사무국장은 주제 발표에서 "시민 중심 시민 안전을 위한 대구형 자치경찰이라는 비전을 갖고 시민이 더 안전하게 생활할 수 있도록 시민맞춤형 범죄예방 프로그램 개발·보급과 주거 안전이 취약한 계층에서 생활밀착형 치안 서비스를 제공하는 등 많은 성과를 냈다"며 "앞으로의 자치경찰제는 운영 과정에서 나타난 문제점을 보완하고 업그레이드시켜 주민 안전을 위한 주민 행복 시스템을 만들어 나가야 한다"고 말했다.

윤우석 계명대 교수는 종합토론에서 "경찰청 주관 과학치안 R&D사업 공모사업에 최종 선정돼 타 시도 보다 한발 앞선 과학 치안의 선두 주자로 성장하고 있다"고 말하면서 "초기 자치경찰 도입에 따른 성과라는 측면에서 대구시 높은 점수를 매길 수 있으나 차별성이라는 측면에서 지역 중심 경찰 활동을 돋보이게 하는 정책에 좀 더 노력할 필요성이 있다"고 말했다.

여창환 서구도시재생지원센터장은 "범죄 유형의 다양성과 정보통신 기술을 활용한 범죄 확대됨에 따라 새로운 치안 접근방식이 필요하다"고 강조했다.

한편 1기 대구자치경찰위원회는 오는 5월8일 마지막 정기회의를 개최한 뒤 5월19일 임기를 마친다.

김명규 기자 kmk@idaegu.com

자치경찰 3년의 역사를 '백서'로 만들다

2021년 5월 20일 시작한 대구시 자치경찰위원회의 3년 역사를 기록으로 만들었다. '1기 대구광역시 자치경찰 백서'이다. 1년마다 백서를 만들자는 의견도 있었다. 전국의 18개 자치경찰위원회중에는 1년마다 백서를 만드는 위원회도 있다. 하지만 3년의 기록을 한꺼번에 만들자는 의견이 더 많았다.

이번 백서 작업은 틈틈이 이루어졌다. 필자는 작년부터 우리 사무국의 팀장들과 직원들에게 3년의 기록을 백서를 만들 예정이니까 꾸준히 3년간의 성과를 중심으로 해당 팀별로 기록하고, 관련 사진들과 언론보도 내용을 미리미리 정리해 달라는 요청을 했다.

특히, 백서는 관련 사진이나 언론보도 등 시각적 자료가 중요하다. 필자는 대학에서 백서 종류의 작업을 한 경험이 많다. 이 때 느낀 것이, 백서는 정성이 많이 들어가는 작업이다. 대구시에서도 각종 백서를 많이 만든다. 최근에 나온 백서가 바로 '코로나 백서'이다. 코로나의 발생 초기부터 마칠 때까지의 각종 기록을 사진과 보도 내용 등을 참고하여 발간한 것이다. 이와 같은 과거에 발간한 주요 백서들을 중심으로 여러 차례 편집회의를 거쳐 백서 작업이 시작되었다.

대구시 자치경찰 백서는 설용숙 대구시 자치경찰위원장의 발간사, 홍준표 대구시장, 이만규 대구시의회 의장, 강은희 대구시 교육감, 유재성 대구경찰청장의 축사로 시작한다. 주요 목차는 자치경찰제의 초기 시행 과정, 위원회의 조직 및 운영, 주요 시책 및 성과, 소통·협력·홍보활동, 자치경찰위원들의 소회, 향후 대구형 자치경찰제의 발전방향의 순으로 이루어졌다. 또한 부록을 만들었는데, 여기에는 위원회 회의 운영일지, 언론보도 목록, 관련 법령, 사진으로 본 자치경찰위원회 3년, 마지막에는 그동안 수고해 온 대구시 자치경찰위원회 전, 현 직원 명단을 기재하였다.

가장 핵심적인 부분인 주요 시책 및 성과는 복리후생(인사팀), 생활안전 분야(생활안전팀), 여성·청소년 분야(여성청소년팀), 교통 경비 분야(교통경비팀)의 주요 사업을 중심으로 기록하였다. 여러 차례 편집회의를 거쳐 수정, 또 수정했다. 드디어 백서가 출간되었다. 대구시 자치경찰의 3년간 역사를 기록한 소중한 기록이다.

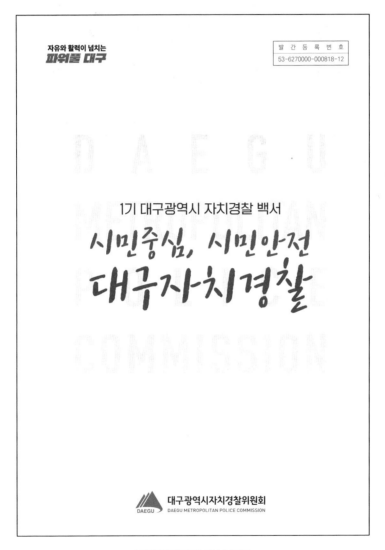

대구자치경찰 백서 표지

제1기 대구시 자치경찰위원회 마지막 정기회의

저자 약력
대구한의대학교 경찰행정학과 박동균(朴 炯 均)

서울 대광고등학교 졸업, 동국대학교 행정학과 졸업

동국대학교 행정학박사

현 대구한의대학교 경찰행정학과 교수(대외협력실장)

현 한국행정학회 공공안전행정연구회 회장

현 경북경찰청 손실보상심의 위원장

현 해양경찰청 인권위원

현 경산시 공직자 윤리위원장, 인사위원

1기 대구광역시 자치경찰위원회 상임위원 겸 사무국장

경찰청 성과평가위원(인사·경무 분과위원장) 역임

대구지방교정청 행정심판위원 역임

대구경찰청 수사이의심사위원장 역임

대구경찰청 시민감찰위원회 부위원장, 징계위원 역임

경북경찰청 누리캅스 회장 역임

대구한의대학교 대외협력처장, 산학연구처장, 산학협력단장, 기린봉사단장 역임

행정자치부 책임운영기관평가 위원 역임

국무조정실 정부업무 평가위원 역임

경북경찰청 인권위원 역임

대통령 소속 지방자치발전위원회 자문위원 역임

대통령 소속 지방자치발전위원회 자치경찰 분과 TF 위원 역임

Florida State University, visiting scholar 역임

한국치안행정학회 회장 역임

한국민간경비학회 회장 역임

사단법인 대한지방자치학회 회장 역임

사단법인 국가위기관리학회 회장 역임

한국경찰연구학회장 역임

(사) 한국지방자치학회 부회장 겸 자치경찰 특별위원장 역임

교육부 대학구조개혁 평가위원 역임

교육부 대학구조개혁 컨설팅위원 역임

BK21 평가선정위원 역임

CK(대학특성화) 평가선정위원 역임

CK(대학특성화) 컨설팅위원 역임

대통령 표창

행정안전부장관 표창

법무부장관 표창

K행정학, 박영사 (공저)

전환기 지방자치론, 청목출판사 (공저)

새 경 찰학개론, 우공출판사 (공저)

자치경찰, 범죄 예방, 치안행정과 관련된 수십 편의 논문, 칼럼 등

자치경찰 에세이 2권

초판발행	2024년 7월 10일
지은이	박동균
펴낸이	안종만·안상준
편 집	박세연
기획/마케팅	장규식
표지디자인	BEN STORY
제 작	고철민·김원표
펴낸곳	(주) **박영사**
	서울특별시 금천구 가산디지털2로 53, 210호(가산동, 한라시그마밸리)
	등록 1959.3.11. 제300-1959-1호(倫)
전 화	02)733-6771
f a x	02)736-4818
e-mail	pys@pybook.co.kr
homepage	www.pybook.co.kr
ISBN	979-11-303-2030-4 93350

* 파본은 구입하신 곳에서 교환해 드립니다. 본서의 무단복제행위를 금합니다.

정 가	34,000원